大徳寺金毛閣
(北区)

京都御所建礼門
(上京区)

輪違屋
(下京区)

京都鉄道博物館の梅小路機関車庫(下京区)

景観と名勝

上賀茂伝統的建造物群保存地区（北区）

龍安寺方丈庭園（右京区）

嵐峡（西京区）

御室桜と仁和寺五重塔（右京区）

二条城二之丸庭園
(中京区)

京都岡崎の文化的景観
(左京区)

西本願寺滴翠園
(飛雲閣)
(下京区)

遺跡と遺物

右京三条三坊十六町（斎宮邸）
西京高校庭園遺構（中京区）

天皇の杜古墳
（西京区）

樫原廃寺跡
（西京区）

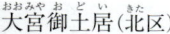
大宮御土居（北区）

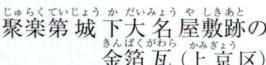
聚楽第城下大名屋敷跡の
金箔瓦（上京区）

三条通界隈出土の
桃山茶陶（中京区）

平安宮豊楽殿跡
（中京区）

祭礼と行事

今宮やすらい花
（北区）

嵯峨大念仏狂言
（右京区）

壬生狂言（中京区）

葵祭(上京区・左京区・北区)

時代祭(上京区・左京区)

祇園祭(下京区・中京区・東山区)

もくじ　　赤字はコラム

下京区

❶ 京都駅周辺-- 4
　　京都駅／東本願寺／渉成園／諏訪神社／藪内家／風俗博物館／西本願寺／興正寺／大谷探検隊／島原の角屋と輪違屋／梅小路公園と京都鉄道博物館／柳原銀行記念資料館

❷ 河原町に沿って-- 21
　　五条大橋／本覚寺／蓮光寺・金光寺／長講堂／市比賣神社／京都市学校歴史博物館

❸ 烏丸通に沿って-- 27
　　長香寺／新玉津島神社／平等寺／仏光寺

❹ 堀川通・西洞院通に沿って-- 31
　　山本亡羊読書室旧跡／五条天神社／菅大臣神社／長江家住宅／杉本家住宅／秦家住宅／中堂寺

中京区

❶ 鴨川・河原町通に沿って-- 40
　　先斗町と木屋町／三条大橋と瑞泉寺／高瀬川一之船入／島津創業記

もくじ

念資料館／新京極通周辺／誓願寺／矢田寺と天性寺／本能寺／二条富小路内裏跡／革堂／下御霊神社／木戸孝允旧宅

❷ 烏丸通から室町通・新町通へ　57

京都芸術センター／天神山町会所(霰天神山)／小結棚町会所(放下鉾)／笋町会所(孟宗山)／南蛮寺跡／川崎家住宅(紫織庵)／祇園祭／六角堂／伴家住宅／野口家住宅／京都府京都文化博物館／三条東殿跡／三条通の近代建築／京都国際マンガミュージアム／究理堂跡

❸ 西洞院通から大宮通へ　74

本能寺跡／神泉苑／二條陣屋(小川家住宅)／二条城／堀河院跡／閑院跡と東三条殿跡／京都所司代屋敷跡

❹ 四条大宮から千本丸太町へ　87

壬生寺／朱雀院跡／六角獄舎跡／大学寮跡／平安宮(大極殿)跡／平安宮／源氏物語千年紀

上京区

❶ 京都御所東の鴨川に沿って　100

山紫水明処／新島襄旧邸／京都市歴史資料館／廬山寺／清浄華院と本禅寺

❷ 京都御所北方の文化財を訪ねて　109

大原口／本満寺／十念寺／西園寺と天寧寺／上善寺／御霊神社(上御霊神社)／相国寺／同志社／五山文学／冷泉家／足利将軍室町殿跡(花の御所跡)／三時知恩寺と宝慈院／白峯神宮と報恩寺／宝鏡寺／表千家・裏千家／妙顕寺／本法寺／妙覚寺

❸ 京都御所とその西方　133

京都御所／旧二条城跡／京都府庁／伊藤仁斎宅跡／護王神社／樂美術館／一条戻橋／晴明神社

❹ 西陣・北野　149

山名宗全邸跡／本隆寺／西陣織／般舟院跡／西陣焼け／引接寺／妙蓮寺と興聖寺／法華一揆と天文法華の乱／西法寺／櫟谷七野神社(賀茂紫野斎院跡推定地)／大報恩寺／上七軒／北野天満宮／大将軍八神社／御土居

もくじ

北区

❶ 衣笠から大徳寺-- 172
　堂本印象美術館と国際平和ミュージアム／等持院／北野廃寺跡／平野神社／鹿苑寺（金閣寺）／上品蓮台寺／船岡山／大徳寺／一休宗純と沢庵宗彭／今宮神社／牛若丸伝説の地と久我神社／あぶり餅／雲林院／風流とやすらい花／玄武神社

❷ 長坂口から氷室・北山杉の里へ---------------------------------- 197
　鷹ヶ峯御土居／源光庵と常照寺／光悦寺／氷室と氷室神社／北山杉の里

❸ 西賀茂・上賀茂とその周辺-------------------------------------- 203
　神光院／正伝寺／霊源寺／高雲寺／志明院／上賀茂神社／上賀茂のさんやれ祭り／社家町界隈／大田神社

右京区

❶ 西院から太秦へ-- 218
　淳和院跡と西院春日神社／蚕ノ社（木島坐天照御魂神社）／広隆寺／蛇塚古墳／長福寺と梅宮大社

❷ 嵯峨野を歩く-- 226
　車折神社と三船祭／鹿王院／旧山陰線（トロッコ列車）／臨川寺と渡月橋／天龍寺／清凉寺／大覚寺と大沢池／直指庵／広沢池と遍照寺

❸ 奥嵯峨散策のメインストリート---------------------------------- 238
　野宮神社から竹林へ／常寂光寺／落柿舎／二尊院／祇王寺と滝口寺

もくじ

／化野念仏寺と京都市嵯峨鳥居本町並み保存館／清滝と愛宕山／保津峡と水尾の円覚寺

❹ 花園から高雄をめぐる--248
双ケ丘と法金剛院／妙心寺／龍安寺／仁和寺／福王子と御室焼／三宝寺から梅ケ畑へ／神護寺と西明寺／高山寺

❺ 周山街道から京北一周--263
周山城跡／福徳寺／中道寺と弓削八幡宮社／日吉神社／常照皇寺／山国神社／山国隊／宇津城跡／光厳天皇の旅と常照光寺

西京区

❶ 渡月橋をわたって嵐山へ--272
渡月橋／一ノ井堰碑／法輪寺／千光寺(大悲閣)

❷ 松尾大社から苔寺へ--275
松尾大社／月読神社／華厳寺(鈴虫寺)／西芳寺／地蔵院／浄住寺

❸ 桂離宮から旧山陰街道を樫原へ------------------------------------281
桂離宮／地蔵寺(桂地蔵)／本願寺西山別院／革嶋館跡と孝子儀兵衛碑／樫原本陣跡(玉村家住宅)／樫原廃寺跡(樫原廃寺跡史跡公園)／天皇の杜古墳

❹ 大枝陵から福西古墳群へ--288
宇波多陵／大枝陵(桓武天皇御母御陵)／大枝山古墳群／福西遺跡公園／京都市洛西竹林公園(竹の資料館)／灌田記念碑

❺ 大原野の古社寺をめぐる--293
大原野神社／勝持寺／正法寺／金蔵寺／大歳神社／十輪寺／三鈷寺／善峯寺／興産紀功の碑

あとがき／京都府のあゆみ／文化財公開施設／無形民俗文化財／おもな祭り／有形民俗文化財／世界遺産・古都京都の文化財(京都市・宇治市・大津市)／参考文献／年表／索引

もくじ

[本書の利用にあたって]

1. 本文で使われているおもな記号は，つぎのとおりです。
   - 🚶 徒歩
   - 🚌 バス
   - ✈ 飛行機
   - 🚗 車
   - 🚢 船
   - 🅿 駐車場あり

   〈M▶P.○○〉は，地図の該当ページを示します。
2. 各項目の後ろにある丸数字は，章の地図上の丸数字に対応します。
3. 本文中のおもな文化財の区別は，つぎのとおりです。

   国指定重要文化財＝(国重文)，国指定史跡＝(国史跡)，国指定天然記念物＝(国天然)，国指定名勝＝(国名勝)，国指定重要有形民俗文化財・国指定重要無形民俗文化財＝(国民俗)，国登録有形文化財＝(国登録)と表記し，京都府，市町村指定文化財もこれに準じるが，府と市などを区別するために，(府有形)，(市有形)，(府民俗)，(市民俗)などとし，登録文化財については(府登録)，(市登録)としました。京都府，京都市の文化財環境保全地区は(府環境保全)，(市環境保全)としました。
4. 文化財の所属について，所蔵品，収蔵品，寄託品，保管品などの区別がありますが，本書では厳密な区分はせず，原則として「保管」と表記しました。また博物館の名称についても，京都国立博物館＝京博，奈良国立博物館＝奈良博，東京国立博物館＝東博，大阪市立美術館＝大美のように略している場合があります。
5. 上・中巻の文中で上ル(あがる)は北，下ル(さがる)は南をあらわします。
6. コラムのマークは，つぎのとおりです。

泊	歴史的な宿	憩	名湯	食	飲む・食べる
み	土産	作	作る	体	体験する
祭	祭り	行	民俗行事	芸	民俗芸能
人	人物	伝	伝説	産	伝統産業
‼	そのほか				

7. 本書掲載のデータは，2017年5月現在のものです。とくに公開施設の休館日や祭礼の開催日時については，変更になる場合もありますので，事前にお確かめください。

Shimogyoku 下京区

西本願寺本堂（阿弥陀堂）

西本願寺境内図（『都名所図会』〈本願寺〉）

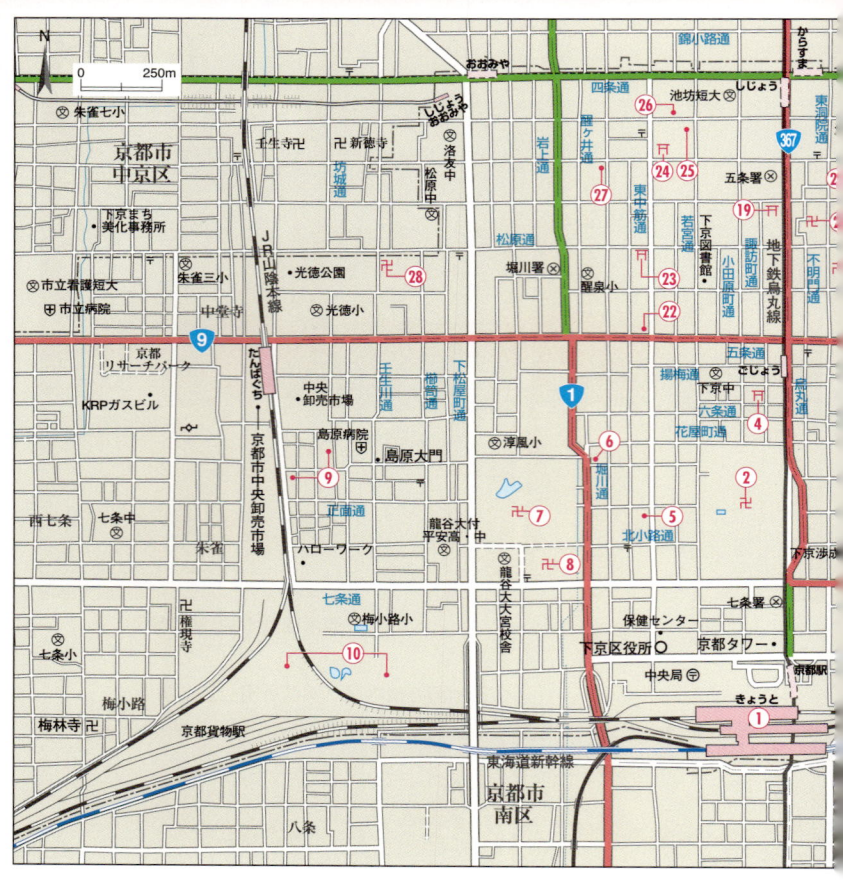

① 京都駅
② 東本願寺
③ 渉成園
④ 諏訪神社(尚徳諏訪神社)
⑤ 藪内家
⑥ 風俗博物館
⑦ 西本願寺
⑧ 興正寺
⑨ 島原の角屋と輪違屋
⑩ 梅小路公園と京都鉄道博物館
⑪ 柳原銀行記念資料館
⑫ 五条大橋
⑬ 本覚寺
⑭ 蓮光寺・金光寺
⑮ 長講堂
⑯ 市比賣神社
⑰ 京都市学校歴史博物館
⑱ 長香寺
⑲ 新玉津島神社
⑳ 平等寺
㉑ 仏光寺
㉒ 山本亡羊読書室旧跡
㉓ 五条天神社
㉔ 菅大臣神社
㉕ 長江家住宅
㉖ 杉本家住宅
㉗ 秦家住宅
㉘ 中堂寺

京都駅周辺

ホテル・デパート・劇場を兼ね揃えた斬新な京都駅ビル。一歩出れば東・西本願寺など宗教都市の顔もみえてくる。

京都駅 ❶ 〈M▶P.2,5〉京都市下京区烏丸通塩小路下ル東塩小路町
JR・地下鉄・バス・近鉄京都駅🚶すぐ

七条停車場とよばれていた観光都市京都の表玄関

　京都の玄関口ともいうべきJR京都駅は，1877(明治10)年に開業。当時の駅舎は赤レンガ造りのモダンな洋風建築で，その完成祝賀会は明治天皇が臨御して華々しく挙行され，「七条停車場」・「七条ステンショ」とよばれ，親しまれた。1889年に東海道線が全線開通すると旅客数・貨物量が増大し，1914(大正3)年には大正天皇の京都での即位大典にあわせて，総ヒノキ造り2階建ての2代目駅舎が建設された。初代の駅舎は現在よりもやや北側に位置していたが，2代目の駅舎はほぼ現在の場所に建てられ，駅前広場も拡大された。この駅舎は1950(昭和25)年に全焼し，1952年に観光デパートを併設した3代目へと引き継がれた。その後，新幹線の開通，近鉄京都駅の改修，市営地下鉄の開通などにともなって改修されてきたが，1997(平成9)年に現在のホテル・商業施設・劇場も含んだ延床面積23万7700m²の大型駅ビルへの建替えが完了した。駅ビルの2階には京都総合観光案内所があり，さまざまな観光情報を提供している。

　京都駅烏丸中央口の北側に聳え立つ展望塔は，1964(昭和39)年に建設された京都タワーである。10階建てのタワービルの上に立ち，総高は131mを測る。円筒形の鋼材をつなぎあわせた構造で，灯台をイメージしている。展望室からは平安京建都以来の碁盤目状の町割や，東山三十六峰のたおやかな景観を一望することができる。ちなみに京都タワーの高さ131mは，当時の京都市の人口が131万

京都駅

下京区

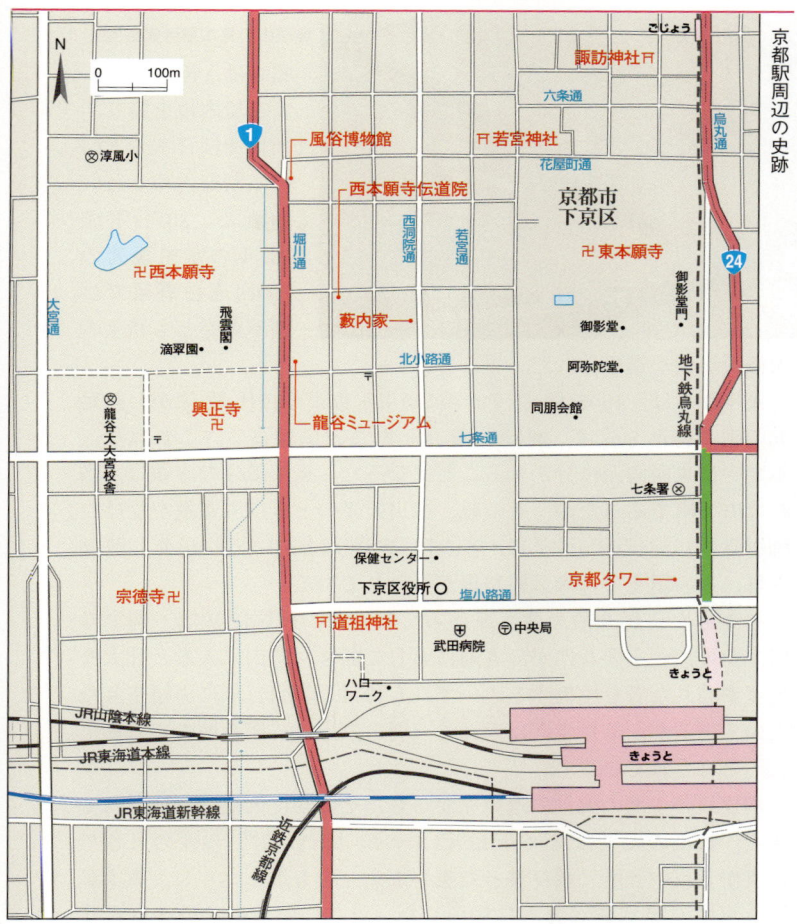

人であったことから決定されたといわれている。

東本願寺 ❷
075-371-9181
〈M▶P.2,5〉京都市下京区烏丸通七条上ル ℗
京都駅 🚶 7分

　京都駅から烏丸通を北へ七条通まであがると，北西側一帯に広がる大伽藍が目に入る。通称東本願寺とよばれる真宗大谷派の本山「真宗本廟」である。西本願寺（浄土真宗）の東にあるため，「東本願寺」や「お東さん」とよばれている。親鸞の死後，その末女覚信尼が1272（文永9）年に東山の大谷に廟堂を建てたことに始まる本

修復中の東本願寺御影堂

全国の信徒が結集して造営した近代最大の木造建築の御影堂

願寺は,両寺とも広大な境内地を誇り,門信徒は日本の人口の1割を占めるといわれる。2011(平成23)年の宗祖親鸞の750回遠忌事業では,両本願寺とも諸堂の大修復事業が進められた。

東本願寺は,1602(慶長7)年に徳川家康より12代教如が七条烏丸の地の寄進を受け,廟堂を建立したことに始まる。これ以後,本願寺は東西両派に分かれることになった。東本願寺の寺領は,当初は方4町であったが,その後,徳川家光のときにも寄進を受けた。御影堂は1658(万治元)年に,また阿弥陀堂は1670(寛文10)年に改築され,この頃までに伽藍の整備が行われている。

七条通から烏丸通を北へあがって行くと,阿弥陀堂門・御影堂門・菊の門と主要な門が烏丸通に面して開き,門内に入ると壮大な伽藍が訪れた者を圧倒する。いずれも1911(明治44)年に再建されたものであるが,御影堂門は南禅寺三門・知恩院三門と並んで京都三大門と称されている。

創建以降4度の火災に遭いながらも,その都度伽藍が再建されてきた。最後の火災は1864(元治元)年の蛤御門(禁門)の変のときで,御所から市中各所に飛び移った炎が下京一帯も焼きつくし,東本願寺も東側の渉成園とともに罹災した。現在の伽藍はその後に再建されたもので,まず宗祖親鸞の真影を安置する御影堂とその南側の阿弥陀堂が1880(明治13)年に起工され,1911年に至って諸堂の再建が完了した。御影堂は棟梁伊藤平左衛門により16年の歳月を費やして竣工したもので,古建築の伝統様式の技法に則った,当時の木造建築技術の集大成ともいえる大建築物である。正面76m(42間)・側面58m(32間)・高さ38m(21間)におよび,重層式の入母屋造で,畳の数は927枚を数え,屋根には17万5967枚もの瓦が使用されており,木造建築としては世界最大の建築面積を誇る。巨大な材木を曳

くために，女性門徒らが集めた女人の毛髪を綱に編んで寄進した毛綱も残されている。御影堂の南に建つ阿弥陀堂が本堂であり，堂内中央須弥壇の厨子には本尊阿弥陀如来が安置され，向かって右側には聖徳太子，左側には法然の御影がかけられている。

　伽藍の大半が明治時代以降の再建によるため，建造物として国宝・国重要文化財に指定されているものはないが，御影堂・阿弥陀堂・御影堂門を始めとする16棟の建造物が国登録となっている。また国宝の親鸞筆教行信証(鎌倉)のほか，絹本著色親鸞聖人像(鎌倉)，紙本著色本願寺聖人伝絵・紙本著色本願寺聖人親鸞伝絵(ともに南北朝)，一念多念文意(鎌倉)などの国重文を有する(いずれも京博保管)。

渉成園 ❸ 〈M▶P.3,22〉京都市下京区下珠数屋町通間之町東玉水町 P 京都駅🚶10分

四季折々の顔をもつ東本願寺別邸の回遊式庭園

　東本願寺から烏丸通を渡って正面通を100mほど東へ行くと，東本願寺別邸の渉成園(国名勝)正面に突き当る。周囲に枳殻が植えられていたことから通称「枳殻邸」ともよばれた。1641(寛永18)年，徳川家光によって新屋敷として寄進され，1653(承応2)年13代宣如のときに石川丈山が作庭したのが渉成園の始まりである。

　1858(安政5)年と1864(元治元)年の2度の火災で焼失しているが，明治時代初期までには庭園も復元に着手され，御所より車寄せを下賜されて表玄関とするなど建物の整備も進められた。

　西側の間之町通に面する受付から入って，建物をまわり込んでまず目にするのが園内の6分の1の面積を占める印月池である。池泉回遊式庭園で，池内には大小2つの島があり，北側の大きい中島には数寄屋風茶席の縮遠亭がある。亭のかたわらにすえられた石造宝塔塔身を利用した手水鉢は，源融が塩を焼いた釜の手水鉢として名高い。園内の建物は，池の南西岸に水上に迫り出して建てられている入母屋造・杮葺き屋根の茶室漱沈居，明治天皇が行幸した際に御座所となった閬風亭，園内のほぼ中央の要の位置にある中国風の建物の傍花閣，小書院の滴翠軒・臨池亭などがある。園内に源融にちなんだものが散見されるのは，陸奥国塩竈(現，宮城県塩竈市)の景観に擬した庭があったという左大臣源融の邸宅「河原

京都駅周辺　7

滴翠軒と臨池亭

「院」が当地にあったとする伝承による。「河原院」は平安京の六条大路の北側で東京極大路の西に位置しており、渉成園よりはやや北東の位置にあたる。

1665（寛文5）年、東本願寺は渉成園内に学寮を創設した。1715（正徳5）年に光遠院恵空が初代講師となると、隆盛し、1755（宝暦5）年には学寮を高倉通魚棚に移し「高倉学寮」と称するようになった。1838（天保9）年には学徒の数は1841人を数えたといい、この学統が現在の大谷大学に継承されている。

渉成園の北東側、木屋町通五条下ル東側には「源融河原院址」の石碑がある。源融は嵯峨天皇の皇子で左大臣にのぼった平安時代前期の貴族である。隠棲地としてこの六条河原に築かれた邸宅は、東は鴨川、西は柳馬場通、南は正面通、北は現在の五条通の8町にもおよぶ広大な範囲で、融が河原左大臣ともよばれたのは、ここに由来する。

渉成園の北西、天神町にある文子天満宮は、菅原道真を「天神」として最初にまつった、天神信仰の発祥といわれる神社である。相殿にまつられている文子比売は菅原道真の乳母多治比文子であり、この地はその宅があった所と伝えられている。江戸時代頃より始まった、洛陽天満宮二十五社順拝の1つに数えられている。

渉成園の南、七条通の河原町を西に入った所の材木町

「源融河原院址」の石碑

には，平安時代中期に活躍した仏師定朝とその一族が長く居住して彫刻につとめた，七条仏所とよばれる仏像の製作工房があった。定朝は，平等院鳳凰堂の本尊阿弥陀如来坐像（国宝）の作者で，日本的様式「和様」を完成し，その仏像彫刻は定朝様として，わが国の仏像彫刻の典型となった。鎌倉時代にはこの仏所から運慶・湛慶や快慶らがあらわれ，「七条大仏所」ともよばれた。豊臣秀吉のときに四条烏丸へ移り，その跡地も幕末の兵火で失われた。

諏訪神社 ❹

〈M▶P.2,5〉京都市下京区諏訪町通的場上ル下諏訪町351
地下鉄烏丸線五条駅 徒5分

信濃の諏訪大明神を勧請した神社

東本願寺の北側，諏訪町通的場を少しあがった所に諏訪神社（尚徳諏訪神社）がある。当社は，坂上田村麻呂が信州の諏訪大明神を勧請したとも，源義経が勧請したとも伝える。建武年間（1334～38）の兵火や江戸時代の大火により焼失したものの，その都度再建されており，江戸幕府5代将軍徳川綱吉の時代には社殿復興の勧進相撲が催されている。1864（元治元）年の焼失にあたっては，孝明天皇から再建費用として150両が下賜されたともいわれる。『都名所図会』には「獣肉を喰ふもの此社の神箸をうけて食す，汚穢なしとぞ」とある。

諏訪神社

藪内家 ❺

〈M▶P.2,5〉京都市下京区西洞院通正面下ル鍛冶屋町430
京都駅 徒10分

茶道藪内流宗家の茶室と茶庭

東本願寺の西側，西本願寺とのほぼ中間にある西洞院通を50mほど南へさがった所に，表千家・裏千家・武者小路千家の三千家と並ぶ茶道の流派藪内流の家元藪内家がある。藪内家の遠祖は藪内宗把といい，剣仲紹智を流祖とする。紹智の妻が古田織部正重然の妹ということもあり，利休や織部の影響も受けながらその茶風を形成した。茶家として現在14代を数える。

藪内家は最初現在の上京区藪内町（下長者町通新町西入ル）にあったが，2世真翁紹智のときに西本願寺の保護を受け，その寺領であった現在の地を拝領し，以降，現在まで当地において藪内紹智を襲名し，西本願寺の茶道師範をつとめている。移転した当時に庭園（燕庵庭園，国名勝）がつくられ，園内には茶室燕庵（国重文・江戸）のほか，利休より受けた雲脚茶室を移している。露地の古式をよく残し，格調高い茶庭を今に伝えている。燕庵は藪内家を象徴する茶室で，古田織部好みとされている。1864（元治元）年の兵火で焼失したが，摂津の武田儀右衛門が忠実に写して建てたものを，1867（慶応3）年に移築して現在の燕庵としている。燕庵庭園の露地は，内露地と外露地の間に中露地を設けた典型的な三重露地を残し，織部京屋敷の門構えなどもあり，2世真翁紹智が西本願寺から拝領した当時の様子を今に伝えている。

藪内家

風俗博物館 ❻

〈M▶P.2,5〉京都市下京区新花屋町通堀川下ル
京都駅 10分

古今の風俗意匠を展示する博物館と名水左女牛井の跡

堀川通花屋町の交差点南東角近く，井筒左女牛ビルの5階に旧地から移転した風俗博物館がある。『源氏物語』の光源氏邸宅六条院の「春の御殿」を4分の1のスケールで再現展示しており，御殿の各部屋には，源氏や紫の上らの登場人物が歴史考証に基づいた華麗な装束に身を包み，美しい調度品とともに表現されている。『源氏物語』の世界を身近に体感できるユニークな博物館である。

堀川通五条を約150mくだった西側に，「左女牛井之跡」の碑がある。「左女牛井」は「醒ヶ井」とも書き，西洞院三条の柳水，北野の利休井などと並び，京都の名水の1つに数えられていた。この辺りは源頼義が築き，源氏累代の邸宅となる源氏六条堀川館が

あった所である。六条堀川館は源氏にとっては平氏における西八条第に比類する重要な邸宅で、井戸も邸内につくられていたとされる。井戸は第二次世界大戦中の建物疎開によりなくなり、堀川通も拡幅され、現在は碑により顕彰されるのみとなった。

若宮通花屋町を約20m北へあがった所の若宮町にある若宮神社も、源氏ゆかりの名所である。後冷泉天皇の勅願により源頼義が1053（天喜元）年に創建し、長く源氏の崇敬を受け、室町将軍にも保護された。応仁・文明の乱により焼失し、豊臣秀吉時代に東山に移され、1605（慶長10）年には東山五条坂に移転したが、もとの鎮座地にもその名残りをとどめている。また、西洞院通六条を南へさがった所には、源頼義が建立したと伝える箕輪堂とよばれる仏堂があった。一説に「耳納堂」ともよんだとされ、前九年・後三年合戦における奥羽の戦死者の耳を切りとり、それをこの堂の下に埋めて供養したものと伝える。

西本願寺 ❼
075-371-5181

〈M▶P.2,5〉京都市下京区堀川通花屋町下ル　P
市バス西本願寺前・七条堀川 🚶 すぐ

近世初期を代表する建造物と庭園をもつ大寺院

西本願寺は、東本願寺の西約400m、堀川通七条の北西側に位置する。龍谷山と号し、浄土真宗本願寺派の大本山で、正式名は浄土真宗本願寺派という。東本願寺が開かれてからは西本願寺とよばれるようになり、親しみを込めて「お西さん」ともよばれている。その寺地は広大で、東西約330m・南北約290mにおよび、正面は堀川が濠の役割をして水をたたえていた。桃山文化を代表する建造物や庭園を、今日まで多く残す寺でもある。

本願寺は、親鸞の死後、末女覚信尼が1272（文永9）年に東山の大谷に廟堂を建てたことに始まる。教団の勢力は15世紀後期に、本願寺中興の祖といわれる8世蓮如により強大になったが、1532（天文元）年山科本願寺が日蓮宗徒によって焼かれると、10世証如は大坂石山に移った。11世顕如のときに織田信長との間におこった石山戦争の結果、石山を退いて紀伊鷺森（現、和歌山市）に移り、信長死後の1591（天正11）年に豊臣秀吉から京都堀川に寺地を寄進され、12世准如が造営にあたった。その後、徳川家康のときに東本願寺が分立するものの、この東・西本願寺は今日まで400年の間、つね

京都駅周辺　11

に日本仏教界の指導的立場にあった。かつて，親鸞のときにはわずかな門弟により支えられていた浄土門の一派である真宗念仏集団は，現在，寺院数2万を超え，門信徒に至っては日本の人口の1割を占めるといわれる大教団となっている。

　伽藍の整備は，この地に移転した直後から行われ，1596(慶長元)年の大震災や1617(元和3)年の火災後もすぐに復興に着手しており，1618年には早くも御影堂やその他の建物の再興記録がみえる。1628(寛永5)年には書院(対面所及び白書院，国宝)，1636年には大師堂(御影堂，国宝)，1657(明暦3)年には黒書院及び伝廊(国宝)が整備され，1760(宝暦10)年には本堂(阿弥陀堂，国宝)が整っている。

　西本願寺は，1864(元治元)年の禁門の変や1868(慶応4)年の戊辰戦争の動乱による被災を免れ，主要堂宇を現在に伝えている。建造物では本堂・大師堂・飛雲閣・唐門・書院・北能舞台・黒書院及び伝廊の8棟が国宝に，能舞台・鐘楼・浴室(黄鶴台)・玄関・経蔵・鼓楼・御影堂門などの11棟(境内東方にある伝道院を含む)が重要文化財に指定され，目隠塀や御成門に周囲を巡る築地塀3棟が附指定されている。近年，御影堂の大修復が行われた。西本願寺の堂宇には，豊臣秀吉ゆかりの建造物を移築したといわれるものが多くあり，唐門と玄関(一部)は伏見城の，飛雲閣・玄関(一部)・浴室は聚楽第の遺構と伝える。

　桃山文化を代表する庭園も残る。書院の東側にある大書院庭園は虎渓の庭とよばれ，枯山水で滝・渓流・海をあらわし，ソテツを用いるなど大胆で，桃山風の豪華な庭園として国の特別名勝・史跡に指定されている。また飛雲閣のある滴翠園(口絵)も国名勝である。また，寺宝として，紙本墨画親鸞聖人像(鏡御影)を始め，多数

西本願寺唐門

西本願寺の国指定文化財(美術工芸品)

国宝
- 絵画　紙本墨画親鸞聖人像(附 絹本著色親鸞聖人像正・副2幅，鎌倉)
- 書跡・典籍　三十六人家集(附後奈良天皇宸翰女房奉書，平安)，熊野懐紙(附伏見宮貞敦親王御添状・飛鳥井雅章添状)・観無量寿経註・阿弥陀経註(いずれも鎌倉)

重要文化財
- 絵画　紙本著色善信上人絵・絹本著色聖徳太子像(ともに鎌倉)，絹本著色雪中柳鷺図(元)，紙本著色慕帰絵詞・紙本著色親鸞・如信・覚如三上人像・絹本著色親鸞上人絵伝(ともに南北朝)
- 工芸品　銅鐘(平安)
- 書跡・典籍　教行信証・唯信抄・浄土三経往生文類・版本浄土論註・伏見天皇宸翰御歌集(附飛鳥井雅章書状)(いずれも鎌倉)，尊円親王詩歌書巻(南北朝)，栄花物語・歎異抄(ともに室町)
- 古文書　親鸞自筆書状類・恵信尼自筆書状類(ともに鎌倉)，本願寺御影堂留守職歴代譲状(附本願寺留守職相伝系図・光佐以下歴代譲状，鎌倉～室町)，天文日記(附万延元年八月光沢整理記)・証如上人極官関係文書(ともに室町)

の国宝・国重文を所蔵する。

西本願寺の南隣には，1639(寛永16)年に設立された龍谷大学の大宮学舎がある。子弟の教育機関として境内に創立した本願寺学寮に始まり，1876(明治9)年に大教校，1922(大正11)年に龍谷大学と改称した。1879年に建てられた本館・北黌・南黌・旧守衛所(いずれも国重文)は，関西における洋風建築の先駆的な建物とされる。本館は木骨石梁寄棟造の2階建てで，各部に洋風意匠を取り入れ，なかでも鉄製の門扉や窓，手摺などはロンドンから取り寄せたものである。大学図書館には，「大谷探検隊将来西域文化資料」として大谷探検隊がもたらした仏典や古文書類などが所蔵されている。油小路通を挟んだ東側に2011(平成23)年仏教総合博物館として龍谷大学龍谷ミュージアムがオープンした。

龍谷大学本館

興正寺 ❽ 〈M▶P.2,5〉 京都市下京区堀川通七条上ル花園町70 P
075-371-0075　　　　市バス七条堀川 🚶10分

本願寺から分離・独立した真宗興正派の本山

　西本願寺の南隣にある興正寺は，円徳山と号する真宗興正派の本山である。了源が1324(正中元)年に一寺を建立し，覚如により興正寺と名づけられたことに事実上始まる。のち仏光寺と称したが，経豪が1481(文明13)年に仏光寺を脱して本願寺蓮如に帰依し，山科の地に寺を建て，旧名の興正寺を称した。1567(永禄10)年には本願寺11世顕如の子顕尊が入寺し，本願寺につぐ高い地位を占めた。その後，本願寺の流転と行をともにし，1591(天正19)年に本願寺の京都移転にともない現在地に移った。江戸時代には西本願寺側に属したが，しだいに独立の機運を高め，1876(明治9)年に至って本願寺から分離・独立した。現在の堂宇は，1902年の火災後の再建で，御影堂は1912年，阿弥陀堂は1915(大正4)年に落成した。

　京都駅前の塩小路通を西へ500mほど行くと堀川通にあたるが，その手前南側に道祖神社(祭神猿田彦大神ほか)がある。宇多天皇の居所の1つであった亭子院の鎮守社として西洞院正面の西本願寺前に創祀されたもので，豊臣秀吉により現在地に遷された。境内には江戸時代の書家で，本願寺の賓師となる烏石葛辰の筆による「文房四神之碑」がある。

　道祖神社から堀川通を越えて西に約150m行くと，紀伊国から勧請した粟嶋大明神をまつる宗徳寺(浄土宗)がある。応永年間(1394～1428)に創建された寺で，女人一生の守り神として「あわしまさん」の愛称でよび親しまれている。境内にある「応永二十八(1421)年」造立の銘をもつ石造弥陀板碑や与謝蕪村の句碑が名高い。

興正寺御影堂

コラム

大谷探検隊

大谷光瑞が主宰した壮大な探検隊

大谷探検隊は，大谷光瑞が主宰し，実施した壮大なスケールの中央アジア探検隊である。光瑞は西本願寺21世大谷光尊の長男で，22世となり，妻は貞明皇后の姉九条籌子である。

探検の目的は，仏教東漸の経路をたどり，仏教遺跡を調査し，仏教資料を中心とする文物の収集にあった。探検隊の請来品図録である『西域考古図譜』の序文には，「西域は是れ仏教興隆し，三宝流通せる故地なり。特に新疆の地たるや，印度と支那の通路に当り，両地の文化の接触せし処にして，又実に仏教東漸の要衝たり」と記されている。

明治維新以降，政府の神道国教政策に基づいて行われた廃仏毀釈や急速な西欧化の波の中で，光瑞は仏教存亡の危機感をもったと思われるが，一方ではインドを植民地とするイギリスやロシアの南下政策など，アジアにおける列強の動向にも大きな危惧を覚えたようである。このことは，のちに中国の孫文政府の最高顧問となり，第二次世界大戦中は内閣参議・内閣顧問を歴任していることからもうかがえる。

第1次探検隊は，大谷光瑞を始め，堀賢雄・渡部哲信・本多恵隆・井上弘円の青年らにより，1902（明治35）年から始まる。当時，ロンドンに留学していた光瑞は，その帰路を利用し，ロンドンからロシアのレニングラード，バクーからアフガニスタン北部のウズベキスタン，カシュガル，インドへと向かう。途中，21世が急逝したため，堀と渡部を残して光瑞は帰国したが，残った2人はトルファン，ウルムチを経て，1904年に目的地であった西安に到着した。

第2次（1908～09年）は，野村栄三郎・橘瑞超が，また第3次（1910～14年）には橘と吉川小一郎がそれぞれ派遣され，北京，ゴビ砂漠，ウルムチ，トルファン，楼蘭，敦煌，チベットなどに入った。仏教伝来経路の調査，イスラーム教に席巻された仏教の状況など，仏教に関する情報・資料を収集するかたわら，中央アジアの地理・気象などの調査も精力的にこなし，国際的にみても先駆的な業績を残した。

壮大な中央アジア探検は，西本願寺に莫大な出費をもたらした。それは西本願寺の財政を圧迫し，教団内で非難の対象となり，光瑞は1914（大正3）年に教団の財政破綻と本山の疑獄事件で退隠することになった。いずれにしても，わが国の歴史でこれほど大規模な調査探検は過去にはなく，大谷光瑞は8世の蓮如と並び，本願寺教団が生んだ巨人のうちの1人であることには違いない。

京都駅周辺

島原の角屋と輪違屋 ❾

〈M▶P.2〉京都市下京区西新屋敷揚屋町・中之町
市バス梅小路公園前 🚶10分

花街の面影を今に伝える揚屋と置屋の遺例

　西本願寺の北西角の大宮通花屋町を西へ300mほど行った所に、大きな木造の門がみえる。島原の東入口に残る島原大門（市登録）である。ただし、島原は通称で、正式名称は現在にも地名として残る「西新屋敷」という。1641（寛永18）年に六条三筋町にあった花街が市街地西方の朱雀野とよばれた当地に移されたもので、「島原」の通称は、その移転の騒動がさながら島原の乱のようであったからとも、廓の構造が三方が塞がり口が一方にしかない肥前島原の城に似ていたからともいわれる。およそ200m四方の地を占め、四周は堀と塀で囲まれていた。東口に残る大門は、控えの柱にも屋根がつく高麗門形式で、1867（慶応3）年に建て替えられたものである。

　島原は幕府公認の遊郭として発展したが、江戸時代中期には俳壇ができるなど、京都文化の中心的役割もはたした。また、「傾城」ともよばれる、官許により遊宴でのもてなしを公認された女性の最高位を示す「太夫」という言葉は、島原で使われ始めたといわれている。江戸時代後期以降は市街地に近い新興の茶屋街におされて徐々にさびれていったが、花街としての営業は1977（昭和52）年まで続けられており、上七軒・先斗町・祇園甲部・宮川町・祇園東とともに京都の六花街の1つに数えられていた。

　大門をくぐって1筋目の道を北へ30mほどあがると、輪違屋がある。元禄年間（1688〜1704）の創業と伝える置屋で、太夫や芸妓を抱えおき、揚屋や茶屋からの注文に応じて派遣した。輪違屋の現在の建物（市有形）は、1857（安政4）年の再建によるもので、近世の置

島原大門

輪違屋

屋建築の遺構を現在によく伝えている。客室は全部で十数室あり，なかでも2階にある傘の間と紅葉の間の襖や壁の漸新な意匠は見事である。

　大門から西へ200mほどの所に角屋（国重文）がある。寛永年間（1624〜44）の創業と伝える揚屋で，町屋造でありながら数寄屋造・書院造の要素を取り入れた建物となっており，全国でも珍しい揚屋建築の遺構である。表は1階・2階とも全体が格子造で揚屋の雰囲気をよく伝える。また，与謝蕪村筆の紙本金地墨画淡彩紅白梅図の襖・屏風（国重文，京博保管）など，多数の美術品を所有する。現在は公益財団法人角屋保存会が，角屋もてなしの文化美術館として建物と角屋伝来の美術品・古文書類などの展示・公開を行っている。また，その庭は市名勝に指定されている。

　なお，輪違屋と島原にみられる置屋と揚屋の分業制を「送り込み制」といい，関西方面に多く，現在の祇園などの花街にも「お茶屋」と「屋形」の制度として継承されている。

　幕末の角屋は勤王の志士が出入りし，密議を行った所としても知られる。敷地北東角の壁際には「長州藩志士久坂玄瑞の密議の角屋」の石碑が立っている。久坂玄瑞は長州藩尊王攘夷派の主導者の1人で，禁門の変に参戦し，負傷して自刃した。

　この石碑から西へ30mほどの所には，「此附近　東鴻臚館址」の石碑と，鴻臚館の説明を記した新しい石碑が建てられている。鴻臚館は朱雀大路を挟んで七条通北側に東西対称に建てられた外国使節の接待施設で，この石碑は東鴻臚館跡を顕彰するものである。実際にここでの接待の対象となったのは，おもに渤海国の使節であったが，渤海国も927年には滅亡するにおよんで，鴻臚館もしだいに衰微していった。

梅小路公園と京都鉄道博物館 ❿
075-352-2500／075-314-2996

〈M▶P.2〉京都市下京区上中之町1-3　P／京都市下京区観喜寺町
市バス梅小路公園前 大 5分

わが国の近代化を象徴する鉄道遺産

　JR京都駅の西方700mほどにある梅小路公園は，1994（平成6）年の平安建都1200年記念事業の1つとして，JRの梅小路貨物ヤード跡地につくられた都市公園である。面積は11.6ha，園内には広々とした芝生広場のほか，回遊式庭園の朱雀の庭や，水遊びのできる河原遊びの場などがあり，市民の憩いの場となっている。

　公園の西側には2015（平成27）年に京都鉄道博物館が開館している。当館は梅小路機関車庫（国重文）に収蔵展示する蒸気機関車を中心に50両を超す車両を展示するわが国最大級の鉄道博物館である。もとは梅小路機関区の車庫であったものを，1972（昭和47）年，日本の鉄道100周年を記念して，蒸気機関車の保存と日本における鉄道の歴史を学習できる施設としてオープンした梅小路蒸気機関車館を前身とする。扇形の車庫には大正から昭和時代における代表的な蒸気機関車を保存・展示している。

　館出口の木造2階建ての建物は，1904（明治37）年に建てられた旧二条駅舎（市有形）を，JR二条駅の建替えにともない移築したものである。明治時代に建てられた本格的な和風の駅舎としては現存唯一のもので，鉄道博物館に相応しい雰囲気を演出している。

　鉄道博物館から七条通に出て，JR山陰本線の高架をくぐった所の北側一帯は，京都市中央卸売市場第一市場である。1927（昭和2）年に開設されたわが国最初の中央卸売市場で，現在この第一市場では，野菜・果実などの農産品と，生鮮水産物・加工水産物などの水産品のほか，漬物・乾物・佃煮・鳥肉・鶏卵などを扱っている。な

京都鉄道博物館に移築されている旧二条駅舎

18　　　下京区

お，牛肉・豚肉などの食肉は，1969（昭和44）年に開設された南区吉祥院の第二市場で扱われている。この第一市場の位置は平安京の東西鴻臚館跡にほぼ該当するが，鴻臚館跡のさらに東西には，やはり朱雀大路を挟んで東西対称に官営の市場（東市・西市）が開設されていた。現在の第一市場は，平安時代から市場があった歴史的な場所であるといえる。

　七条通を西へ向かうと，場外市場の様相を呈する七条通商店街がある。この商店街を200mほど行くと，南側に親鸞の曽孫で本願寺3世覚如の分骨所である朱雀御坊があり，西へ約80mの所には愛宕権現の本地仏勝軍地蔵をまつる権現寺（浄土宗）がある。権現寺の参道脇には，保元の乱で崇徳上皇方となり，敗れて殺された源為義の塚と伝える石塔もある。

　七条通をさらに西へ400mほど行き，御前通を南へ約100mくだると，西側に西蓮寺，松尾大社西七条御旅所があり，ここから南へ200mほどくだった西塩小路通を西へ約50m行くと，若狭の海水が奈良東大寺二月堂へ通う潮の路にあたる池があったという寺伝をもつ水薬師寺（真言宗）がある。御前通に戻り南へ約200mの所にある梅林寺（浄土宗）は，もとは陰陽師安倍家の菩提所梅蓮寺であったものが，のちに土御門家に伝領されたものと伝え，境内には安倍家や土御門家の墓がある。毎年1月に当寺の大日堂で行われるジジバイ講（市登録）は，旧梅小路村のオコナイ行事で，住職が読経の途中，講員に榊の枝をまわし，それを講員が1枚ずつとっていき，その後「ジジバイ，ジジバイ」というかけ声とともに，青竹の束で前におかれた丸太を勢いよく叩く。

　梅林寺から七条通に戻って，西へ150mほど行き，さらに北へ50mほどあがると，仏師安阿弥快慶が庵を結んだという伝承地に創建された安阿弥寺（浄土

梅林寺

宗)がある。門前の板碑は，鎌倉時代の作と伝える。安阿弥寺から北へ50mほど進み，北小路通に出て西へ約50mの所にある高源寺(臨済宗)は，京都では数少ない道了大薩埵をまつる寺である。道了は怪力をあらわして相模国(現，神奈川県)足柄の大雄山最勝寺の造営につとめたとされ，俗に「小田原の道了大薩埵」とよばれて，庶民の信仰の対象となった。

柳原銀行記念資料館 ⓫
075-371-8220

⟨M▶P.3⟩ 京都市下京区下之町6-3
市バス塩小路高倉🚹すぐ，または京都駅🚹10分

地元産業の歴史を紹介する資料館

塩小路高倉バス停から東へ向かい，河原町通を南に100mほどの所に柳原銀行記念資料館(市登録)がある。柳原銀行は1899(明治32)年に，柳原町の産業振興を目的として明石民蔵らによって設立された。建物は1907年の上棟で，正面部を隅切りした長方形の平面をもつ木造2階建て，桟瓦葺き，外壁板張り，窓は上下開きの縦長で，正面隅切部にはペディメントとよばれる切妻型窓上飾りのつくモダンな意匠である。当初は，河原町通塩小路の南西角に建てられたが，東側の国道24号線拡幅工事にともない移築・復原され，1997(平成9)年に京都市崇仁隣保館資料室「柳原銀行記念資料館」としてオープンした。地域の歴史・文化・生活資料などの展示を通して，人権問題への正しい理解と人権意識の普及・高揚をはかる歴史資料館としての役割をになっている。

柳原銀行記念資料館

河原町に沿って

五条大橋の南側を河原町通に沿って，社寺がひしめく，いわれに富んだコースを歩く。

五条大橋 ⑫　〈M▶P.3,22〉京都市下京区河原町五条東
市バス河原町五条 🚶 5分

今の五条通は平安京の六条坊門小路

五条大橋は五条通（国道1号線）の鴨川に架かる橋で，牛若丸と弁慶が対峙したエピソードで著名であり，橋の西詰には2人の石像が立つ。ただし，現在の五条通は平安京の六条坊門小路にあたっており，これは豊臣秀吉のときに方広寺大仏殿の造営にともなって平安京の五条通（現，松原通）から大橋を現在地につけ替えたが，その後も橋の名前をそのまま「五条橋」としたことによる。したがって現在の松原橋が昔の五条橋にあたり，清水寺の参詣路であった。近世，五条大橋付近には扇製造業者が多く，橋の西袂の扇塚は，これを顕彰するため，戦後に建立されたものである。

五条大橋（『都名所図会』）

本覚寺 ⑬　〈M▶P.3,22〉京都市下京区富小路通五条下ル本塩竈町588
市バス河原町五条 🚶 すぐ

源実朝夫人が創建した寺

河原町五条バス停の南側には，多くの寺院が軒を連ねる。ここは，豊臣秀吉が行った区画整理によって，市中に散在する寺院を集めて寺町が形成された所である。

五条通に隣接する本覚寺（浄土宗）は仏性山と号し，1222（貞応元）年に源実朝の夫人本覚尼が，西八条にあった遍照心院内に創建した寺である。遍照心院は，清和天皇の孫にあたる六孫王源経基の子満仲が，父の墓所に一宇を建立したのが始まりという。本覚寺は初め真言律宗であったが，室町時代の1503（文亀3）年に浄土宗に改宗，応仁・文明の乱で荒廃したが，細川政元によって高辻烏丸に再建され，さらに1591（天正19）年に現在地に移った。当地は

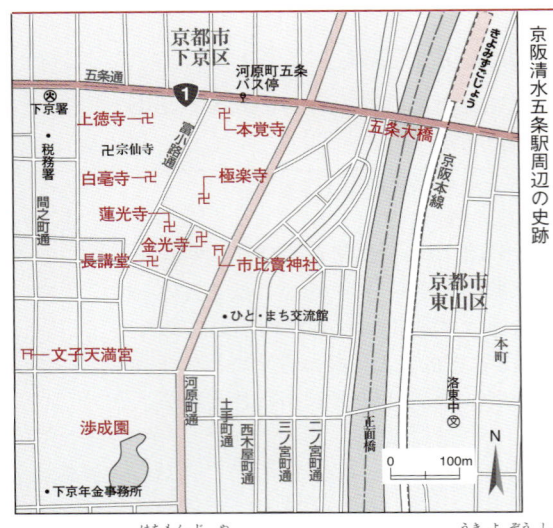

京阪清水五条駅周辺の史跡

嵯峨天皇の皇子源融の河原院の旧地と伝えられる。融は院内に陸奥国塩竈の景を再現して楽しんだといわれ，現在の町名の本塩竈町はこれにちなむ。境内には源融像と本覚尼像を安置する塩竈神社があり，墓地には八文字屋本の全盛期を築いた浮世草子の作者八文字屋自笑の墓もある。

本覚寺の西の上徳寺（浄土宗）は，塩竈山と号し，1603（慶長8）年に徳川家康が伝誉を開山に建立したという。たび重なる火災により堂宇・塔頭を失い，現在の本堂は1753（宝暦3）年建立の永観堂の祖師堂を明治時代になって移築したものである。境内の地蔵堂には，高さ2m余りの世継地蔵とよばれる地蔵が安置され，祈願すると，よき世継が授かるとして古くから信仰を集めている。

本覚寺の南約100mにある白毫寺（真言律宗）は，もとは東山知恩院の北東にあり，1603年の知恩院の境内拡張を機に，現在地に移転したものである。聖徳太子立像を安置し，六条河原院の旧地であるところから，塩竈太子堂とも称される。

白毫寺の東側にあ

本覚寺

る極楽寺(浄土宗)も、1590(天正18)年に四条坊門東洞院から現在地に移転してきた。境内に安置される地蔵は、摂津国住吉から移されたもので、極楽寺地蔵の名で知られている。

蓮光寺・金光寺 ⑭
075-351-3066／075-361-2773

〈M▶P.3, 22〉京都市下京区富小路通六条上ル本塩竈町534／本塩竈町586
市バス河原町五条 🚍 5分

快慶作の負別阿弥陀と清盛ゆかりの駒留地蔵

白毫寺の南にある蓮光寺(浄土宗)は、1500(明応9)年に真盛の弟子蓮光が新町高辻に高野山の苅萱堂を模した一宇をつくったのに始まる。初めは天台宗であったが、1591(天正19)年に現在地に移るにおよんで浄土宗に改め、寺名も蓮光寺とした。本尊阿弥陀如来像は快慶作と伝えられ、「負別阿弥陀」の別称もある。快慶が東国の僧の求めに応じて造像したが、あまりの出来栄えに手渡した後も惜しまれ、今一度御本尊を拝したいと僧の後を追って山科の追分で追いつき、唐櫃に収められた像を拝もうとしたところ、櫃内から光が放出し像が2体に分身していたので、僧は東国に、快慶は当地にそれぞれ背負って持ち帰ったという話が伝えられている。境内の地蔵堂には、平清盛が駒をとめたとする駒留地蔵が安置されており、境内墓地には関ヶ原の戦いで西軍に属した長宗我部盛親の墓がある。

蓮光寺の東側の金光寺(時宗)は、空也が市比売神の神勅により堀川七条に創建したものと伝え、初めは天台宗であったが、鎌倉時代の唐橋法印胤恵が一遍に帰依し、作阿弥陀仏(作阿)と名を改めて時宗とした。山号の市中山は、当寺が平安京の東市にあったことに由来し、市の祭神市比賣神社を鎮守とする。1591年に秀吉が行った区画整理で、市比賣神社とともに現在地に移った。寺宝に紙本著色遊行上人絵巻(国重文・鎌倉)を有する。

駒留地蔵(蓮光寺)

河原町に沿って　23

長講堂 ⑮
075-351-5250

〈M▶P.3,22〉京都市下京区富小路通六条
市バス河原町五条 徒歩5分

後白河法皇が建立した持仏堂 膨大な皇室領荘園の名義者

蓮光寺に隣接して、長講堂（法華長講弥陀三昧堂、浄土宗）がある。後白河法皇が1183（寿永2）年に御所六条殿（現、五条西洞院）に持仏堂として創建したのに始まり、初めは六条西洞院にあった。法華経を長日にわたって講読したので、法華長講弥陀三昧堂を略して長講堂と名づけられたという。院政期には多くの貴族たちが競って同様の持仏堂をつくったが、この後白河法皇の建立したものがもっともよく知られ、たんに長講堂といえば当寺を指すようになった。後白河法皇の死後、法皇の生前の起請により、88所にもおよぶ膨大な荘園（長講堂領）が寄進され、寺と寺領は丹後局高階栄子の産んだ宣陽門院覲子に譲与された。長講堂領はのち後深草天皇を経て持明院統に伝えられ、南北朝合一後も皇室の有力な財源になった。

寺はたび重なる火災により場所を移し、天正年間（1573～92）に下寺町の現在地に移った。現在の建物は1864（元治元）年の兵火で類焼した後の再建である。本堂には、後白河法皇の臨終仏と伝える寄木造の本尊木造阿弥陀如来及両脇侍像（国重文・平安）が、御影堂には1658（明暦4）年七条仏師法眼康知作の墨書銘のある木造後白河法皇御像（国重文・江戸）が安置されている。

長講堂

市比賣神社 ⑯
075-361-2775

〈M▶P.3,22〉京都市下京区河原町五条下ル1筋目西入
地下鉄烏丸線五条駅 徒歩5分

平安京東西市の守護神

市比賣神社は、795（延暦14）年、左大臣藤原冬嗣が平安京東西市の守護神として宗像三神を勧請したのが始まりという。「市比賣」は「市姫」でもあり、市場の祭神である。市杵島姫命、または橋姫のこととともいう。境内にある天之真名井の水は、歴代天皇の

産湯に用いられたといわれ、現在も名水として茶会などに用いられる。祭神がすべて女神であることから女性の守り神とされ、とくに「女人厄除け」の神として、女性の参拝が絶えない。

京都市学校歴史博物館 ⑰
075-344-1305

〈M ▶ P.3〉京都市下京区御幸町通仏光寺下ル橘町437
阪急電鉄京都線河原町駅・市バス四条河原町 大 5分

学校教育の資料を展示する貴重な博物館

　四条河原町交差点から四条通を西へ250mほど行き、御幸町通を南へ5分ほど歩いた所にある京都市学校歴史博物館は、学校統合により閉鎖された小学校の建物を利用したユニークな博物館である。もとの小学校は1869(明治2)年に下京第11番組小学校として開校し、1872年に下京第13区小学校、1875年に開智小学校と改称、1992(平成4)年に閉鎖された。番組小学校とは、1872年の学制に先立つ1869年から京都で始められた学区制小学校のことで、京都府からの下付金と市民からの寄付金により、町組を単位として1町組1校、全市で実に64校もの小学校を全国に先駆けて開校した。

　学校歴史博物館では、京都における学校や教育の歴史を物語る多数の教科書や教材とともに、学校の創設につくした町衆の情熱を実感させられる歴史資料や、卒業生らが母校に寄贈した絵画などの美術工芸品などを展示している。もとの校舎を利用しているだけに、かつては子どもたちが走りまわっていたことに思いを馳せると、今は静かな博物館施設も懐かしさを感じさせる所でもある。なお、開智小学校正門は高麗門の様式を取り入れた1901(明治34)年の建造で、1918(大正7)年に白川石を使用してつくられた石塀とともに国登録文化財になっている。

　学校歴史博物館を出て、仏光寺通から東へ50mほど行くと、寺町通になる。この辺り一帯は、京都でも

京都市学校歴史博物館

河原町に沿って

電気店が集中する所として知られていた。また,「寺町」の通名に示されているように,秀吉の区画整理により集められた寺院が多くみられる。学校歴史博物館からは,空也寺(浄土宗)がもっとも近い。空也寺は,972(天禄3)年に空也が開創したと伝え,1850(嘉永3)年に類焼したが,明治時代に再興された。釈迦堂にまつられた釈迦如来坐像は,「おこり」の平癒祈願の信仰があり,わら縄で縛って祈願すると,「おこり」が治ると伝わる。

空也寺から北へ50mほどにある聖光寺(浄土宗)は,浄土宗2世光房弁阿の草庵を,1197(建久8)年仏師康慶が寺に改めたと伝え,嵯峨式釈迦如来立像や清海曼荼羅をまつる。文禄年間(1592～96)の再興で,境内には赤穂浪士で元家老の大石良雄(内蔵助)の実母,義商天野屋利兵衛で知られる安田善右衛門好時,「鞍馬天狗」で有名な俳優の嵐寛寿郎の墓などがあって参拝者も多い。

その北約100mの浄教寺(浄土宗)は,平重盛が承安年間(1171～75)に東山小松谷の邸宅に建立した灯籠堂に始まる。『源平盛衰記』によれば,この堂は48間の精舎で,1間に1体ずつ計48体の阿弥陀如来像を安置し,48人の女房が1灯ずつ灯を捧げて礼拝したという。平家没落にともない衰退したが,東洞院高辻に再興され,天正年間(1573～92)に現在地に移った。寺の旧地は前述の行事にちなみ,燈籠町という。本堂に阿弥陀三尊像および平重盛の木像を安置し,境内には重盛の碑がある。

浄教寺の北向かいで四条通沿いにある春長寺(浄土宗)は,本能寺の変で敗死した織田信長の長男信忠の家臣村井貞勝の菩提を弔うために建てられたもので,寺名は貞勝の号「春長軒」に由来する。

平重盛の碑(浄教寺)

烏丸通に沿って

③

烏丸通に沿って，銀行や問屋が軒を連ねるまちなかに残る文化財をめぐる。

長香寺 ⑱　〈M▶P.2, 28〉京都市下京区高倉通松原下ル樋之下町 P
075-351-1754　　市バス烏丸松原 ★ 5分

家康側室の法号にちなむ寺
怨霊伝説の井戸

　烏丸通の約250m東側，五条の高倉通を200mほど北へあがると長香寺(浄土宗)がある。寺名は，徳川家康の側室で法号を長香院とする，於古知也にちなんでつけられたものである。信誉称阿を開山として慶長年間(1596〜1615)に創建され，本尊の阿弥陀如来像は恵心僧都の作と伝えられる。当寺の建立には，京都所司代板倉勝重，幕府の大工頭中井家初代正清，金座の後藤庄三郎らが尽力したが，とりわけ中井家は代々長香寺の維持につとめ，当寺はその菩提寺ともなっている。1864(元治元)年の兵火により灰燼に帰したが，檀信徒や近隣町内の人びとの浄財によって復興した。

　長香寺から東へ約50m，堺町通松原下ル鍛冶屋町には，嫉妬深い女が生霊となり，洛北貴船の神に祈り，自分を捨てた夫を呪って毎夜丑の刻詣りをするうちに，ここで息が絶えてしまい，その祟りを恐れて金輪で塚を築き，女の霊をまつったという伝説がある。これは『山州名跡志』にのせる話であるが，謡曲「鉄輪」はこの話を基にしたものである。鍛冶屋町の堺町通を80mほど南へさがり西に入ると，伝説にちなむ金輪井戸と命婦稲荷社(祭神命婦稲荷大明神)がある。

　また，長香寺の北側の松原通を西へ向かい，烏丸通を30mほど南にさがった所にある俊成社は，平安時代末期の歌人藤原俊成の邸宅跡と伝わるが，これは後世の誤認のようである。俊成は藤原道長の5男長家の曽孫で，定家の父。三位皇太后宮大夫に至り，五条三位と称され，歌合の判者や勅撰和歌集の撰者としても活躍した。当社では，俊成の命日といわれる11月28日には，毎年，俊成の画像と稲荷大明神の軸を掲げ，お火焚き祭を行う。

新玉津島神社 ⑲　〈M▶P.2, 28〉京都市下京区松原通烏丸西入玉津島町
　　　　　　　　　市バス烏丸松原 ★ 5分

　俊成社から烏丸通を挟んだ西側の玉津島町にある新玉津島神社は，

烏丸通に沿って　27

四条駅周辺の史跡

藤原俊成が勧請した歌道の神

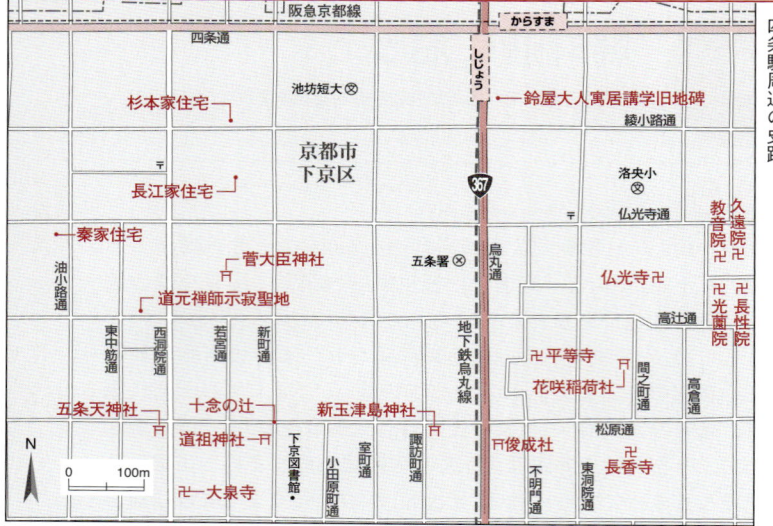

藤原俊成が紀州の和歌の浦から衣通姫を勧請したと伝え，それ以来，和歌(歌道)の神としてまつられている。この辺りは，俊成の五条京極家があった所で，『新古今和歌集』『新勅撰和歌集』の撰者で著名な子の藤原定家もここに居した。足利尊氏はここに和歌所を設け，朝廷も厚く処遇したが，応仁・文明の乱により焼亡し，冷泉家により復興された。元禄年間(1688〜1704)には，歌人北村季吟が宮司となって弟子を育てたが，その1人に松尾芭蕉がいる。現在も多くの人が短歌・俳句の上達祈願に訪れる。

新玉津島神社

平等寺 ⑳
075-351-7724

〈M▶P.2, 28〉京都市下京区松原通烏丸東上ル因幡堂町728
市バス烏丸松原 🚶 2分，または地下鉄烏丸線四条駅 🚶 5分

烏丸通松原の交差点から松原通を東に約40m入り，不明門通を

平等寺

50mほど北上すると平等寺(真言宗)がある。通称は因幡薬師。町名の「因幡堂町」からもわかるように,因幡堂の名でもよばれている。1003(長保5)年,橘行平の私邸を寺とし開創されたもので,紙本著色因幡堂縁起(国重文・鎌倉,東博所蔵)によると,因幡守橘行平が勅命で因幡国(現,鳥取県)一宮に参詣したとき,夢告により同国賀留津の海中から1体の薬師像を引き揚げ,これを仮堂に安置しておいたところ,薬師如来が行平の後を追って都まで飛来したので,行平が自邸を仏堂とし,これをまつったのが当寺の始まりと伝える。この霊験譚から,歴代の天皇の厄年には勅使が派遣され,また治病祈願などで庶民の信仰を集めた。現在の建物は明治時代の再建で,本尊の木造薬師如来立像(平安)や木造如意輪観音坐像・木造釈迦如来立像(ともに鎌倉)は国重文に指定されている。

受領の任国から招来された薬師如来

松原通に戻って東へ150mほど行き,間之町通を50mほど北へあがると,花咲稲荷社(祭神倉稲魂神)が宅地の中にひっそりとたたずんでいる。ここは江戸時代前期に貞門派俳諧の祖として一流派を成した松永貞徳(花咲亭逍遥軒)の邸宅の鎮守社であった。

仏光寺 ㉑
075-341-3321

〈M▶P.2, 28〉 京都市下京区高倉通仏光寺下ル新開町397
市バス烏丸松原 2分,または地下鉄烏丸線四条駅 5分

後醍醐天皇から賜った「阿弥陀仏光寺」の寺号

烏丸仏光寺の交差点を2筋東へ約200m入った南側に,仏光寺(浄土真宗)がある。山号は渋谷山。流罪を赦され,越後から帰洛した親鸞が,1212(建暦2)年に開いたもので,当初は山科の東野にあり,興隆正法寺(興正寺)と号した。鎌倉時代の末に7世了源が市中東山の渋谷に寺基を移し,寺名も仏光寺に改めたという。仏光寺の寺号は,後醍醐天皇から「阿弥陀仏光寺」,略して仏光寺の寺号を賜ったものと伝えられている。

室町時代に寺勢は隆盛に向かったが,それとともに延暦寺の弾圧を受け,応仁・文明の乱で焼亡し,その後,18世経豪が多くの末

烏丸通に沿って

仏光寺

寺・門徒を率いて本願寺に帰属するなど，しだいに衰えた。1586(天正14)年，豊臣秀吉の大仏殿(方広寺)建立にあたって五条坊門(現在地)に移され，今日に至った。天明の大火と禁門の変の兵火により堂宇が焼失し，現在みられる建物は明治時代の再建で，御影堂は1884(明治17)年に，阿弥陀堂は1904年に落成した。阿弥陀堂には木造聖徳太子立像(国重文・南北朝)を安置するが，像内からは「元応二(1320)年」の造立文書と5世了海の遺骨包紙が発見されている。また，紙本著色一流相承系図(国重文・鎌倉)を長性院と共有する。

仏光寺の東門前から北にかけて，光薗院・長性院・教音院・久遠院・大行寺などの子院・末寺がある。光薗院は木造阿弥陀如来立像を，大行寺は快慶作の木造阿弥陀如来立像を所蔵する(ともに国重文・鎌倉)がある。

約250m北上し，四条通へ出て東へ100mほど行くと，円山応挙宅跡碑がある。応挙は丹波穴太村(現，亀岡市)生まれで，京に出て狩野派の流れをくむ石田幽汀に学び，写実を重んじ円山派を大成した。この辺りは応挙のほかにも与謝蕪村・松村景文・岡本豊彦らの画家が住んだ。また，烏丸通四条下ル東側の三菱東京UFJ銀行内には，鈴屋大人寓居講学旧地碑がある。鈴屋は国学者本居宣長の号で，宣長は1752(宝暦2)年に伊勢松阪から上洛し，綾小路通室町西にあった堀景山の塾や，四条室町南の武川幸順宅に寄宿し，儒学・医学を学んだ。この石標は，景山・幸順の宅跡を示すものである。なお，綾小路通新町東入ル南側には，堀・武川両名の塾跡を示す「本居宣長先生修学地」の石碑がある。

堀川通・西洞院通に沿って

④ まちなかの社寺を訪ね，伝統的な京町家建築を眺めながら歩く。

山本亡羊読書室旧跡 ㉒

〈M▶P.2〉京都市下京区油小路五条上ル西側上金仏町
市バス堀川五条🚶3分

本草学者 山本亡羊の講習所跡

　五条堀川の2筋東側の油小路通を北へ少しあがった西側に，山本亡羊読書室旧跡の石碑がある。亡羊は，江戸時代末期の儒医・本草家で，名は仲直。若くして小野蘭山に本草学（植物学）を学び，やがて京都の本草学の中心となって活躍。盛時は500人を超える門弟を抱えた。読書室は，父封山が西本願寺17世法如の長男文如に仕えていた関係で，その読書室を下賜され，ここへ移築したもので，門弟を指導するための講習所として使われた。また邸内には，みずからの薬草園もあった。幕末の兵火で焼失したが，幸いにも蔵書・標本類は難を逃れ，保存されている。現在，同家にみる読書室は，1875（明治8）年に再建されたものである。

　山本亡羊読書室旧跡のある油小路通から2筋東，西洞院通万寿寺通の北東側に大泉寺（浄土宗）がある。山号は花降山。寺伝では，当地には鎌倉時代初期の公卿九条兼実の別荘があり，その跡地に僧賢公が1594（文禄4）年に開創したという。兼実の別荘には，東国から戻った親鸞がしばし滞在したといい，別荘が葭垣に囲まれていたことから，別名葭垣御坊とも称したという。

山本亡羊読書室旧跡

五条天神社 ㉓
075-351-7021

〈M▶P.2, 28〉京都市下京区松原通西洞院西入天神前町
P
市バス西洞院松原🚶すぐ

　西洞院通万寿寺通の1筋北側で，住宅やビルに囲まれた一角に五

堀川通・西洞院通に沿って　31

五条天神社

牛若丸と弁慶が初めて出会ったとされる所

五条天神社(祭神大己貴命・少彦名命・天照大神)がある。平安遷都に際して，大和国の宇陀郡(現，奈良県北東部)から遷されたと伝わる古社で，かつては「天使の宮」(天使社)とも称し，後鳥羽天皇のときに五条天神社に改称したという。当社の西側をはしる東中筋通の通称「天使突抜通」は，この境内を突き抜けて通りがつくられたことにちなむ。醍醐天皇のとき近くのカキの木に仏があらわれたとか(『宇治拾遺物語』)，文覚が流罪になるとき当社の鳥居の下に黄金を埋めたといって船頭をあざむいたとか(『源平盛衰記』)，小社ながらの伝説が多い。また『義経記』は，牛若丸と弁慶が当社の境内で初めて出会ったことを載せる。境内北側の松原通が本来は五条通(五条大路)であることからみても，うなずける話である。

古来，農耕・医薬あるいは禁厭の神として朝野の崇敬を受け，今なお参詣する人が多い。なお，節分祭に授与される当社の宝船図は，船に稲穂が1本ある素朴なもので，日本最古の宝船図ともいわれている。

五条天神社の東側2筋目の所にある道祖神社は，『今昔物語集』に「五条の道祖神」としてみえる古社で，『宇治拾遺物語』に出てくる「五条の斉」も，これに由来するものとみられる。猿田彦神と天鈿女命をまつり，かつては五条天神社と地続きであったとされる。夫婦円満・交通安全の神として信仰されている。

道祖神社前の松原通新町の角を十念の辻という。江戸時代，毎年12月20日に六角獄舎から引き出された死刑囚を，五条河原の刑場(現在の松原大橋周辺)へひきまわすにあたり，僧がこの辻で「南無阿弥陀仏」を唱えて罪人を見送ったという。死刑囚の最後をここの念仏で送ったのは，古くから道祖神社がここに鎮座していたことによると伝えられている。

下京区

菅大臣神社 ㉔
075-351-6389

〈M▶P.2, 28〉下京区仏光寺通新町西入菅大臣町
市バス西洞院仏光寺🚶2分，または地下鉄烏丸線四条駅🚶5分

菅原道真の誕生地と伝える神社

　道祖神社の1筋北の高辻通から露地のような若宮通を北へ70mほどあがった所にある菅大臣神社（祭神菅原道真）は，道真の死後，まもなく創祀されたと伝える。この地には道真の父菅原是善の邸宅があり，道真の誕生地とされ，古くは天神御所または白梅殿ともいわれた。仏光寺通を隔てた約100m北側には，是善をまつる北菅大臣神社がある。仏光寺通からこの神社へ入るには，露地の手前に建てられた「菅家邸址　紅梅殿」の石碑が目印となる。

　仏光寺通は平安京跡の五条坊門小路に相当するが，『拾芥抄』はこれを挟んで北側に紅梅殿，南側に天神御所を記す。『菅家文草』や『菅家後集』に収める詩文によれば，天神御所は菅原家累代の邸宅であり，紅梅殿は道真一代の邸宅であったらしい。紅梅殿の名は，邸宅に紅梅が植えられていたことから，道真が大宰府に左遷されるとき，「東風吹かば　匂ひおこせよ　梅の花　主なしとて春な忘れそ」との歌を詠んだところ，その梅の木がのちに大宰府にまで飛んでいったという「飛梅伝説」はここを舞台とする。

　菅大臣神社は，応仁・文明の乱後に曼殊院宮良恕法親王により再興され，明治維新まで曼珠院が管轄していたが，1873（明治6）年に独立した。社殿は天明の大火や幕末の兵乱などで焼失し，現本殿は下鴨神社に1835（天保6）年に建てられたものを，1869（明治2）年に移築したものである。境内には白太夫社・火御子社・春崎稲荷社などの摂社があり，道真の産湯に使ったとする井戸や飛梅伝説を偲ばせる梅の木などがある。

　菅大臣神社から70mほど南の高辻通に出て西へ向かい，西洞院通を越えて行くと，北側に「道元禅師示

菅大臣神社

堀川通・西洞院通に沿って

「道元禅師示寂聖地」の碑

「寂聖地」の碑がある。道元は1200(正治2)年,京都に生まれ,比叡山で出家し,建仁寺で禅を学んだ後,1223(貞応2)年に渡宋して各種の禅体験を積んだ。1227(安貞元)年の帰国後は,建仁寺に入って『普勧坐禅儀』などを著し,やがて深草に興聖寺を建てて教化活動を展開したが,中央の権勢から逃れて1243(寛元元)年,越前(現,福井県)に移り,永平寺を開いて著述と布教に努めた。1253(建長5)年,療養のため弟子をともない上洛し,俗弟子覚念の屋敷のあったこの地に滞在し,同年8月に54歳の生涯を閉じた。

長江家住宅 ㉕　〈M▶P.2, 28〉京都市下京区新町通綾小路下ル船鉾町
地下鉄烏丸線四条駅 徒 5分

職住一体の呉服商家

　紅梅殿北菅大臣神社から仏光寺通に戻り,130mほど東進すると新町通に出る。通りに面して京町家の長江家住宅(市有形)がある。新町通・室町通は,かつては呉服などを扱う大店が軒を連ね,京都における商業の中心地として,おおいに賑わう所であった。長江家は1822(文政5)年にこの地に店を構えて以来,同じ店構えで代々呉服の卸業を営み,新町通に面して南北2棟の主屋が東西に細長く立っている。2棟のうち北の主屋は1868(慶応4)年に再建されたもので,外観はそのままに残し,内部を現代風に改装して使用している。南側の主屋は,1908(明治41)年頃の建築である。

長江家住宅

34　　下京区

一般に京都の町家は,「うなぎの寝床」といわれるように,間口が狭く,奥行が長い造りが特徴である。長江家住宅も,間口13m・奥行54mと,今では少なくなった職住一体の京都呉服商家のたたずまいを残している。

杉本家住宅 ❷
075-344-5724(財団法人奈良屋記念杉本家保存会)

〈M▶P.2, 28〉京都市下京区綾小路通西洞院入ル矢田町
地下鉄烏丸線四条駅 🚶 5分

西本願寺の勘定役もつとめた京都の大店

長江家住宅から30mほど北へ進み,綾小路通に出て150mほど西に入った所にある杉本家住宅(国重文)も呉服店を営む京町家で,創業は1743(寛保3)年まで遡る。烏丸四条の南に初代杉本新右衛門が「奈良屋」の屋号で創業し,1767(明和4)年に現在地に移転した。奈良屋は,京都で仕入れた呉服を関東で販売する他国店持京商人で,3代目から7代目までは西本願寺の勘定役もつとめていた。奥庭の杉本家庭園は国名勝。

現在の主屋は1870(明治3)年に建てられた,京都で現存する最大規模の町家である。主屋は通りに面して立つ表屋造で,店舗部と裏の居室部を取合部でつなぎ,京格子や出格子,犬矢来,土塗りの虫籠窓とよばれる格子をこまかくした窓など,典型的な京町家の伝統をよく伝えている。現在は,財団法人奈良屋記念杉本家保存会により保存・管理されている。また,当家は祇園祭のときには「伯牙山」の飾り場にもなる。

杉本家住宅

秦家住宅 ❷
075-351-2565

〈M▶P.2, 28〉京都市下京区油小路仏光寺下ル太子山町
市バス西洞院仏光寺 🚶 3分,または四条堀川 🚶 5分

油小路通仏光寺の西側にある秦家住宅(市登録)は,12代にわたって薬屋を営んできた老舗である。建物は店舗・住居・土蔵を2つの庭がつなぐ表屋造形式で,元治の大火で焼失した後,1869(明治2)

堀川通・西洞院通に沿って

秦家住宅

伝統的商家の風格をもつ京町家

年に再建された。表構えは、間口5間、北側1間半は下屋庇付きの平屋建てとする。2階には虫籠窓があり、その前につけられた屋根付きの大きな看板が下京の伝統的商家の風格と趣を伝えている。看板の横の「秦薬舗奇應丸」と記された照明灯が目を引くが、奇應丸は熊胆を主原料とした丸薬で、全国的に知られた小児薬である。

見学は予約制で、また1日昼夜各1組限定ではあるが、やはり予約の上で季節の材料を取り入れた料理を味わうことができる。

中堂寺 ㉘ 〈M▶P.2〉京都市下京区中堂寺西寺町
市バス西洞院仏光寺 3分、または四条堀川 5分

京郊農村中堂寺村

堀川通の西、大宮松原の交差点から松原通を西へ100mほど入った所の中堂寺西寺町には、西照寺・中堂寺・長円寺・善徳寺・勝光寺など、多くの寺院が甍を連ねる。中堂寺村は右京域の衰退にともなって早くから京郊農村となった地域で、洛中に供給する蔬菜類を栽培していた。なかでも、当地で栽培される茎大根は、別名「中堂寺大根」ともよばれ、茎も葉もともに漬け込む漬物の材料として知られる。また、中堂寺村には京都の六斎念仏(国民俗)が伝えられており、毎年盆の8月16日の夜には壬生寺境内で奉納されるほか、2月の節分会には東山区の六波羅蜜寺でも奉納される。京都の六斎念仏は10団体以上が伝承しているが、なかでも中堂寺六斎念仏は風流化の強い芸能的な要素を伝えている。

松原通に面して立つ中堂寺(浄土宗)は、比叡山延暦寺の横川中堂の別院として開かれたという。現在地には天正年間(1573〜92)に堀川高辻から移った。西隣の長円寺(浄土宗)は、1608(慶長13)年に京都所司代板倉勝重が創建したという。

Nakagyoku # 中京区

神泉苑

神泉苑境内図(『都名所図会』〈神泉苑〉)

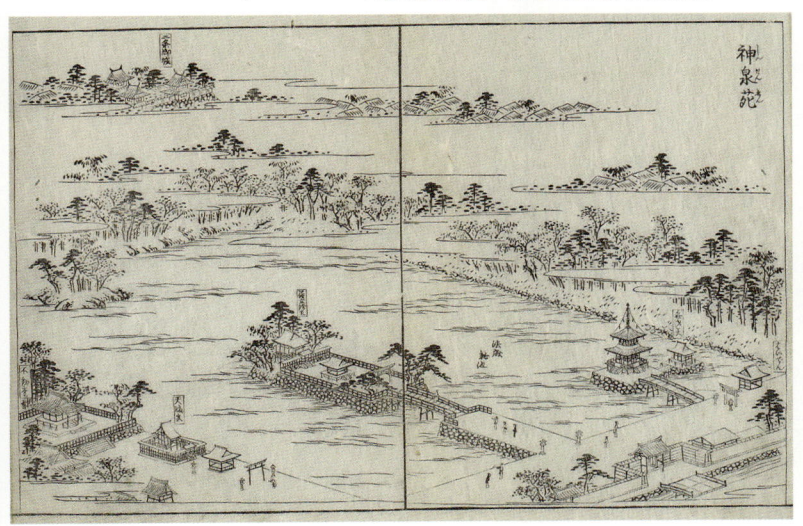

中京区

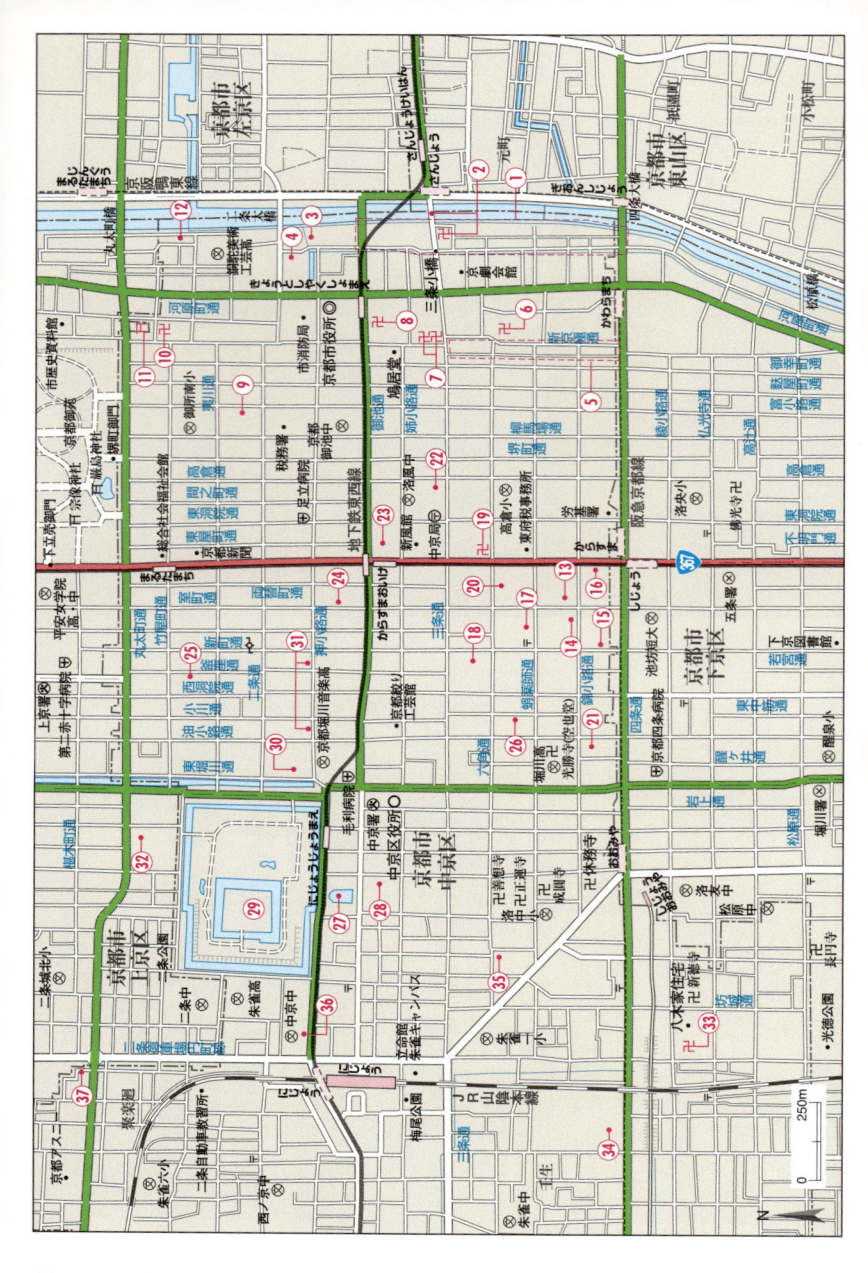

①先斗町と木屋町
②三条大橋と瑞泉寺
③高瀬川一之船入
④島津創業記念資料館
⑤新京極通周辺
⑥誓願寺
⑦矢田寺と天性寺
⑧本能寺
⑨二条富小路内裏跡
⑩革堂
⑪下御霊神社
⑫木戸孝允旧宅
⑬京都芸術センター
⑭天神山町会所(霰天神山)
⑮小結棚町会所(放下鉾)
⑯箏町会所(孟宗山)
⑰南蛮寺跡
⑱川崎家住宅(紫織庵)
⑲六角堂
⑳伴家住宅
㉑野口家住宅
㉒京都府京都文化博物館
㉓三条東殿跡
㉔京都国際マンガミュージアム
㉕究理堂跡
㉖本能寺跡
㉗神泉苑
㉘二條陣屋(小川家住宅)
㉙二条城
㉚堀河院跡
㉛閑院跡と東三条殿跡
㉜京都所司代屋敷跡
㉝王生寺
㉞朱雀院跡
㉟六角獄舎跡
㊱大学寮跡
㊲平安宮(大極殿)跡

鴨川・河原町通に沿って

坂本龍馬や木戸孝允、新撰組の活躍がたどれる鴨川河畔に発展した通りと街をめぐる。

先斗町と木屋町 ❶

〈M▶P.38,41〉京都市中京区先斗町通 木屋町通
市バス四条河原町・京阪電鉄京阪本線祇園四条駅
🚶 3分

鴨川に突き出した花街と池田屋騒動の地

先斗町は中京区の東端、鴨川と木屋町通の間にある道幅の狭い南北道路の両側に展開した町である。ただし、先斗町という町名はない。『京都府下遊郭由緒』によれば、1670（寛文10）年に鴨川の河川敷が埋め立てられた後、1674（延宝2）年に茶屋など5軒が建てられたことに始まる。1712（正徳2）年に三条・四条間の茶屋・旅籠屋が認可され、1813（文化10）年には遊郭が公認された。「先斗」はポルトガル語のポント（先、先端）に由来し、川に突き出して人家ができたことにちなむ名ともいわれる。幕末には、二条新地の出稼地として島原傾城町の支配を受けた。1872（明治5）年の第1回京都博覧会のアトラクションとして、先斗町花街の舞妓・芸妓の舞踊公演で始まった「鴨川をどり」は、京都の年中行事として定着し、毎年5月1〜24日に先斗町歌舞練場で行われている。先斗町歌舞練場は、劇場建築の名手といわれた大林組の木村得三郎の設計により、1925（大正14）年に着工し、1927（昭和2）年に完成したもので、スクラッチタイルの外壁に六角形や八角形にかたどられた幾何学模様の窓枠をもつ。5月以降、この先斗町沿いの店を中心に、川畔には京の夏の風物詩である納涼川床が開く。

木屋町通は、1611（慶長16）年から1618（元和4）年にかけて開削された高瀬川の東岸に開かれた南北の通りである。1762（宝暦12）年刊行の『京町鑑』は「北二

先斗町

京都市役所周辺の史跡

条通より南五条通迄」と記し、『坊目誌』は「四条以北は慶長十六年、四条以南は寛文十年に開通す」とする。『京町鑑』には「木屋

町通」とあるが，開通当初は樵木町通と称されたようで，『京雀』の「三条上る」に「樵木町」と記される。

　木屋町とその周辺には，幕末維新期の事件に関連する所が多い。木屋町通三条の高瀬川に架かる三条小橋の東角に，「佐久間象山先生遭難之碑・大村益次郎郷遭難之碑北へ約壱丁」の石碑がある。佐久間象山は信濃松代藩の出身。一橋慶喜(のちの徳川慶喜)に公武合体論や開国論を説き，「西洋かぶれ」と思われていたため，1864(元治元)年7月に前田伊右衛門・河上彦斎らの尊王攘夷派によって暗殺された。大村益次郎は長州藩の医師出身で，明治維新後の太政官制において兵部省の初代大輔をつとめ，日本軍の創設者ともいわれるが，急激な開国論者とみられたことから，1869(明治2)年12月に襲われ，約3カ月たって亡くなった。

　三条小橋のすぐ西方に，「維新史蹟池田屋騒動之址」の石碑がある。1864年6月，この地にあった旅籠池田屋に潜伏していた長州藩・土佐藩などの尊王攘夷派を，京都守護職松平容保配下の新撰組が襲撃した。近藤勇・土方歳三・永倉新八・沖田総司らが突入し，二十数人の尊王攘夷派のうち，9人を討ちとり，4人を捕縛するなど，いちやく新撰組の名前を京中に知らしめた。

　池田屋の西南方，河原町通蛸薬師下ルに，「坂本龍馬・中岡慎太郎遭難之地」の石碑がある。ここは，1867(慶応3)年11月に，薩長連合や大政奉還の成立に尽力した坂本龍馬と，陸援隊の創設者である中岡慎太郎が暗殺された近江屋井口新助邸跡である。

　暗殺犯については諸説があり，現在では京都守護職の配下として京中の治安維持を担当した京都見廻組に所属する佐々木只三郎らとの説が有力であるが，当時は新撰組の犯行と考えられていた。

「維新史蹟池田屋騒動之址」の石碑

三条大橋と瑞泉寺 ❷

075-221-5741(瑞泉寺)

〈M▶P.38, 41〉京都市中京区中島町・東山区大橋町／中京区木屋町通三条下ル石屋町114-1
京阪電鉄京阪本線三条駅🚶すぐ

京の入口の橋と悲劇の関白豊臣秀次を弔う寺

　三条大橋は，鴨川に架かる三条通の橋である。三条通は平安京の東西方向の大路である三条大路を踏襲しており，この橋は東海道と中山道の終点にあたる。欄干の擬宝珠に創建当時の銘が残り，1590(天正18)年正月に，豊臣政権における五奉行の1人である増田長盛によりつくられたとある。石柱の橋脚を用いた初めての橋ともいわれ，江戸時代前期に描かれた洛中洛外図にもたびたび描かれている。なお，橋の西詰めにこの橋脚の遺構が立てられている。現在の橋は，コンクリート製で，1950(昭和25)年につくられた。

　三条大橋の西詰には，法令を木板に墨書きして民衆に周知させる高札を立てる三条高札場があった。1866(慶応2)年，長州藩主毛利大膳父子(敬親・定広)を批判した高札を抜き捨てた土佐藩士8人と警戒中の新撰組とが斬り合いとなり，土佐藩士数人が死亡した事件がおこったのはこの場所である。また1868年には，江戸で斬首された近藤勇の首がさらされている。

三条大橋

　高瀬川に架かる三条小橋のすぐ南側に瑞泉寺(浄土宗)がある。山号は慈舟山。豊臣秀吉の姉日秀の子で，秀吉の養子となった関白豊臣秀次とその妻子を弔うためにつくられた寺で，寺号は秀次の法号の瑞泉寺殿に

瑞泉寺薬医門

鴨川・河原町通に沿って　43

ちなむ。秀次は，秀吉の実子鶴松の夭折後に養子となったが，実子秀頼の誕生後に失脚し，1595(文禄4)年に自害させられ，秀次の幼児や妻妾たち36人も三条河原で処刑された。1611(慶長16)年に角倉了以が高瀬川開削中に墓石をみつけ，墓域を復元するとともに堂宇を建立したのが始まりである。本堂には阿弥陀如来像が安置され，寺宝に秀次および妻妾たちの辞世の和歌を所蔵する。境内には，秀次と妻子たち49人を弔った五輪塔がある。

高瀬川一之船入 ❸

〈M▶P.38,41〉京都市中京区木屋町通二条下ル一之船入町
地下鉄東西線京都市役所前駅 🚇 3分

近世京都の物流を支えた運河と豪商角倉家

御池通から木屋町通を約150m あがった西側に，高瀬川一之船入(国史跡)がある。高瀬川は京・大坂間の物資を輸送する目的で，角倉了以が二条通から伏見淀川までの延長約11.1km，平均の川幅約8mで開いた運河で，1611(慶長16)年から1614年にかけて総工費7万5000両を費やしてつくられた。高瀬川には荷物の上げおろしをする船留所として9カ所の船入がつくられたが，1920(大正9)年に運河として利用されなくなると，一之船入をのぞき埋め立てられた。高瀬川は水深が数十cm程度と浅いことから，物流には底が平らで吃水の少ない高瀬舟とよばれる小舟が用いられた。現在，一之船入前の高瀬川には，高瀬舟の模造船が展示されている。

二条大橋の南約50mで，鴨川分流のみそぎ川から高瀬川に取水する所に角倉家別邸跡があり，正面入口と木屋町通を挟んだ西側の2カ所に「角倉了以別邸跡」「高瀬川開削者　角倉氏邸址」の石碑が立つ。1891(明治24)年に山県有朋の別邸(第2無鄰菴)が営まれ，その後，第3代日本銀行総裁川田小一郎，首相阿部信行ら政財界の著

高瀬川一之船入

角倉了以別邸跡

名人の邸宅を経て，現在は料亭となっている。西から東へ庭に沿って雁行した建物配置をしており，川田小一郎の別邸時と考えられる主座敷，小川治兵衛の整備した庭，大正時代の建築と考えられる増築座敷，洋館・茶座敷などは，明治時代以降の京都別邸史を彩る重要な事例に位置づけられる。

　高瀬川西岸にも，「高瀬川開鑿者　角倉氏邸跡」の石碑が立っている。石碑のある日本銀行京都支店の敷地は，角倉家本邸跡にあたる。角倉家は，江戸時代には高瀬川支配を任されたが，明治維新後はその役目を失い，高瀬川の管理は京都府へ移管された。現地に角倉家本邸を偲ぶ建物はないが，二条城の清流園内にある和楽庵は角倉家の建物部材を利用した建物といわれる。

　押小路通木屋町の南西角，一之船入の南向かいに廣誠院がある。実業家の伊集院兼常が，1892（明治25）年頃に建てた書院・茶室・広間（いずれも市有形）などからなる数寄屋邸宅で，茶室は庭園（市名勝）の流れをまたいで立つ。

島津創業記念資料館 ❹
075-255-0980

〈M▶P.38,41〉京都市中京区木屋町二条南
地下鉄東西線京都市役所前駅🚶3分，市バス京都市役所前・京都バス河原町二条🚶3分

日本最初の理化学機器製造地

　日本銀行京都支店の北には，島津創業記念資料館がある。島津製作所の創始者島津源蔵が，1875（明治8）年，日本で初めて理化学機器製造業をこの地におこしたことを記念した展示施設である。明治時代初期，この場所の東北に京都舎密局（工業試験場），南方に勧業場・栽培試験場，西には織殿と，当時，最新の西欧文化を取り入れた殖産施設が設けられていた。展示品には，明治・大正時代の理化学機器など約610点が展示されている。明治時代中期の島津製作所の事業所を展示施設にしており，当時の姿を偲ぶことができる。

　木屋町通の北端部，二条通の北側に善導寺（浄土宗）がある。真光

島津創業記念資料館

明院と号し，永禄年間(1558～70)に然誉清善が六角堂の付近に開創。1788(天明8)年の大火で罹災し，4世旭誉のときに，長谷川重兵衛の寄進によってこの地に移った。堂前には嵯峨釈迦堂(清凉寺)の本尊を模した釈迦三尊石仏がある。高さ1mたらずの扁平な自然石を半肉彫りにしたもので，両脇侍に弥勒菩薩と五髻の文殊菩薩を配する珍しい形式で，

善導寺山門

「弘安元(1278)年」の銘がある。庭内に2基の灯籠があり，1つは鎌倉時代の白大理石の石幢を灯籠に改めたもの，ほかは火袋の面に茶碗・炭斗・火鉢・火箸・茶釜・柄杓・五徳が彫刻されており，善導寺型灯籠とよばれる。

新京極通周辺 ❺

〈M▶P.38,41〉京都府中京区中之町ほか
市バス四条河原町🚶すぐ

明治に始まる新京極通と和泉式部の墓

　新京極通は，1872(明治5)年に京都府参事槇村正直によってつくられた南北方向の道路である。寺町通の1本東側を三条通から四条通までの約500mにわたって延び，両側にみやげ物屋や飲食店が立ち並んでいる。もともと，寺町通に並ぶ寺院の境内が，縁日の舞台として利用されるようになったため，各寺院の境内を整理し，道路としてつくられたのが始まりである。

　四条通からあがったすぐの所に，染殿院(時宗)がある。本尊は裸形の木造地蔵菩薩立像で，文徳天皇の皇后藤原明子(染殿皇

46　中京区

そめどの地蔵尊石碑

后)が祈願して皇子(のちの清和天皇)が誕生したことにより，染殿地蔵の名で親しまれるようになったという。かつては釈迦如来をまつり，四条京極釈迦堂ともよばれ，1284(弘安7)年に近江国(現，滋賀県)の関寺から入洛した一遍が「南無阿弥陀仏」と書かれた算(ふだ)を配ったり(賦算)，踊念仏を行った京極釈迦堂はここととされる。

1311(応長元)年に真観が後伏見天皇の女御・広義門院藤原寧子の安産に寄与したことから，当時「祇陀林寺」とよばれていたこの地を賜って金蓮寺(四条道場)と改め，染殿院もその一院となった。金蓮寺は1788(天明8)年の大火で焼失し，一時再興したものの，1926(大正15)年に北区鷹峯藤林町の現在地に移っている。

染殿地蔵から約150m北，生鮮食料品店が立ち並ぶ錦小路商店街の東端に錦天満宮が鎮座する。長保年間(999〜1004)に菅原道真の父是善の旧邸を源融の六条院の故地に移し，歓喜寺(のちの歓喜光寺)とした際に，道真をまつる鎮守社としたのに始まるという。天正年間(1573〜92)の豊臣秀吉の寺町造営にともない，歓喜光寺とともにこの地に移転したが，1872年に歓喜光寺と分離した。

新京極通と蛸薬師通の交差点の北東約100mに妙心寺(浄土宗)がある。本尊の石造薬師如来像は，もとは室町通二条下ル蛸薬師町にあった永福寺の本尊で，蛸薬師の名で親しまれる。もと円福寺と号し，1251(建長3)年に円空立信が後深草天皇の勅願により深草(現，伏見区)に建立したことに始まり，室町通姉小路の北(現，中

蛸薬師堂(妙心寺)

鴨川・河原町通に沿って　47

誠心院宝篋印塔

京区円福寺町)に移転したものの, 応仁・文明の乱の兵火に遭い, さらに豊臣秀吉の寺町造成により, 当地に移ったという。

妙心寺の北, 新京極通の東側に誠心院(真言宗)がある。華岳山と号し, 本尊は阿弥陀如来。藤原道長が娘の上東門院彰子に仕えていた和泉式部のために, 東京極今出川の南にあった東北院に小堂を建立したのに始まり, 寺名は和泉式部の法名誠心院に由来するという。一条通小川に移り, 天正年間(1573〜92)の寺町造成で現在地に移転した。本堂内の脇棚には藤原道長像を安置し, 隣接する墓地に和泉式部の墓所とされる「正和二(1313)年」の銘をもつ宝篋印塔がある。3月20日の開山忌には, 道長像・式部像・式部絵巻などの寺宝が公開される。

誓願寺 ❻
075-221-0958 〈M▶P.38,41〉京都市中京区新京極通三条下ル桜之町453
市バス河原町三条 🚶 5分

秀吉側室松の丸殿ゆかりの寺, 芸能演技の寺

誓願寺は, 新京極六角公園の東にある浄土宗西山深草派の総本山で, 新西国三十三カ所観音霊場の第15番札所となっている。本尊は阿弥陀如来。天智天皇の勅願寺として奈良の恵隠が開創し, 平安遷都の際に深草に移ったという。のちに上京の元誓願寺通小川に移り, さらに天正年間の寺町造成で現在地に移動した。寺町の中ではもっとも広い寺地を誇り, 京極高次の妹で秀吉の側室であった松の丸殿の助力により堂塔が整備された。

松の丸殿は, 1615(慶長20)年の大坂夏の陣の後に淀殿の侍女(菊)を保護し, また六条河原で処刑された豊臣秀頼の子の国松の遺体を引き取り, 誓願寺に埋葬した。

山門を入ってすぐ南側に, 扇塚とよばれる五輪塔がある。この寺を舞台にした謡曲「誓願寺」には, 和泉式部が歌舞の菩薩となってあらわれることから, 芸能の世界の人びとの信仰が篤くなった

誓願寺扇塚

といわれる。現在でも芸事上達を祈願してこの扇塚に扇子を納める人が少なくない。なお、桃山時代の誓願寺55世策伝は笑話本『醒睡笑』の作者として知られ、落語の祖と称されており、今でも関西地方の芸人たちがこの寺で練習会を催している。

寺宝に木造毘沙門天立像（国重文・平安）・絹本著色誓願寺縁起3幅（国重文・室町〜江戸、ともに京博保管）などがある。門前には街頭告知板として有名な迷子みちしるべ（月下氷人石・奇縁氷人石）がある。裏寺町の突き当りにある誓願寺墓地の入口には策伝の墓、墓地には1836（天保7）年に『正倉院文書正集』45巻を著した穂井田忠友や、1754（宝暦4）年に刑屍観臓をして『蔵志』を刊行した山脇東洋の墓がある。墓地の南東隅にある解剖供養塔は、東洋一門により解剖された14人の霊を合祀した医学史上貴重なものである。

矢田寺と天性寺 ❼

〈M▶P.38,41〉京都市中京区寺町三条上ル天性寺前町
地下鉄東西線京都市役所前駅🚶4分

矢田寺（浄土宗）は寺町通三条の交差点北東にあり、金剛山矢田寺と号する。寺伝によれば、845（承和12）年に大和国（現、奈良県）郡山の金剛山寺（矢田寺）の別院として五条坊門に創建されたという。1417（応永24）年に焼失して綾小路町尻（現、下京区矢田町）に移り、1579（天正7）年に現在地に移った。本尊の地蔵菩薩像（矢田地蔵）は高さ約2mの立像で、開山の満慶（満米）が冥土で出会っ

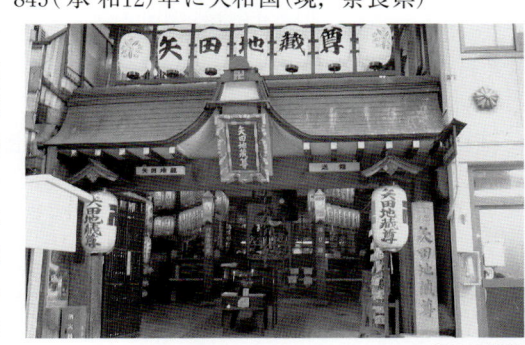

矢田地蔵尊

天性寺本堂

地蔵信仰の矢田寺とモクレンの花咲く天性寺

た地蔵尊の姿を彫らせたものと伝え，代受苦地蔵とよばれて亡者を救う地蔵として人びとの信仰を集める。寺宝として紙本著色矢田地蔵縁起（国重文・室町，京博保管）がある。

矢田寺の北側，寺町通の東に天性寺（浄土宗）がある。大永年間（1521～28），大和国當麻（現，葛城市）の当麻寺念仏堂の院主眼誉道之が，中将姫法如尼の法徳を広めるため上立売大宮の地に創建し，豊臣秀吉の寺町造営で現在地に移転した。本尊は阿弥陀如来。本堂は1880（明治13）年の再建で，寺宝に明兆筆の絹本墨画白衣観音図（国重文・室町，京博保管）がある。毎年3月末から4月上旬に庭のモクレンが見事な花を咲かせることでも知られ，境内南東隅には大和天河弁財天が分祠されている。この弁財天は，もともと火除けの信仰があったが，顔の形から端正ですこやかな子どもを授かると伝えられるようになり，子宝祈願に参拝する人も多い。

本能寺 ❽
075-231-5335

再建本能寺と武田五一設計の京都市役所

〈M▶P.38, 41〉 京都市中京区寺町通御池下ル下本能寺前町552 P
地下鉄東西線京都市役所前駅 大 すぐ

本能寺は，寺町通御池の交差点南東にある法華宗本門流の大本山で，1415（応永22）年に日隆が建立し，もとは本応寺といった。1429（永享元）年，小袖屋宗句の援助により内野（平安京大内裏の故地）に再建，1433年に如意王丸を願主に名を本能寺とかえて六角大宮に建立されたが，1536（天文5）年の天文法華の乱で焼失して堺に移転。1545年に京に帰り，日承が四条坊門小路西洞院に再建した。これが1582（天正10）年に明智光秀による信長襲撃（本能寺の変）の舞台となった本能寺である。豊臣秀吉の寺町造営にともない，1592（文禄元）年に現在地に移った。

1864（元治元）年の禁門の変にともなう大火で，大半を焼失した。本堂は天沼俊一の設計により1928（昭和3）年に再建されたもので，

桁行7間・梁間7間、一重入母屋造・本瓦葺きの建物で、正面に3間の向拝をもつ。寺町通に面して立つ総門は、1880（明治13）年に恭明院の門を移築したものである。本堂南には7つの子院が並ぶが、このうち龍雲院は禁門の変の大火で唯一焼け残った子院である。源妙院・本行院・高俊院・定性院・蓮承院・恵昇院は1918（大正7）年から1928（昭和3）年の間に再建され、いずれも間口6間の敷地で北に門を開き、正面4間半・側面6間の建物をもつ。本堂の東側には信長廟がある。寺宝として伝藤原行成筆書巻（国宝・平安、京博保管）や銅鏡（国重文・鎌倉、京博保管）・紙本墨書花園天皇宸翰御賀札（国重文・南北朝）、あるいは織田信長所蔵の品々がある。伝行成筆の書巻は小野篁・菅原道真らの文章を書写した残巻で、「本能寺切」といわれる出色の作品である。

　河原町通御池交差点の南東角、地下鉄の出口をのぼった所に悲田院遺跡の駒札がある。悲田院は、平安京の東西両京の南端に設けられた、京中の孤児・捨子・貧窮者・老残者らを収容する施設である。のちに東悲田院は、京極大路（寺町通）の東、姉小路の北に移り、院には常時500人ほどが収容されていた。鎌倉時代末期には衰退し、1293（永仁元）年頃に、如導により仏寺として上京区の扇町に移転した。

　本能寺から寺町通を50mほど南に行くと、鳩居堂がある。1663（寛文3）年に初代熊谷直心が本能寺門前で薬種商を開業したのに始まるという。屋号は儒学者室鳩巣の命名で、『詩経』の召南篇にある「維鵲巣有、維鳩居之」に由来したものといわれる。1700年代には薫香線香の製造や薬種原料とあわせて中国より輸入した書画用文具を販売しており、4代熊谷直恭は天然痘の種痘所「有信堂」を設立し、コレラ対策にも力をそそいでいた。同家は、伝藤原行成

鳩居堂

筆仮名消息(国宝・平安)のほか，紙本墨書後伏見天皇宸翰御消息(鎌倉)，紙本墨書後伏見天皇宸翰御願文(南北朝)，紙本墨書光厳院宸翰御置文・紙本墨書崇光院宸翰御消息・紙本墨書後光厳院宸翰御消息(いずれも南北朝)，紙本墨書後奈良天皇宸翰御消息・紙本墨書後花園天皇宸翰御製詩(ともに室町)の国重文を所蔵する。

　本能寺総門の向かい側，鳩居堂の北にある佐々木竹苞楼は，1744(延享元)年創建の書籍商である。上田秋成や富岡鉄斎らが出入りし，その著書も出版した。現在の建物は1864(元治元)年の兵火で焼失した後に再建されたもので，幕末の町屋・書店の姿を残している。

　御池通の北側，寺町通と河原町通にかけて京都市役所がある。武田五一と中野進一が設計し，1927(昭和2)年に完成した鉄筋コンクリート造り4階建ての建物で，上部がアーチ状の連続窓をもつ特徴がある。京都市は1889(明治22)年の市政施行により誕生したが，市長は東京・大阪とともに特例的に知事が兼務した。この制度は1898年に廃止され，初代市長が就任した。当初は，上京・下京の2区(現在11区)，市域は約30km²(現在827.90km²)であった。

二条富小路内裏跡 ❾

〈M▶P.38,41〉京都市中京区富小路通夷川下ル西側(中京区庁舎前)
市バス河原町二条・寺町御池 🚶 5分

鎌倉時代の里内裏の地と明治時代のギリシャ正教会建築

　富小路通と夷川通の交差点を南に40mほど進むと，二条富小路内裏跡の石碑がある。平安京左京二条四坊十二町に相当するこの地は，鎌倉時代中期に太政大臣西園寺実氏の邸宅の1つ冷泉富小路殿が営まれた。実氏の母が源頼朝の姪であったことから，1259(正元元)年の閑院内裏焼失後は後深草天皇の皇居となり，その後も上皇・天皇の御所として頻繁に使われた。1306(徳治元)年の火災後，1312(正和元)年に鎌倉幕府から造内裏費用が献上されて平安宮内裏の殿舎構成に准じた里内裏が建設された。これが二条富小路内裏で，のち20年にわたり花園・後醍醐・光厳天皇の内裏となっている。しかし，1336(建武3)年に九州から上洛した足利尊氏の軍に焼かれ，その後は再建されなかった。

　二条富小路内裏跡の石碑から富小路通を北に約80m進むと，富有自治会館の正面北端に大炊御門万里小路殿跡の石碑がある。ここ

京都ハリストス正教会

は、平安京左京二条四坊十一町にあった源高房の邸宅で、1073(延久5)年、病を得た後三条天皇はこの邸宅で崩御した。のちには中納言源能俊が領し、白河上皇の仮御所にもなり、鎌倉時代末期には里内裏としてたびたび利用された。

二条富小路内裏跡石碑の西約50mには、京都ハリストス正教会がある。生神女福音聖堂(市有形)は、1901(明治34)年に松室重光の設計で建てられたギリシャ正教会の京都聖堂で、木造のロシアビザンチン様式で、玄関・啓蒙所・聖所・至聖所が1列に並んでいる。日本ハリストス正教会の本格的な聖堂としては現存最古である。

麩屋町通押小路の交差点を30mほど南に進むと、東側に白山神社がある。1177(治承元)年に、加賀国(現、石川県)白山社の僧徒が神輿3基をかついで強訴におよんだものの、その願いが聞き入れられなかったことから神輿を路上に放置して帰山し、その神輿の1基をまつったのが起源という。後桜町天皇が歯痛のときに、女官がこの神社の神箸と神塩をつけたところ平癒したことから、幼児の食初めにこの神箸を用いれば無病息災になるとの伝えがある。

白山神社の北約300m、二条通の北側に大福寺(天台宗)がある。室町時代の初めに、大和国(奈良県)宮田郷から京都に移されたと伝わる本尊の菩提薬師は、京都十二薬師の1つに数えられる。京都七福神の第7番として布袋尊もまつり、毎年正月には商家の大福帳に宝印を授けるならわしがある。また、吉田松陰らとともに捕らえられた尊王家梅田雲浜の遺跡があることでも知られる。

革堂 ❿　〈M▶P.38,41〉京都市中京区寺町通竹屋町上ル行願寺門前町17
075-211-2770　市バス河原町丸太町🚶3分

寺町通丸太町交差点を南に200mほど進むと、すぐ東側に行願寺(革堂、天台宗)がある。本尊は千手観音で、西国三十三カ所観音霊場第19番札所、洛陽三十三所観音第4番札所であり、また京都七

鴨川・河原町通に沿って　53

西国三十三カ所札所で革聖行円開基の寺

革堂(行願寺)本堂

福神のうちの寿老人がまつられている。開山の行円はもと猟師で、山中で射止めた雌鹿の腹中から子鹿が生まれるのをみて殺生の身を恥じ、仏道修行に励み、鹿革を着ていたことから革聖とよばれたといい、これが寺名の由来である。1004(寛弘元)年に一条小川に創建。人びとの篤い信仰を受け、中世には下京の六角堂と並び、上京の町堂としておおいに栄えたが、戦乱や大火などで焼失を繰り返し、1708(宝永5)年に現在地に移転した。

現在の本堂(市有形)は1815(文化12)年の再建で、外陣を吹放しとするほか、複雑な屋根構成や豊かな彫刻に特色がみられ、西国巡礼の札所本堂として価値が高い。鐘楼(市有形)は、1804(文化元)年の建築である。ほかに、安土桃山時代と伝わる寿老人神堂がある。

下御霊神社 ⓫
075-231-3530

京都御所の産土神

〈M▶P.38,41〉京都市中京区寺町通丸太町下ル下御霊前町 P

市バス河原町丸太町 徒5分

革堂の北に下御霊神社がある。冤罪を受けて薨逝した、吉備聖霊(吉備真備)・崇道天皇(早良親王)・伊予親王・藤原大夫人(伊予親王母)・藤原大夫(藤原広嗣)・橘大夫(橘逸勢)・文大夫(文室宮田麻呂)・火雷天神(菅原道真)の8座を祭神とするが、『神祇拾遺』は伊予親王を祭祀したことが下御霊神社の始まりとする。もともと現在の京都御苑内の東北方の出雲路にあったものが、のちに新町出水の西に移り、1590(天正18)年に現在地に遷った。

本殿は1788(天明8)年に仮皇居の聖護院宮に造営された内侍所仮殿を、1791(寛政3)年に移建したものである。本殿・幣殿・拝所・南北廊(いずれも市有形)が、屋根を交錯させて一連の内部構造をつくる特異な社殿構成は、市内の御霊社に特有のもので、なかでも当社の社殿は造営年代が古い。拝所の前に独立して立つ拝殿

(市有形)は1798年の造営である。また，社宝として紙本墨書霊元天皇宸翰御祈願文(国重文・江戸，京博保管)がある。

また，下御霊神社の前には，ここで暗殺された横井小楠の殉難碑がある。

木戸孝允旧宅 ⑫

〈M▶P.38, 41〉京都市中京区中筋通竹屋町上ル末丸町
市バス河原町丸太町 🚶 3分

明治維新の三傑 木戸孝允晩年の邸宅

下御霊神社から河原町通を越えた東南の鴨川べりに，木戸孝允旧宅がある。大久保利通・西郷隆盛とともに，明治維新三傑の1人といわれる木戸孝允晩年の別邸である。近衛家の下屋敷であった河原御殿を1868(明治元)年に購入したもので，西南戦争の最中に木戸孝允が危篤状態におちいった際には，明治天皇が見舞いに訪れている。

木戸孝允死後は，子の忠太郎が住み，1943(昭和18)年に京都市に寄贈され，現在では市の厚生施設として利用されている。敷地西南角に，木戸孝允の時代から残る木造2階建て・宝形造・桟瓦葺きの建物があり，近接して「明治天皇行幸所木戸邸」の石碑が立つ。敷地西端には，1923(大正12)年建築の忠太郎の達磨コレクションを陳列する木造平屋建て・寄棟造・桟瓦葺きの達磨堂が立つ。

木戸孝允旧宅の南西，京都市立銅駝美術工芸高校の立つ鉾田町は，1870(明治3)年に京都府知事槇村正直のつくった官営理化学研究所である舎密局跡の地にあたる。幕末・明治期の医者であり，化学者でもあった明石博高の建議によって，東京遷都により沈滞した京都の産業を振興する目的で設立された。舎密はオランダ語のchemie(化学)の訳語である。設立当初は，河原町通御池上ルの勧業場内に仮局があったが，1872年に角倉馬場屋跡(現在地)に本舎が完成した。ドイツ人化学者ワグネルら外国人学者を招請し，本格的な理化学の講義を行うとともに，京都の伝統産業である陶磁器・織

木戸孝允旧宅

鴨川・河原町通に沿って　55

旧京都中央電話局上分局

物・染色の改良，あるいは鉄砲水(ラムネ)・ビール・七宝・ガラスの製造などを行った。本格的な理化学の講義は，島津製作所の創立者島津源蔵ら多くの人材を育てた。しかし，1881(明治14)年の知事槇村の転任により閉鎖された。

鴨川に架かる丸太町橋の西詰に，「本邦高等女学校之濫觴　女紅(にょこう)場跡(ば)　従是」という女紅場跡の石碑が立つ。女紅場は，1872年に九条家の河原町別邸内につくられた，日本最初の公立女学校である。英学と女工(手芸・手工)の2科をおき，イギリス人のイーバンス夫妻を教師に招き，新英学校女紅場とよばれた。同志社女学校(現，同志社女子高校)などとともに，上・中流階級の子女に中等普通学科と手芸・家事を教え，良妻賢母を養成することを目的とした。1874年に英女学校，1923(大正12)年に府立京都第一高等女学校となり，1948(昭和23)年の学制改革(がくせい)により，府立鴨沂(おうき)高等学校と改称された。

女紅場跡石碑に隣接した上京区中筋通丸太町下ル駒之(こまのちょう)町に，1923年に建築された鉄筋コンクリート造り3階建て・瓦葺きの旧京都中央電話局上分局(じょうぶんきょく)(国登録)がある。逓信省の技師吉田鉄郎(よしだてつろう)が設計し，清水組が施工した。現存する鉄筋コンクリート造りの電話局舎の中で，もっとも古いものの1つである。1959(昭和34)年に上分局は廃止され，別用途に供されているが，すぐれた建築を数多く手がけた吉田鉄郎の前半生を代表する建築物で，ドイツ風家屋の外観をもつ。

❷ 烏丸通から室町通・新町通へ

中世の下京の中心、京都の産業・経済をになった町衆の活動の舞台をめぐる

京都芸術センター ⓭
075-213-1000

〈M▶P.38,59〉京都市中京区室町通蛸薬師下ル山伏山町
阪急電鉄京都線烏丸駅・地下鉄烏丸線四条駅 🚶5分

小学校の旧校舎を活用した若手芸術家の制作・支援の場

　京都芸術センターは、廃校になった旧明倫小学校跡地を利用して、2000（平成12）年にオープンした京都市の芸術振興拠点である。特定のジャンルに限定しない若手芸術家の制作活動への支援、芸術文化に関する情報の収集と発信、国内外から京都を訪れる芸術家同士や芸術家と市民交流の場の提供を目的にし、1931（昭和6）年に京都市営繕課の設計でつくられた明倫小学校の正門及び塀・本館（芸術センター西館）・南校舎（芸術センター南館）・北校舎（芸術センター北館）が活用されている（いずれも国登録）。

　本館は、室町通に面した鉄筋コンクリート造り2階建て（一部地下）の建物で、外壁を人造石の洗出しとし、軒廻りの庇の上にスパニッシュ風の屋根瓦を葺いた特徴的な外観をもつ。また、室町通を挟んで西側には、元明倫幼稚園の校舎を利用した、財団法人祇園祭山鉾連合会資料室がある（要連絡075-223-6040）。

天神山町会所（霰天神山）⓮

〈M▶P.38,59〉京都市中京区錦小路通室町西入天神山町
市バス四条烏丸・地下鉄烏丸線四条駅・阪急電鉄京都線烏丸駅 🚶4分

錦小路に面して立つ文化財霰天神山の会所

　烏丸通の西側の三条・四条は祇園祭に山・鉾を出す中心地区で、自治や祭礼の拠点となってきた会所の建物が幾つも残る。室町通を西へ越えた錦小路に面して天神山町会所がある。祇園祭の霰天神山を出す町内の会所であり、現在、会所家・土蔵（ともに市有形）と大日堂が立っている。会所家は1886（明治19）年頃の建物で、「町席」と称する10畳の座敷に釣床を設け、玄関には式台を備えて格式ある造りになっている。土蔵は江戸時代後期の造営で、中に天神祠を安置している。

烏丸通から室町通・新町通へ　　57

小結棚町会所（放下鉾）❶

〈M▶P.38,59〉京都市中京区新町通四条上ル小結棚町
市バス四条烏丸・地下鉄烏丸線四条駅・阪急電鉄京都線烏丸駅🚶3分

江戸時代の土蔵が残る放下鉾の会所

小結棚町会所は，祇園祭の放下鉾を出す町内の会所である。町会所は新町通に面した1867（慶応3）年築造の会所家（市有形）と，1849（嘉永2）年築の土蔵（市有形），物置などから構成されている。祭りのときには会所家2階から鉾に出入りする。また，土蔵の2階から会所家2階の裏縁にかけて，長大な渡廊が架けられる。

小結棚町会所

笋町会所（孟宗山）❶

〈M▶P.38,59〉京都市中京区烏丸通四条上ル笋町
市バス四条烏丸・地下鉄烏丸線四条駅・阪急電鉄京都線烏丸駅🚶すぐ

烏丸通にある文化財建造物、孟宗山の会所

祇園祭の孟宗山を出す町内の会所である。笋町会所は，1897（明治30）年築造の会所家と1868（明治元）年築造の土蔵（ともに市有形），地蔵堂で構成されている。会所家・土蔵・地蔵堂が敷地の奥にまとまって立つほか，塀に沿ってマダケが植えられている。

南蛮寺跡 ❶

〈M▶P.38,59〉京都市中京区蛸薬師通室町西入姥柳町
市バス四条烏丸・地下鉄烏丸線四条駅・阪急電鉄京都線烏丸駅🚶5分

京にあった織田信長庇護のイエズス会教会跡

蛸薬師通を室町通との交差点から西へ60mほど進むと，「此付近南蛮寺跡」の石碑と駒札がある。戦国時代末期の京都でのキリスト教布教は，1559（永禄2）年から本格化し，イエズス会宣教師ヴィレラが1561年に石碑北側の姥柳町に1軒の長屋を購入，礼拝堂を設けた。1569年には年号を寺号とした永禄寺を建立している。後任の

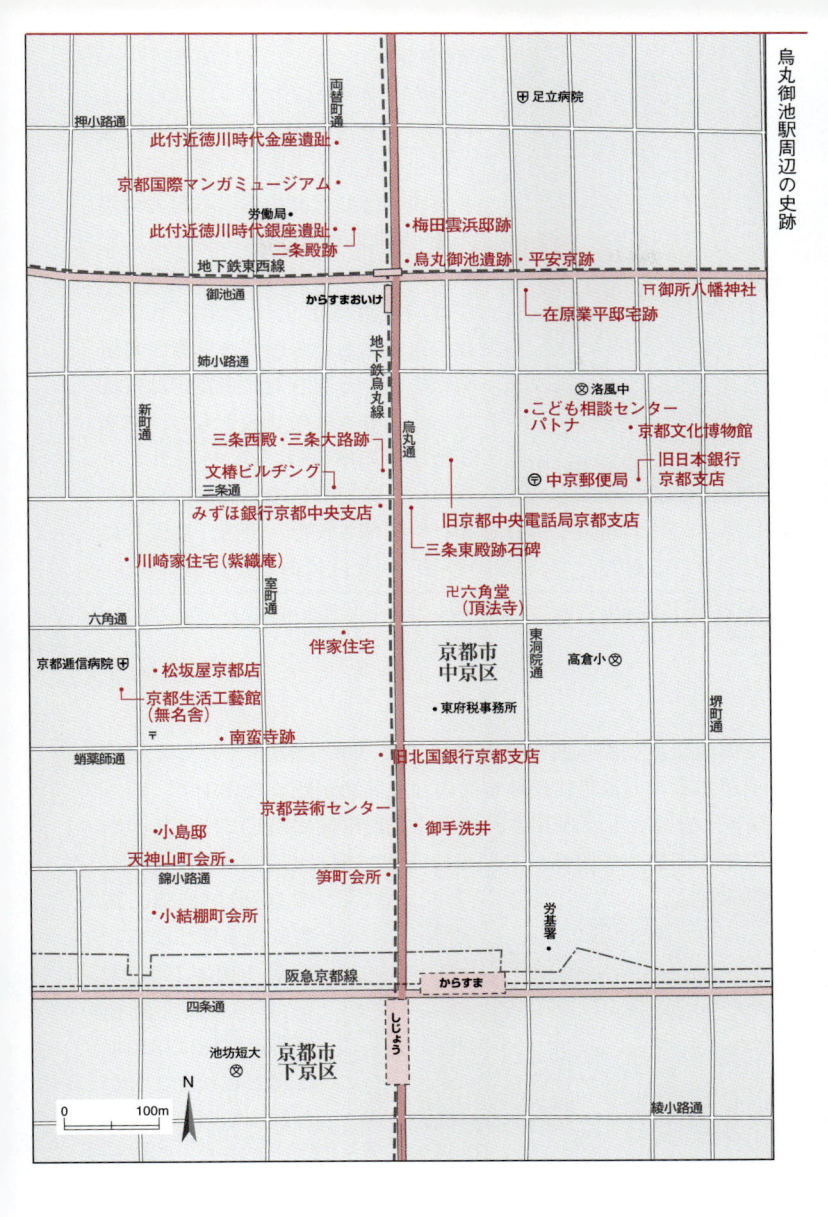

烏丸御池駅周辺の史跡

- 押小路通
- 此付近徳川時代金座遺趾
- 京都国際マンガミュージアム
- 労働局
- 此付近徳川時代銀座遺趾
- 二条殿跡
- 地下鉄東西線
- 両替町通
- 足立病院
- 梅田雲浜邸跡
- 烏丸御池遺跡・平安京跡
- 御池通
- からすまおいけ
- 御所八幡神社
- 在原業平邸宅跡
- 姉小路通
- 地下鉄烏丸線
- 新町通
- 烏丸通
- 洛風中
- こども相談センターパトナ
- 京都文化博物館
- 三条西殿・三条大路跡
- 文椿ビルヂング
- 中京郵便局
- 旧日本銀行京都支店
- 三条通
- みずほ銀行京都中央支店
- 旧京都中央電話局京都支店
- 三条東殿跡石碑
- 川崎家住宅（紫織庵）
- 室町通
- 六角堂（頂法寺）
- 六角通
- 京都通信病院
- 松坂屋京都店
- 伴家住宅
- 京都市中京区
- 東洞院通
- 高倉小
- 京都生活工藝館（無名舍）
- 南蛮寺跡
- 東府税務所
- 堺町通
- 蛸薬師通
- 旧北国銀行京都支店
- 京都芸術センター
- 御手洗井
- 小島邸
- 天神山町会所
- 笋町会所
- 錦小路通
- 小結棚町会所
- 労基署
- 阪急京都線
- からすま
- 四条通
- しじょう
- 池坊短大
- 京都市下京区
- N
- 0　100m
- 綾小路通

烏丸通から室町通・新町通へ

南蛮寺跡石碑

オルガンティーノやフロイスは、この礼拝堂を再建することになり、織田信長の庇護のもと、京都所司代村井貞勝の援助と高山右近ら信者の協力を得て1576(天正4)年に完成し、献堂式のミサが行われた。信者の間では珊太満利亜上人の寺ともよばれ、京都におけるキリスト教と南蛮文化の中心となった。南蛮寺は俗称である。方4町の寺域をもち、和風3階建ての本堂は『洛中洛外名所扇面図』に描かれているが、1588年の豊臣秀吉の伴天連追放令にともない破却された。当時、南蛮寺にあったとされる鐘が、妙心寺の塔頭春光院にある。

川崎家住宅(紫織庵) ⑱
075-241-0215

〈M▶P.38,59〉京都市中京区新町通三条下ル三条町
市バス烏丸御池、地下鉄烏丸線・東西線烏丸御池駅 7分

武田五一・上坂浅次郎参画の洋風要素のある和風建築

烏丸御池交差点から西へ新町通に出て、南へ250mくだると川崎家住宅がある。大正時代に綿布商の井上利助が建てた住宅で、のちに川崎家の住宅として利用されている。新町通に面して門と塀があり、茶室と洋館・玄関棟・主屋・便所浴室棟・土蔵2棟(いずれも市有形)がある。建物に残る棟札から、土蔵1棟は1924(大正13)年に、主屋や便所浴室棟は1926年に建てられたことがわかっている。設計には武田五一が参与し、大工棟梁は明治から大正時代に活

川崎家住宅(紫織庵)

祇園祭

コラム

御霊会から発展した京都の夏を告げる祭礼

　祇園祭は、延暦寺末寺・日吉大社末社であった祇園社(八坂神社)の祭で、祇園御霊会とよばれた。早良親王や菅原道真といった、政争で敗れた人が怨霊となって疫病や災害をもたらすと考える御霊信仰が平安時代には盛んで、863(貞観5)年には朝廷主催により神泉苑で御霊会が催された(『日本三代実録』)。祇園社のまつる牛頭天王は、疫病防除に強力な力を発揮する神とされ、社伝では869年の疫病流行時に始まり、文献上でも970(天禄元)年には確認できる祭である。

　御霊会は本来、怨霊を慰撫し送り出す目的があったことから、大宮・八王子・少将井の3基の神輿の渡御が中心であったが、鎌倉時代末以降、山や鉾が出現し、次第に華美を極め、応仁・文明の乱前には58基(60基とも)の山や鉾が巡行するに至った。しかし、この乱で、1500(明応9)年に再開されるまで33年間も中断することになる。従来、この1500年の再開については町衆の独自性が強調されていたが、近年の研究により、将軍や細川管領家の強い意向が働いたことがわかってきた。

　山鉾巡行は、神幸祭にともなう前祭と、還幸祭にともなう後祭の2回行われる。旧暦においてそれぞれ6月7日と14日であったが、この日程も1571(元亀2)年の織田信長による延暦寺・日吉大社焼討ちまではたびたび変更された。本来は疫病のもっとも流行る梅雨時に開かれるはずの祭が、本社である日吉大社の山王祭や日吉小五月会の延引などを理由に、11月や12月に開催されることも珍しくなかった。江戸時代末の1864(元治元)年には、禁門の変による火災で山鉾町も大きな被害を被り、1865(慶応元)年の巡行は前祭がなく、後祭に3基の山が巡行するのみという状況になった。その後、1966(昭和41)年から2013(平成25)年まで、後祭を前祭と同日に行う合同巡行となったが、2014年に旧に復し、現在では6基の鉾、2基の傘鉾、3基の曳山、5基の屋台、17基の舁山の合計33基の山鉾が、前祭と後祭に分かれて巡行する。

　一方、山鉾巡行とともに多くの観光客を集めるのが、前祭・後祭の前3日間の宵山である。この期間中は各町会所で懸装品が飾られるほか、宵囃子が奏でられ、一部をのぞき鉾や曳山にあがることもできる。また、この宵山期間中、町屋の店の間に屏風を立て、町行く人びとにみせる「屏風祭」というならわしが各所で行われる。2009(平成21)年に「京都祇園祭の山鉾行事」としてユネスコ無形文化遺産に登録され、2016年には「山・鉾・屋台行事」に登録拡大された。

烏丸通から室町通・新町通へ

躍した数寄屋大工の上坂浅次郎がつとめた。別名ともなっている茶室(紫織庵)は4畳板入りで,南側に3畳の水屋が付属する。洋館は建築当時に流行していたフランク・ロイド・ライト風の意匠に仕上げられており,外壁には大谷石とレンガタイルが用いられている。洋風の要素が和風建築の中に巧みに取り入れられた住宅として,貴重なものである。なお,紫織庵では祇園祭期間中と同様の「屏風祭」を,1年を通じて公開している(休館日は不定)。

川崎家住宅のある新町通は,京都における近代洋風建築ストリートである三条通に対し,京の中心部に奇跡的に残る京町屋ストリートといえる。

京都生活工藝館(無名舎)は,新町通六角下ル六角町にある,1909(明治42)年に築造された建物である。白生地問屋の京商家として,典型的な表屋造であり,店舗・住居・土蔵・通り庭などで構成され,歴史的意匠建造物・景観重要建造物に指定されている(見学は要予約)。

新町通を六角通と錦小路通の中間までくだった所に,小島邸がある。間口約11m・奥行約60mの大きな町屋で,現在は京都学園大学の京町屋キャンパスに提供されている。

無名舎

小島邸

六角堂 ⑲
075-221-2686

〈M▶P.38,59〉 京都市中京区六角通 東 洞院西入堂之前町248
市バス烏丸三条,地下鉄烏丸線・東西線烏丸御池駅 🚶 5分

聖徳太子創建と伝わる下京の町堂

　烏丸通六角の交差点から六角通を東に入ると,頂法寺(天台宗)がある。本尊は如意輪観音。西国三十三カ所観音霊場第18番札所で,本堂の平面形が六角形であることから,六角堂の名で知られる。寺伝によれば,聖徳太子が四天王寺建立のための用材を求めてこの地を訪れた際に,水浴中に木にかけておいた持仏の如意輪観音が離れなくなり,観音がこの地にとどまり衆生済度を望むというので,観音をここに安置して六角形の堂を建立したのが始まりという。また『元亨釈書』には,平安京造営時に堂宇が街路の中央にあったため邪魔になったが,黒雲があらわれて北へ約5丈運んだとある。しかし,最近では平安時代中期の創建とする説も出されている。1202(建仁2)年,比叡山の堂僧であった少年時代の親鸞が,この寺に100日間参籠し,聖徳太子の夢告を得て法然の専修念仏門に帰依した話は有名である。

　1461(寛正2)年の山城大飢饉のときには,足利義政がこの堂の前に救済小屋を建て,時宗僧の願阿に粥施行などを命じた。上京の革堂と同様,下京の六角堂は,町堂として町衆の生活文化や自治活動の中核となり,下京に危機が迫ると寺の早鐘が鳴らされ,また土一揆や天文法華の乱の際に軍勢の集合場所となったり,下京町組代表の集会所になったりした。

　江戸時代末までに18回以上罹災したが,庶民の信仰を集める寺であることから,その都度復興をはたしてきた。現在の本堂は,1864(元治元)年に焼失したものを,1875(明治8)年に再建したものである。上下2層の宝形造六角形の建物で,吹放しの土間をもち,背面柱筋を本堂正面と一体化させた拝所を正面におく。六角通を隔てた飛び地に,1605(慶長10)年に堀尾忠氏が寄進した鐘楼堂があり,鴨川洪水や大火

六角堂本堂

烏丸通から室町通・新町通へ　63

の際にはこの鐘をついて急を知らせたという。また，旧本堂の礎石と伝えられる本堂東側の要石は「へそ石」とよばれ，下京の中心地との伝えがある。寺宝には木造毘沙門天立像（国重文・平安），池坊専好立花図（附 寛永六年紫宸殿立花御会席割指図，国重文・江戸）などがある。

　本堂である六角堂は，頂法寺の本坊にあたる池坊が執行として代々経営・管理にあたってきた。池坊の名は，聖徳太子が水浴したという池（または井戸）にちなんで名づけられたものである。池坊の僧は，頂法寺の住持として本尊の如意輪観音像に花を供えることになっており，花の生け方に別格の妙技をみせることで評判となっていたことが，15世紀の記録に残されている。文明年間（1469〜87）の池坊12世専慶は，立花の名手として知られ，ここから池坊としての立花が生じ，天文年間（1532〜55）には13世専応がたびたび宮中に招かれて花を立て，また『池坊専応口伝』を著して立花の理論と技術を初めて体系化した。

伴家住宅 ⑳

〈M▶P.38,59〉京都市中京区六角通烏丸西入骨屋町
地下鉄烏丸線・東西線烏丸御池駅🚶3分，または阪急電鉄京都線烏丸駅🚶6分

　烏丸通六角交差点から六角通を西へ100mほどの所に，市登録文化財の伴家住宅がある。店舗棟と居住棟を玄関棟でつないだ表屋造形式で，1911（明治44）年には現在とほぼ同じ形になっていた。数寄屋風の主室と次の間からなり，主室は床・棚・平書院を構え，棚の天・地袋に池大雅の墨絵を張る。

　六角通の1本南の蛸薬師通と烏丸通の交差点南東角に，赤レンガの外壁に白い帯石で飾られた鉄筋コンクリート造り2階建ての旧北国銀行京都支店（旧山口銀

伴家住宅

表屋造の町屋と辰野金吾設計の赤レンガ建物

旧北国銀行京都支店

行京都支店)がある。辰野金吾が片岡安とともに設立した辰野片岡建築事務所の設計で，1916(大正5)年に竣工した。烏丸通に残る貴重な近代建築で，現在はカフェや小物店が入った商業施設として活用されている。

旧北国銀行京都支店と烏丸通を隔てた南東方向に，石鳥居をもつ井戸の御手洗井がある。もとはやや西にあり，1912(明治45)年の烏丸通の拡張にともない，現在地へ移動し，開削された。当地にはかつて祇園社の御旅所があり，東側にはその社務をつとめた藤井助正の屋敷地があって，庭前に建てられた牛頭天王社へ毎朝この井戸から汲んだ霊水を奉納したという。上洛した織田信長が牛頭天王の御旅所を移動させ，井戸を施錠させたものの，毎年祇園会の時期だけは開放し，諸人へ神水を施すようにしたとされる。開放期間は祇園会の宵々山(7月15日)から還幸祭(7月24日)までの9日間で，井戸にちなみ名づけられた手洗水町がこの井戸を管理し，宵々山の日に遥拝式を行い，トビウオの干物や粽を供え，注連縄を新調する。

御手洗井

野口家住宅 ㉑

〈M▶P.38,76〉京都市中京区油小路通錦小路下ル藤本町
地下鉄烏丸線四条駅🚶2分，または阪急電鉄京都線烏丸駅🚶5分

油小路通に面した表屋造の町屋

四条烏丸交差点から西へ約400mの油小路通を北に約100m入ると，野口家住宅(市有形)がある。1864(元治元)年の大火後に再建された建物で，店舗棟と奥の居住棟を玄関棟で接続した表屋造形式で

烏丸通から室町通・新町通へ　65

ある。座敷は伏見の小堀屋敷にあったものを，1871(明治4)年に移建したと伝え，12畳半の主室と次の間からなる。数寄屋風書院の構えで，長押の釘隠しや天袋の引き手金具の意匠が素晴らしい。

京都府 京都文化博物館 ㉒
075-222-0888

〈M▶P.38, 59〉京都市中京区三条高倉 P
地下鉄烏丸線・東西線烏丸御池駅🚶3分，
または阪急電鉄京都線烏丸駅🚶7分

重要文化財のレンガ建物のある京都の博物館

　三条高倉交差点の所に，府立の京都文化博物館がある。
　1980(昭和55)年の学界・芸術界・産業界などの委員からなる京都府文化懇談会の提言に基づき，京都の歴史が通覧できるような歴史資料(考古資料を含む)・現代美術・伝統工芸および年中行事や風俗習慣の資料などを展示・公開するとともに，各分野の研究・教育・啓発そして情報の収集・提供を行う施設として建設された。北側の本館は鉄筋コンクリート造り7階建て，地下1階で，1988(昭和63)年に完成。交差点の北西角に面する別館はレンガ造り・スレートおよび銅板葺きの旧日本銀行京都支店(国重文・明治)である。辰野金吾の設計で1907(明治40)年につくられ，赤レンガと白い石(花崗岩)を用いた印象的な外観をもつ。建物の裏側には，中庭を隔ててレンガ造りの金庫棟があり，喫茶コーナーとなっている。

京都府京都文化博物館別館

中京郵便局

66　中京区

「高倉宮跡」石碑

京都文化博物館の西約50mにある中京郵便局は、逓信省営繕課の設計で、京都郵便電信局として1902（明治35）年に竣工した、ルネサンス様式の当時を代表する郵便局である。1976（昭和51）年に改築されたが、旧庁舎の南面および東西側面の一部の外壁と屋根が保存された（「中京郵便局旧庁舎外観」として市登録文化財）。

京都文化博物館本館の西約120m、東洞院通姉小路下ルにあるこども相談センターパトナの前に、「高倉宮跡」石碑がある。平安京左京三条四坊四町にあった後白河天皇の皇子以仁王の御所があった所で、高倉小路に面していたため、高倉宮とよばれた。以仁王の変の際、平氏追討の令旨を諸源氏にくだした所である。

京都文化博物館の西北、御池通と東洞院通の交差点南東角に、「在原業平邸址」の石碑が立つ。ここは平安京左京三条四坊三町に相当し、平安時代初期の代表的歌人で六歌仙の1人でもある在原業平の邸宅跡と考えられている。業平の父は平城天皇の皇子阿保親王、母は桓武天皇の皇女伊都内親王であったが、2歳のとき、臣籍にくだって在原を名のった。『伊勢物語』の主人公とも目される。

京都文化博物館から北へ約200m、御池通に面して御所八幡神社がある。応神天皇・神功皇后・比売神の3神を祭神とする神社で、第二次世界大戦中に現在地に移転した。御所八幡宮とよぶのは、足利尊氏が邸内の守護神として八幡社を勧請したと伝えられることによる。安産と幼児の守り神として信仰を集めている。

御所八幡神社

烏丸通から室町通・新町通へ　　67

三条東殿跡 ㉓
<small>さんじょうひがしどのあと</small>

〈M ▶ P.38, 59〉京都市中京区姉小路下ル場之町
市バス烏丸三条,または地下鉄烏丸線・東西線烏丸御池
駅🚇すぐ

白河法皇に始まる院御所で平治の乱の舞台

　三条通烏丸の交差点の東北部分に位置する方40丈（約120m）の土地は，11世紀の初めに伊予守藤原済家の邸宅があり，子孫の宮内卿藤原家通に伝えられた。1125（天治2）年に白河法皇がこの地を得て殿舎を造営し，院の御所とした。法皇の死後は，鳥羽上皇が御所として后の待賢門院とともに住み，その後も後白河上皇の院御所として利用された。1159（平治元）年，源義朝が軍勢500余をもってこの<u>三条東殿</u>を襲撃し，後白河上皇を連行，幽閉して平治の乱が勃発した。このとき，攻め寄る武士と火焔に追われて多数の女官が三条東殿の井戸に入り，非業の死を遂げたといわれる。現在，この場所には<u>旧京都中央電話局</u>がある。この建物は，逓信省の京都中央電話局として，吉田鉄郎の設計で建築された。工期は，1925〜26（大正14〜15）年の1期工事と，1929〜31（昭和4〜6）年までの2期工事に分かれる。西面の連続アーチが特徴的で，市登録文化財。現在，2019年開業予定で，登録部分を残してのリニューアル工事が進んでいる。

三条東殿石碑

みずほ銀行京都中央支店

　三条通烏丸交差点の南西角に，みずほ銀行京都中央支店が

三条通の近代建築

コラム

平安京以来の通りに立ち並ぶ洋風建築群

　平安京造営時につくられた三条大路を踏襲する三条通は、東の寺町通から西の室町通にかけて、明治から昭和時代初期につくられた近代建築が立ち並んでおり、京の町並みの中でも独特の雰囲気をもつことから、近年多くの観光客で賑わう通りとなっている。

　もともと三条通は、東海道と中山道の終着点であることから、室町通や東洞院通と並んで京都のメインストリートとして機能し、銀行・保険会社・店舗などの洋風化が早くから進んだ。

　現存するおもな洋風建築を東から順に行くと、新京極通のすぐ西側の中京区三条通御幸町海老屋町にある旧毎日新聞社京都支局がある。1928（昭和3）年に昭和時代初期の建築家である武田五一の設計により建築されたもので、バルコニーや玄関左右のランプカバーの意匠にアール・デコの影響が認められるとともに、建物正面の水平ルーバーを用いた水平線の強調にフランク・ロイド・ライトの影響が認められる。

　富小路通西入中之町に、1916（大正5）年頃建築の地上3階地下1階建て木骨レンガ造りで銅板葺きのSACRA（旧不動貯金銀行京都支店）がある。ルネサンス様式の外観で、1階部分にストライプ模様や正面中央の円形装飾などが用いられている。SACRAの南東、富小路通東入中之町にある1871（明治4）年創業の家邊徳時計店には、1890年建築のレンガ造り2階建ての店舗と木造2階建ての主屋がある。店舗正面は、3連アーチの装飾をもつ。

　柳馬場通西入桝屋町には、辰野金吾と片岡安の設計により、1914（大正3）年に竣工した日本生命京都三条ビル（国登録）がある。外観は石貼りで、耐震性への配慮から純粋なレンガ造りではなく、鉄骨を入れている。西に進み、高倉通には京都府京都文化博物館別館（旧日本銀行京都支店）、中京郵便局がある。

　最後に、三条通烏丸の交差点を西に行くと、1920（大正9）年建築の文椿ビルヂング（旧西村貿易店社屋、国登録）がある。大手和装産業千總の経営者であった西村總左衛門創業の貿易会社社屋であったもので、木造2階建て外装タイル貼りで、屋根は銅板葺きである。

文椿ビルヂング

烏丸通から室町通・新町通へ

ある。渋沢栄一傘下の旧第一銀行京都支店として，1906(明治39)年に辰野金吾の設計で建てられたものであったが，残念なことに最近建て替えられた。ただし，外観は旧建物を彷彿とさせる。

みずほ銀行京都中央支店の北側に，三条西殿・三条大路跡の碑がある。石碑のある烏丸ビルは，平安京左京三条三坊十二町に相当し，1126(大治元)年に権中納言藤原顕隆が造営し，白河法皇・鳥羽上皇の御所「三条西殿」として，院政期の政治の中心となった。三条室町殿ともよばれる。発掘調査では，三条大路の北端と烏丸小路西端の側溝を検出し，平安京跡の条坊を復元するうえで重要な定点となり，また当初路幅が8丈(約24m)あった三条大路が，徐々に狭められて現在に至ったこともわかった。

烏丸御池交差点北東の一帯は，足利尊氏の三条坊門第があったとされる場所である。1358(延文3)年に尊氏がこの邸宅で死去すると，邸宅は禅宗寺院の等持寺になった。等持寺絵図(国重文，南北朝)から，等持寺の寺域は北限を二条大路(現，二条通)，南限を三条坊門小路(現，御池通)，西限を高倉小路(現，高倉通)，東限を万里小路(現，柳馬場通)とする，南北2町(南北約250m)・東西1町(約120m)の範囲と考えられ，境内には南から小御所・僧堂・観音堂・方丈が並び，小御所の東側に仏殿，観音堂の西に庫院，庫院の北に庫蔵，東司があった。境内北東隅には鎮守の天神が，北端には吉備社がまつられていた。足利義満によって禅宗十刹の第1位とされ隆盛を誇ったが，しだいに衰退し，別院であった等持院に吸収された。1365(正平20)年に足利義詮が移り住んだ三条坊門万里小路の新第は，1409(応永16)年に足利義持が花の御所から移り住んで政庁として利用しており，等持寺に近接して存在したと考えられる。

地下鉄烏丸御池駅の北東出口，烏丸御池交差点の北東角に，「烏丸御池遺跡・平安京跡」の石碑が立っている。この周辺では，発掘調査などにより，縄文時代晩期〜古墳時代の遺物が出土することが知られており，平安京造営のはるか以前から集落が営まれていたことがわかった。遺跡名は，この交差点名を採用している。

京都国際マンガミュージアム ㉔
075-254-7414

〈M▶P.38,59〉京都市中京区烏丸通御池上ル金吹町
市バス烏丸御池，地下鉄烏丸線・東西線烏丸御池駅大1分

江戸時代の金座・銀座の地に立つマンガ文化の発信地

　烏丸通と御池通の交差点の北約50mに，京都国際マンガミュージアムがある。京都市と京都精華大学の共同運営で，いまや世界から注目されているマンガの収集・保管・展示，およびマンガ文化に関する調査研究などを行うことを目的としている。博物館と図書館の機能をあわせもった新しい文化施設で，明治時代の雑誌や戦後の貸本などの貴重な歴史資料や現在の人気作品，海外のものまで，30万点以上の蔵書数を誇る。建物は，1929（昭和4）年建築の旧龍池小学校の校舎を活用し，当時のたたずまいを残したものである。

　マンガミュージアムの敷地西南端に「此付近　二條殿址」の石碑が立ち，通りを挟んだ西側の京都労働局の敷地に説明板がある。二条殿は平安京左京三条三坊九町と十町にまたがり，平安時代には後朱雀天皇の皇后禎子内親王の邸宅が，鎌倉時代には後鳥羽上皇の

京都国際マンガミュージアム

邸宅が営まれた。南北朝時代には太政大臣をつとめた二条良基の邸宅となり，以後，二条家の邸宅として維持された。別名を押小路殿ともいう。二条殿の庭園は名園として知られており，『洛中洛外図屏風』にも描かれ，なかでも庭園の池（龍躍池）には龍が住むと伝えられていた。京都労働局敷地の発掘調査では，現在の地表面より3mも深い所で庭園の池がみつかっており，当時は豊富な地下水が湧き出ていたと考えられている。池畔には池に臨む建物や小石・白砂を敷き詰めた州浜があり，大きな庭石がすえられ，絵図に描かれたとおりの贅をつくした庭園であったようである。1577（天正5）年に織田信長の邸宅となり，1579年には正親町天皇の皇太子であっ

烏丸通から室町通・新町通へ

た誠仁親王に献上された。堀を構えていたことから二条殿御池城ともよばれ、室町通に「二条殿御池跡」の石碑が立つ。また、付近には本能寺の変のときに織田信忠(信長の嫡男)が宿所としていた妙覚寺(中京区上妙覚寺町・下妙覚寺町)があり、明智光秀軍とこの地で戦いが行われた。

京都国際マンガミュージアムの西半部の町名は、金吹町とよばれる。烏丸通の西、二条通と三条通の間の両替町通沿いにあった江戸幕府の金貨(小判・一分判)鋳造所に由来した町名である。二条殿跡の石碑の北側に、「此付近徳川時代金座遺址」の石碑が立つ。慶長年間(1596〜1615)に堺・大坂・伏見から金屋・金吹きをこの地に集めて成立し、幕府御用達商人筆頭の後藤庄三郎が金座の御用改掛をつとめ、役所がおかれた。1800(寛政12)年の寛政の改革以後、京都での小判の鋳造は行われず、御所御用箔・京坂金職の取締りのみをするようになり、1868(明治元)年に廃止された。マンガミュージアムの西端には「此付近徳川時代銀座遺址」の石碑が立っている。江戸幕府の銀貨(丁銀・小玉銀)鋳造所で、1601(慶長6)年伏見に町屋敷4町を拝領してつくられ、1608年に烏丸通の西、二条通と三条通間の両替町に移した。寛政の改革以後、京都では銀貨幣の鋳造は行われず、銀道具・銀箔材料としての南鐐の売渡しを行うのみとなり、1868年に廃止された。

京都国際マンガミュージアムと烏丸通を隔てた東側に、梅田雲濱邸跡の石碑が立つ。梅田雲浜は若狭(現、福井県)小浜藩士で、積極的な尊王攘夷論者として知られる。1843(天保14)年に上洛し、私塾望楠軒の講主に迎えられたが、1852(嘉永5)年に藩主の酒井忠義に海防策などを建言したことが原因で藩籍を剥奪された。1853年のペリー来航後は日米和親条約の締結に反対するとともに、外国人の排斥運動を主導し、大老井伊直弼の排斥運動も行ったことから、1858(安政5)年

銀座跡石碑

に安政の大獄で捕縛され、獄中で病死した。

究理堂跡 ㉕ 〈M▶P.38,76〉京都市中京区釜座通竹屋町下ル亀屋町
市バス烏丸丸太町・地下鉄烏丸線丸太町駅 🚶 5分

関西蘭学の祖、小石元俊の医学塾跡

夷川通を越えた室町通沿いの東側にある路地の奥に、新宮涼庭邸宅跡の石碑が立っている。涼庭は丹後出身の医者で、蘭方医を志し、京坂の医家を訪ね、長崎でオランダ人医師から学び、1819(文政2)年に京都で開業した。1839(天保10)年南禅寺畔に順正書院をつくり、各分野の学者を招き系統的な医学教育を行った。

竹屋町通を西へ進み、釜座通を南へ80mほど行くと、究理堂跡の説明板がある。関西以西の蘭学の祖とされる小石元俊が1799(寛政11)年に開設した、医学塾究理堂があった場所である。元俊は、山脇東洋の高弟永富独嘯庵に師事し、皆川淇園・慈雲飲光にも従学、杉田玄白・山脇東洋らとも親交があり、解屍の名手としても知られた。杉田玄白や大槻玄沢らを始めとする当時の有名な医家・文化人との書翰数百通や貴重な江戸時代の書籍・医療器具を小石家が所蔵している。また、究理堂のある辺りは、平安時代に藤原師実の邸宅大炊殿があり、堀河天皇の里内裏となった。

釜座通の1本東の新町通を南に、夷川通を越えて少しさがると、明倫舎と書かれた大きな額のかかった町屋がある。ここは石門心学者の柴田鳩翁の明倫舎跡である。

明倫舎跡からさらに南へ100mほど行くと醫徳山薬師院(黄檗宗)がある。本尊の薬師如来像は、別名「こぬか薬師」とよばれる。1230(寛喜2)年に疫病が蔓延し、都鄙の貴賤が多く亡くなったときに、この薬師如来像が院主の夢にあらわれ、「一切の病気で苦しむ人びとがわが前にきたら諸病をことごとくのぞこう。来也、来也」と告げたことによるという。

明倫舎跡

烏丸通から室町通・新町通へ

③ 西洞院通から大宮通へ

織田信長終焉の地，本能寺から徳川家康築城の二条城，空海請雨説話の舞台となった神泉苑をめぐる。

本能寺跡 ❷ 〈M▶P.38,76〉京都市中京区小川通蛸薬師元本能寺町
市バス堀川蛸薬師・四条堀川 🚶 5分

織田信長終焉の地と市聖空也ゆかりの寺

　蛸薬師通の北で，西を油小路通，東を西洞院通に挟まれた一帯は，織田信長最期の地として有名な本能寺があった所である。本能寺は初め本応寺と号し，1415（応永22）年，油小路高辻に創建されたが，のちに寺号を本能寺と改めて大宮六角に移転。天文法華の乱によって焼討ちされ，他の法華宗寺院ともども一時京都から追放されたが，1547（天文16）年に帰洛が許されると，西洞院蛸薬師北西一帯に再興された。これが天正年間（1573～92）に信長の京における定宿となり，1582（天正10）年の本能寺の変の舞台となる。変ののちは同地で再建が試みられたが，おりしも始まった豊臣秀吉の京都改造によって，京都市役所南の現在地へと移された。

本能寺跡顕彰碑

　当地に所在した本能寺の様子は従来ほとんどわかっていなかったが，2007（平成19）年に行われた西洞院六角下ル西側のマンション建設に先立つ発掘調査で，堀と石垣の跡が初めてみつかり，ようやく手がかりが得られた。堀跡から出土した瓦の中には火災の高熱で赤く変じたものや，「能」の異体字「䏻」の字を飾った軒瓦がある。また，小川通六角下ル西側では本能寺の存続期間と一致する建物跡が，西洞院蛸薬師の北西角では本能寺の寺域の南を限る堀の跡が，それぞれ発見されている。

　なお，蛸薬師通の南側，京都市本能特別養護老人ホームの敷地からは，蛸薬師通の南に沿って，下京の町全体を囲んだ惣構の堀の

74　中京区

本能寺跡出土「能」銘軒瓦

跡がみつかっている。かつて本能寺の範囲はこの特養ホーム敷地までを含むとする説もあったが、この発掘により現在はほぼ否定されるに至っている。養護施設の北東角と西側に本能寺跡を示す石碑があるが、実際の位置は施設の北側一帯なので注意したい。

本能寺跡の南西、蛸薬師通油小路を西へ50mほどの市立堀川高校の東側には、蛸薬師通に面して空也堂(天台宗)がある。正式には紫雲山光勝寺極楽院と号し、空也上人立像を本尊とする。平安時代中期の僧で市聖とよばれた空也の開創で、創建の地は三条櫛笥小路であったが、応仁・文明の乱による焼亡を経て江戸時代に現在地に移転した。中世以降は時宗に属したが、明治維新後に天台宗に改宗した。毎年11月の第2日曜日には、開山忌(空也忌)の法要が営まれる。王服茶の献茶式の後、空也僧による歓喜踊躍念仏と六斎念仏焼香式(京都の六斎念仏の1つ、国民俗)が奉修される。

空也堂

神泉苑 ㉗
075-821-1466

〈M▶P.38,76〉京都市中京区御池通神泉苑町東入門前町166
市バス神泉苑前🚶すぐ、または地下鉄東西線二条城前駅🚶2分

平安時代以来の園池
祈雨の修法と狂言の地

神泉苑(国史跡)は、794(延暦13)年の平安遷都の際に大内裏の南に接して設けられた禁苑で、往時は南北4町(516m)・東西2町(252m)にもおよぶ広大な敷地を有していた。池を中心とした大庭園で、池の周囲には正殿である乾臨閣を始め楼閣や、釣殿・滝殿などの殿舎が並び、天皇や廷臣の宴遊の場として用いられた。

西洞院通から大宮通へ

二条城周辺の史跡

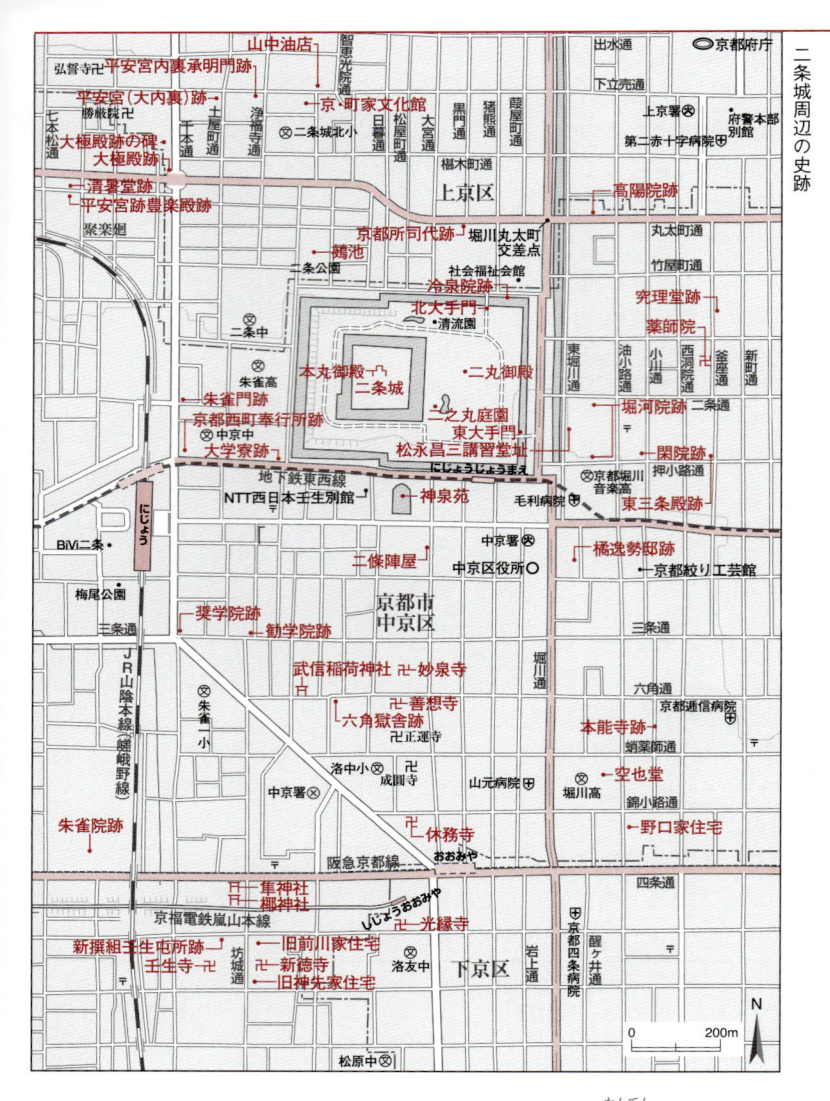

（地図中の注記、おおよそ上から下・左から右の順）

- 弘誓寺卍
- 山中油店
- 平安宮内裏承明門跡
- 出水通
- 京都府庁
- 下立売通
- 平安宮（大内裏）跡
- 勝敵祓卍
- 京・町家文化館
- 上京署
- 第二赤十字病院
- 府警本部別館
- 七本松通
- 大極殿跡の碑
- 大極殿跡
- 浄福寺卍
- 二条城北小
- 千本通
- 日暮通
- 黒門通
- 大宮通
- 猪熊通
- 葭屋町通
- 竹屋町通
- 清暑堂跡
- 平安宮跡豊楽殿跡
- 聚楽廻
- 上京区
- 高陽院跡
- 京都所司代跡
- 堀川丸太町交差点
- 鷺池
- 社会福祉会館
- 冷泉院跡
- 究理堂跡
- 薬師院
- 二条公園
- 北大手門
- 清流園
- 丸太町通
- 油小路通
- 小川通
- 西洞院通
- 釜座通
- 新町通
- 二条中
- 本丸御殿　二条城
- 二之丸御殿
- 朱雀高
- 朱雀門跡
- 堀河院跡　二条通
- 京都西町奉行所跡
- 二丸御殿
- 二之丸庭園
- 松永昌三講習堂址
- 南大手門
- 大学寮跡
- 中京中
- 京都川音楽高
- 閑院跡
- 地下鉄東西線
- にじょうじょうまえ
- 押小路通
- 東三条殿跡
- NTT西日本壬生別館
- 神泉苑
- 毛利病院
- にじょう
- BiVi二条
- 中京署
- 二條陣屋
- 中京区役所
- 橘逸勢邸跡
- 京都絞り工芸館
- 梅尾公園
- 京都市中京区
- 三条通
- 奨学院跡
- 勧学院跡
- JR山陰本線（嵯峨野線）
- 武信稲荷神社
- 妙泉寺
- 六角通
- 京都通信病院
- 朱雀小
- 善想寺
- 本能寺跡
- 六角獄舎跡
- 正運寺卍
- 蛸薬師通
- 洛中小
- 成圓寺卍
- 山元病院
- 空也堂
- 中京署
- 堀川高
- 錦小路通
- 朱雀院跡
- 休務寺
- 野口家住宅
- 阪急京都線
- おおみや
- 隼神社
- 椰神社
- 京福電鉄嵐山本線
- 光縁寺
- 四条通
- 新撰組壬生屯所跡
- 壬生寺卍
- 旧前川家住宅
- 新徳寺
- 旧神先家住宅
- 洛友中
- 下京区
- 岩上通
- 醍醐井通
- 京都四条病院
- 松原中

N　0　200m

　もともと沼沢地であった所に造営されたようで、旱天（かんてん）でも枯れない豊富な湧水があったといい、そのため干魃（かんばつ）時に水を求める人びとへ開放したり、しばしば祈雨（きう）の修法（しゅほう）が行われたりした。『今昔（こんじゃく）物語集』には、824（天長（てんちょう）元）年、西寺（さいじ）の守敏（しゅびん）と東寺（とうじ）の空海（くうかい）が祈雨の法を

競い，空海が勝ったという説話が載せられている。

中世以降は荒廃し，1603(慶長8)年，徳川家康が二条城を築城するに至って苑の北部が城の敷地に割かれ，以後も町屋の進出によって規模を著しく縮小した。1607年に快我(快雅，覚雅とも)により再興されて寺となり，聖観音を本尊として祀っている。

1990(平成2)年から1993年にかけ，地下鉄東西線建設にともなって，敷地の北側を走る押小路通で発掘調査が行われ，苑の東限と西限の築地跡や，池の岸，橋や船着場と考えられる遺構と多くの遺物が発見された。押小路通に面した二条城の堀端に，「平安京跡 神泉苑 東端線」「平安京跡 神泉苑 西端線」を明示する石碑が立ち，また地下鉄二条城前駅のコンコースには展示スペースが設けられており，出土品の一部をみることができる。

また，当寺は，壬生寺・清涼寺・引接寺(千本閻魔堂)と並ぶ狂言の寺で，11月の第1金曜日から3日間，苑内の狂言堂で神泉苑大念仏狂言(市登録)が催される。

二條陣屋(小川家住宅) ㉘

洛中に残る唯一の陣屋建物

〈M▶P.38,76〉京都市中京区三坊大宮町
地下鉄東西線二条城前駅🚶5分

神泉苑の西側，美福通に至る一帯は，江戸時代に東町奉行所がおかれた所で，NTT西日本壬生別館の敷地内の押小路通に面する位置に東町奉行所跡の石碑がある。京都町奉行が初めておかれたのは1600(慶長5)年で，1668(寛文8)年からは常置の職となって幕末に至った。奉行の下に与力，同心を配置し，行政・司法・警察全般にわたる京都の市政を担当し，さらに畿内の幕府領の租税徴収や寺社領の訴訟処理にもあたり，東西の町奉行所が隔月で任に就いた。なお西町奉行所は現在の中京中学校付近にあり，千本通押小路交差点の北東角に西町奉行所跡の石碑が立つ。

神泉苑を出て東に60m

二條陣屋(小川家住宅)

西洞院通から大宮通へ

ほど行き，大宮通を南に70mほど進むと二條陣屋(小川家住宅，国重文・江戸)がある。小川家は豊臣秀吉に仕えて伊予今治7万石の城主となった小川祐忠の子孫で，祐忠の長男千橘が，関ヶ原の合戦の後，萬屋平右衛門と名乗って，この地で米穀商・両替商および木薬屋を営んだことに始まるという。この建物は，その住宅として1670(寛文10)年頃に建てられたものである。

　小川家は，二条城や京都所司代に伺候する中小大名の陣屋として，また京都町奉行所の公事宿としても利用されたので，隠し階段や武者隠しなど，大名の身辺警護のための特殊な構造・設備が施され，さらに類焼防止の工夫も多く，さながらからくり屋敷のようである。数寄屋風の住宅で繊細優美であり，建築学的価値も高いとされている。

二条城 ㉙
075-841-0096

〈M▶P.38,76〉京都市中京区二条通堀川西入二条城町541　P
市バス二条城前 🚶 すぐ，または地下鉄東西線二条城前駅 🚶 2分

寛永期文化の最高水準を示す城郭、大政奉還の舞台

　二条城(旧二条離宮，国史跡)は，徳川将軍上洛時の居館として築城されたもので，その地域は北西域を平安宮跡，南西部を神泉苑跡，北東部を冷泉院跡，南東部を木工寮跡と，平安京の重要施設があった場所に重なる。城の北方には豊臣秀吉の聚楽第が，北東には織田信長が最後の室町将軍足利義昭のために築いた旧二条城があり，戦国時代を生き抜いた3武将が築いた京の拠点の1つでもある。

　1601(慶長6)年，家康は西日本の諸大名に二条城の普請を課し，京都所司代板倉勝重が奉行となって築城に取りかかり，1603年頃にはほぼ完成して，3月に征夷大将軍に任じられた家康が入城して拝賀の礼が行われた。また1611年，家康は後水尾天皇の皇位継承の

二条城東南隅櫓

ために再度上洛し，このとき二条城で豊臣秀頼と会見を行った。1614年の大坂冬の陣，翌年の夏の陣では，この城が江戸幕府方の作戦本部となった。その後，3代将軍家光は，後水尾天皇を迎えるため，1624(寛永元)年から城の拡張と殿舎の整備を命じ，天皇は1626年9月に行幸して，5日間この城に滞在した。1634年には家光が30万人と称する大軍を率いて入城，そのあと大番組2組(各組大番頭1人，組頭4人，番士50人)が詰める二条在番がおかれた。

　二条城では1750(寛延3)年，寛永の改築のときに伏見城から移築した天守が落雷で焼け，その後は再建されなかった。天明の大火では本丸のすべてと櫓や門の一部が焼失している。幕末には公武の緊張の高まりの中で，14代将軍家茂が2度上洛して二条城に滞在した。最後の15代将軍慶喜は，1866(慶応2)年，この城で将軍職を拝命し，翌年には二の丸御殿大広間で大政奉還を発表した。

　その後，城は朝廷に帰属し，翌年には太政官代がおかれたが，1871(明治4)年に京都府に移管され，1885年まで二の丸御殿が府庁舎となった。その後，再び宮内省所管に戻り，二条離宮と改称され，1893年から京都御所の旧桂宮御殿を本丸跡に移築するなど，大修理が行われた。1915(大正4)年には，ここで大正天皇の即位式後の大嘗の儀が行われている。その後，1939(昭和14)年，宮内省から京都市に下賜されて現在に至るが，東大手門前の石柱に「史蹟　舊二條離宮」とあるのはこうした経緯のためである。

　面積は27万m²で，内部は本丸と二の丸からなる。堀川通に面した東大手門(国重文)から入ると，最初に唐門および築地(ともに国重文)がある。唐門は四脚門で，伏見城から移築したものと伝えられる。唐門を入ると二の丸御殿がある。寛永年間(1624～44)の造営になる書院造の典型で，南西に位置する二之丸庭園に向かって遠

二条城二の丸御殿

西洞院通から大宮通へ

侍及び車寄・式台・大広間・蘇鉄之間・黒書院が雁行型に配され，黒書院の北側には白書院（いずれも国宝）がある。

入口の車寄は聚楽第の遺構とも伝える。遠侍はもっとも大きな部屋で，諸大名の控えの間や警護の侍の詰所などがあり，襖絵には竹に虎と豹が描かれ「虎の間」といわれる。勅使の間は天皇の勅使を迎えた部屋，式台には老中の控えの間があった。大広間は将軍の正式な対面所で，4つの間に分かれ，大政奉還が発表された歴史的な部屋である。大広間の北側に蘇鉄之間があり，黒書院と渡り廊下でつながる。黒書院は将軍の内向きの対面所で，白書院は将軍の居間である。大広間・黒書院・白書院はいずれも正面に床の間と違棚を設け，左手に付書院，右手に帳台構えを配する。

二の丸御殿の障壁画は，後水尾天皇の行幸にともなって狩野探幽を中心とする狩野派の絵師集団により描かれた。3000面以上の障壁があり，そのうち954面が二条城二之丸御殿障壁画として国の重要文化財に指定されている。これら障壁画は400年近くの年月で傷みが進行しているため，模写・修理が順次行われており，取りはずした障壁画は城内東側に2005（平成17）年に開館した展示・収蔵館に収蔵され，一部公開されている。そのほか，二の丸御殿の付属建物として台所・御清所（ともに重文）がある。

二条城二之丸庭園（国特別名勝）は，家康築城期の17世紀初頭頃の作庭と考えられる。当初は東の大広間から眺める庭であったはずだが，寛永年間の後水尾天皇の行幸に際し，池南方に行幸御殿ほかの建物が造営されたとき，行幸殿と大広間の2方向から庭園を観賞できるように改造されたと考えられている。江戸時代を代表する名園である。

二の丸御殿の西に，内堀に囲まれて本丸がある。本丸櫓門

二条城二之丸庭園

(国重文)は，本丸関係では唯一天明の大火に焼け残ったもの。本丸御殿(玄関・御書院・御常御殿・台所及び雁之間，国重文)は，二条離宮として整備された明治時代に，御所内にあった1847(弘化4)年建築の桂宮家の御殿を移築したものである。南面には芝生の本丸庭園が広がり，南西隅には天守台が残る。このほか，北大手門・西門・東南隅櫓・東角隅櫓北方多聞塀・西南隅櫓・土蔵(北・南米蔵)・鳴子門・桃山門・北中仕切門・南中仕切門(いずれも国重文)などがある。なお，城内には清流園など近年の園池もあり，四季の花樹が植えられ，また信長築城の旧二条城の石垣も移築されている。

二条城の北東の堀端に，冷泉院跡の碑がある。冷泉院は816(弘仁7)年の嵯峨天皇の行幸記事が初見で，2町四方の規模を有する後院(譲位後の御所)として設けられ，当初は冷然院と記された。仁明から後冷泉に至る歴代天皇の後院や里内裏，あるいは内裏の修理中や焼失時の仮御所となるなど，つねに政治上重要な位置を占めた。同院はたびたび焼失し，875(貞観17)年正月の火災では54宇にのぼる多数の建物が，3日間燃え続けたという。949(天暦3)年の火災による再建後は，「然」の字が「燃」に通ずるとして「泉」に改名

二条城東大手門

された。1055(天喜3)年に不吉の兆しがあるとして破却され，遺材で一条院が造営された。なお，2001〜02(平成13〜14)年の二条城内北東域の発掘調査で，冷泉院跡の庭園遺構が発見されている。

また，昨今順次修理工事が進められており，2017(平成29)年には東大手門が面目を一新した。

堀河院跡 ㉚ 〈M▶P.38,76〉京都市中京区二条油小路町・押小路町ほか
地下鉄東西線二条城前駅 🚶 5分

二条城の東向かい，堀川通と御池通の交差点の北東側一帯には，平安時代，西から堀河院・閑院・東三条殿と，当時の超一級の名

西洞院通から大宮通へ　　81

発掘調査で明らかになった白河・堀河両天皇の里内裏

邸が立ち並んでいた。いずれの邸も，東西約120m・南北約250mという広大な敷地を有していたと伝わる。

堀河院跡は，おおむね現在の二条通と御池通の間，堀川通と油小路通の間にあたる。この大邸宅を最初につくったのは藤原基経であるが，祖父冬嗣から伝領して閑院をも所有していた基経は，公的な場として堀河院を，私的な場として閑院を使用したという。基経の死後は，曽孫の兼通に伝領された。

976(貞元元)年，内裏の火災により円融天皇が仮御所として使用し，これが臣下の邸宅を内裏とする里内裏の始まりとなった。平安時代後期には，白河天皇・堀河天皇の里内裏ともなり，とくに堀河天皇はこの院を愛用し，堀河と諡された。改修を重ねながら長く使われたが，12世紀に焼亡，廃絶した。

堀河院跡では，現在の京都全日空ホテルと市立堀川音楽高校の敷地で発掘調査が行われている。前者の発掘では11世紀代の庭園の跡が検出され，ホテルの車寄の北東側に滝口に使われていた庭石が移され，説明板が立てられている。後者では，西と南に分かれた池の跡や，敷き詰められた白砂がみつかるなど，壮麗な邸宅の一端が明らかになっている。

「松永昌三講習堂址」の石碑

この堀河院の旧域内で，御池通と油小路通の交差点を少し北上した西側，市立堀川音楽高校敷地内には大老土井利勝屋敷跡の石碑がある。土井利勝は，無名に近い家の出ながら草創期の江戸幕府にあって，さまざまな政治的課題に辣腕を振るい，徳川家康・秀忠・家光の3代に重用された。家康時代に老中，家光のときには大老に任じられた。たびたび上洛しては朝廷との交渉にあたったが，当地はその京屋敷の跡地で，幕末まで土井邸として使われていた。

京都全日空ホテルの堀川通側の入

口に,「松永昌三講習堂址」の石碑が立つ。松永昌三は藤原惺窩門下の四天王とよばれた江戸時代初期の儒学者・歴史学者で,西洞院二条に京都最初の私塾春秋館を開いた後,京都所司代板倉重宗の援助を得てこの地に講習堂を開いた。講習堂は明治時代初期まで存続し,多くの門弟を輩出した。

京都全日空ホテルの北側の敷地も堀河院の範囲内だが,江戸時代後期には福井藩邸の敷地ともなった。幕末には,ここに橋本左内が身を寄せて活動したが,安政の大獄により,刑死した。堀川通側に「福井藩邸址」「橋本左内寓居址」の石碑と説明板が,堀河院のそれとともに立っている。

堀河院跡の北側は二条院跡である。当院は藤原基経の娘で醍醐天皇の中宮であった藤原穏子の邸宅で,穏子は朱雀・村上両天皇の生母として知られる。邸宅にはその後,白河天皇の皇女で堀河天皇の皇后となった令子内親王が住み,「二条の大宮」とよばれた。

堀河院の南側には,空海・嵯峨天皇とともに三筆と称され,承和の変で失脚した橘逸勢が住んだ蛭松殿があった。堀川通から御池通を東に40mほど行き,1筋目の路地を南に100mほど進んだ所に「橘逸勢邸址」の石碑がある。邸宅は,太郎焼亡ともよばれた1177(安元3)年の大火で焼失し,その後は廃絶したらしい。

閑院跡と東三条殿跡 ㉛

〈M▶P.38,76〉京都市中京区古城町・下古城町・上松屋町・下松屋町ほか

市バス堀川御池・二条城前 🚶 5分

藤原冬嗣・良房の大邸宅跡と豊臣秀吉の居城妙顕寺城

堀河院跡の東側に閑院跡がある。おおよそ,北は現在の二条通から南は押小路通,東は西洞院通から西は油小路通におよぶ広大な邸宅であった。京都全日空ホテルから東へ約50m,押小路通に面してある西福寺の南側に閑院跡を示す説明板が,押小路通と油小路通の交差点に石標がある。

閑院を創設したのは,平安時代初期に藤原北家隆盛の礎を築いた藤原冬嗣で,その後,藤原氏一族の間で伝領され,平安時代後期には後三条天皇・堀河天皇・高倉天皇・後鳥羽天皇ら,数々の天皇の里内裏となった。後鳥羽天皇の内裏であった1186(文治2)年に大地震で倒壊したが,源頼朝が大江広元を奉行として復興し,1190

閑院跡の碑

（建久元）年に上京した頼朝は、ここで天皇に拝謁している。その後も焼失と再建が繰り返されたが、1259（正元元）年、放火によって焼亡した後は再興されることはなかった。

閑院の跡地は、戦国時代には妙顕寺（P.129）の寺地となったが、1583（天正11）年、豊臣秀吉は妙顕寺を移転させてこの地に邸宅を設け、1586年に聚楽第を造営するまで、ここを京都での拠点とした。二条第または妙顕寺城とよばれたこの邸宅の周囲には堀をめぐらし、天守も設けられていたといい、古城の町名はこの妙顕寺城にちなむ。現在、西福寺の前には、閑院跡の説明板と並んで「豊臣秀吉妙顕寺城跡」の石碑が立つ。

江戸時代になると、この秀吉邸の跡地に牢屋敷が設けられたが、1708（宝永5）年の大火で類焼し、移転した。移転後のものがいわゆる六角獄舎（P.90）である。

閑院跡の東隣は東三条殿跡である。おおよそ今の二条通・新町通・御池通・西洞院通

東三条殿跡碑

「妙顕寺城跡」の石碑

高松殿跡(高松神明神社)

　に囲まれた範囲がそれにあたる。堀河院・閑院と同じく南北2町を有する豪邸で、藤原良房が創設した。藤原道長の父兼家はこの邸に住んだことから東三条殿とよばれ、道長も幼少期をここですごし、その姉詮子も居所にちなみ東三条院の女院号を与えられた。また、宇多・冷泉両上皇の後院や、一条・三条・後朱雀・近衛・後白河の各天皇の里内裏としても使用された。後白河天皇と崇徳上皇の対立から1156(保元元)年に勃発した保元の乱では、天皇方がこの邸を接収して一時立てこもるなど、乱の舞台ともなっている。押小路通と釜座通の交差点に石碑と説明板が立つ。

　東三条殿の南には、高松殿とよばれる邸があった。醍醐天皇の皇子で安和の変で失脚した源高明の邸宅で、藤原道長の妻となった娘の明子が住み、のちには白河上皇・鳥羽上皇の院御所ともなった。1155(久寿2)年には後白河天皇がここで践祚し、以後は里内裏として使われ、保元の乱では天皇方の拠点となり、源義朝や平清盛が参集した。姉小路通と釜座通の交差点を東へ20mほど行った所にある高松神明神社(祭神天照大神ほか)は邸内にあった鎮守社と伝え、社地の前に高松殿の跡地を示す石碑と説明板がある。

京都所司代屋敷跡 ㉜

〈M▶P.38,76〉京都市上京区丸太町通黒門東入藁屋町

市バス二条城前・堀川丸太町 すぐ

江戸幕府が設置した朝廷監視の機関

　堀川御池交差点から堀川通を北へ700mほど行くと、堀川丸太町交差点がある。この東側、丸太町通を挟んだ方2町が高陽院跡である。もとは桓武天皇の皇子賀陽親王の邸宅で、その後、藤原摂関家の所有となり、藤原頼通のときに壮麗な殿舎に改修された。そのときの様子を『栄華物語』は「この世のことと見えず」と記す。しばしば天皇の里内裏になり、承久の乱のときには順徳天皇の仮御所ともなった。この間、造営・修造は繰り返されたが、1223(貞応

西洞院通から大宮通へ　　85

京都所司代屋敷跡

2）年に放火で焼失した後は、再建されなかった。発掘調査では州浜や庭園石を検出しており、邸内には少なくとも2つの池（1つは南北140m余りもある）が存在していた。

　堀川丸太町交差点から丸太町通を西へ100mほど行った所にある関西フランス学院（旧待賢小学校）の前に、京都所司代跡の碑が立っている（北側にもある）。所司代屋敷は上屋敷・下屋敷・堀川屋敷の3つがあり、この藁屋町は上屋敷にあたる。下屋敷はここから400〜500mほど西の中務町付近に、堀川屋敷は100mほど東の下堀川町付近にあった。

　京都所司代は織田信長や豊臣秀吉の時代にも設けられたが、徳川将軍直属の役職で、京都の朝廷の監視や交渉、畿内8カ国の天領の訴訟業務、西国大名の取締りなどを行う、老中につぐ重職であった。最初は1600（慶長5）年に奥平信昌が任じられたが、翌年、板倉氏にかわり、勝重・勝宗父子2代が約50年にわたって就任した。その間、京都の町の整備が進められ、民政にも力を入れて名所司代といわれた。その後、1668（寛文8）年に京都町奉行所が設けられ、民政関係の業務は町奉行に移管された。

　近年、御池通付近から一条通付近に至る堀川は、流れを復活させ、遊歩道として整備された。そぞろ歩くと、二条城付近では西側護岸に、二条城の堀の役割をはたしていた当時の石垣を見ることができる。

④ 四条大宮から千本丸太町へ

平安時代の朱雀大路を踏襲する千本通界隈。壬生狂言の舞台の壬生寺，新撰組の屯所，平安宮の中枢部に至る歴史の道。

壬生寺 ㉝
075-841-3381

〈M▶P.38,76〉京都市中京区坊城通仏光寺上ル
市バス壬生寺道 🚶 4分，または京福電鉄嵐山本線四条大宮駅 🚶 5分

壬生狂言の舞台と新撰組の屯所跡

　四条大宮は，京都西方の嵐山方面を結ぶ京福電鉄嵐山本線始発駅の四条大宮駅や，大阪・神戸方面を結ぶ阪急電鉄京都線大宮駅があり，交通の要地となっている。四条大宮から西へ400mほど行くと，四条通と坊城通の交差点の南西角に神社があり，社殿が2つ並ぶ。左が梛神社（祭神素戔嗚命・宇賀御魂命ほか），右が隼神社（祭神建甕槌神・経津主神）である。

　梛神社は，貞観年間（859～877）に都で流行した疫病を鎮めるために，播磨国広峰から牛頭天王（素戔嗚命）を東山の八坂に迎えて疫病退散を祈願したが，そのときに神霊をこの地にまつったのが起源といわれ，元祇園ともよばれた。隼神社は『延喜式』式内社で，かつて後院の1つ朱雀院内に石神神社と並んでまつられていた。池の魚を守るため，ハヤブサを神格化したものという。のちに四条坊門に遷り，1920（大正9）年に現在地に遷った。

　坊城通を南下して京福電鉄の踏切を越え，50mほど先の綾小路をすぎた西側に八木家住宅がある。ここが新撰組壬生屯所跡で，1865（元治2）年に西本願寺の太鼓楼などに番所を移すまでの約2年間，芹沢鴨・近藤勇・土方歳三らの宿所（屯所）であった。主屋（市有形）は1809（文化6）年の建築で，式台を備えた本玄関の奥に仏間・奥座敷を1列に並べた格式のある構造で，1804（文化元）年建築の長屋門（市有形）は与力窓や出格子窓を開くなど，当時のまま残っている。

隼神社（右）と梛神社

四条大宮から千本丸太町へ　87

壬生寺

八木家住宅の東南向かいには、室町時代に洛陽六地蔵の1つとされた星光寺の本尊であった地蔵菩薩像(江戸)を安置する新徳寺(臨済宗)がある。土佐光信作画の紙本著色星光寺縁起(国重文・室町、東博所蔵)には、信仰の篤い老女の家の屋根が大風でこわれたとき、地蔵菩薩の化身の法師があらわれて修理したという話があり、屋根葺地蔵とよばれている。

新徳寺の南西向かいが壬生寺(律宗)で、地蔵院または宝幢三昧寺・心性光院と称する。本尊木造地蔵菩薩立像(壬生地蔵、国重文・平安)は、京都二十四地蔵や洛陽四十八地蔵の第1番にあげられる。伝承では鑑真を開山とするが、「壬生寺縁起」によると、991(正暦2)年に三井寺(園城寺、滋賀県大津市)の僧快賢が、仏師定朝に3尺の地蔵菩薩像をつくらせ、これを本尊として五条坊門壬生の地に一宇を建立し、1005(寛弘2)年に堂供養をして、小三井寺と名づけたことに始まるという。その後、白河天皇より地蔵院の寺号が与えられ、1213(建保元)年には平宗平が現在地に寺地を移して伽藍を建立したが、1257(正嘉元)年に焼亡、宗平の子政平が再興し、地蔵院を改めて宝幢三昧寺(院)とした。

正安年間(1299～1302)には、奈良の唐招提寺に学んだ導御(円覚)が融通大念仏を修し、募財活動を行って堂宇を修復した。このときの大念仏の法要に境内で猿楽を演じたのが、現在の壬生狂言の起源といわれる。その後、地蔵信仰と融通念仏が結合して貴賤の信仰を集めたが、戦国時代には衰退、豊臣秀吉・徳川家康や後陽成天皇の庇護を受けて、江戸時代には再び隆盛を取り戻した。しかし、1788(天明8)年の天明の大火で全焼し、その後、堂宇は再建されたが、往時の繁栄は戻らなかった。再建された本堂は、1962(昭和37)年に本尊の地蔵菩薩像とともに焼失し、現本堂は1967年再建、現在の本尊地蔵菩薩立像は唐招提寺から移座したものである。ほかに寺

八木南家住宅

宝として錫杖（国重文・鎌倉，京博保管）・長谷川等伯筆の紙本墨画淡彩列仙図（国重文・桃山）を有する。また，境内には壬生塚新撰組隊士墓所がある。

壬生狂言（国民俗）は，毎年4月21日からの1週間と秋の3日間，境内の壬生寺大念仏堂（狂言舞台，国重文・江戸）で演じられる。演者は壬生郷士と称する，かつてのこの地域の名主層で組織する講中である。頭を白布で包んで面をつけ，鉦・太鼓・笛の囃子を「カン・デンデン」の調子にあわせて演じる無言劇で，現在，能楽系・狂言系・壬生狂言独自のもの3系統30曲が残る。囃子の鉦には「正嘉元（1257）年」の銘がある。

壬生寺の南に，1713（正徳3）年に郷士を公認され，1750（寛延3）年以降，代々青蓮院宮の家来をつとめてきた八木家（八木南家）がある。現在に残る八木南家住宅（市登録）は，正面に長屋門が開き，その後方に主屋，奥に土蔵が配され，主屋と土蔵には「文政七（1824）年」の棟札が残っている。玄関には式台があり，床・棚・付書院を備えた座敷と釣床を備えた次の間もあり，壬生郷士の家屋の特徴をみることができる。

壬生寺の東側には，同じく壬生郷士の住宅である旧神先家住宅がある。敷地西側に冠木門を開き，その後方に西面して主屋が立つ。主屋の棟木には「文政三（1820）年」の祈禱札が打ちつけられており，その頃に建築されたと考えられる。玄関正面には入母屋造の式台を突出させている。

八木家住宅に近接した壬生梛ノ宮町にある旧前川家住宅は，平屋建ての長屋門のある壬生郷士の住宅で，1863（文久3）年から2年間，新撰組の屯所ともなった。長屋門の入口右手にある格子造の出窓は，新撰組がつくったものといわれている。前川家は1835（天保6）年に壬生に移ってきた金銀両替商で，八木家と養子縁組をして郷士の身分を得たもので，当時の蔵が東西2つ残っている。東の

四条大宮から千本丸太町へ

蔵は，1864（元治元）年に長州藩と親しい薪炭商の古高俊太郎が土方歳三らから拷問を受けた場所という。

阪急大宮駅の南にある光縁寺（浄土宗）には，新撰組の総長であり，温厚な性格から隊士のみならず壬生の人びとからも好意をもたれた山南敬介の墓がある。山南敬介の家紋「丸に右離れ三つ葉立ち葵」と光縁寺の寺紋が同じことから親しくなったといわれる。ほかに松原忠司・桜井勇之進・田内知ら，非業の死を遂げた隊士らの墓石もある。

朱雀院跡 ㉞　〈M▶P.38,76〉京都市中京区壬生花井町
市バス四条中新道 🚶 5分

平安京の中軸、朱雀大路に面する巨大離宮跡

壬生寺の北，四条通を西へ約250m進み，JR山陰本線の高架をくぐると，北側に日本写真印刷の本社がある。この辺り一帯が朱雀院跡で，四条通に面した同社の西側芝生の中に，石柱と説明板がある。朱雀院は嵯峨天皇が後院（譲位後の上皇の居所）として営んだ離宮の1つで，四条大路（現，四条通）の北，朱雀大路（現，千本通）の西，二条大路（現，二条通）の南，皇嘉門大路（現，七本松通）の東におよぶ，東西252m・南北516mの広大な邸宅で，四条院ともよばれた。のちの冷泉（然）院とともに累代天皇退位後の後院で，皇室財産として伝領された。宇多天皇の頃に再整備され，邸宅内には柏梁殿（柏殿）が営まれ，仁和寺の御室と並ぶ宇多法皇の御所として利用された。その後，朱雀天皇も譲位後，母の大后藤原穏子とともにここを住まいとした。当院跡の発掘調査では，池や建物の跡，瓦・土器などの遺物がみつかっている。

六角獄舎跡 ㉟　〈M▶P.38,76〉京都市中京区因幡町
市バス四条大宮 🚶 5分

勤王の志士も散った獄舎跡 近代医学発祥の地

四条大宮の交差点から大宮通を100mほど北上し，1筋目の錦小路通を左折すると，1613（慶長18）年に貢空が開基した休務寺（浄土宗）があり，境内に石田幽汀の墓がある。幽汀は播磨国明石の人で，名は守直，京に出て狩野探幽の流れを汲む鶴沢探鯨に絵画を学び，琳派風の影響を受けて濃彩緻密な画風を得意とし，禁裏絵師となった。円山応挙の最初の師としても知られる。

大宮通に戻り北へ約250m行くと六角通で，左折して50mほど行

くと左手に善想寺(浄土宗)がある。この寺の地蔵像は泥足地蔵とよばれ、信仰の篤い農夫が病気になったとき、身代わりに田植えをしたという伝承をもつ。墓地には、池坊専好・専正の墓がある。

大宮通と三条通商店街の角にある児童公園西側に、妙泉寺(浄土宗)がある。1582(天正10)年に天誉が開創した寺で、境内に西川祐信の墓がある。祐信は京都の人で、狩野・土佐両派の絵を学び、のち浮世絵に転じ肉筆美人画にすぐれ、みずから大和絵師と称した。

善想寺から西へ約200m進み、南へ少しさがった所にある民間の更生保護法人「盟親」の場所が六角獄舎跡で、敷地内に説明板と「勤王志士平野国臣外数十名終焉之趾」の碑が立っている。平安時代には京の左右に左獄(現、京都府庁前)と右獄とよぶ牢獄があった。右獄は早くに廃止され、左獄は秀吉の時代に小川通御池に移り、1708(宝永5)年の大火後にこの地に移った。六角通に面して広さは1102坪(3636m^2)、内部は一般の牢、キリシタン牢、女牢などに分かれていた。1864(元治元)年の蛤御門の変では、囚人の脱走を恐れ、平野国臣・古高俊太郎ら33人がここで処刑されている。施設内には、囚人の斬首に使った刀を洗ったという「首洗いの井戸」跡がある。この地は山脇東洋が、京都所司代の許可を得て、1754(宝暦4)年、わが国で初めて刑死者の死体の解剖を見聞した場所と伝えられ、その解剖記録が『蔵志』である。門前には「近代医学発祥之地」の碑と記念碑が立っている。

六角獄舎跡と「近代医学発祥之地」の碑

六角獄舎跡から六角通に戻り、北西に約70m行くと武信稲荷神社がある。その西側一帯が藤原冬嗣の子、左大臣藤原良相が藤原氏のためにつくった病院延命院跡で、その北方の三条通北側には冬嗣が一門のためにつくった大学別曹勧学院跡があった。武信稲荷神社は勧学院と延命院の鎮守社であったと伝え、境内には高さ23m

四条大宮から千本丸太町へ

ほどのエノキ(市天然)の大樹がある。

大学寮跡 ㊱ 〈M▶P.38, 76〉京都市中京区西ノ京北聖町ほか
JR山陰本線二条駅・市バス二条駅前 🚶 5分

平安時代の高級官僚養成機関

　古代の律令制下では，中央の官吏養成機関として，中央に大学(寮)，地方には国学がおかれた。平安時代初期には有力貴族は一族の子弟の大学(寮)学生のための寄宿舎として，神泉苑の西にあった大学寮の周辺に大学別曹を設けた。和気氏の弘文院，藤原氏の勧学院，橘氏の学館院，在原氏の奨学院などがよく知られている。

　六角獄舎跡から北上し，三条通を西に約150m行った所の北側に勧学院，その西側に奨学院，勧学院の北側の二条通には弘文院があった。勧学院は821(弘仁12)年に藤原冬嗣が創設，奨学院は881(元慶5)年に在原業平の兄行平が創設し，弘文院は延暦年間(782～806)に和気清麻呂の子広世が創設した。学館院は嵯峨天皇の皇后橘嘉智子が承和年間(834～848)に創設したもので，右京の二条大路と西大宮大路の南東にあった。

　弘文院から北西の，現在の二条公園と市立中京中学校一帯が大学寮跡で，同中学校南側に説明板がある。大学(寮)の制度化は701(大宝元)年の大宝令からで，平安京では1177(安元3)年の太郎焼亡の大火で焼失するまで存続した。入学資格者は五位以上の貴族の子弟で，八位までの子弟も特別に志願した場合は許可された。講義内容は平安時代には明経・明法・文章・算道の4道で，在学年数は最長9年であった。

　二条公園内北側に鵺池と鵺池碑がある。『平家物語』によると，平安時代末期に近衛天皇の住む内裏の清涼殿に，毎夜，鵺が出没して天皇を悩ませていたが，源頼政に命じて山鳥の尾でつくった矢で射落としたところ，顔はサル，胴体はタヌキ，手足はトラ，尾はヘビであったという。そのとき血のついた鏃を洗ったのが鵺池で，近年公園として整備され，説明板も設置されている。

　大学寮の西方，JR二条駅の西側で2011(平成23)年，平安前期の右大臣藤原良相の西三条第(百花亭)跡が発掘調査でみつかり，出現期の仮名文字が書かれた墨書土器が出土し，話題となった。

平安宮（大極殿）跡 ㊲　〈M▶P.38, 76〉京都市上京区千本通丸太町付近一帯
JR山陰本線二条駅・地下鉄東西線二条駅・市バス千本丸太町 🅰 すぐ（大極殿遺跡碑まで）・5分（豊楽院跡まで）

平安宮の遺跡訪問の起点・大極殿跡

　大学寮跡の西約100mにある千本通は，平安京の朱雀大路（築地・溝をのぞく道幅約70m）にあたり，JR二条駅はかつての朱雀大路の西側（右京側）に位置する。近年，地下鉄二条駅を含む駅前再開発により，大学施設や娯楽施設など，さまざまな建物が建ち並ぶようになった。JR二条駅前には平安宮（大内裏）の諸施設の位置や調査成果をまとめた説明板もあり，それを頼りに平安王朝の跡や秀吉ゆかりの聚楽第跡を偲んで歩くのもいい。

　なお，御池通を二条駅を越えて西に行くと，平安時代前期に天皇に代って伊勢神宮へ奉祭する斎宮邸跡がみつかった市立西京高校（右京三条二坊十六町遺跡）や，御土居跡（国史跡）の残る市五郎稲荷がある。

　二条駅前から千本通を北に行くと，市立二条中学校西側に，1668〜1867（寛文8〜慶応3）年までここにあった京都西町奉行所跡を示す石柱が立っている。その約100m北が平安宮の正門にあたる朱雀門跡で，東側歩道横に説明板と石碑がある。さらに100mほど北へ進むと応天門跡で，これより北はさまざまな国家儀式が行われる朝堂院（八省院）跡にあたる。

　朝堂院は南北約470mもある，現在の国会議事堂に相当する国家政治の中心施設で，大極殿のほか12の堂があった。

　千本通をさらに北へ300mほど進むと，千本丸太町交差点に至るが，この交差点北側には，かつて豪壮華麗な朝堂院の正殿大極殿が聳えていた。交差点北西側の説明板など，この周辺にはいくつかの平安宮跡顕

平安宮朱雀門跡碑

四条大宮から千本丸太町へ　　93

彰施設が設置されている。

　交差点を北へ50mほど進んだ西側の内野児童公園内に，平安奠都千百年記念事業で1895（明治28）年に建立された大極殿遺跡の碑がある。最近の発掘調査により，石碑は大極殿を囲む大極殿院の北側回廊跡の上に立っていることが判明している。この交差点から丸太町通を西へ400mほど行った北側に平安京創生館（京都市生涯学習総合センター，京都アスニー）があり，平安京の1000分の1の模型や豊楽殿模型のほか，平安時代の出土遺物などが展示されている。またこの場所は，宮中で使う酒を醸造した平安宮造酒司跡にあたり，発掘調査で検出し，保存された倉庫跡がピロティーの床面に明示されている（市史跡）。ここには京都市中央図書館が併設されており，参考図書を閲覧することもできる（火曜日休館・無料）。

　平安京創生館から丸太町通を越えて南東約200mの聚楽廻西町には，国家の饗宴施設であった豊楽院跡（国史跡）があり，豊楽院関連施設の一部が史跡として保存されている。丸太町通の1筋南の丸太町南通の南側は，発掘調査によって豊楽院の中心施設である豊楽殿跡の基壇や北廊がみつかった場所である。一方，北側は，饗宴の際に天皇の控えの間として利用されるとともに，五節の舞や大嘗会

平安宮豊楽殿跡

などの儀式が行われた清暑堂跡で，基壇を化粧した凝灰岩の抜取り穴や階段，清暑堂と豊楽殿を結ぶ北廊跡が検出されている。

　千本丸太町交差点を約200m北進し，右折して下立売通を東に進むと，天皇の居所である内裏跡（国史跡）がある。平安宮の内裏は回廊が2重に取り囲んでおり，国史跡の部分は南北72丈（約215m）・東西58丈（約173m）の規模をもつ内郭の外周をめぐる回廊（内裏内郭回廊）に相当し，ここより東が内裏の内郭跡となる。内裏跡周辺で

中京区

平安宮

コラム

焼失と再建を繰り返した平安京の中枢施設

　桓武天皇は、寺院旧勢力の強い奈良から784(延暦3)年に都を長岡へ遷都したが、造営長官の藤原種継暗殺事件や、それを主謀したとして捕らえられ憤死した皇太弟早良親王の怨霊問題もあり、和気清麻呂の建議で葛野の地に再遷都を決定、793年に造営工事を開始し、翌年10月22日(京都市で時代祭が開催される日)に新都に遷った。同年11月8日の詔で新都を平安新京と名づけ山背国を山城国と改めた。その後も造都工事は続けられたが、民衆の負担が大きく、804年に藤原緒継の建議により中止された。

　平安京の規模は東西約4.5km・南北約5.2kmで、朱雀大路によって右京と左京に分けられ、朱雀大路の北中央にあるのが大内裏とよばれる平安宮である。北は一条大路、南は二条大路、東は東大宮大路、西は西大宮大路の範囲(南北約1.4km・東西約1.2km)で、朝堂院・豊楽院・内裏などの宮殿や二官八省ほか、多くの官衙が存在した。現在の国会議事堂に相当する朝堂院のほか、豊楽院では大嘗会や皇室の年中行事や饗宴が行われた。しかし、天皇の住まいである内裏は、960(天徳4)年の焼失を最初に、火災が頻繁に発生し、976(貞元元)年の火災で円融天皇が太政大臣藤原兼通の堀河院に移り、内裏が再建されるまでの1年間、ここを内裏として以降は、有力貴族の邸宅がしばしば里内裏として使用され、その後、内裏の火災のたびに天皇は里内裏を常住とし、内裏や大内裏(平安宮)の役割は低下していった。内裏は17回もの焼失・再建を繰り返し、鎌倉時代初期まで存在したが、1227(安貞元)年の大火による焼失後は再建されなかった。

は発掘調査によりさまざまな遺構が検出され、古図面とあわせて現在では内裏内の建物のあった推定場所を地図上に落とすことが可能となっており、各所に説明板や石柱が建立されている。

　内廓回廊跡から東へ100mほど進むと、左手に蔵人町屋跡、右手に内裏内郭の正門である内裏承明門跡などの石碑がある。この場所から、1984(昭和59)年の発掘調査により、承明門跡の遺構が初めて検出されるとともに、火災後の再建時に紫宸殿の前庭で行われた地鎮めに使用された密教法具などが出土した。出土品は、平安宮内裏承明門跡地鎮め遺構出土品一括として市有形(考古資料)に指定されている。

四条大宮から千本丸太町へ　　95

源氏物語千年紀

コラム

『源氏物語』執筆千年の記念事業

　『紫式部日記』寛弘5（1008）年11月1日の条に，藤原道長の土御門殿において，左衛門督（藤原公任）が紫式部に向かって「失礼ですが，この辺に若紫はいませんか」と問い，式部は「光源氏に似ていそうな人もおみえにならないのに，あの紫の上が，ここにいらっしゃるでしょうか」と聞き流したとの記述がある。これが当時すでに宮中で『源氏物語』が読まれていたことがわかる最初の記録とされる。2008（平成20）年11月1日は，それから数えてちょうど1000年目の記念すべき日となり，平安宮跡には多くの説明板や石柱が造立された。

　さらに100mほど東進すると，北側に文政年間（1818～30）創業の山中油店（国登録）の建物があり，通りに面して水車のまわる前庭には平安宮一本御書所跡の石柱と駒札がある。そのほか近年，内裏跡を顕彰する綾綺殿跡・弘徽殿跡・承香殿跡・宜陽殿跡・昭陽舎跡などの石柱が造立され，また2008（平成20）年の源氏物語千年紀にともなって，『源氏物語』ゆかりの地の説明板などが設置された。町屋の路地を，物語に描かれた平安王朝の世界を偲んで歩くのも楽しい。さらに東へ50mほどで内裏跡を抜けるが，智恵光院通約20mの東側にも平安宮内酒殿跡の説明板がある。

平安宮内裏内郭回廊跡

平安宮内裏淑景舎（桐壺）説明板

96　　中京区

Kamigyoku 上京区

相国寺本堂（法堂）

相国寺境内図（『都名所図会』〈相国寺〉）

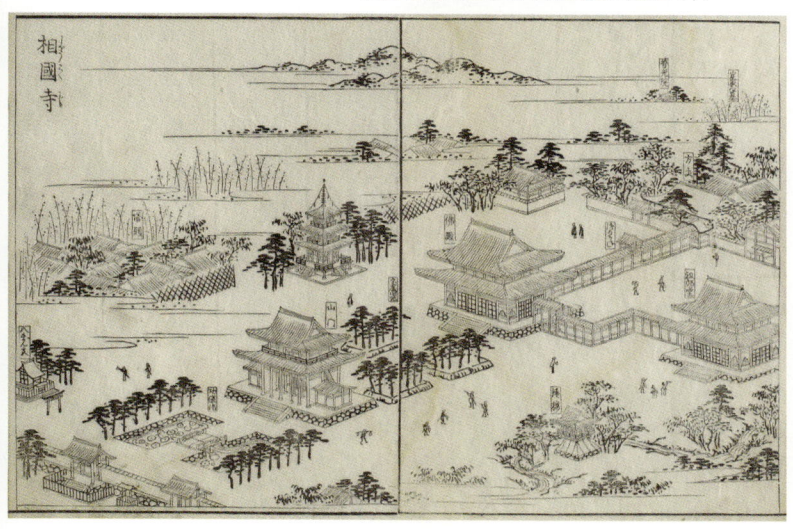

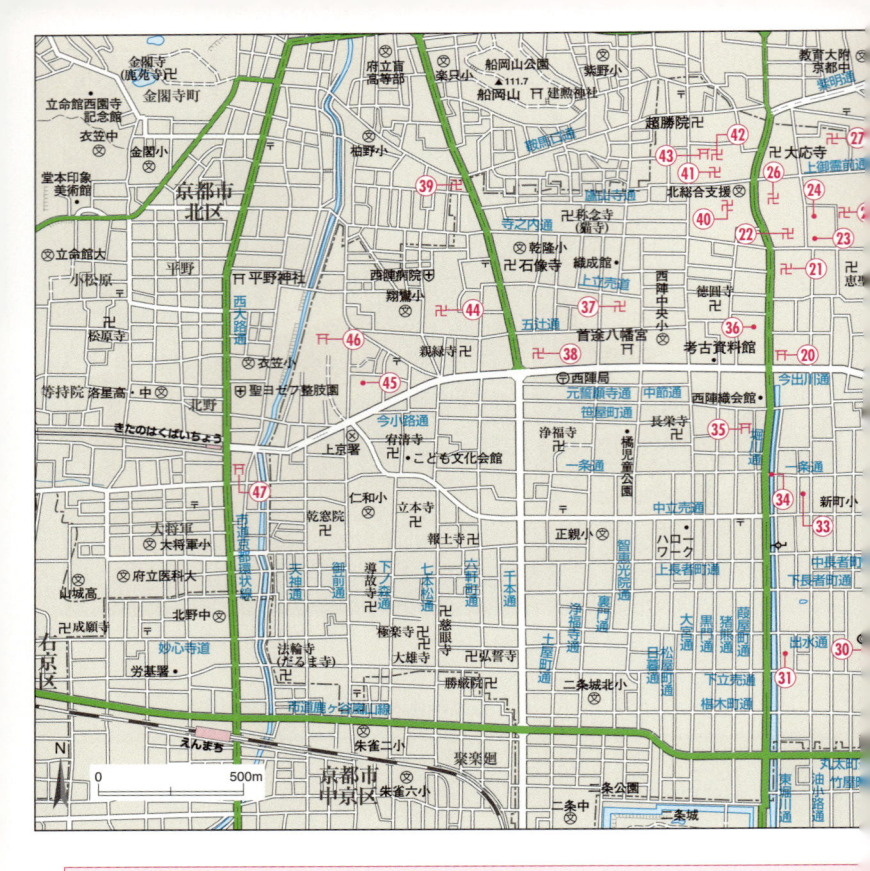

①山紫水明処	⑧本満寺	⑭相国寺	⑳白峯神宮
②新島襄旧邸	⑨十念寺	⑮同志社	㉑報恩寺
③京都市歴史資料館	⑩西園寺	⑯冷泉家	㉒宝鏡寺
④廬山寺	⑪天寧寺	⑰足利将軍室町殿跡	㉓表千家
⑤清浄華院	⑫上善寺	（花の御所跡）	㉔裏千家
⑥本禅寺	⑬御霊神社（上御霊神	⑱三時知恩寺	㉕妙顕寺
⑦大原口	社）	⑲宝慈院	㉖本法寺

上京区

少覚寺
京都御所
㊃二条城跡
京都府庁
伊藤仁斎宅跡
菱王神社
楽美術館

㉞一条戻橋
㉟晴明神社
㊱山名宗全邸跡
㊲本隆寺
㊳般舟院跡
㊴引接寺
㊵妙蓮寺

㊶興聖寺
㊷西法寺
㊸櫟谷七野神社（賀茂紫野斎院跡推定地）
㊹大報恩寺
㊺上七軒

㊻北野天満宮
㊼大将軍八神社

京都御所東の鴨川に沿って

清らかな鴨川から東山を眺めつつ，四季の樹木が繁茂する広大な京都御所と，その周辺にある歴史のスポットを訪ねて。

山紫水明処 ❶
075-561-0764

〈M▶P.99, 101〉京都市上京区東三本木通丸太町上ル南町

市バス河原町丸太町，または京阪電鉄鴨東線神宮丸太町駅 🚶5分

京都を山紫水明処といわしめたゆかりの地

河原町丸太町交差点から東へ2筋目を北へ50mほど，または京阪電鉄神宮丸太町駅から鴨川の丸太町橋を西に渡って北側のクランク状の道を東三本木通に沿って進むと，頼山陽書斎(山紫水明処，国史跡)がある。鴨川西岸にあることから水西荘ともよばれ，江戸時代後期の儒学者頼山陽が晩年に住居内に建てた書斎で，茅葺きの平屋入母屋造の建物である。建物内部には4畳半の主室と2畳の板の間および水屋があり，部屋の四方を開放して，京都の暮らしにあわせ防暑防寒のこまかい工夫がこらされている。部屋からは鴨川を隔てて東山三十六峰を眺望することができることから，山紫水明処とよばれる。

山陽は1780(安永9)年に大坂に生まれ，江戸の昌平坂学問所で学び，のちに京都に移って1811(文化8)年から1832(天保3)年に53歳で没するまでの約20年間をここですごした。代表作となる歴史書『日本外史』『日本政記』などをここで執筆し，多くの漢詩を残した。その間，篠崎小竹・梁川星巌・大塩平八郎らとも親交があった。

没後は一時，福井藩安藤家の所有となったが，現在は一般財団法人頼山陽旧跡保存会が管理している(見学は同保存会に要予約)。

山紫水明処の北方は，江戸から明治時代初期に三本木遊郭

山紫水明処

上京区

のあった所で，上之町・中之町・南町に分かれる。東三本木通にあった料亭吉田屋のちの清輝楼は勤王の志士の会する所で，地下の穴蔵は鴨川へ通じていた。1864(元治元)年の禁門の変の後，桂小五郎(木戸孝允)が同志と密会中に新撰組に襲われたが，芸者幾松(のちの孝允夫人)の機転で救われたという逸話や，坂本龍馬・中岡慎太郎らが「薩土盟約」の締結に立ち会った所として知られる。また，立命館大学の前身で，1900(明治33)年，西園寺公望の秘書官中川小十郎によって設立された京都法政学校の講義が初めて行われたのも清輝楼で，京都帝国大学(現，京都大学)の教授陣を講師として約1年間，ここで授業が行われ

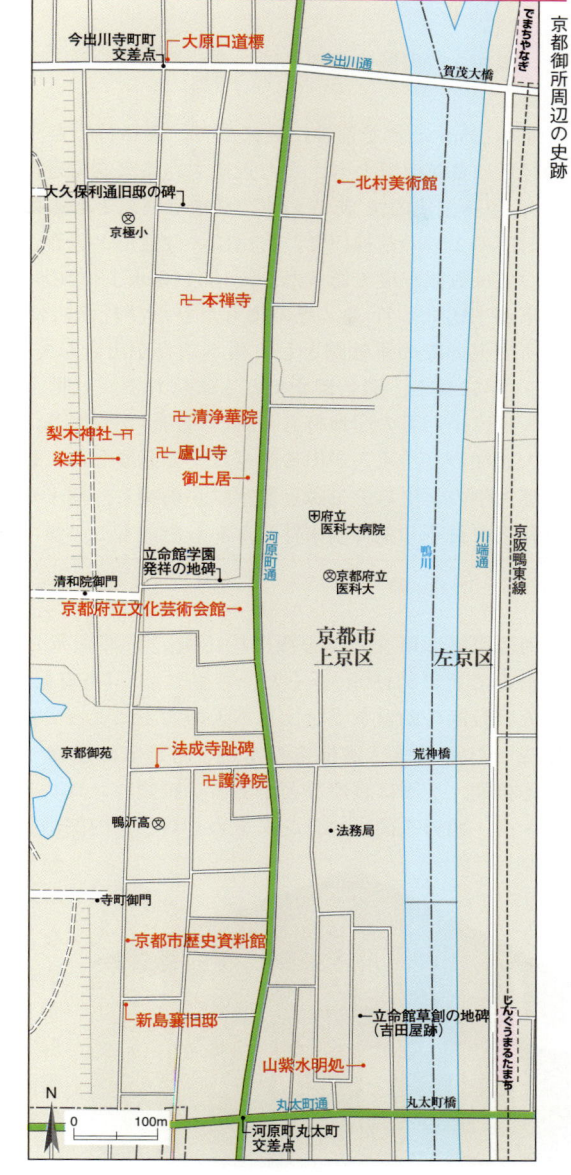

京都御所周辺の史跡

京都御所東の鴨川に沿って

た。現在，吉田屋の跡地には「立命館草創の地」の記念碑が立っている。

　北へ120mほどで荒神口通に出て，東へ行くと荒神橋がある。この付近は荒神河原とも，また近衛大路の東端で近衛河原，あるいは藤原道長創建の法成寺の東で法成寺河原ともよばれる。ここは京の七口の1つの荒神口で，吉田口・今道口・志賀道口ともよばれる。かつては仮橋程度であったが，1854（嘉永7）年の内裏炎上では孝明天皇が下鴨社へ行幸，その後もたびたび行幸に使われたことから，御所出火の際の避難路として西本願寺が出資して架橋し，1867（慶応3）年に竣工，別名御幸橋ともよばれる。近世，この河原では5月5日に子どもの印地打ち（石投げ合戦）が行われ，これが高じると大人も加わり，死人が出る騒ぎにまで発展した。1953（昭和28）年に京都大学の学生らデモ隊と警察隊が衝突し，欄干がこわれて11人が重軽傷を負う「荒神橋事件」があったのもこの橋である。

新島襄旧邸 ❷
075-251-3165

〈M▶P.99,101〉京都市上京区寺町通荒神口下ル松蔭町
市バス河原町丸太町 🚶 5分

明治初期の洋風住宅。同志社大学創立者新島襄の旧宅

　河原町丸太町交差点を西に約150m，京都御苑の東南角を寺町通に沿って北に約150m行くと，新島襄旧邸（市有形）がある。アメリカ人宣教師の助言を受け，日本人の大工によって1878（明治11）年に完成した瓦葺き・寄棟造の木造2階建ての建物で，1階には食堂や応接間，2階は寝室などがある。概観はコロニアルスタイルで，東・南・西の3面にベランダをめぐらし，内部に椅子やテーブルを配する一方，障子や襖・鎧戸があるなど，和風の建築技法が随所にみられる。家具など57点（市有形）も当時のままで，明治時代初期の洋風住宅として貴重なものである（火・木・土公開，10名以上要

新島襄旧邸

事前申込み）。新島襄の妻八重が86歳で亡くなったのもここである。

　新島襄は1843（天保14）年，上州（現，群馬県）安中藩士の子として，江戸神田の安中藩邸で生まれた。元服後の1864（元治元）年，21歳のときに国禁を犯しての米国渡航を計画。上海を経由して，1865（慶応元）年7月ボストンに到着。フィリップス・アカデミーとアンドーヴァー神学校で学び，1870（明治3）年アマースト大学を卒業，これが日本人初の理学士の学位取得で，のちに札幌農学校に招聘されたクラーク博士に化学の授業を受けたのも同大学であった。この間，洗礼を受けてキリスト教徒となり，また初代駐米公使の森有礼のはからいで正式な留学生となった。1872年にアメリカ訪問中の岩倉使節団と会い，使節団に参加する形でヨーロッパやロシアを訪ね，1874年に帰国，のち京都で公家高松保実の屋敷の半分を校舎とし，京都府顧問の山本覚馬（八重の兄）らの協力を得て同志社英学校を設立した。墓地は妻の八重とともに禅林寺（永観堂）東裏手の若王子山にあり，墓碑は勝海舟の揮毫で，同墓地には，山本覚馬の墓もある。

京都市歴史資料館 ❸
075-241-4312

〈M▶P.99,101〉京都市上京区寺町通荒神口下ル松蔭町138-1
市バス河原町丸太町🚶5分

京都の歴史を発信し学べる公共施設

　新島襄旧邸の50mほど北に京都市歴史資料館がある。京都の歴史に関する資料の収集・研究・保存を行っている施設で，資料の展示室や閲覧室がある。歴史に関する相談や講座も開催され，映像展示室では京都の歴史のビデオをみることもできる。

　その北にある府立鴨沂高校は，現在は男女共学であるが，日本最古の旧制府立第一高等女学校以来の歴史をもつ伝統校である。同校北側のグラウンド南壁の窪みに「従是東北　法成寺趾」の石碑と『源氏物語』ゆかりの地の説明板がある。法成寺は，藤原道長が平安京東京極大路の東辺に建立した寺院で，境内には九体阿弥陀堂（無量寿院）を建立，その後つぎつぎと堂舎が建てられた。1058（康平元）年に焼失，息子頼通が再建し，孫の師実に引き継がれた。以後も大火・兵火などで罹災，鎌倉時代末期には廃絶した。発掘では寺跡の有力な遺構はみつかっていないが，付近から高級な平安時

清荒神(護浄院)

代の緑釉瓦が出土している。

鴨沂高校の東向かいには護浄院(天台宗)がある。通称は清荒神。荒神尊は三宝(仏・法・僧)を守護するところから本尊を清三宝大荒神尊といい、火難や災難除けとして信仰を集める。771(宝亀2)年、光仁天皇の皇子である開成皇子が勝尾寺(大阪府箕面市)で修行中に感得、みずから模刻して日本最初の荒神尊としてまつったことに始まるとする。1600(慶長5)年に後陽成天皇により皇居の巽(南東)の守護のためにこの地に移され、以後、歴代天皇に国家安寧・五穀豊穣の御札を献上している。現在の建物は寛政年間(1789〜1801)以降の再建である。

廬山寺 ❹

075-231-0355

〈M▶P.99,101〉京都市上京区寺町通広小路上ル北之辺町397

P

市バス府立医大病院前 🚶 5分

御所東方にある文化芸術の拠点と紫式部ゆかりの寺

府立医大病院前バス停で下車すると、東側に京都府立医科大学と付属病院、西側に京都府立文化芸術会館がある。府立医科大学は、1872(明治5)年に東山粟田口につくられた京都寮病院が1880年に現在地に移転、医科大学として現在に至る。京都府立文化芸術会館は、京都府開庁100年記念事業の1つとして計画され、京都の演劇・古典芸能・舞踊・音楽などの上演および美術・工芸作品などの展示を総合した文化芸術活動の拠点として、1970(昭和45)年に開館した。

府立文化芸術会館北側の府立医科大学キャンパスの一画に、立命館学園発祥地の碑がある。1901(明治34)年に東三本木にあった仮校舎から当地に移転し、1905年に西園寺公望の私塾「立命館」を受け継いだもので、1981(昭和56)年まで同大学の広小路キャンパスがここにあった。

京都御苑の東にある寺町通を北へ少し行くと、廬山寺(日本廬山天台講寺、圓浄宗)がある。寺伝では、比叡山延暦寺中興の祖で

廬山寺

ある良源(元三大師,諡号は慈恵大師)により,938(天慶元)年に北山に創建された与願金剛院を,1243(寛元元)年に法然の弟子である覚瑜が船岡山の南麓に再興,中国の廬山に倣い廬山天台講寺と号したとする。1571(元亀2)年の織田信長の比叡山焼討ちでは,正親町天皇の女房奉書により難を免れたが,豊臣秀吉の命により天正年間(1573～92)に現在地に移転した。その後,宝永・天明の大火で堂宇を焼失,本堂・大師堂・地蔵堂などの建物は寛政年間(1789～1801)に再建されたものである。また,この寺は明治時代初期の廃仏毀釈により廃された御黒戸四箇院(宮中の仏事をつかさどる4カ寺,二尊院・般舟三昧院・遣迎院・廬山寺)の1寺院である。

紫式部の曽祖父の権中納言藤原兼輔がこの地に邸宅を構えたとの由縁から,境内地は孫にあたる紫式部の邸宅跡と考証されている。境内には紫式部邸顕彰碑のほか,本堂南庭の白砂と苔にキキョウを配する「源氏庭」,源氏物語千年紀説明板などがある。また,藤原道長の娘上東門院彰子が法成寺境内に建立した北東院のものと伝える井戸が,廬山寺陵の前にある。

境内墓地には,慶光天皇廬山寺陵や光格天皇皇子・東山天皇皇子・宝蓮華院宮(明治天皇の妹)らのほか,絵師の住吉如慶・具慶父子らの墓がある。また,境内東端の河原町通に面して秀吉が築いた御土居(国史跡)の一部が残り,その上部には仏師定朝の墓と伝えるものがある。また,当寺で毎年節分に行われる大師堂の「追儺式鬼法楽」(通称,鬼おどり)は,赤・青・黒の鬼に紅白の餅と豆を投げて悪霊退散を祈願する行事として知られ,また当寺は洛陽三十三所観音霊場第32番札所で,京都七福神の3番毘沙門天をまつる。

廬山寺の寺宝は多く,慈恵大師自筆遺告(国宝,東博保管)は,972(天禄3)年に元三大師が61歳で重病にかかり,のちのことを弟子の尋禅に託すために書き記したもので,当時の比叡山延暦寺の実態を

記した貴重な資料。重要文化財では、絹本著色普賢十羅刹女像（鎌倉）・木造如意輪観音半跏像（鎌倉）・紙本墨書後伏見天皇宸翰願文・紙本墨書選択集（いずれも鎌倉）・慈恵大師廿六箇条起請（平安、以上いずれも京博保管）・紙本墨書正親町天皇宸翰女房奉書（桃山）などがある。

染井

　廬山寺と寺町通を挟んで西向かい、京都御苑との間に梨木神社がある。明治維新に貢献した三条実万と実美父子をまつる。1885（明治18）年、久邇宮朝彦親王の令旨により三条家の邸宅跡に創建され、地名から梨木神社とされた。実万は幕末の内大臣として幕府との折衝にあたり、安政の大獄で幽居を命じられた人物である。実美は尊攘派の中心人物で、維新後に太政大臣になった。境内の染井は京都3名水（醒ヶ井・県井・染井）のうち唯一現存するもので、「染井の水」を求める参詣者が絶えない。なお、京都御苑内の京都迎賓館の東側にも、平安時代前期の摂政藤原良房邸ゆかりの染殿井がある。この付近は『源氏物語』の「中川のわたり」の候補地で、空蟬や花散里の住まいを想定され、説明板が設置されている。梨木神社境内はハギの名所としても広く知られる。

清浄華院と本禅寺 ❺❻
075-231-2550／075-256-0245

〈M▶P.99,101〉京都市上京区寺町通広小路上ル北之辺町395／北之辺町394
市バス府立医大病院前 5分

法然ゆかりの念仏道場と日陣創建の法華寺院

　廬山寺の北隣に清浄華院（浄土宗）がある。浄土宗4カ本山の1つで浄華院ともいう。寺伝によると、860（貞観2）年に清和天皇の勅願により禁裏内道場として円仁（慈覚大師）が創建。天台・真言・仏心・戒律の四宗兼学の道場として発展した。のちに後白河・高倉・後鳥羽の3天皇が法然に帰依し、法然が宿坊としてい

清浄華院

た当院を後白河院から賜り，清浄華院の名を与えられたといい，ここから法然を中興の祖とし念仏の開祖とする。1287(弘安10)年に向阿が二条万里小路に移して専修念仏の道場とし，さらに土御門烏丸の西に移転後，天正年間(1573〜92)に現在地に移った。

江戸時代にたびたび火災に遭い，現在の建物は寛政年間(1789〜1801)以降のもので，境内には御影堂・大方丈・小方丈・不動堂・御廟・納骨堂・三門・勅使門などがある。不動堂に納められている不動明王画像は泣き不動，身代わり不動ともよばれ，同寺所有の紙本著色泣不動縁起(国重文・室町，京博保管)には，僧証空が師の臨終に際して身代わりになろうとしたところ，不動明王があらわれて証空の身代わりになり，師の病難を救ったという話が記されている。ほかに南宋の普悦筆の絹本著色阿弥陀三尊像3幅(国宝・南宋時代，京博保管)がある。

境内墓地には，江戸時代の皇族のほか，『言継卿記』の著者である山科言継や尊攘派公卿の姉小路公知，岩倉具視の懐刀といわれた国学者の玉松操らの墓がある。

清浄華院の北側に本禅寺(法華宗)がある。寺伝によると，本国寺(現，本國寺)の僧日陣が1406(応永13)年に四条堀川に創建したという。1536(天文5)年の天文法華の乱で焼かれたが，1540年に日覚によって智恵光院通今出川上ル桜井町に再建され，天正年間(1573〜92)に現在地に移った。現在の建物は1852(嘉永5)年と1923(大

本禅寺

京都御所東の鴨川に沿って

正12)年の再建である。塔頭には心城院・詮量院・玄妙院・円龍院がある。

境内の立像堂には、日蓮の随身仏といわれる金銅釈迦如来立像がまつられている。また、梵鐘は豊臣秀頼が片桐且元に命じて大坂の法安寺に奉納したもので、大坂夏の陣で徳川家康が陣鐘としたものを、大久保彦左衛門が拝領して当寺に寄進したものと伝える。寺宝には、紙本墨書伏見天皇宸翰御消息・紙本墨書後深草天皇宸翰御消息・寛性親王御消息翻摺法華経（いずれも国重文・鎌倉、京博保管）がある。境内墓地には、大久保彦左衛門や江戸時代後期の画家岸駒の墓がある。

本禅寺の北西向かいに市立京極小学校がある。その名のとおり、この付近は平安京東京極大路の北延長にあたる。その約20m東に大久保利通旧邸の碑がある。薩摩藩士時代の大久保利通は一時ここに居住し、公武合体運動に尽力した。

寺町通に沿って北へ約200m、今出川寺町交差点の北東の歩道には大原口道標（市登録）が立つ。そこから向きを東にとって河原町今出川交差点を渡り、南1筋目を東南に100mほど行くと北村美術館がある。1977（昭和52）年に茶道美術の愛好家北村謹次郎が創設したもので、牡丹唐草文螺鈿経箱（高麗），和漢朗詠集巻上断簡（鹿）・丹波国牒（ともに平安），紙本著色藤原仲文像・藤原範宗筆懐紙・後深草天皇宸翰御消息・金銅金錍（いずれも鎌倉），夕顔蒔絵硯箱（室町），織部松皮菱形手鉢（桃山），紙本墨画淡彩鳶鴉図・色絵鱗波文茶碗（ともに江戸）など多数の重要文化財を所有する。庭園にも石燈籠2基（鎌倉）・宝篋印塔（室町）がある（いずれも国重文）。

2 京都御所北方の文化財を訪ねて

御所北方は室町幕府の中心地。著名な社寺や公家ゆかりの地，そして桃山文化を継承する茶道家元などを訪ねる。

大原口 ❼

〈M▶P.99, 101, 110〉京都市上京区今出川通寺町東入表町
市バス河原町今出川🚶すぐ，または京阪電鉄鴨東線出町柳駅
🚶5分

大京の七口の1つ 大原口界隈

　今出川通と河原町通の交差点の付近は，平安京の東京極大路と一条大路の北方，あるいは豊臣秀吉が洛中と洛外を分けるために築いた御土居（東側）が南北に通っていた所である。江戸時代は京都御所の北東にあたり，京から鴨川を渡って八瀬，大原から朽木，若狭へ抜ける通称「鯖街道」へ続く京七口の1つの大原口があった。その名残りを伝える大原口道標（市登録）が，今出川通寺町交差点東の北側歩道に立っている。1868（慶応4）年の建立で，良質な花崗岩を使って4面に方向や22カ所の目的地と距離のほか，建立者19人の名が刻み込まれ，全国的にもすぐれた道標の1つに数えられる。

　ここから寺町通を北に歩くと，右手に昔ながらの風情を残す出町（枡形）商店街がある。かつては東北市場あるいは出町市場とよばれ，御所に近いことから公家や学者たちも住み，遠くは近江（現，滋賀県）からも買出しにきたといわれる。河原町通に面しては，創業以来100年の生菓子店「出町ふたば」があり，名物「豆餅」を買う客で行列ができる。

大原口道標

鯖街道口道標と出町橋

京都御所北方の文化財を訪ねて

今出川駅周辺の史跡

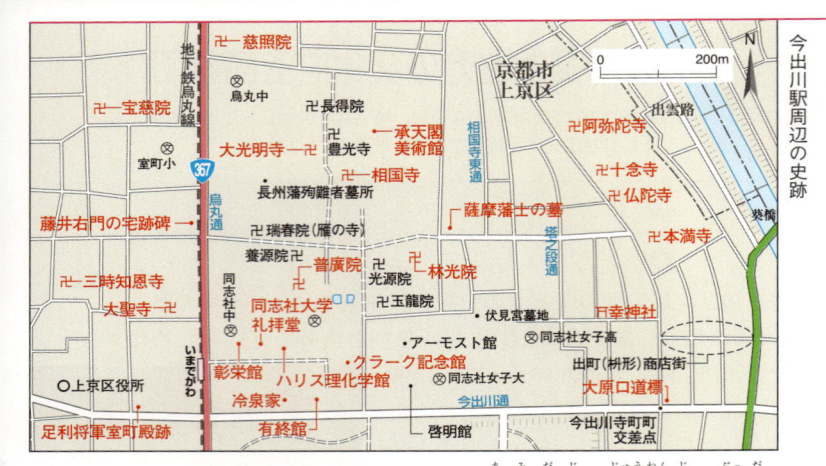

　商店街の西にある南北寺町通には，阿弥陀寺・十念寺・仏陀寺・本満寺・本禅寺・清浄華院・廬山寺など，豊臣秀吉の都市改造で集められた寺院の甍が並ぶ。また，東の京阪出町柳駅への途中の賀茂川に架かる出町橋西詰北側には，鯖街道口道標が立つ。

　賀茂川と高野川の2つの河川が合流（下流は鴨川）する中洲付近は葵公園となっている。市民の憩いの広場であり，京都の夏の風物詩で8月16日に行われる五山の送り火では，如意ヶ嶽の「大」を見物する大勢の人びとが繰り出す場所でもある。この北側に広がる大規模な社叢が，賀茂御祖神社（下鴨神社）のある「糺の森」である。

本満寺 ❽
出町柳商店街の北へ続く寺町の名刹

075-231-4784

〈M▶P.99,110〉京都市上京区寺町通今出川上ル2丁目鶴山町16

市バス河原町今出川🚶10分

　出町（枡形）商店街の西に幸神社（祭神猿田彦神ほか8神）という小社がある。創建は796（延暦15）年とも939（天慶2）年ともいい，もと賀茂川近くにまつられた道祖神（塞の神）とも，この地の豪族出雲氏の氏神とも伝える。境内にある石神は陽石の形状で，縁結びの神として，また触れると祟るとの信仰がある。

　幸神社の北東250mほど，寺町通に本満寺（日蓮宗）がある。もと近衛邸のあった今出川新町（現，元本満寺町）に，日静の弟子で近衛道嗣の子日秀が1410（応永17）年に創建し，本願満足寺と号したのに始まるという。以来隆盛し，1532（天文元）年の一向一揆では山

幸神社

科本願寺と戦い，細川晴元から感状をおくられた。1536年の天文法華の乱で焼亡したが，1539年に関白近衛尚通が現在地に移して再興した。後奈良天皇の勅願寺となり，近世は一致派本山の1つとなり，徳川吉宗の病気平癒の祈願以来，徳川家の祈願所となった。本尊は十界大曼荼羅と伝日蓮自作の日蓮上人像，寺宝に紺紙金字一字宝塔法華経並観普賢経9巻(国重文・平安)がある。墓地には，戦国大名の尼子氏の家臣山中鹿之介や近代の画家西村五雲の墓がある。近

本満寺

年，越前青石(笏谷石)を組み上げた結城秀康夫人の廟の修理が行われ，堂宇前に移築された。

　本満寺の北には4カ寺が並び，寺町の面影がよく残る。隣の仏陀寺(浄土宗)は，949(天暦3)年に朱雀上皇が落飾入道し，仙洞御所の朱雀院を仏陀寺としたとも，952年に上皇が仏陀寺で出家したともいわれ，寺号は朱雀上皇の法号仏陀寿にちなむ。967(康保4)年に村上天皇も落髪したことから，両天皇を開基とする。中世は春日万里小路(現，丸太町柳馬場)にあり，1591(天正19)年に現在地に移転，本尊は木造阿弥陀如来坐像(国重文・平安)である。

十念寺 ❾　　〈M▶P.99, 110〉京都市上京区寺町通今出川上ル鶴山町
　　　　　　　市バス河原町今出川 🚶10分

　仏陀寺の北隣に十念寺(浄土宗)がある。後亀山天皇の皇子真阿が足利義教の帰依を受け，1431(永享3)年に誓願寺(油小路一条上ル)内に開創したもので，当初宝樹院と号した。1591(天正19)年，

京都御所北方の文化財を訪ねて　　111

足利義教ゆかりの十念寺と織田信長・信忠の墓がある阿弥陀寺

現在地に移転。本尊は阿弥陀如来。寺宝に紙本著色仏鬼軍絵巻(国重文・室町、京博保管)がある。襖絵には、曽我蕭白筆の墨絵の雲竜図4枚がある。墓地には、足利義教のほか、曲直瀬道三・施薬院全宗らの医師や画家海北友雪の墓がある。全宗は丹波康頼の子孫で、宮中医の最高位にのぼった。養子の三雲宗伯も施薬院を名乗り、徳川家康・秀忠の信任が厚かった。友雪は有名な友松の子で、友松が斎藤利三を助けた関係で、利三の娘の春日局の引立てで徳川家光の保護を受け、内裏の絵も描いた。

十念寺の北にある阿弥陀寺(浄土宗)は、天文年間(1532～55)に僧清玉が近江の坂本に創建したのに始まる。本尊は阿弥陀如来。また、織田信長・信忠の木造を安置する。清玉は信長の帰依を受けて京に移り、正親町天皇の綸旨を受けて堂宇を整備し、本能寺の変のときは信長父子の骨灰を集めて境内に埋葬したといわれる。1585(天正13)年秀吉の命により現在地に移転した。江戸時代は塔頭12坊を数えた。墓地には、信長父子や家臣120人余りの墓、儒者皆川淇園や俳人蝶夢の墓がある。蝶夢は塔頭帰白院の住職で、のち岡崎(現、左京区)に隠れて五升庵を結び、蕉風俳諧の宣揚に努めた。

西園寺と天寧寺 ⑩⑪

西園寺家の菩提所と会津から移転した天寧寺

075-231-1952／075-231-5627

〈M▶P.99〉京都市上京区寺町通鞍馬口下ル高徳寺町362／北区寺町通鞍馬口下ル天寧寺門前町301

市バス出雲路橋 ★5分

西園寺(浄土宗)は、西園寺公経が北山殿内に同家の菩提所として創建したもので、1224(元仁元)年の落慶法要の壮麗さは、藤原道長の法成寺をしのぐといわれた。のち7代公宗が罪を得て出雲国配流の途中処刑されて家運も衰退し、足利義満が譲り受けて鹿苑寺を創建したので、西園寺は1352(文和元)年に室町頭に移り、つい

西園寺

112　上京区

で秀吉の命で1554（天文23）年に現在地に移った。本尊は木造阿弥陀如来坐像（国重文・鎌倉）。江戸時代には塔頭が7坊あったが、明治維新後は衰えた。墓地には西園寺家の墓のほか、下鴨神社祠官で歌人の梨木祐之・祐為の墓がある。

　北隣の天寧寺（曹洞宗）は、南北朝時代に会津に創建されたことに始まる。1592（文禄元）年、10世祥山和尚が現在地に移し、直江兼続や京都所司代板倉勝重の援助で堂宇を整備した。表門は道路から比叡山が眺望できる「額縁門」（市有形）として有名である。現在の堂宇は天明の大火後の再建で、観音堂には後水尾天皇の念持仏と伝える聖観音像と、東福門院の念持仏という薬師如来像を安置する。寺宝に絹本墨画馬祖龐居士問答図（元）・仁清作銹絵水仙文茶碗（江戸）がある（ともに国重文、京博保管）。墓地には茶人金森宗和や剣道示現流の祖といわれる善吉和尚、公家で神楽の家柄の滋野井家累代の墓がある。金森宗和は飛騨高山城主金森可重の長男であったが、廃嫡され、母とともに京都に出て茶道に精進し、公家風の茶を大成、陶工の野々村仁清を指導した。境内にあるカヤの巨樹は市登録天然記念物である。

上善寺 ⑫
075-231-1619

〈M▶P.99〉京都市北区鞍馬口通寺町東入上善寺門前町338
市バス出雲路橋 🚶 3分、または地下鉄烏丸線鞍馬口駅 🚶 5分

天皇ゆかりの上善寺と普茶料理の閑臥庵

　天寧寺から約100m北上して鞍馬口通に突き当たった所に、上善寺（浄土宗）がある。863（貞観5）年に円仁が天台密教の道場として創建したと伝える。もとは天台宗で千本今出川にあったが衰微し、文明年間（1469〜87）に後土御門・後奈良両天皇の戒師春谷盛信が再興して浄土宗となり、後柏原天皇の勅願寺となった。秀吉のときに現在地に移り、塔頭・子院10坊を数える大寺として栄えた。地蔵堂に安置する深泥ヶ池地蔵は、もとは深泥ヶ池畔にあったもので、京都六地蔵巡りの1つとして、庶民の信仰を集める。本尊は阿弥陀如来坐像で、1634（寛永11）年嵯峨今林蓮華清浄寺から移したもの。弁才天十五童子像（南北朝）・阿弥陀二十五菩薩来迎図（鎌倉）などの絵画や、阿弥陀如来立像・十一面観音立像・観音菩薩立像（いずれも平安）などの彫刻を所蔵。墓地には琵琶を家業とする今出川家歴代の墓、南西隅には禁門の変で戦死した長州藩士の首塚がある。

京都御所北方の文化財を訪ねて　　113

上善寺の西約70mの閑臥庵(黄檗宗)は，後水尾院の聖旨を継いだ霊元天皇が，貴船の奥の院から鎮宅霊符神を大宮御所の北に遷したのが始まりといい，開山は隠元の法孫千呆性侒。本尊は釈迦如来。本堂前には鎮宅霊符神の堂があり，安倍晴明の開眼と伝える金銅の神像を安置する。後水尾院が植えた曙桜にちなみ曙寺ともいう。また，京風普茶料理(要予約)を出すことでも知られる。

御霊神社(上御霊神社) ⓫
075-441-2260

〈M▶P.99〉京都市上京区上御霊前烏丸東入上御霊竪町495 Ｐ
市バス烏丸鞍馬口，または地下鉄烏丸線鞍馬口駅 徒 5分

御霊信仰の拠点のひとつ
応仁・文明の乱の発祥の地

　御霊神社は，出雲氏の氏寺として平安遷都以前からこの地にあった上出雲寺の鎮守社が前身で，平安遷都の際，大和国宇智郡の霊安寺御霊社から他戸親王(光仁天皇皇子)と井上内親王(光仁天皇皇后)の霊を遷座したのが起源ともいわれ，一般に上御霊神社と呼んでいる。その後，早良親王(崇道天皇)ら，八所御霊をまつるようになった。八所御霊には諸説あるが，当社は早良親王・井上内親王・他戸親王・藤原吉子(伊予親王母)・文室宮田麻呂・橘逸勢・吉備真備・火雷神(菅原道真とも)とする。中世までは上出雲寺御霊堂として知られていたが，その後に寺は衰退した。1467(応仁元)年，畠山政長がここに陣を構え，畠山義就と戦ったのが応仁・文明の乱の前哨戦となった。社前に応仁の乱勃発地の碑がある。

　当社は皇室の産土神で，社殿の造営には内侍所の建物を下賜するのを例とした。現本殿は1755(宝暦5)年に下賜された賢所を1970(昭和45)年に復元したものである。境内末社の花御所八幡は，近くの閑臥庵の東北にあった五所八幡社を明治時代に遷したもの。

上御霊神社

5月1〜18日の御霊祭は，863(貞観5)年の悪疫退散の御霊会に始まるといわれ，1日は居祭，18日は還幸祭で，太鼓を先頭に獅子舞，各町内の鉾，稚児行列，御所車，神輿が町内を巡行する。神輿3基のうち2基は，後陽成・後西両天皇が内親王の安産を祈って寄進した鳳輦の改作である。

鳥居前に，名物唐板煎餅をつくる水田玉雲堂がある。神泉苑の御霊会の供物に由来し，応仁・文明の乱後に製造を始めた。鳥居の少し北に緒方(尾形)光琳宅蹟碑がある。尾形光琳・乾山兄弟は，江戸時代中期の画家・陶芸家として有名で，家は豪商の雁金屋である。

相国寺 ⑭
075-231-0301

〈M▶P.99, 110〉京都市上京区今出川通烏丸東入相国寺門前町701

市バス同志社前すぐ，または地下鉄烏丸線今出川駅5分

室町将軍ゆかりの名刹凛とした境内を訪ねる

烏丸今出川交差点の東北に相国寺(相国承天禅寺，臨済宗)がある。本尊は釈迦如来。1378(永和4)年，室町殿(花の御所)を造営した足利義満は，夢窓疎石を深く慕い，その弟子春屋妙葩(普明禅師)を開山として嵯峨宝幢寺(現，鹿王院)の建立に着手した。さらに1382(永徳2)年，春屋・義堂周信らと相談して，花の御所の東方に一大禅寺の建立を志し，1392(明徳3)年から約10年をかけて相国寺を完成させた。義満は春屋を開山に要請したが，春屋はこれを固辞，亡師夢窓疎石を開山とし，みずからは2世となった。

1386(至徳3)年，義満は五山の座位を定め，相国寺は五山の第2位に列せられた。相国寺仏殿の上棟は1392年(その前年に完成したとの説もある)。七重塔は1393(明徳4)年に立柱されたが，1394(応永元)年に早くも炎上，ただちに再建され，高さ360尺(108m)の七重大塔として1399年に完成した。しかし，この大塔も1403年に落雷のため炎上し，以後は再建されなかった。その跡が伽藍東方の塔之段

相国寺

京都御所北方の文化財を訪ねて

町である。また義満は、五山系禅寺の総取締りとして、1379(康暦元)年に僧録司をおいたが、僧録には春屋・絶海中津・空谷ら夢窓門下の鹿王院主が、副僧録には相国寺塔頭の蔭涼軒の軒主が任じられた。その公用日記が『蔭涼軒日録』である。

相国寺は幕府の援助で栄え、法系にとらわれずに一山一寧系の太清宗渭・雲渓支山らの名僧を住持としたが、1397(応永4)年に絶海が住持となってからは、夢窓系に限られた。また歴代の住持が学問や詩文を主としたため、文運は栄えたが禅の法脈は衰えたといわれる。応仁・文明の乱では細川方の東軍陣地となり、西軍に買収された僧の放火で全焼。1551(天文20)年にも細川晴元と松永久秀の攻防戦で全焼するなど、寺勢は衰退した。1584(天正12)年に中興の祖西笑承兌が入寺し、豊臣・徳川両氏や後水尾天皇の援助を得てしだいに復興した。しかし、天明の大火で法堂・浴室ほか塔頭9院を残して全焼、文化年間(1804〜18)に再建された。幕末には白隠慧鶴系の天真集贇・大拙承演(鬼大拙)を招き、明治時代に入って独園承珠・東嶽承峻(大拙系)・独山玄義らの名僧が継いだ。しかし明治時代以降は多くの塔頭が廃され、寺域も5分の1に縮小した。

本堂(法堂、国重文)は無畏堂ともいわれ、1605(慶長10)年、豊臣秀頼の寄進により再建。桃山時代の禅宗仏堂の代表作といわれ、内部は磚敷、中央須弥壇上に本尊釈迦如来像を安置する。天井の龍は狩野光信筆と伝え、特定の場所で手を打つと反響するため鳴き龍とよばれる。開山堂は夢窓像を安置、戸襖・杉戸は伝円山応挙筆、方丈の襖絵は原在中の筆になる。

相国寺は水墨画と関係が深く、初め禅僧が頂相(肖像画)を描き、画禅一致が唱えられたが、やがて専門の画僧を輩出した。水墨画の確立者といわれる如拙は相国寺の僧で、門下に水墨画を大成した周文がおり、その門下から小栗宗湛と雪舟がでた。宗湛は周文とともに将軍に絵師として仕え、雪舟は相国寺に入って僧録司春林周藤に師事し、中国に渡って禅と絵を修行し、帰国後、大分・山口などに住んだ後、晩年は京都に住んだ。

相国寺の総墓地には藤原定家・足利義政・絵師伊藤若冲らの墓がある。東門を出た所に、禁門の変で戦死した薩摩藩士の墓があり、

烏丸今出川交差点の少し北方の東側に薩摩藩邸跡の碑がある。

相国寺の国指定文化財(美術工芸品)
国宝
書跡・典籍　無学祖元墨蹟(4幅・鎌倉)
工芸品　玳玻天目茶碗(南宋)
重要文化財
絵画　紙本著色三十六歌仙切(鎌倉),紙本墨画山水図(高麗),絹本著色十六羅漢像(元),絹本著色鳴鶴図・絹本墨画淡彩山水図・絹本墨画淡彩鳳凰図(いずれも明),紙本墨画猿猴竹林図(桃山),紙本金地著色鳶の細語図・紙本金地著色遊楽図・絹本著色孔雀牡丹図・絹本著色七難七福図(附七難図画稿・七難七福注文画稿)・絹本著色白雲紅樹図(附紙本墨書 池 大雅書状)(いずれも江戸)
工芸品　金銅無文磬(平安),菊花双雀鏡・芦屋無地真形釜(ともに鎌倉),芦屋七宝文真形釜・黒漆壺胡籙箸(ともに南北朝),源氏夕顔蒔絵手箱・鋳銅梅竹文透釣燈籠(ともに室町),唐津鉄斑文壺・楽焼赤茶碗・黄瀬戸大根文鉦鉢(いずれも桃山)
書跡・典籍　子元祖元高峰顕日問答語・一山一寧墨蹟(ともに鎌倉),月礀文明墨蹟・紙本墨書南堂清欲墨蹟(ともに元),寂室元光墨蹟・紙本墨書十牛頌・乾峰士曇墨蹟(いずれも南北朝),紙本墨書普広院旧基封境図(室町)
古文書　紙本墨書慈円僧正願文(鎌倉),紙本墨書明王勅書(室町),異国通船朱印状(江戸)

[塔頭]

　林光院　応永年間(1394〜1428)に足利義満が子の義嗣の牌所として西ノ京に創建したもので,開山には夢窓疎石を追請した。のち二条に移り,さらに秀吉が相国寺内に移した。庭にある鶯宿梅と称されるウメは,『大鏡』や『十訓抄』に,村上天皇の天暦年間(947〜957)に清涼殿のウメが枯れ,かわりに西ノ京のさる家から移植したところ,枝に「勅なれば　いともかしこし　鶯の　宿はと問はば　如何答へむ」との短冊があり,これが紀貫之の娘(紀内侍)の歌であったという話が記されている。また,宗旦稲荷は境内に住む白狐が茶人千宗旦に化けて茶を点じたという伝説をもち,開運の神として信仰されている。墓地には藤原惺窩の墓がある。

　普広院　応永年間(1394〜1428),足利義満が相国寺9世観中中諦に帰依して建立した乾徳院が身前で,1441(嘉吉元)年,足利義教の菩提寺となり,その法号をとって普広院と改称した。建物は天明の大火後のもの。境内には中諦の墓がある。

慈照院

慈照院 相国寺の北西、烏丸通沿いにあり、1428(応永35)年、相国寺13世在中中淹が創建して、大徳院と称したのに始まる。1490(延徳2)年に足利義政の菩提所となり、義政の法号にちなみ慈照院と改称した。江戸時代初期に桂宮の菩提所となったことから、智忠親王下賜の学問所棲碧軒がある。諸堂は天明の大火を免れた江戸時代初期のもので、茶室頤神室は宗旦好みのものである。灰釉四脚壺(平安)、絹本著色二十八部衆像(鎌倉)、絹本著色地蔵菩薩像(南北朝)、紙本墨画達磨像・紙本墨書慈照院諒闇聴簿(ともに室町)がある(いずれも国重文)。

大光明寺 文和年間(1352〜56)に後伏見天皇の女御広義門院が伏見に創建した伏見宮家菩提所で、1594(文禄3)年に秀吉が再建し西笑承兌を住持とした。1615(元和元)年、相国寺山内に移り、明治時代初期に廃絶。現在の大光明寺は、1620年以降、伏見宮家菩提所となっていた心華院が、1906(明治39)年に改称したもの。寺宝に絹本著色羅漢像(国重文・鎌倉)があり、白砂の庭は「峨眉山の庭」と称する。塔頭にはこのほか、紙本墨書竺仙梵僊墨蹟(国重文・南北朝)を蔵する大通院、絹本著色妙葩和尚像(国重文・明)を蔵する光源院がある。

境内には承天閣美術館があり、寺宝を収蔵・展示している。工事に先立つ発掘調査では、飛鳥から奈良時代の竪穴住居跡20棟や掘立柱建物跡が検出され、古代氏族の出雲氏の7世紀中頃以降の集落跡と考えられている。

同志社 ⓯
075-251-3006・3120
〈M▶P.99, 110〉京都市上京区今出川通烏丸東入玄武町601
市バス同志社前・烏丸今出川、地下鉄烏丸線今出川駅🚇すぐ

同志社は、新島襄が創立した、幼稚園から大学までの一貫教育で知られる京都の代表的私立校である。新島はアメリカから帰国後、

五山文学

> コラム
> 禅宗僧侶と室町将軍家のコラボで生まれた五山文学

　春屋妙葩は、甲斐の人で夢窓疎石の甥。夢窓門下となり、南禅寺に入り、延暦寺・園城寺の弾圧で南禅寺が破却されると、これを不満として一派を率いて丹後の雲門寺に9年隠棲し、のち帰洛して僧録となり、五山禅林を統轄した。五山版の出版に努力し、五山文学の発展に貢献した。

　義堂周信と絶海中津は、五山文学の双璧とされる。ともに土佐の人で、義堂は比叡山に学び、のち夢窓に師事し、足利基氏の招きで鎌倉円覚寺に入り、1380（康暦2）年、足利義満の招きで入洛、建仁寺（55世）・南禅寺（44世）に入った。詩文集に『空華集』がある。絶海も夢窓に師事し、足利基氏に厚遇され、1368（応安元）年、明に渡った。詩僧としても知られ、中国人に劣らぬ作詩の唯一の文人といわれた。帰国に際し、明の太祖が絶海を招いて徐福の遺跡を問うと、即座に一詩を賦して太祖を感服させた。1376（永和2）年に帰国し、義満の信任を得て相国寺の創建につくし、のち南禅寺（55世）・相国寺（6世）に入った。詩集に『蕉堅稿』がある。

　五山文学は室町時代中期に衰えたが、その伝統を固守した者に、瑞溪周鳳（『竹郷集』『刻楮集』）と横川景三（『補庵京華集』）が知られる。

キリスト教精神に基づく教育によって母国に奉仕することを決意し、1875年に京都府顧問山本覚馬とはかり、宣教師ディビス博士の援助を得て、寺町通丸太町上ル（現、新島襄旧邸）に同志社英学校を開校した。1876年に当時の山本覚馬所有地であった薩摩藩屋敷跡に移ったが、それが相国寺門前の現校地である。1877年同志社女学校を、1887年に蛤御門前に京都看病婦学校を設け、1888年には英学校を普通学部と神学部にした。新島は1890年に47歳で死去したが、その直後に波理須理科学校、1892年に同志社政法学校ができ、以後、各学部が増設されて1912年には私立大学となった。現在、同志社大

同志社大学クラーク記念館

学は女子大学を含め，今出川および京田辺市にもキャンパスをもち，3万人近い学生を抱える。

今出川キャンパスには，1884(明治17)年建築の京都最古のレンガ造りの彰栄館，1886年築の礼拝堂，1887年築の有終館，1890年築のハリス理化学館，1894(明治27)年開館のクラーク記念館(いずれも国重文)のほか，アーモスト館・啓明館(国登録)などがある。クラーク記念館は，アメリカ人クラーク夫妻の寄付により，1894(明治27)年，ドイツ人建築家の設計でネオ・ゴシック様式の赤レンガ造り2階建ての神学校校舎として建築されたもので，アーチ状の船底天井にシャンデリアを配し，すらりとした尖塔が特徴である。

新島を援助した山本覚馬は旧会津藩士で，主君の京都守護職就任に随行して上洛。鳥羽・伏見の戦いで捕らえられたが，釈放後，広い知識が認められて京都府顧問となった。当時すでに失明していたが，顧問辞任後の1879(明治12)年に開設された京都府会では初代議長となり，若い指導者の養成に努めた。新島もその1人で，新島夫人の八重は覚馬の妹である。

冷泉家 ⓰

〈M▶P.99, 110〉京都市上京区今出川通烏丸東入玄武町599
市バス烏丸今出川，または地下鉄烏丸線今出川駅 🚶 5分

烏丸今出川交差点の東約100m，今出川通に面して冷泉家がある。同家は藤原定家の嫡男為家の子為相を祖とする歌道の名門で，もと冷泉高倉に邸があったのが家名の由来で，1790(寛政2)年，現在地に移った。明治維新後，公家は明治天皇の東遷により，ほとんど東京に移ったが，20代為理は京都に踏みとどまり，これが関東大震災や太平洋戦争の災禍を免れ，藤原定家筆の『明月記』(国宝)を始めとする多数の遺宝を今日に伝える結果となった。24代為任がその公開に踏み切り，調査が進められて公益財団法人時雨亭文庫が設けられている。

住宅の表門・座敷・台所・御文庫・台所蔵(いずれも国重文)は1790年の建築で，現存する最古の公家住宅であり，現在は25代当主夫妻が当家の伝統を継承している(特別公開以外は非公開)。

> **冷泉家時雨亭文庫の国指定文化財**
>
> **国宝**（いずれも鎌倉）
> 書跡・典籍 古今和歌集（附 後土御門天皇宸翰消息・後柏原天皇宸翰詠草・後奈良天皇宸翰消息），後撰和歌集，拾遺愚草（附草稿断簡），古来風躰抄
> 古文書 明月記（附補写本・旧表紙）
>
> **重要文化財**（平安〜江戸）
> 書跡・典籍 時明集（色紙），豊後国風土記，公卿補任，私家集，後拾遺和歌抄，続後撰和歌集，周防内侍集，貫之集・正中二年七夕御会和歌懐紙，元徳二年七夕御会和歌懐紙，和歌初学抄，伊勢物語下，文選巻第二，源家長記，私家集（承空本），仲文集，恵慶集上，散木奇歌集，残集。集目録，寛平御時后宮歌合，五代簡要，新古今和歌集，嘉元百首，文保百首，永徳百首，素性集（色紙），素性集（唐紙），簾中抄，新古今和歌集（隠岐本），大鏡巻第二・五・七，朝儀次第書，勅撰和歌集（附代々勅撰次第書），私家集，冷泉家歌書類，万葉集巻第十八（金沢文庫本），物語類幷注釈書（物語類・伊勢物語幷注釈書・源氏物語幷注釈書），宴曲（宴曲撰要目録・宴曲・早歌抜書），袖中抄（附袖中抄）
> 古文書 後光厳天皇宸翰書状（附二条良基自筆書状），藤原定家自筆申文草案，冷泉家文書，台記，長秋記

足利将軍室町殿跡（花の御所跡） ⑰

〈M▶P.99, 110〉京都市上京区室町通今出川築山南半町・築山北半町・裏築地町ほか
市バス烏丸今出川，または地下鉄烏丸線今出川駅🚶5分

　今出川通と室町通の交差点の北東角に，足利将軍室町殿跡の碑がある。室町殿は3代将軍足利義満が造営した邸宅で，幕府がおかれ，室町御所，あるいは邸内に花が数多く植えられていたので花の御所ともよばれた。その規模は，南は現在の今出川通北方，北は上立売通，東は烏丸通，西は室町通におよぶ東西1町・南北2町と推定され，その北側に方1町の裏築地館があった。幕府は当初，三条坊門万里小路にあり，三条御所とよばれていたが，義満は1377（永和3）年からこの地に新邸の造営を始め，1381（永徳元）年に落慶供養が行われた。室町小路（室町通）に面して四脚門があり，その奥には中門，さらに寝殿・常御所・夜御殿などの建物群があったらしい。

足利将軍室町殿跡の碑

京都御所北方の文化財を訪ねて

応仁・文明の乱のときの1476(文明8)年に火災で全焼し，1479年に再建されたが，翌年再び焼失。その後の詳しいことは不明であるが，制作年代上限が1574(天正2)年と考えられる国宝紙本金地著色洛中洛外図(上杉家本洛中洛外図屛風，米沢市上杉博物館蔵)から，室町殿の様子をうかがい知ることができる。近年，同志社大学寒梅館の工事にともなう発掘で，花の御所跡の東北部分にあった鎮守社跡とみられる遺構がみつかり，現地保存された。遺構は見学が可能で，寒梅館の中にも出土品の展示施設がある。

今出川烏丸交差点から烏丸通を北へ200mほど行くと，左手に大聖寺(臨済宗)がある。光厳天皇妃であった無相定円禅尼が足利義満から室町殿内の岡松殿を提供され，住居としたのに始まる。同尼の示寂後は遺言で寺に改められ，その後，寺地を転々としたが，1697(元禄10)年に創建の故地である現在地に移った。正親町天皇息女の入寺後，尼寺第1位となり，光格天皇息女まで歴代内親王の入寺が続き門跡寺とされた。本堂は昭和時代に東京の青山御所を移し，書院は宮中から移したものである。無外如大自筆譲状・絹本著色一翁院豪像(ともに国重文・鎌倉，後者は京博保管)を所有し，庭園は市名勝である。

大聖寺から北へ150mほど歩くと，烏丸通に面した左側に，京菓子資料館がある。本物の糖芸菓子や菓子の模型などを見学しながら，京菓子の説明を聞くことができる。

大聖寺の北約200m，室町小学校の南東部には藤井右門の宅跡碑がある。藤井直明は越中人で尊王論者。宝暦事件で江戸に逃れ，右門と称して山県大弐宅に寄寓したが，明和事件で大弐とともに捕らえられ，鈴ヶ森(現，東京都品川区)で処刑，梟首された。

三時知恩寺と宝慈院 ⑱⑲

〈M▶P.99,110〉京都市上京区新町通今出川上ル上立売町4／衣棚通寺ノ内上ル下木下町170

市バス堀川上立売 5分

大聖寺の西約200m，同志社大学新町校舎東側の新町通沿いに三時知恩寺(浄土宗)がある。旧入江御所と称する尼寺で本尊は阿弥陀如来立像。応永年間(1394〜1428)に後光厳天皇の皇女見子内親王

（入江内親王）が，崇光天皇の御所入江殿を改めて創建したものである。後柏原天皇が昼夜六時の勤行（1日を六分した読経で1日6回）が政務の関係でできず，昼間三時（3回）の勤行を当寺で修せよとの命により寺名がついたとする。現在の建物は天明の大火後に恭礼門院の旧殿を移したもので，寺宝は絹本著色近衛予楽院像（附自筆阿弥陀仏，国重文・江戸，京博保管）がある。予楽院近衛家熙は関白太政大臣に昇り，落飾後は真覚予楽院と号した。寛永三筆の1人近衛信尹以来の近衛流の上代様を受け継いだ第一流の書家でもあり，草仮名にすぐれた。

　三時知恩寺から新町通を北へ300mほど行くと，宝慈院（臨済宗）がある。本尊は木造阿弥陀如来坐像。金沢文庫を開いた金沢実時の子顕時の妻賢子で，無学祖元に師事した無外如大尼が開いた，京都尼五山の第1位の景愛寺に始まる。同寺が応仁・文明の乱で焼失した後，残った塔頭資樹院を整備し，現在の寺名に改称したという。また賢子の幼名千代野にちなみ，1764（明和元）年からは千代野御所とよばれるようになり，皇女や上級貴族の息女が住した。本堂には丈六の木造阿弥陀如来坐像（平安），右前に祖元の塑像，左前に景愛寺から伝わったという木造無外如大坐像（鎌倉）がある（ともに国重文）。

　宝慈院から北へ300mほど行った岩栖院町に，後藤氏の庭園擁翠園がある。古くから彫金師の後藤氏の土地であったが，承久の乱後に北条氏が没収。その後，管領細川満元邸となり，満元没後に寺（岩栖院）に改められたものを，徳川家康が金座の主宰者となった後藤氏の領地に復したという。明治維新後は三井家の別邸となった。庭園は名石を配する池泉回遊式で，かつては旧郵政省所管の京都貯金事務センター敷地内にあった。2007（平成19）年に民間企業に転売され，社屋が建設されたが，庭園の大半は保存されている。

　擁翠園の約150m北には紫明通がある。道路中央に樹林帯を設けた幅広の曲線道路で，かつては松ヶ崎からの分線である琵琶湖疏水が流れていた（現在は地下埋設）。戦時中の強制疎開で道幅が広くなり，近年は中央の緑地帯が整備され，堀川へ通じるせせらぎが復活し，堀川御池へ至る新しい散策ルートとなっている。

烏丸北大路の南に大谷大学がある。東本願寺が1665(寛文5)年に別邸渉成園内に創設した学寮を起源とし，1882(明治15)年に真宗大学寮と改称，1901年に一時東京巣鴨に移ったが，1911年に京都へ帰り，2年後に現在地に移った。大学博物館に判比量論残巻(奈良)，春記・三教指帰注集・高野雑筆集(いずれも平安)，宋拓「信行禅師興教」碑・宋拓「化度寺故僧邕禅師舎利塔銘」(ともに宋)・湯浅景基寄進状(鎌倉)などの国重文を収蔵する。

白峯神宮と報恩寺 ⑳㉑
075-441-3810／075-414-1550

〈M▶P.98, 128〉京都市上京区今出川通堀川東入飛鳥井町261／小川通寺ノ内下ル射場町579
市バス堀川今出川🚶1分，または堀川上立売🚶5分

霊を鎮める神社は球技の神様

堀川今出川交差点の東に白峯神宮(祭神崇徳天皇・淳仁天皇)がある。1156(保元元)年の保元の乱で讃岐(現，香川県)に流され，同地で没した崇徳上皇の霊をまつるため，明治天皇が父孝明天皇の遺志を継いで1868(明治元)年に社殿を造営し創建されたもので，恵美押勝(藤原仲麻呂)の乱に連座して流された淳仁天皇の霊も合祀されている。絹本著色崇徳上皇像附絹本著色随身像(国重文・鎌倉，京博保管)を所有し，境内のオガタマノキは市天然記念物。

白峯神宮

この地は蹴鞠道家元の飛鳥井氏の別邸のあった所で，境内末社の地主社は同氏の鎮守社で，蹴鞠の神である鞠精大明神をまつる。7月7日の鞠精大明神祭には，蹴鞠と七夕小町踊が奉納される。同じく末社の伴緒社は，保元の乱の敗者源為義・為朝父子をまつる。なお，この神社は球技の神ということから，サッカーや野球の選手たちもよく参拝に訪れる。

また，神社の北側の実相院町には，かつて本阿弥光悦の屋敷が

本阿弥光悦京屋敷跡碑

あった。神宮の北東側に本阿弥光悦京屋敷跡の碑が立っている。本阿弥家は刀剣の鑑定や研磨を家業とし、光悦は洛北鷹ヶ峯に芸術(光悦)村を開いたことで知られ、安土桃山時代から江戸時代初期にかけて、絵画・陶芸・蒔絵など多方面にわたり活躍した。

　白峯神宮から北へ300mほど行った所に、報恩寺(浄土宗)がある。本尊は快慶作と伝える阿弥陀如来像。寺伝では866(貞観8)年慈覚大師(円仁)が創建。その後は興正菩薩(叡尊)が中興開山となったが、応仁・文明の乱で焼け、1501(文亀元)年に後柏原天皇の勅で慶誉が再建し、このとき天台宗から浄土宗に改宗したという。秀吉の時代に現在地に移転。寺に伝えられる四明陶佾筆の鳴虎図は、秀吉が聚楽第に借り出したとき、毎夜ほえて眠れず、寺に返したという伝承があり、鳴虎の報恩寺とも称される。梵鐘(国重文・平安)には、打つ鐘の数を賭け、負けて自殺した織女を供養し、朝夕撞くのをやめ、除夜と重要な法事のみに撞くようになったという伝説がある。ほかに木造諸尊仏龕(北宋)・厨子入木造千体地蔵菩薩像附厨子入木造大黒天立像(鎌倉)・厨子入木造阿弥陀如来及両脇侍立像(南北朝)を所有する(いずれも国重文・京博保管)。寺の入口の小川(旧河川)に架かる石橋には「慶長九(1604)年」銘があり、東側の門前には、京町家の町並みがよく残る。

宝鏡寺 ㉒
075-451-1550

〈M▶P.98, 128〉京都市上京区寺ノ内通堀川東入百々町　P
市バス堀川寺ノ内 徒1分

応仁・文明の乱の舞台 人形寺の界隈

　報恩寺の北に宝鏡寺(臨済宗)がある。西山と号する尼門跡寺院で、百々御所とか人形寺ともよばれる。「百々」とは『応仁記』にもみえる地名で、百々某が住んでいたことにちなむという。もと尼五山第1位景愛寺の子院で、建福尼寺として五辻大宮西に創建され、応安年間(1368〜75)に光厳天皇の皇女で景愛寺6世の華林宮恵厳禅尼が現在地に再興した。寺伝によると、禅尼が寄進した聖観世音菩薩

京都御所北方の文化財を訪ねて

宝鏡寺

が、伊勢の二見浦で魚網にかかったとき、両手に宝鏡をもっていたことから寺名にしたという。1644(寛永21)年、後水尾天皇の皇女理昌尼王(久厳禅尼)が入寺して以来、皇女が住持となった。

応仁・文明の乱で衰微し、天明の大火で焼失したが、光格天皇らの援助で再興されたのが現在の建物で、書院・本堂・阿弥陀堂・表門などは市有形。本堂には阿弥陀像と日野富子像を安置し、本堂襖絵は狩野探幽筆の金壁極彩色秋草花図、書院襖絵は円山応震の四季耕作図と吉村孝敬の猿鳥鶴図である。また天皇遺愛の品、多数の人形や双六・投扇・貝覆などの遊戯具を所蔵し、春秋2回の人形展と、10月14日に人形供養が行われている。

百々橋跡の駒札と礎石

宝鏡寺門前東方には、かつて小川が流れ百々橋が架かっていた。応仁・文明の乱では、この橋を挟んで東軍と西軍が数度にわたり合戦した。橋の跡地の丁字路北側には、駒札とともに橋の礎石1石が残る。石橋は近年解体され、室町小学校(礎石1石が残る)にあったが、1980(昭和55)年に京都市西方の洛西にある竹林公園内に移築された。なお、小川通にあった小川は、1963(昭和38)年頃から埋め立てられて存在しないが、かつての橋脚などが各所に残っている。

表千家・裏千家 ㉓㉔

〈M▶P.98,128〉京都市上京区小川通寺ノ内上ル
本法寺前町597／本法寺前町613
市バス堀川寺ノ内 🚍 5分

茶道家元の静かな佇まいを歩く

　宝鏡寺の東約30mの小川通には，通りに面して南に不審庵（表千家）庭園，北隣に今日庵（裏千家）庭園（ともに国名勝）がある。
　千利休は桃山時代の茶人で，侘茶の大成者として知られる。父は田中与兵衛，母は宝心妙樹。祖父田中千阿弥は足利義政の同朋衆（室町幕府将軍に仕え，雑事や諸芸に携わった僧体の者）で堺に移り住んだといわれ，父のとき魚問屋を営み納屋衆（貸倉庫業者）となり，千阿弥の1字をとって千家を称したという。利休は与四郎といい，初め北向道陳，ついで武野紹鷗に茶を学び，また堺の南宗寺に参禅して宗易と改め，ついで抛筌斎と号した。織田信長に仕えて茶頭となり，信長没後は秀吉の茶頭をつとめ，1585（天正13）年秀吉の正親町天皇の禁中小御所における茶会では，利休居士の名（宮中参内のための勅賜名）でこれを後見した。秀吉の小田原攻めからの凱旋後，利休が大徳寺の金毛閣（三門）上層に自像を安置したことから秀吉の勘気に触れ，茶道の弟子であった前田利家や古田織部・細川忠興ら名だたる大名たちの助命嘆願もかなわず，聚楽第屋敷内で切腹を命じられ，利休の首は一条戻橋で梟首された。
　のち，利休の継子少庵宗淳は秀吉から千家再興

不審庵

今日庵

京都御所北方の文化財を訪ねて

報恩寺周辺の史跡

を許され、本法寺門前の地を拝領し、ここに不審庵と残月亭を復興した。この地は少庵の子宗旦に譲られたが、宗旦はこれを3男宗左に譲り、その北側に今日庵と利休四畳半を再現した又隠および寒雲亭を建て、4男宗室をともなって隠棲した。これを、それぞれ表千家・裏千家と称する。なお、2男宗守は別に武者小路家を立てた。

表千家は宗左が唐津藩・高松藩を経て紀州徳川家に仕官し、以後、歴代家元は徳川家に出仕した。天明の大火で罹災し、建物の位置は大きく変化しているが、茅葺きの表千家祖堂（国重文）は、4畳半台目茶室の点雪堂と1畳台目板入茶室の反古張席があり、1789（寛政元）年の建築、邸内最古の建物である。また茶室不審庵は古渓宗陳の「不審花

千家系図

利休 ― 少庵 ― 宗旦 ―┬― 一翁宗守（武者小路家・官休庵）
　　　　　　　　　　├― 江岑宗左（表千家・不審庵）
　　　　　　　　　　└― 仙叟宗室（裏千家・今日庵）

128　上京区

開今日春」によるもので，1913（大正2）年の再建，茶室残月亭も1909（明治42）年の再建である。

裏千家は宗室以降，歴代の家元が加賀前田家・伊予松平家に出仕した。居宅の裏千家住宅（国重文）の茶室今日庵は1畳台目といわれ，床や釣棚もない究極の姿を示す。このほか又隠・寒雲亭・咄々斎がある。堀川通に面して本法寺の南に裏千家の茶道総合資料館があり，茶道の資料を展示・収蔵し，時期を定めて収蔵品を中心とした展覧会が開かれ，茶道のお点前や作法も習うことができる。

妙顕寺 ㉕
075-414-0808

〈M ▶ P.98, 128〉京都市上京区寺ノ内通新町西入妙顕寺前町514
市バス堀川寺ノ内 🚶 5分，または地下鉄烏丸線今出川駅 🚶 10分

日像により京都に初めて開かれた日蓮宗の名刹

表千家・裏千家の東側約50mに，妙顕寺（日蓮宗）がある。日蓮の孫弟子日像によって京都最初の日蓮宗道場として開かれ，妙覚寺・立本寺とともに三具足山（または龍華の三具足）とよばれ，その随一とされた。日蓮宗四大本山の1つで，この寺から妙覚寺・立本寺・妙蓮寺・本隆寺などが分立した。本尊は釈迦多宝仏。

日像は1269（文永6）年に下総国平賀（現，千葉県松戸市）で豪族の平賀忠治の子として誕生した。母は日照の妹で，異父兄に日朗，実弟に日輪がいる。7歳のとき出家して日蓮に近侍し，日蓮は臨終に際し13歳の日像をよび，京都開教を遺命した。その後，日像は日朗のもとで12年研学に努め，26歳のとき入洛，他宗の迫害や3度の流罪に屈せず布教に努めた。3度目の流罪が赦されて1321（元亨元）年に帰洛した後は，後醍醐天皇の勅許を得て安居院の旧地に法華堂を開き，1334（建武元）年に天皇から法華弘通の綸旨を得て勅願寺となった。ついで北朝の祈願所，足利氏の祈禱所となり，1341（暦応4，一説に1320〈元応2〉）年，四条櫛笥に移った。このため日

妙顕寺

京都御所北方の文化財を訪ねて　129

像門流を四条門流という。2世大覚妙実は近衛家の出身で，寺勢を高め，後光厳天皇から洛中第一の日蓮宗寺院との綸旨を得た。

しかし寺勢の拡大は比叡山衆徒との争いを招き，1387（嘉慶元）年に寺は破却され，4年後に妙本寺として再建されたが再び破却された。のち二条西洞院南に移って妙顕寺に復したが，1536（天文5）年の天文法華の乱では壊滅的な打撃を受けた。その後も同地で復旧したが，秀吉が寺地を邸地に所望し，替地として現在地を与えられた。

現在の建物は天明の大火後の再建で，本堂・客殿・三菩薩堂・表門など7棟は府有形。三菩薩堂には日蓮・日朗・日像をまつる。本堂前の異形の灯籠は妙顕寺型という。寺宝として日蓮自筆の神国王書・強仁状御返事（ともに鎌倉）や金字法華経巻巻第五（鎌倉，京博保管），紙本墨書後小松天皇宸翰御消息（室町，京博保管），日像ら7代住職の書状を始めとする多数の文書から成る妙顕寺文書（附蒔絵文書箱，鎌倉〜江戸）などの国重文がある。また，塔頭泉妙院には，尾形光琳とその弟の乾山の墓がある。

本法寺 ㉖ 〈M▶P.98, 128〉京都市上京区小川通寺之内上ル本法寺前町617
075-441-7997　Ｐ
市バス堀川寺ノ内 5分

光悦作の庭と等伯筆の大涅槃図

宝鏡寺の北約100mに本法寺（日蓮宗）がある。本尊は十界曼荼羅。寺伝では1436（永享8）年に日親が綾小路東洞院に創立したという。日親は上総（現，千葉県中部）の人で，1427（応永34）年に21歳で入京し一条戻橋で開講，10年後に本寺を創建した。1439（永享11）年に『立正治国論』を著して将軍足利義教に禅を捨てよと迫り，翌年投獄されて灼熱した鍋を頭からかぶせられる拷問を受け，鍋

本法寺

冠り日親といわれた。出獄後も朝廷や武家に法華経に基づく政治を迫り，迫害と投獄に屈せず不受不施派の立場を堅持し，各地に布教した。また投獄中に破壊された本法寺を三条万里小路に再建したが，本阿弥清信（光悦の曽祖父）は日親に帰依し，同寺を本阿弥家の菩提寺とした。その後，天文法華の乱で堺に逃れ，帰洛後に一条戻橋に再建，秀吉のとき現在地に移り，江戸時代には末寺34坊を数えた。

堂宇は天明の大火で焼失後に再建されたもので，本堂・開山堂・多宝塔・仁王門など多くの建物と棟札が府有形に指定されている。築山泉石を巴の形にした本阿弥光悦作の本法寺庭園（三巴の庭，国名勝）には，光悦遺愛の長方形の手水鉢をおく。そのほか，玄関前の庭は十の庭とよばれている。寺宝として多数の国重文の絵画や書跡を所有するが，なかでも仏涅槃図（大般若図）は，1599（慶長9）年に長谷川等伯が早世した息子久蔵の七回忌に奉献したもので，京都三大涅槃図の1つとして知られる。

本法寺の重要文化財　※は京博保管
絵画　※絹本著色蓮花図・絹本著色群介図（ともに元），※紙本墨画中文珠左右寒山拾得像（室町），長谷川等伯関係資料（絹本著色日堯像・絹本著色日通像・紙本墨画妙法尼像・紙本著色仏涅槃図・等伯画説，附日通書状・法華論要文・本尊曼荼羅）（桃山）
書跡・典籍　※紫紙金字法華経（平安）（附花唐草文螺鈿経箱・本阿弥光悦寄進状）・※法華題目抄・如説修行抄（いずれも江戸）
工芸品　　金銅宝塔（南北朝）

妙覚寺 ㉗
075-441-2802

〈M▶P.98,128〉京都市上京区上御霊前通小川東入下清蔵口町135　P
市バス天神公園前 徒5分

妙顕寺の北約300mの上御霊前通に面した妙覚寺（日蓮宗）は，日蓮宗三具足山の1つで，本尊は十界大曼荼羅。1378（永和4）年に龍華院日実が信徒で豪商の小野妙覚の外護によって，四条大宮の小野邸を寺に改めたことに始まる。のち二条衣棚（中京区下妙覚寺町）に移ったが，天文法華の乱で焼失，日実らは泉州（現，大阪府）に逃れて1548（天文17）年旧地に復興。一時，将軍足利義輝の御所ともなり，また織田信長上洛時の宿所ともなったが，本能寺の変では信長長子の信忠が滞在していたため焼失し，翌年，現在地に移った。

本能寺の変のもうひとつの舞台

妙覚寺

妙覚寺は日蓮宗の不受不施派の急先鋒で，反対する摂受派の妙顕寺と対立し，方広寺大仏の千僧供養参加を拒否して秀吉の迫害を受け，家康のときには日奥が2度まで対馬に流されるなどした。しかしこの受難はかえって不受不施派の基礎をかため，江戸時代初期には末寺100坊を数えた。

天明の大火で焼失し，現在の建物はそれ以後のもので，本堂・祖師堂・華芳塔堂・華芳宝塔・大門及び木造日蓮坐像は府有形に指定されている。表門は聚楽第の裏門を移したといわれ，梁の上には伏兵をおく所がある。祖師堂には日蓮・日朗・日像の坐像を安置し，寺宝に日蓮筆盂蘭盆御書(国重文・鎌倉，京博保管)などがある。墓地には狩野元信・永徳ら一門の墓，日蓮・日朗・日像・日奥らの墓がある。

妙覚寺の西方約200m，堀川通に面した天神児童公園の北西に大応寺(臨済宗)がある。1645(正保2)年に孤児を収容した悲田院が泉涌寺に移った跡地に，この名跡を惜しんで建てられたもので，境内に古田織部創祀の織部稲荷社，その後方に後花園天皇火葬塚がある。天神児童公園西北で大応寺南隣にある水火天満宮は，菅原道真をまつる。社伝では923(延長元)年，醍醐天皇の勅願で道真の神霊を勧請したというが，もとは悲田院の鎮守社で，菅公信仰と結合したものらしい。1952(昭和27)年，堀川通の拡張で現在地に移転，祭礼は10月10日で水難・火難・禍除けの神として知られる。

京都御所とその西方

3

天皇居所を今に伝える御所を中心に，公家屋敷跡の京都御苑およびその西方の史跡を訪ねて。

京都御所 ㉘
075-211-1215
〈M▶P.99, 134, 141〉 京都市上京区京都御苑 **P**
地下鉄烏丸線丸太町駅・今出川駅，市バス烏丸丸太町・烏丸一条 🚶 5分

天皇の住まいである京都御所と国民公園の京都御苑

　平安時代に千本丸太町交差点北東にあった天皇の居所である内裏を引き継ぐものが，現在の京都御所である。内裏はたびたび火災が発生し，そのたびに天皇は摂関家など高級貴族の邸宅を御所（里内裏）としたが，平安時代後期には里内裏が実質的な政治の中心となった。内裏は1227（安貞元）年に焼亡した後は再建されず，付近は内野とよばれる荒野となった。

　南北朝時代になって里内裏の1つ東洞院土御門内裏が北朝の皇居となり，その後，この地が現在の御所のもとになった。御所はその後も焼失・再建を繰り返し，戦国時代には荒廃したが，安土桃山から江戸時代にかけて，織田信長・豊臣秀吉・徳川家康らが再建に努めた。天明の大火後には松平定信が平安朝の古制で復興することに意をそそぎ，柴野栗山や宝暦事件で永蟄居を命じられていた裏松光世（固禅，『大内裏図考證』の著者）らを登用し，現在の規模に再建した。しかし1854（嘉永7）年に再び全焼，翌1855（安政2）年に再建されたのが今日の御所である。

　1869（明治2）年の明治天皇の東京遷御にともない，周辺にあった公家屋敷の多くが東京へ移転し，荒廃が進んだ。この状況を嘆いた天皇は1877年に御所の保存を命じ，これを受け，京都府が御所周辺の空き家となった公家屋敷を撤去して整備したのが現在の京都御苑である。東西700m・南北1280mの規模を有し，1949（昭和24）年か

京都御所の建礼門

京都御所とその西方　133

京都御所周辺地図

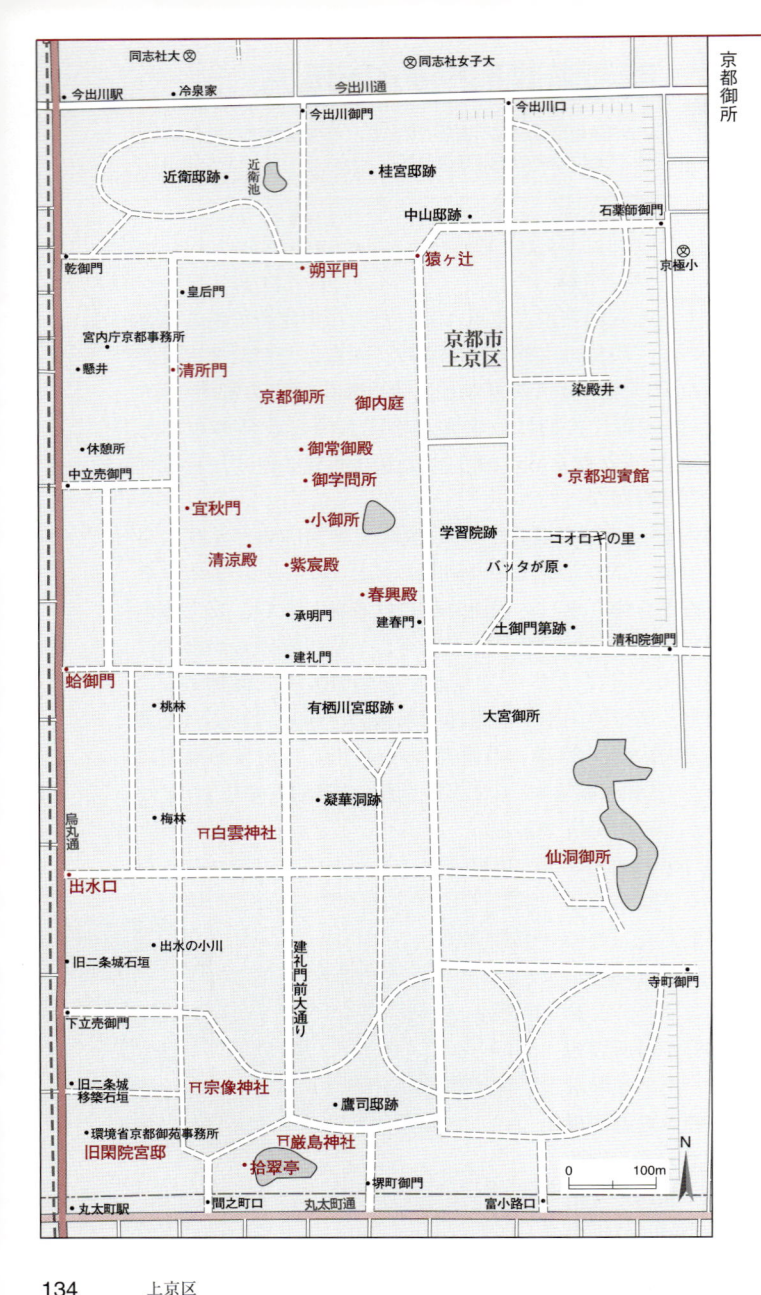

- 同志社大
- 同志社女子大
- 今出川通
- 今出川駅
- 冷泉家
- 今出川御門
- 今出川口
- 近衛邸跡
- 近衛池
- 桂宮邸跡
- 中山邸跡
- 石薬師御門
- 乾御門
- 皇后門
- 朔平門
- 猿ヶ辻
- 京極小
- 京都市上京区
- 宮内庁京都事務所
- 清所門
- 懸井
- 京都御所
- 御内庭
- 染殿井
- 休憩所
- 御常御殿
- 中立売御門
- 御学問所
- 宜秋門
- 小御所
- 京都迎賓館
- 学習院跡
- コオロギの里
- 清涼殿
- 紫宸殿
- バッタヶ原
- 春興殿
- 承明門
- 建春門
- 土御門第跡
- 建礼門
- 清和院御門
- 蛤御門
- 桃林
- 有栖川宮邸跡
- 大宮御所
- 烏丸通
- 梅林
- 凝華洞跡
- 白雲神社
- 仙洞御所
- 出水口
- 出水の小川
- 旧二条城石垣
- 建礼門前大通り
- 寺町御門
- 下立売御門
- 旧二条城移築石垣
- 宗像神社
- 鷹司邸跡
- 環境省京都御苑事務所
- 厳島神社
- 旧閑院宮邸
- 拾翠亭
- 堺町御門
- 丸太町駅
- 間之町口
- 丸太町通
- 富小路口

N　0　100m

京都御所

134　上京区

らは国民公園として広く一般に開放され，現在は，京都御所・仙洞御所・京都大宮御所および宮内庁関係の施設については宮内庁が，それ以外は環境省が管理している。

京都御苑は，北を今出川通，西を烏丸通，南を丸太町通，東を寺町通に囲まれた約63haの広さを有している。公園内には巨樹および多種の樹木が繁茂し，九条家の拾翠亭や近衛家の園池跡などの数少ない公家屋敷の遺構が残り，また御苑内にあった公家屋敷跡には説明板が設置され，かつての御苑の様子を知ることができる。グラウンドやテニスコートなどもあり，誰でも利用できる市民の憩いの場になっている。

京都御所は，高い築地塀に囲まれた東西250m・南北450mの規模で，第二次世界大戦中は類焼を防ぐため渡殿や局が取りのぞかれたが，戦後に復旧した。紫宸殿は天皇の即位式や立太子礼など重要な儀式が行われる東西33m・南北23mの高床式の檜皮葺き入母屋造建物で，南庭には東に左近の桜(平安時代初期は梅)，西に右近の橘が植えられている。清涼殿は天皇の居住する日常の間で，檜皮葺きの寝殿造建物，母屋には天皇の休憩所である御帳台がある。その手前には天皇の公式の執務場所で，2枚の畳を敷いた昼御座がある。北側には天皇の寝室で，四方を壁で囲われた夜御殿がある。そのほか西側に鬼の間・台盤所・朝餉の間・御手水の間・御湯殿があり，南側には殿上の間がある。春興殿は大正天皇の即位式に神鏡を奉安する建物として建造されたもの。小御所は皇太子関係の儀式をおもな目的とする建物で，公議政体派と徹底倒幕派が激論を戦わせた小御所会議(1868年)の場であった。1954(昭和29)年に鴨川の打上げ花火により焼失し，1958年に再建，東には御池庭が広がる。御学問所は書院造で月次の和歌の会や対面，南庭では蹴鞠が行われる。御常御殿は紫宸殿と並ぶ大きな建物で，部屋数がもっとも多い。天皇の日常的な住まいの空間であるとともに新年の祝賀や拝謁も行われた。また南は剣璽の間で天皇の印鑑である璽をおく。御内庭は土橋や石橋を架けた遣水形式の庭で，茶室も構えている。御三間は七夕や盂蘭盆会など内々の行事の場で，能舞台は囲炉裏の間。聴雪は孝明天皇好みの茶室である。花内儀は皇太子の御殿で，御

京都御所の宜秋門

内儀は皇后や皇子・皇女の御殿である。諸大夫間は宮中三進者の控の間で、西から桜の間（諸大夫）、鶴の間（殿上人）、虎の間（三位以上の位＝公卿）。清所門は御所西面中央の門で、参観の入口。宜秋門は唐門、公卿門ともよび、朔平門は御所北門である。

御所の公開は、2016年7月から月曜日、年末年始及び行事の日以外は、通年無料公開となり、午前9時から（最終入場時間は季節で異なる15：20～16：20）荷物検査を受けて清所門から入る。

仙洞御所は、京都御所の御苑内南東にある。霊元・中御門・桜町・後桜町・光格の5代上皇の居所で、その北西にある大宮御所は、後水尾天皇中宮である東福門院和子のために造営されたもので、作事奉行は小堀遠州が担当、その後に貴族風につくりかえられた。仙洞御所は1854年に大宮御所からの出火で類焼した後は再建されず、大宮御所は再建されたが御常御殿と車寄せのみであった。

京都御所の北東角は猿ヶ辻とよばれる。艮の方角の鬼門除けとして、築地塀の角をなくし、軒下の蟇又には烏帽子姿で御幣をもった木彫の日吉神社の使いの猿を金網の中におく。ここは、尊王攘夷派の急先鋒だった公卿姉小路公知が1863（文久3）年に何者かに斬殺された、「猿ヶ辻の変」がおこった場所でもある。

京都御苑の入口には多くの門があるが、とくに有名なのが

仙洞御所の庭

京都御所の蛤御門

蛤御門である。蛤御門はもと新在家門といって開かずの門とされ，1788（天明8）年の天明の大火の際に初めて開門されたことから，炎で貝が開くことの比喩で蛤御門とよばれるようになったという。しかし，その前の1709（宝永6）年の御所の図に「はまぐり門」と記載されており，以前からの名称であったらしい。この門では1864（元治元）年に，尊王攘夷派の長州藩と幕府側の会津・薩摩藩とが戦った禁門の変（蛤御門の変）が勃発し，戦いの際の銃弾痕が門に窪んで残っている。このときの大火は京都市街の大半を焼く大災害（元治の大火）となった。現在，烏丸通近辺を発掘すると焼けた瓦などが大量にみつかるが，おもにこの大火の焼土である。

京都御所の東，建春門外には1847（弘化4）年に学習所が設けられ，のちに学習院と称した。公家の子弟のための公的な教育機関で，幕議により開設され，1868（明治元）年に漢学所に改組，1870年に廃止され，その後は東京の学習院に継承された。この東方に2005（平成17）年に開館したのが京都迎賓館である。東京の赤坂離宮とともに全国に2つしかない国営の施設で，海外からの賓客を迎え，日本への理解と友好を深めることを目的に建設された，和風を基調とした迎賓施設である。参観問い合わせは，自動（TEL075-223-2302）・有人（TEL075-223-2301）。

建礼門の南西にある白雲神社は，西園寺家邸内にあった鎮守社を引き継ぎ，宗像三女神の1つ市杵島姫命をまつる。同家が東京移転後に有志がまつり，現在の名称とした。

丸太町通に面した拾翠亭は，堺町御門内西側の数寄屋風書院造の茶室で，九条家の遺構である。庭園は池泉回遊式で，中島には同家の鎮守神だった厳島神社がある。社伝によると平清盛が母祇園女御のために安芸の厳島神社を兵庫の築島に勧請し，さらに足利義晴が京都に遷したものとする。社殿前には京都三珍鳥居の1つ石

京都御所とその西方

旧閑院宮邸

鳥居(ほかに北野天満宮の伴氏社・木嶋神社)が立ち、笠木の中央が唐破風になっていることで知られる。

拾翠亭の西北にある宗像神社(祭神田心姫命ほか)は花山院家の鎮守神で、795(延暦14)年、藤原冬嗣が自邸の小一条院内に筑前の宗像社を勧請したものといわれる。のちに藤原時平・花山院家忠が各1神を合祀したと伝える。

宗像神社の南西、京都御苑南西隅にある旧閑院宮邸は、京都御苑内では唯一残る公家遺構である。閑院宮家は江戸時代中期に東山天皇の皇子直仁親王が創設した宮家で、四世襲親王家の1つ。建物は天明の大火後に建てられたもので、明治時代以降も事務所として使用され、現在も環境省京都御苑事務所などがある。近年、保存整備され、建物・庭園が無料公開されて、御苑に関する資料などを展示している。月曜日・年末年始休館(午前9時～午後4時半)。

旧二条城跡㉙

〈M▶P.99,141〉京都市上京区下立売通烏丸西入五町目町

市バス烏丸丸太町・地下鉄烏丸線丸太町駅🚶5分

織田信長が築いた最後の室町将軍義昭の城跡

京都御苑の南西、烏丸丸太町交差点の北約50mほどに、ひときわ大きな庭木が繁茂する大丸ヴィラがある。大丸百貨店社長であった下村正太郎の自邸で、ヴォーリズ建築事務所が設計、1932(昭和7)年に竣工。16世紀にイギリスで流行したチューダー様式の建物で、鉄筋コンクリート造り3階建ての昭和時代初期の京都を代表する邸宅で、市登録されている(非公開)。

北へ約200m進むと、左に菅原院天満宮神社がある。この辺りは菅原道真の父是善・祖父清公・曽祖父古人の3代が住んだ菅原院跡といわれ、また道真誕生の地とも伝える。道真の死後に歓喜光寺という一宇を建立、あわせて菅原父子をまつった小祠を建てたが、寺は六条河原院の旧地に移転、神社のみが残ったとされる。

聖アグネス教会

その北約50mの下立売通を西に折れると平安女学院がある。1875(明治8)年、大阪川口居留地に照暗女学校(セント・アグネススクール)として創設され、1894年には現在地に移り、翌年、現校名に改称した。下立売通角にある同校の聖アグネス教会は、アメリカの建築家J.M.ガーディナーにより、1898年にチャペルとして建設された。当時の学院日誌に「塔の紋が菊と紛らわしいので取り替えるよう警察から指示を受けた」とある煉瓦建造物で市有形。他にも煉瓦造の明治館をはじめとする国登録の建物を有する。

同校一帯は、足利尊氏から武衛(兵衛府の唐名)の称号を贈られた、室町幕府初代管領斯波義将が宿宅を造営した場所で、武衛陣跡地の碑がある。宿宅は応仁・文明の乱で焼失したが、13代将軍足利義輝が1564(永禄7)年ここに幕府を開設、二条御所とよばれた。しかし、翌年5月に三好義継・松永久秀らに攻められ二条御所は炎上、義輝は殺害され、生母の慶寿院も殉死した。1569年に織田信長は、15代将軍足利義昭のため旧地を拡張して城を造営した。短期間に完成させるため、細川藤賢邸にあった名石「藤戸石」(現在は醍醐寺三宝院にある)を信長みずから指揮して城内に運び、さらに京中の石仏や墓石を石垣に利用したため、当時の都の人々を恐れさせたといわれる。また、この城普請の際、宣教師ルイス・フロイスを初めて引見して西洋の事情を問い、京での布教を許した。この城を後の江戸幕府造営の二条城と区別して旧二条城という。1573(天正元)年、信長が義昭を追放した後、1576年には堀が埋め

斯波氏武衛陣・足利義輝邸跡の碑

京都御所とその西方　139

旧二条城跡の碑

られ，建物は近江の安土城へ運ばれた。地下鉄烏丸線工事前の発掘調査で，城の外堀と内堀跡の石垣がみつかり，フロイス著『日本史』の記述どおり，石仏など大量の石造物が出土した。石垣の一部は，京都御苑の椹木口を入ったすぐ北側に移築保存され（二条城にも一部移築），地下鉄工事で出土した大量の石造物（市有形）は，西京区洛西にある竹林公園に移築された百々橋とともに屋外展示されている。

京都府庁 ㉚ 〈M▶P.98, 141〉 京都市上京区下立売通新町西入藪之内町
075-451-8111 市バス府庁前❂5分，または地下鉄烏丸線丸太町駅❂10分

重要文化財の府庁正庁

平安女学院前の下立売通を西へ150mほど行くと，京都府の官庁街に出る。右手の京都府庁は幕末に京都守護職のあった所で，正面を入った右手に石碑が立っている。京都守護職は幕末の政局混乱に対処し，京都の治安を維持するため，1862（文久2）年に設置された。会津藩主松平容保が就任し，京都見廻組・新撰組を指揮した。1867（慶応3）年に廃止され，のち京都市中取締所・京都裁判所を経て現在の京都府庁となった。

正門を入って左手の植込みに「独立自尊」の石碑がある。1874（明治7）年，府参事槙村正直の要請により開かれた福沢諭吉の慶應義塾の京都分校跡で，校長は荘田平五郎，ほかに教師が1人，生徒は10人ほどであったが，1年で閉校された。正面の京都府庁旧本

京都府庁旧本館

上京区

京都府庁周辺の史跡

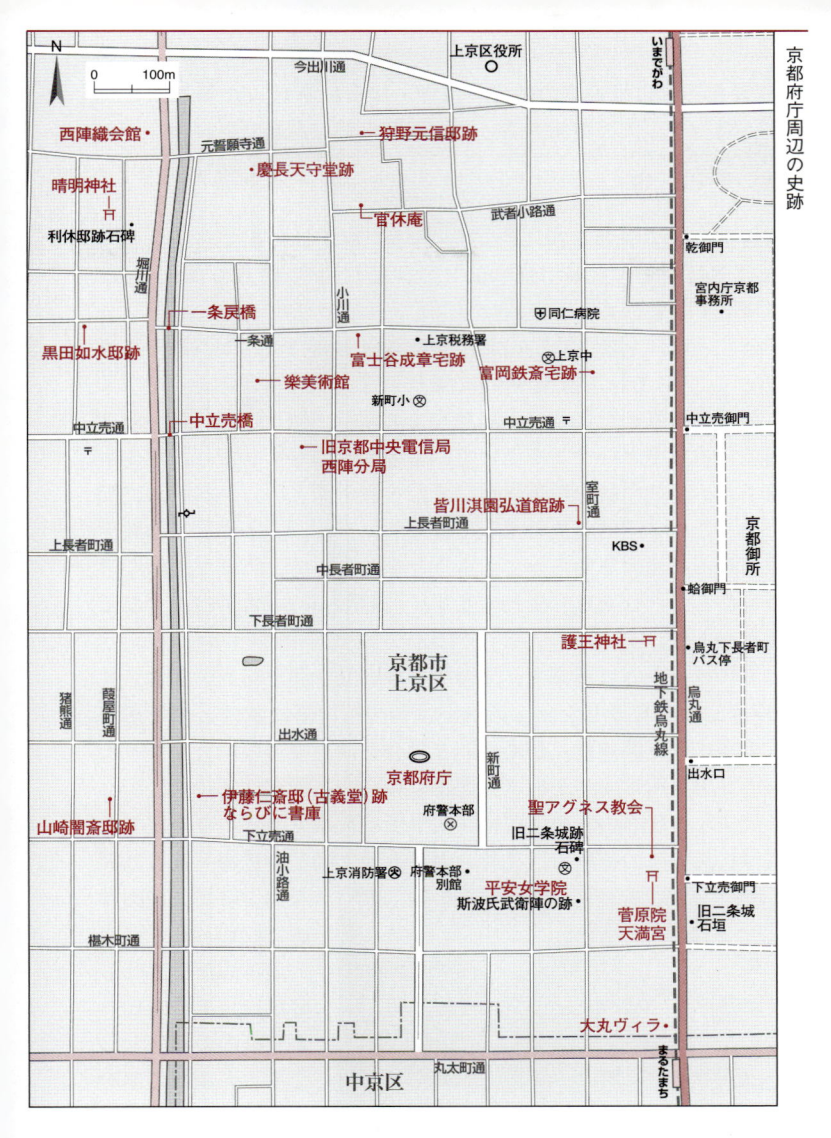

館(国重文)は，1904年竣工のルネサンス式で，現役の都道府県庁舎としては最古の建物である。また，京都府庁の敷地北半は，平安時代に都の警備を担当していた官人の宿所である左衛門町跡，南半は

京都御所とその西方　　141

木工寮とともに平安京の造営・修理・保全にあたった修理職に所属する職員や工人の宿所であった修理職町跡にあたる。

伊藤仁斎宅跡 ㉛

〈M▶P.98, 141〉京都市上京区東堀川通出水下ル4丁目
市バス堀川下立売 🚶 1分

古学を発展させた仁斎の私塾跡と当時の書庫

府庁前の下立売通を西に約250m行き，堀川通に出て右折し北へ50mほど行くと，東堀川通に面して伊藤仁斎宅(古義堂)跡ならびに書庫(国史跡)がある。

伊藤仁斎は，1627(寛永4)年，京都の材木商長沢屋七右衛門長勝の子として生まれ，家業を弟に譲り研学に努め，『論語』や『孟子』の研究を進めた儒学者・思想家である。1662(寛文2)年，堀川の自宅に古義堂という塾を開いて，子弟教育につくした。古学先生と称され，その学統を堀川学派，また古義学派という。当時，支配的であった朱子学的経典の解釈ではなく，直接，孔子や孟子の教えに立ち返って道義を明らかにしようとするもので，実証主義的な学風でもあった。仁斎は一生仕官せず，『論語古義』『孟子古義』などの著書がある。

仁斎の長子東涯は博識で，父の後を継いで学問を発展・継承させ，『制度通』などを著した。2男梅宇は備後福山藩に藩儒として招かれ，著書に『見聞談叢』がある。3男介亭は高槻藩の儒官となった。東涯の3男東所は家学を継ぎ，著書も多い。古義堂は1673(延宝元)年に焼失し，現在のものは明治時代中頃の再建である。2階建ての土蔵は仁斎当時の書庫で，往時の面影を残す唯一の建物，蔵書は天理大学附属天理図書館に収められている。

宅跡の前を流れる堀川は，平安時代以来，京内の運河として多くの物資の運搬をになう河川でもあったが，しだいに機能を失い，第二次世界大戦後は水源も

伊藤仁斎宅跡

絶たれ，降雨時のみ水が流れる状態であった。近年，市が構想を含め13年の歳月をかけて改修し，2009(平成21)年に左京区下鴨上川原町から御池通までの約4.4kmが川の流れのある散策路となった。防災施設を兼ねるが，付近の歴史などの説明板も設置され，市民の憩いの場となっている。

　伊藤仁斎宅跡から堀川下立売の交差点を西に渡り，堀川通から1つ西の葭屋町通を少しあがると，山崎闇斎邸跡の碑がある。闇斎は1618(元和4)年に京都で浪人の子として生まれ，幼時，比叡山に入り，妙心寺に移って僧となった。19歳の頃に土佐の吸江寺に移り，ここで谷時中に朱子学を学び，1642(寛永19)年に還俗して儒者となり，帰洛して30歳のときこの地に塾を開いた。48歳のとき，会津藩主保科正之に招かれて江戸に出て，その治政を助け，54歳のときに吉川神道の伝授を受け，神儒一致を説いて垂加神道を創始した。その思想は幕末の尊王論に大きな影響を与えた。

　この葭屋町通を南へくだった椹木町通との交差点の東には，直江兼続・上杉景勝屋敷跡の石碑と説明板がある。

護王神社 ㉜
075-441-5458

〈M▶P.99,141〉京都市上京区烏丸通下長者町下ル桜鶴円町
P
市バス烏丸下長者町🚶すぐ，または地下鉄烏丸線丸太町駅🚶10分

平安京遷都に功績のあった和気氏ゆかりの神社

　平安女学院の北，烏丸下長者町のバス停前に護王神社がある。祭神は和気清麻呂と姉の広虫で，藤原百川と路豊永を合祀する。鎌倉時代，文覚が高雄にある和気氏氏寺の神護寺を復興したとき，清麻呂を護王善神として境内にまつり，鎮守社としたのに始まるという。1851(嘉永4)年，孝明天皇が正一位護王大明神の神号を与え，1874(明治7)年に護王神社と改称，1885年現在地に遷され，その際に本殿・拝殿・祝詞舎なども移築された。

　拝殿前には，一般の神社と異なり，狛犬ではなく野猪の石像がおかれている。これは清麻呂が道鏡の怒りをかって大隅国に流されたとき，イノシシが清麻呂を守ったという故事によるもので，別名いのしし神社ともよばれる。また，広虫が孤児を養育したことから，子育明神と称され育児の神としての信仰がある。

京都御所とその西方

護王神社

護王神社西側の室町通を北へ100mほど行った上長者町通との交差点の北西角に、皆川淇園弘道館跡の碑が立っている。東福門院の御殿医皆川春洞の長男淇園は、村瀬栲亭と並称された京の大儒で、弘道館を開き門人は3000人におよび、平戸藩主松浦静山も入門した。易学を中心として独自の哲学的思想を展開したほか、円山応挙らとも交友し、詩文書画に至るまで多才であった。

　交差点を左折し、上長者町通を西へ100mほど行くと、新町通と交差する。この辺りは、日本医学中興の祖ともいわれる曲直瀬道三の学塾啓迪院があった所である。道三は13代将軍足利義輝の信が厚く、宮中出仕のほか豊臣氏や徳川氏などにも厚遇され、信長を診察して名香「蘭奢待」を下賜されたことでも知られる。

　弘道館跡から室町通を北へ約150m行き、中立売通を通り越すと右手に富岡鉄斎宅跡の碑がある。鉄斎は儒者で日本を代表する文人画家。晩年は、日本最初の画学校京都市美術学校で教鞭をとった。

樂美術館 ㉝

〈M▶P.98,141〉京都市上京区油小路通中立売上ル
市バス堀川中立売　5分

秀吉の時代から続く茶陶の楽家

　富岡鉄斎宅跡から室町通を約150m北へ行くと、一条通に出る。右手に80mほど行くと、1635(寛永12)年以来、禁裏御用をつとめた和菓子の虎屋黒川があり、京都御苑に面して、かつての知事公舎でエノキの巨樹(府天然)がある府民ホールアルティや、その北側に2003(平成15)年四条室町から移転した金剛能楽堂がある。金剛流は能楽シテ方5流派のうち、唯一京都に宗家をおく流派である。

　一条通を西に行くと市立上京中学校がある。この付近は聚楽第に連なる大名屋敷があった所で、発掘では金箔瓦が出土することが多い。一条通を挟んだ北側は、1245(寛元3)年に九条実経が造営した一条室町殿跡である。さらに西へ300mほど行くと、左手に富士

樂美術館

谷成章宅跡の碑がある。

成章は皆川淇園の実弟で、江戸時代中期の国学者。19歳のとき、筑後柳川藩京都留守居役冨士谷家の養嫡子となった。その子御杖は家学を継ぎ、『古事記』の記載を事実とする本居宣長説を否定し、日本神話の新解釈を打ち出した。

　成章宅跡碑から100mほど西に進み、油小路通を左折して南へ100mほど行くと、樂焼で知られる樂美術館（樂家）があり、茶道工芸品などが展示されている。樂焼は朝鮮から渡来した阿米夜に始まり、その子長次郎が豊臣秀吉の命で千利休の指導を受け、聚楽第付近で茶碗を焼き、このとき「樂」の印をもらったことに始まるとされる。以来400余年にわたって作陶を続けてきたのが樂家で、のれんの墨書「樂　御ちゃわん屋」は本阿弥光悦の筆と伝える。

一条戻橋 ㉞　〈M▶P.98, 141〉京都市上京区堀川下之町
市バス一条戻り橋🚏すぐ

伝説と歴史ロマンを秘めた一条戻橋

　樂美術館から北の一条通に戻り、西に150mほど行くと堀川通に出る。通りの東側の堀川に架かる橋が、多くの伝説をもつ一条戻橋である。その名は平安時代からあり、一条通を戻橋路とも称した。『撰集抄』によると、918（延喜18）年、父三善清行の訃報を聞いて熊野参詣から帰洛した浄蔵が、この橋で葬列に出会い柩にとりすがって祈ったところ、清行が一時蘇生したことから、戻橋とよばれるようになったという。安倍晴明がこの橋の下に式神を隠していたとする話（『源平盛衰記』）のほか、源頼光の家臣渡辺綱が美女

一条戻橋と堀川

に化けた鬼女の片腕を斬り落とす話を題材とした河竹黙阿弥の戯曲「戻橋」でいっそう有名になった。

1591（天正19）年には，大徳寺三門（金毛閣）の上にあった千利休の木像が秀吉の命により磔にされ，3日後には利休自身の首もここにさらされた。江戸時代には，ここで市中引回しの死刑囚に花と餅を供えさせたとか，また娘の嫁入りのときは橋を渡らなかったとかいい，近代には戦地へ向かう人がこの橋を渡って無事の帰還を願ったという。現在の橋は1995（平成7）年に架け直され，欄干ほかの橋材が近くの晴明神社に小さく再現されている。なお，戻橋の下を流れる堀川は近年整備され，散策路ともなっている。また，一条戻橋の1つ南側にある堀川第一橋（市有形）は，1873（明治6）年に架け直された石造真円アーチ橋で，中立売橋ともよばれている。

戻橋の東方南側に「北向かい近衛堀川屋敷跡・小松帯刀寓居参考地。藤原道綱母子・源頼光一条邸跡。この付近応仁の乱洛中最初合戦地」の石碑が立っている。この地は，『蜻蛉日記』の作者藤原道綱の母が住まいし，のちに源頼光や道綱が引き継いだ一条邸跡とされ，また，応仁・文明の乱のとき京中での最初の合戦がこの付近で行われた。北側には五摂家筆頭の近衛家の堀川邸があり，江戸時代末期には薩摩島津家の家老小松帯刀の寓居になった。この場所にはまた，かつて清和水・更科水とよぶ名水があり，加筆された草紙をこの井戸で洗い落として大友黒主の悪計を小野小町が見破るという謡曲「草子洗子町」は，ここを舞台とする。この水を用いると美人になるとされ，かつては小町塔や井戸があったといわれる。戻橋から一本東の南北の通りの道脇には小町通の石柱が残る。なお，宮本武蔵下り松の決闘は，一乗寺ではなくこの付近で行われたとする説もある。

小町通石柱と小野小町草紙洗水遺跡

晴明神社 ㉟
せいめいじんじゃ
075-441-6460

〈M▶P.98,141〉京都市上京区堀川通一条上ル晴明町　P
市バス一条戻り橋 大 2分

映画やマンガで有名なパワースポット

戻橋から堀川通を渡り，一条通を約20m西へ行くと如水町に出る。この辺りが秀吉の智恵袋といわれた黒田如水邸跡で，通りの南に石柱が立っている。一条通は，平安京北端の幅30m（あるいは36m）の大路で，『源氏物語』「葵」巻に，賀茂祭で一条大路を通る光源氏をみようと六条御息所と葵上の一行が見物場所で車争いをするのは，この辺りと想定されている。大宮通手前の北側民家に説明板がある。

一条通を西へ進み大宮通を左折した所にある名和公園には，「名和長年公殉難之地」の碑が立つ。長年は後醍醐天皇の隠岐脱出につくした南朝の忠臣で，建武の新政権下では記録所・武者所・恩賞方の寄人となり，東市正にもなって京都の市政にあたったが，九州から東上した足利尊氏軍とこの地で戦い（内野合戦）戦死したとされる。またこの辺りには，平安時代中期，一条天皇の里内裏である一条院内裏があった。『紫式部日記』で回想されるのはこの一条院時代のことで，公園前に『源氏物語』ゆかりの地の説明板が立つ。

名和公園から再び東方の堀川通方面に戻り，堀川通の1つ手前の西側の道を左折して北へ100mほど行くと晴明神社がある。1007（寛弘4）年に，一条天皇の勅旨により安倍晴明をまつるために創建されたとする。境内には晴明の念持力で湧出したという晴明井があり，飲用すると悪疫瘟病が治ると伝える。晴明は星座の急変をみて花山天皇の退位を予知したといい，屋根の軒瓦に刻んだ神社の神紋の星は，陰陽師の用いる呪符で魔除けの力があるとされる。近年，漫画や映画などで安倍晴明がブームとなり，若者の参詣が絶えないが，この南の堀川商店街も，それにあやかり，前の歩道を「晴

晴明神社

京都御所とその西方　　　147

西陣織会館

「明通り」とよんでいる。なお近年では,晴明の邸宅は上京区上長者町通西洞院東入北側で,土御門町付近と考えられている。このほか,神社前には千利休居士聚楽第屋敷趾の石碑がある。安土桃山時代にはこの付近に利休の屋敷があった。

晴明神社の約100m北には西陣織会館があり,京都を代表する伝統産業である西陣織の製品の販売や実演を行っている。

西陣織会館の前に立つ村雲御所跡の碑は,豊臣秀吉に切腹を命じられて自害した甥の豊臣秀次を追善供養するために母の日秀(秀吉の姉)が建立した瑞竜寺跡を示すもので,付近の地名から村雲御所とよばれた。なお,この寺は1963(昭和38)年に近江八幡へ移転している。

西陣織会館南側の元誓願寺通を東へ,堀川通を横断して約100m東へ行った所の油小路通との交差点南西角にある花園キリスト教会敷地内に,慶長天主堂跡の碑があり,慶長年間(1595〜1614)にこの付近にキリシタン寺院の天主堂があったと伝えられる。さらに東へ200mほど行くと,左手に狩野元信邸跡の碑が立っている。元信は室町時代末期の絵師で,狩野派の基礎をつくった祖であり,以後,狩野派が日本の画壇の主流となった。

狩野元信邸跡の100mほど南,武者小路通に面して茶道三千家の1つ武者小路千家がある。利休の孫宗旦の2男宗守を祖とする。初代一翁宗守は当初陽明家(近衛家),のち讃岐高松藩の茶道指南役をつとめたが,1667(寛文7)年に高松藩を辞し,現在の地に茶室官休庵を建てた。当家を邸内にある茶室官休庵の名でよぶこともある。官休庵(武者小路千家)庭園は市名勝に指定されている。

④ 西陣・北野

京の町が大きく荒廃する契機となった応仁・文明の乱やゆかりの地を，京都市考古資料館を中心に訪ねる。

山名宗全邸跡 ㊱

〈M▶P.98〉京都市上京区堀川上立売下ル西入山名町
市バス堀川上立売🚶すぐ

応仁・文明の乱の西軍本陣跡と京都市の考古情報の発信拠点

堀川通の西，一条通の北一帯を西陣といい，応仁・文明の乱のとき，山名宗全(持豊)らの西軍の陣(西陣)がおかれたことにちなむ。この地は，京都の伝統産業の1つ西陣織の生産地として全国的にも知られ，今も繊維関係の問屋が点在する。

堀川今出川の交差点から北へ約200mあがった西側の山名町に，山名宗全邸跡の碑と山名宗全旧蹟碑がある。8代将軍足利義政のとき，畠山・斯波両管領家の後継者争いをめぐる内紛と，義視と義尚の将軍後継問題がからんで，管領細川勝元と山名宗全とで対立抗争がおこった。勝元は室町殿(花の御所)に本陣をおき，宗全はその西にあった自邸に本陣をおき，それぞれ東軍と西軍とよばれた。この辺りが西軍の陣がおかれた所である。

1467(応仁元)年1月，東軍の畠山政長が自邸を焼いて上御霊神社に陣を移し，西軍の畠山義就と戦ったのを契機に戦闘は拡大，京の町の各所で戦いが展開された。1473(文明5)年に宗全・勝元が相ついで病死した後も小競合いが続いたが，1477年に西軍の大内政弘と畠山義就が京都から兵を引き揚げて乱は終結した。

この付近一帯を含む上京遺跡の発掘では，防御用の堀跡や焼土層がよくみつかる。しかし，市内広範には応仁・文明の乱による焼土面が検出されることは少なく，かつて考えられていたような京都全体が焦土と化したとする説は疑問視されている。

堀川今出川交差点を西へ約200m歩くと，北側にソテツと西陣の碑(三浦周行

山名宗全邸跡の碑

西陣・北野　149

京都市考古資料館

撰文、三宅安兵衛造立)のある京都市考古資料館(市登録)がある。1・2階が展示室で、京都市内の発掘調査で検出された遺構や出土遺物などを展示し、京都市の考古学情報を広く知ることができる(入館無料)。

約70m西へ行き、大宮通を北へ30mほど行くと、市立西陣中央小学校校地南に観世稲荷社(祭神一足稲荷・観世龍王)がある。もと能の観世家の鎮守社で、この地は観阿弥清次が足利義満から拝領した屋敷地と伝えられる。観阿弥は大和猿楽四座の1つ結崎(観世)座の創始者で、その子世阿弥とともに能楽を大成した人物として知られる。神社の前にある観世水とよばれる井戸は、西陣焼けのあと唯一残ったものといわれ、観世流の水巻紋様は、渦を巻いて湧いたこの井戸水の波紋を描いたものという。小学校東南に入口がある。

本隆寺 ㊲

〈M▶P.98〉京都市上京区智恵光院通五辻上ル紋屋町330
市バス今出川 浄福寺 🚶 5分

義経伝説の八幡宮から西陣の聖天さんへ

今出川智恵光院の交差点から北へ少し行くと首途八幡宮(祭神応神天皇・比売大神・神功皇后)がある。牛若丸を奥州へ帯同した金売吉次の邸の鎮守社で道中の無事を祈ったとも、源義経が平家追討の門出(首途)に宇佐八幡宮を勧請したのが始まりとも伝える。平安宮の北方にあって王城鎮護の神とされたことから内野八幡宮ともよばれ、旅行の安全祈願の信仰がある。

首途八幡宮

首途八幡宮から

西陣織

コラム

産

京都の着物文化を代表する西陣織の歴史

　京都市西方の太秦には，渡来系氏族秦氏ゆかりの養蚕神社（蚕ノ社）があり，6世紀代には養蚕・機織・染色など，大陸の技術が伝えられた。平安京遷都以後には織部司が設けられ，宮中の人びとや貴族たちの綾錦を織り出していた。この流れをくむ大舎人町（現，猪熊通下長者町南東）に住む大舎人は，本所を万里小路家として宮廷の雑務に従い，大舎人座により機業に従事していたが，平安時代後期頃には官営工房もすたれ，鎌倉時代には私織生産へと移行したと考えられる。

　15世紀後半の応仁・文明の乱で織工の多くは四散したが，堺へ逃れた織工は新しい中国の技術を習得し，乱終結後に帰京して西陣跡に大舎人座をつくり，天文年間（1532〜55）には座人31人を数えた。一方，新町今出川付近にあった新在家または白雲村では，練貫方という座がつくられ，練貫（生糸を経，練糸を緯として織った絹）や羽二重を製作し，大舎人座と京都の織業を二分することになった。

　その後，豊臣秀吉の保護奨励で，現在の新在家（京都御苑の蛤御門辺り）を適地として移転。やがて需要の増大にともない，織工たちは大舎人座から独立し，織物は西陣で織られるようになり，町人階級の繁栄とともに発展した。17〜18世紀には2000〜3000軒の織屋があり，友禅染・綴錦など改良・工夫を加え，また京都の大資本家の1つである越後屋など大呉服商は，大名貸などで巨富を蓄え，幕末には金融資本として発展するものもあった。しかし，西陣織は18世紀初頭頃から安価な桐生織物に押されるようになり，1730（享保15）年の大火で一時衰え，高機織物仲間という株仲間を結成したが，天明の大火でまた大打撃を受けた。

　明治時代に入り，1873（明治6）年にフランスのリヨンに新技術の取得のため渡航していた西陣の織工3人が，ジャガード織機を輸入して生産を進め，技術革新につとめたが，経済変動で浮沈も多く，長く続いた織屋は少なく，丹波辺りから丁稚奉公にきた人が経営者となることも多かったという。今も繊維関係の織元や問屋，店舗が点在するが，昔ながらの格子戸にベンガラ壁の西陣の町並みは，近代家屋に変貌しつつあり，路地民家から数多く聞こえた織機の音もめっきり減った。なお，堀川今出川下ルには西陣織を紹介する西陣織会館がある。

100mほど北に行くと，本隆寺（法華宗）がある。日真が，1488（長享2）年に妙顕寺から分かれて六角西洞院に庵を結んだことに始

本隆寺

まる。翌年、四条大宮に移り、洛中日蓮宗21カ寺の1つとして隆盛をきわめたが、天文法華の乱で焼失。1542(天文11)年に一条堀川に再興され、秀吉のときに現在地に移り、江戸時代初期には末寺が50を数えた。本堂は府有形。西陣焼け、天明の大火にも焼失を免れたことから、寺は不焼寺の異名をとり、その霊験を記した碑がある。祖師堂(府有形)も江戸時代中期のもので、前にある夜鳴き止めの松は2代目で、松葉を枕の下に敷くと幼児の夜鳴きがやむといわれる。寺宝に法花玄論・法華経(ともに国重文・平安、京博保管)がある。墓地には黒川道祐の墓がある。道祐は新在家の儒医で、儒学を林羅山に、医術を堀杏庵に学び、博学で安芸藩に仕えた。帰洛後は実際の見聞に基づき山城国の地誌『雍州府志』や『日次紀事』を著し、狩野永納の『本朝画史』にも助言した。なお、この地は一説に無外如大尼(金沢顕時の妻)の創建した景愛寺の故地という。

約50m北の雨宝院(真言宗)は、境内いっぱいに時雨の松の枝が張る。観音堂には、八臂で漆箔の木造千手観音立像(国重文・平安)を安置し、また所蔵する象頭人身の六臂の歓喜天像は、821(弘仁12)年に弘法大師が嵯峨天皇の病気平癒祈願のためにつくったといい、「西陣の聖天さん」として親しまれている。境内には御衣黄という黄緑色の花弁をつける八重桜がある。

般舟院跡 ㊳
075-441-1433

〈M▶P.98〉京都市上京区今出川通千本東入般舟院前町151
市バス千本今出川[大]すぐ

禁裏道場の般舟院と、庶民の信仰をあつめる釘抜地蔵

千本今出川の交差点から東へ100mほど行くと、市立嘉楽中学校前に「禁裏道場蹟」の石碑があり、その東隣にある西圓寺が般舟院跡(天台宗)である。平安時代中期の歌人橘俊綱の伏見山荘の故地に後白河院により造営された離宮伏見殿に、文明年間(1469～87)、後土御門院が般舟三昧院を建て、二尊院の円慈善空を招いて四宗

西陣焼け

コラム

上京を焼き尽くした享保の大火

1730(享保15)年6月20日午後2時頃,上立売通室町西入の大文字屋五兵衛宅台所から出火,烈風で火は室町通以西,北野天満宮以東,一条通以北,廬山寺通以南の西陣を中心に上京西北部に広がり,大被害を与えた。焼失した家屋3798軒・社寺71,死者80人,負傷者千数百人,火は西陣の108町(一説に134町)におよび,翌21日の早晩に鎮火した。幕府も公家衆に金子,西陣108町には拝借米5000俵を下げ渡した。罹災を免れた中京や下京の人びとも罹災者に炊出しを行い,米・銭・煙草などが配給された。近郊農家からも穀物や野菜などの救援物資がつぎつぎと運び込まれたといわれ,失職するも人も大勢いた。

(天台・真言・律・禅)兼学の道場としたのに始まり,歴代天皇の追善追福の法を修した。石碑はそれを顕彰したものである。のち,秀吉が伏見城の築城に際し,歓喜寺の旧地という現在地に移した。広大な寺域を誇ったが,西陣焼けで堂宇を焼失。1866(慶応2)年に御霊殿を改築,翌年,孝明天皇の中陰法要を行ったが,明治時代に入って歴代天皇の尊牌を泉涌寺に移し,ついで妙法院内に般舟院を中興し尊牌を移してからは,現在は別寺院となり,寺宝の木造阿弥陀如来坐像(国重文・平安)と木造不動明王坐像(国重文・平安)は別寺院に移されている。

寺の西側約100mに般舟院陵がある。後土御門天皇の后で後柏原天皇母源朝子の陵で,陵域にはその他の皇妃たちも葬られている。陵は寺とともに伏見から移されたもので,陵脇の石造五輪塔は平安時代末期の歌人式子内親王の墓という。

般舟院の北隣の嘉楽中学校は,手島堵庵が1779(安永8)年に開設した心学の講舎時習舎の跡である。時習舎は修正舎・明倫舎と並ぶ洛中の講舎で,1869(明治2)年まで続き,上京四番組小学校建設用地となった。

禁裏道場蹟

西陣・北野

千本通今出川交差点に戻り，北へ約400m，市立乾隆小学校の南側に石像寺(浄土宗)がある。光明遍照院といい，819(弘仁10)年弘法大師の開創で，鎌倉時代初期に俊乗房重源が浄土宗に改め，百万遍知恩寺に属したと伝える。地蔵堂には石造阿弥陀如来及脇侍像の3体(国重文・鎌倉)があり，釘抜地蔵・苦抜地蔵として信仰を集めている。弘治年間(1555～58)に前世の罪障から手の病に苦しんだ商人が地蔵に願をかけ，2本の釘を抜いて治したと伝え，2本の釘と釘抜きを貼りつけたお礼絵馬を奉納する。境内には藤原家隆・定家・為家3代の供養塔がある。

　市立乾隆小学校の北約100mの浄光寺(浄土宗)には，江戸時代の文人画家池大雅の墓がある。なお近年，上賀茂浄福寺過去帳により，大雅の祖父は又市で，父は嘉左衛門といい，深泥ヶ池から京へ出て大雅4歳のときに死去したことが判明した。大雅は中国の故事や名所旧跡を題材とした大画面の屛風や，日本の風景を軽妙な筆致で描いたことで知られる。

引接寺 ㊴　〈M▶P.98,162〉京都市上京区千本通芦山寺上ル閻魔前町34
075-462-3332　　市バス乾隆校前・千本鞍馬口 🚶 2分

京北郊の葬地の入口　大念仏狂言のゑんま堂

　乾隆小学校前から千本通を北へ150mほど行くと，西側に引接寺(千本ゑんま堂，真言宗)がある。山号は光明山。寺伝では，寛仁年間(1017～21)に源信の弟子定覚が藤原道長の援助を得て「諸人化導引接仏道」の道場とするべく開創し，大念仏を始めたのがおこりで，1273(文永10)年明善が再興したとされている。また一方，この世とあの世を往き来する神通力をもち，昼は宮中に，夜は閻魔庁に仕えた伝説をもつ小野篁が，精霊迎えの法を行う根本道場として朱雀大路(現，千本通)の北側に閻魔王の姿を刻んで建立した

千本ゑんま堂(引接寺)本堂

祠を開基とする。精霊迎えの法とは,閻魔王から現世浄化のために,塔婆を用いて亡き先祖を再びこの世へ迎える供養法で,のちに盂蘭盆会に発展する法儀である。

引接寺は通称千本ゑんま堂とよばれるが,この「千本」は,当地が平安時代に京に住む人びとの葬送地として利用された化野・鳥辺野と並ぶ蓮台野の入口にあたり,蓮台野へ亡骸を葬った際に建立された石仏や卒塔婆が無数に並び立っていたことからついた地名といわれている。

本堂には丈六の閻魔王坐像と司命・司録の像,地蔵菩薩立像を安置し,堂内は狩野光信筆と伝える冥府を描いた壁画で飾られ,閻魔王宮を模している。

境内東北隅に立つ引接寺塔婆(国重文)は,高さが6.1mある石造の十重塔で,「至徳三(1386)年」の刻銘をもつ。九重塔に裳階をつけたとも,2重の宝塔の上に多層塔の残欠8重を積みあげたともいわれる珍しい石塔で,基礎の周囲に14体仏立像が彫刻され,1重目には四方に石仏が配され,2重目には四本柱の中に円形の石(水輪か)がおかれて種子が刻まれている。この石塔は,もとは紫野の白毫院にあったものといい,紫式部の墓ともいわれる。

境内北側の鐘楼にある梵鐘(市有形)は鋳銅製で,高さ148.3cm,口径82.7cm,1379(康暦元)年に円阿弥陀仏の勧進により,大工藤井国弘が制作したとする刻銘が残る。

毎年5月1日から4日間,境内の狂言堂で千本ゑんま堂大念仏狂言(市登録)が演じられる。開創当時,定覚によって始められたと伝えられ,鎌倉時代に明善により再興された。京都では壬生・嵯峨釈迦堂・神泉苑とともに大念仏狂言として知られている。鰐口・太鼓・笛で囃すのは他の狂言と同じだが,無言劇でなく台詞のあることが特色となっている。

引接寺塔婆

千本通を北へあがると，寛空が創建したと伝え，987(永延元)年に奝然が唐から請来した嵯峨清凉寺の釈迦如来像が一時安置されていた上品蓮台寺(真言宗)があり，その東には平安京造営時の北方の基準とされる船岡山(国史跡)がある。

妙蓮寺と興聖寺 ❹❶
075-451-3527／075-451-4722

〈M▶P.98〉京都市上京区寺之内通大宮東入妙蓮寺前町875／上京区堀川寺之内上ル2丁目上天神町647 P

市バス堀川寺ノ内 徒2分／天神公園前 徒すぐ

優品庭園をもつ妙蓮寺と古田織部ゆかりの興聖寺

堀川寺ノ内バス停から約150m西へ行った所に，妙蓮寺(本門法華宗)がある。1295(永仁3)年，五条西洞院の酒屋柳屋仲興が日像に帰依して邸内に一宇を建立し，仰木山妙蓮寺と号したのに始まり，当初は柳寺ともよばれたという。応永年間(1394〜1428)に日興によって大宮四条下ルの地に再興されたが，1536(天文5)年の天文法華の乱で焼かれ，一時，堺に移った。1544年に大宮元誓願寺通に再建され，1587(天正15)年に秀吉により現在地に移された。寺には名木お会式桜や妙蓮寺椿がある。寺宝には松尾社一切経(附経箱，平安)，奥書院及玄関之間障壁画38面(桃山，一部京博保管)，紙本墨書伏見天皇宸翰法華経(鎌倉，京博保管)，『立正安国論』・『始聞仏乗義』(ともに江戸，京博保管)がある(いずれも国重文)。鉄灯籠(府有形)は1606(慶長11)年，三条の鋳物師道仁の作。また，塔頭本妙院庭園(市名勝)は，江戸時代枯山水の優作である。

妙蓮寺

妙蓮寺の北約100mの興聖寺(臨済宗)は，別称を織部寺という。文禄年間(1592〜96)に虚応円耳が創建した大昭庵が前身で，1603(慶長8)年に古田織部(重然)が後陽成天皇の勅願所として

法華一揆と天文法華の乱

コラム

天台・一向・法華の各宗派が争った宗教戦争

　法華一揆とは、戦国時代の京都における宗教一揆である。当時の京都では日像の布教以来、日蓮宗（法華宗）は公武の高官や武士・富商の間に信徒をふやし、強い勢力を誇っていた。1532（天文元）年、本願寺の光教が細川晴元の求めで畠山義宣らを破ると、各地に一向一揆が勃発した。同年に一向宗徒の入京の噂が広がったことから、日蓮宗徒と細川晴元らの軍勢が手を結んで一向宗寺院の焼討ちを計画し、東山を隔てた山科盆地にあった巨大な土塁に囲まれた一向宗の本拠地山科寺内町（山科本願寺）を焼討ちして壊滅させた。日蓮宗は、その後、5年間ほど京都で勢力を拡大した。

　天文法華の乱とは、法華一揆から4年後の1536年7月におきた、延暦寺衆徒らによる京都の日蓮宗21カ寺襲撃事件のことである。1536年、日蓮宗の宗徒が比叡山西塔の僧の説法を論破した事件をきっかけに、天台宗比叡山の僧兵集団が日蓮宗寺院の撃滅へと乗り出し、まず、京都の日蓮宗寺院21本山に対して延暦寺の末寺になるように強要した。これが拒否されると、延暦寺は後奈良天皇に日蓮宗討伐の許可を求める一方で、園城寺・東寺・興福寺・本願寺と同盟を結び、約6万の衆徒で日蓮宗寺院21本山を襲撃して焼き払った。これを天文法華の乱といい、このときの大火で京都の町は大きな被害を受けた。

　この結果、日蓮宗は壊滅し、宗徒は京都を追放され、以後6年間、京都では日蓮宗は禁じられた。その後、1542年に帰還を許す再勅許がくだり、のちに日蓮宗寺院15本山が再建されが、そこに往年の勢力はなかった。

再興し、虚応を開山として興聖寺に改めたという。初め台密を兼学し、後陽成・後水尾両天皇の勅願所ともなり、藤堂高虎が大檀那となった。本堂には、本尊釈迦如来像と高虎寄進と伝える達磨像、虚応の木像、愛宕山の旧本地仏であった勝軍地蔵（鎌倉）がある。寺宝として、曽我蕭白筆紙本墨画寒山拾得像（江戸）・絹本著色

興聖寺

西陣・北野

兜率天曼荼羅図(鎌倉)がある(ともに国重文,京博保管)。

墓地には蕭白と織部の墓がある。蕭白は曽我蛇足を慕い,10世蛇足と称して,諸流の絵画技法を昇華した卓抜な技巧を駆使した画家である。織部は信長・秀吉に仕え,山城国西岡3万5000石を知行,茶を千利休に学び,利休七哲の1人に数えられる。利休死後は茶湯名人とされ,徳川秀忠にも茶湯を指南した。茶道織部流の始祖で,また陶芸は織部焼といわれ,大胆豪放で斬新な意匠を示す。大坂夏の陣で豊臣方に内通した罪を問われ自刃した。

西法寺 ㊷ 〈M▶P.98〉京都市上京区大宮通寺之内上ル3丁目東入新ン町
市バス天神公園前 🚶 5分

比叡山の里坊を継いだ唱導の寺

興聖寺の1筋北を100mほど西に行った西法寺(浄土真宗)は,もと比叡山東塔北谷竹林院の里坊として,現在の妙蓮寺西側の前之町辺りにつくられた安居院を継いだ寺という。安居とは雨期のことで,僧が夏の雨期の間(4月16日〜7月15日)遊行を避け,こもって修行することから,夏安居ともいう。平安時代末期,安居院の僧澄憲(藤原通憲〈信西〉の子)とその子で謡曲「源氏供養」にも語られる聖覚は,経典を大衆にわかりやすく説明する唱導にすぐれ,安居院は唱道の本拠となった。応仁・文明の乱で焼失したが,1593(文禄2)年に明円が再興,その後に西法寺と号された。本尊阿弥陀如来像は鉄像で,安居院の旧仏と伝える。本堂前庭には,聖覚の墓と石造卒塔婆がある。後者は安居院の旧地から出土したもので,「永仁二(1294)年」の銘が刻されている。

西法寺

道路を隔てて北の超勝院(浄土宗)は,1587(天正15)年に体誉玄公が秀吉から寺地を与えられて創建。天明の大火で焼失,1793(寛政5)年に12世弁誉が再建した。本尊阿弥陀如来像は役行者作で当麻

中将姫の念持仏と伝え，堂前の庭は江戸時代初期の作庭である。

なお，西法寺から北へ向かえば約300mで玄武神社に至る。そこから雲林院・大徳寺などはほど近い。

櫟谷七野神社(賀茂 紫 野斎院跡推定地) ㊸

〈M▶P.98〉京都市上京区大宮通芦山寺上ル西入七野社町(社横町)
市バス天神公園前 大10分

天皇に代って賀茂社へ奉斎した斎王ゆかりの地

西法寺から大宮通に出て南に150mほどくだり，少し西に入ると社横町である。船岡山(国史跡)の南東に位置するこの付近は，天皇の御杖代として賀茂社へ奉祀する斎王の在所「紫野斎院」に比定される場所で，その一画にあるのが櫟谷七野神社である。地元では春日神社ともよばれ，文徳天皇の皇后(染殿皇后)が奈良三笠山の春日神社に祈願して皇子(清和天皇)が誕生したことにより，859(貞観元)年に当地へ春日大神を奉祀したのを起源とする。社名は7つの神社を合祀した，あるいは平安京周辺の七野の惣社との説もある。

本殿は約2mの石垣が積まれた塚上にあり，その右側に賀茂斎院跡の石碑が造立されている。境内にはエノキなどの区民誇りの木が繁茂し，石材に刻印を有するものがある。

櫟谷七野神社と賀茂斎院跡の石碑

大報恩寺 ㊹
075-461-5973

〈M▶P.98, 162〉京都市上京区今出川七本松上ル溝前町 P
市バス上七軒 大3分，または京福電鉄北野線北野白梅町駅
大15分

洛中最古の木造建造物の本堂　大根焚きは風物詩

千本今出川交差点の西，南上善寺町に浄土院(浄土宗)がある。平安時代に宗印を開基とする天台宗般舟院の隠居所としてつくられ，現在は浄土宗の尼寺となっている。本尊の木造阿弥陀如来坐像(国重文)は内部に「永長元(1096)年」の銘を有し，本堂の屋根には楽焼初代の楽長次郎の作と伝えられる陶製の寒山拾得像1対が

西陣・北野

大報恩寺本堂(釈迦堂)

おかれている。別名「湯沢山茶くれん寺」とよばれるが,豊臣秀吉が北野大茶会の途次,この寺に立ち寄り茶を所望したところ,住持が茶の湯に未熟で白湯ばかり供するので,秀吉がますます茶を要求したことにちなむという。

浄土院の西北,上七軒バス停から200mほど北へ行くと,千本釈迦堂として知られる大報恩寺(真言宗)がある。瑞応山と号し,新三十三カ所観音霊場の第16番札所で,北野釈迦堂ともよばれる。『半陶藁』に載せる縁起によると,「猫間中納言」として知られる藤原光隆の従者である岸高が義空に寄進し,1221(承久3)年に創建されたという。義空は,平安時代末期に奥州を支配した藤原秀衡の孫とされる。四柱造の本堂(釈迦堂,国宝)は,本堂の棟木に1227(安貞元)年に上棟したことが記されており,応仁・文明の乱以降の戦国時代や江戸時代に発生したたび重なる大火をくぐり抜け,現存する洛中最古の建造物である。桁行5間・梁間6間,1重,入母屋造・檜皮葺きの建物で,蔀戸や引違格子戸を用いるなど,平安時代の仏堂と異なり,住宅様でつくられている。

この本堂建立に際しては,大工の棟梁高次が柱の寸法を誤って短く切ってしまい,妻の於亀が枡組を用いることを教えて無事竣工させることができたが,夫の仕事に口を挟んだことやこの事実がもれ聞こえるのを恐れて,於亀は自害したという話が伝えられている。高次が妻の冥福を祈って建てたのが宝篋印塔(おかめ塚)で,おかめの名にちなんだ福面をつけた扇御幣を飾ったとされ,今日でも上棟式にはお多福の面をつけた御幣が飾られる。また,本堂建立の際に,摂津尼崎の材木商の夢に金色白眉の老僧があらわれ巨材を求めているとの託宣を行い,目覚めると材木に大報恩寺の刻印が打たれ,大報恩寺の仮堂に参詣すると夢に出てきた老僧が義空の弟子の迦葉尊者と同じなので,材木を寄進したという話も伝わる。12

月7・8日には厄除けの大根焚きで境内が賑わう。

寺宝として，行快作の本尊木造釈迦如来坐像(附木造天蓋，鎌倉)，快慶作の木造十大弟子立像(像内納入物を附指定，鎌倉)のほか，木造六観音菩薩像(附像内納入経，鎌倉)，銅造誕生釈迦仏立像(鎌倉)，木造千手観音立像(平安)，木造傅大士及二童子像・竈太鼓縁・北野経王堂一切経(附漆塗経箱・経王堂覚蔵坊関係文書，以上いずれも室町)などの国重文を所蔵する。

上七軒 ㊺

〈M▶P.98,162〉京都市上京区今出川通七本松西入真盛町ほか
市バス上七軒・北野天満宮前🚶すぐ，または京福電鉄北野線北野白梅町駅🚶10分

京都五花街の1つ上七軒の風情ある町並

千本釈迦堂の南西，北野天満宮の東側の真盛・社家長屋・鳥居前の3町で構成される上七軒は，京都最古の花街で，京都5花街(祇園甲部・祇園東・先斗町・宮川町・上七軒)の1つ。1444(文安元)年に焼失した北野天満宮社殿の再建にともなって，残材を活用して7軒の茶屋を建てたことに始まるといわれている。1587(天正15)年に豊臣秀吉が催した北野大茶会では，七軒茶屋が秀吉の休憩所にあてられ，名物の御手洗団子を献上して褒美にあずかり，それが縁で山城国一円の法会茶屋株が公許され，上七軒の紋章である五つ団子(つなぎ団子)が用いられるようになったといわれる。

江戸時代以降は祇園と並ぶ花街として繁栄し，西陣(織物)の最盛期には多くの茶屋が軒を連ねた。近年，西陣の衰退にともなってその数が減ったが，上七軒通は市の北野界隈環境整備地区に指定され，情緒を伝える町並みが残り，花街として舞妓や芸奴の伝統がよく受け継がれ，あらたな観光スポットとして注目されている。

北野天満宮東側の通りを隔てて立つのが上七軒歌舞練場(歴史的風致形成建造物)である。創建は明治時代に遡る可能性もあるが，

上七軒通

西陣・北野

北野天満宮周辺の史跡

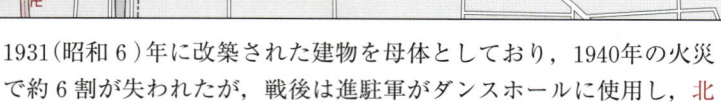

1931(昭和6)年に改築された建物を母体としており、1940年の火災で約6割が失われたが、戦後は進駐軍がダンスホールに使用し、<u>北野会館</u>ともよばれた。現在の建物は木造入母屋造・桟瓦葺で、玄関ホールや応接室は火災以前の構造をとどめ、観覧席は格天井、舞台部分はコンクリート造り2階建ての独特の構造をもつ。毎年春に開

上七軒歌舞練場

催される「北野をどり」や，秋に開催される「寿会」が有名で，夏の7〜9月上旬には歌舞練場の日本庭園でビアガーデンがオープンし，浴衣姿の舞妓と会話ができる楽しみもある。

北野天満宮 ㊻
075-461-0005

〈M▶P.98, 162〉京都市上京区馬喰町 P
市バス北野天満宮前⛩すぐ，または京福電鉄北野線北野白梅町駅⛩5分

学問の神菅原道真をまつる天神さまの本家

北野天満宮は，平安時代前期の学者で政治家でもあった菅原道真をまつった神社である。道真は33歳で文章博士に任じられた後，宇多天皇に重用されて右大臣にまで昇ったものの，左大臣藤原時平の讒言により大宰権帥に左遷，903(延喜3)年に大宰府で亡くなった。没後，朝廷に祟りをなしたと恐れられ，947(天暦元)年に北野右近の馬場に北野天満宮天神としてまつられ，御霊神の1つとして崇敬されるようになった。現在では，学問の神として信仰を集める。境内には多くの摂・末社があり，多くの牛像がおかれている。牛像は，道真が845(承和12)年生まれの丑歳であることや，大宰府で亡くなった道真の遺骸を運ぶ車を引くウシが座り込んで動かず，やむ無く近習たちが近くの安楽寺に埋葬したことにちなむなどの説から，牛が天神(菅原道真)の神使となっていることによる。

毎月25日の縁日「天神さん」には多くの露店が並び，参詣者や観光客で賑わう。また2月25日の道真の忌日に行われる梅花祭や，10月1日から4日にかけて行われる瑞饋祭も有名である。この祭りで用いられる瑞饋神輿は芋茎で屋根を葺き，野菜で飾りつけた珍しい神輿である。

三の鳥居西側にある境内社の伴氏社の鳥居は，柱の根元に蓮弁が彫り出された京都三珍鳥居(木ノ嶋神社・京都御苑内厳島神社・伴氏社)の1つで，伴氏鳥居の名で知られる。楼門の内側には1700(元禄13)年に建てられた絵馬所(市有形)があり，多くの絵馬を掲げ，中門を入った右手にある六角形の石灯籠は北野型といわれる。

本殿は桁行5間・梁間4間，1重の入母屋造・檜皮葺きの建物で，1607(慶長12)年に豊臣秀頼により造営されたものである。この本殿に，桁行7間・梁間3間，1重の入母屋造である拝殿を，桁行3間・梁間1間，1重，檜皮葺きの石の間で連絡した権現造を特徴と

西陣・北野

```
北野天満宮の国指定文化財(建造物をのぞく)
国宝
絵画  紙本著色北野天神縁起(附 紙本墨画同縁起下絵・梅樹蒔絵箱，鎌倉)
重要文化財
絵画  絹本著色舞楽図・紙本著色北野天神縁起(ともに鎌倉)，紙本著色北野天神
      縁起(室町)，紙本墨画雲龍図(桃山)，板絵金地著色昌俊弁慶相騎図・
      紙本著色北野天神縁起(ともに江戸)
彫刻  木造鬼神像(平安)
工芸品 太刀(銘安綱)・太刀(銘助守 附糸巻太刀拵)(ともに平安)，太刀(銘恒
      次 附糸巻太刀拵，鎌倉)，太刀(銘備州長船師光 附糸巻太刀拵，室町)，
      刀(信濃守国広造，江戸)
書跡・典籍 紙本墨書日本書紀(平安～室町)，紫紙金字金光明最勝王経巻第
      一(附宝永七年古筆了音及門弟寄進状，鎌倉)
```

する。拝殿の東西両側には，桁行の正面が2間，背面が3間，梁間2間の楽の間が配置されており，以上は国宝に指定されている。また，四脚門で入母屋造・檜皮葺きの中門・透塀，平唐門で檜皮葺きの後門，切妻造・檜皮葺きの廻廊，四脚門で切妻造・銅板葺きの東門が国の重要文化財に指定されている(棟札を附指定)。

社宝として，1219(承久元)年頃の作とされる紙本著色北野天神縁起(国宝)を始め多数の国重文の美術工芸品や文書を所蔵し，楼門内側の宝物館で展示している。

境内地の西側，紙屋川(天神川)に沿って豊臣秀吉が築いた御土居(国史跡)が残り，『京都総曲輪御土居絵図』(元禄15〈1702〉年，京都大学総合博物館蔵)に描かれるところの石組み排水暗渠が顔をのぞかせる。また，天満宮北門を出て西へ行くと平野神社があるが，手前の紙屋川沿いにある東側の道を北へ少し行くと，右手に平野御土居(国史跡)があり，付近から出土した地蔵石仏がまつられている。

北野天満宮本殿

東向観音寺

さらにこの道を北行すると紫野や鷹ヶ峯などに点々と残る御土居跡を訪ねることができる。

　北野天満宮の参道の西にある東向観音寺は，もと北野社の神宮寺で，天暦年間（947～957）の最鎮の創建と伝える。豊臣秀吉が北野社を再興したときに同時に整備されたと伝えられ，本堂（市有形）は17世紀前半の建築で，丸柱上の組み物を出組とする3間四方の本格的な構造形式の仏堂に，角柱に舟肘木を載せる簡素な形式の礼堂がつく。本尊十一面観音は菅原道真自作の尊像を961（応和元）年に筑紫観世音寺より請来したものと伝える。境内南西部には高さ4.5mの大きな石造五輪塔があり，北野の忌明塔といわれた。明治時代初期の神仏分離までは北野天満宮の伴氏社にあって，菅原道真の母の廟塔とされた。室町時代には父母の死後49日の服喪を終え，50日目にこの塔に詣る風習があった。蜘蛛塚は石灯籠の残欠で，七本松通一条上ルの清和院前にあって，源頼光を悩ませたクモが棲息していたと伝わる。

　北野天満宮の東にある西方尼寺（天台真盛宗）は，上七軒にある西教寺に属し真盛山と号する。真盛に篤く帰依した盛久・盛春の2人の尼僧が文明年間（1469～87）に洛北衣笠の地に草庵を営み，真盛を開基として西福寺としたことに始まるという。永正年間（1504～21）に現在地に移転し，西方尼寺に名を改めて代々尼僧が継承した。本尊は伝教大師作と伝える腰掛阿弥陀如来で，椅子に腰かけて中品中生の印を結ぶ珍しい仏像である。また，寺宝の絹本著色観経

蜘蛛塚

西陣・北野

曼荼羅図(国重文,京博保管)は,奈良県当麻寺の中将姫ゆかりの綴織観経曼荼羅(当麻曼荼羅)を鎌倉時代に写したものといわれる。

　天満宮の南方,京都市こども文化会館の西隣に宥清寺(本門仏立宗)がある。本堂には本尊の十界大曼荼羅と木造日蓮坐像(国重文)が安置されているが,この木像は寺伝によると中老の日法が刻し,1279(弘安2)年に日蓮みずからが開眼したと伝えられる。当寺は1308(延慶元)年に日蓮の直弟子日弁が二条西洞院に開いた京都最古の日蓮宗門下寺院とされる。応仁・文明の乱で丹波亀山に移り,1599(慶長4)年に京都へ戻ってからも寺地を転々とし,現在地には1931(昭和6)年に下竪町(上京区)から移った。なお,旧地には,幕末から明治時代にかけて仏立講を創始した日扇の墓所がある。

大将軍八神社 ㊼
075-461-0694

〈M▶P.98〉京都市上京区一条通御前西入3丁目西町 55 P

京福電鉄北野線北野白梅町駅,市バス北野白梅町・大将軍 🚶 5分

平安京の方除けの大将軍をまつる神社

　北野天満宮の南西,北野白梅町駅から今出川通を東に200mほど行き,少し南にくだると大将軍八神社がある。平安京遷都の際に都城の方除けの守護神として造営されたことに始まるといい,最初は大将軍堂とよばれ,江戸時代初期に大将軍社,さらに大将軍八神社となった。素盞嗚尊とその5男3女の神がまつられている。大将軍とは陰陽道でいう吉凶をつかさどる方位の神の星神天大将軍で,平安京建都時には都の四方にそれぞれ大将軍がまつられ,王城鎮護の神とされた。のちには,建築・移動・旅行などの際の方除け,厄除けの神として信仰を集めた。

　境内にある方徳殿に収蔵されている100余りの木造大将軍神像のうち,80軀が重要文化財に指定

大将軍八神社

御土居

コラム

秀吉による京都大改造を語る土木遺跡

　御土居は、豊臣秀吉が京都の都市改造計画として、1591(天正19)年に京の周囲に築かせた土塁で、東は鴨川、西は紙屋川に接し、北は鷹ヶ峯、南は九条を限り、全長約22.5kmにおよんだ。この御土居築造により京の洛中と洛外を区切り、治安維持・防水・防衛の役割をはたした。

　幅2〜10間の濠を開削し、その土を盛って土塁とし、高さ5〜12尺(約1.5〜3.6m)、基底部の厚さ5間、頂部にはタケが植えられた。発掘調査で明らかになった御土居の姿は、幅20m・深さ1.5〜2.5mの濠を備え、土塁は基底部の幅が20m近くある。現存する御土居の高さは場所により異なるが、7mを超えるものもある。1669(寛文9)年に角倉与一が、御土居敷の支配権と竹木の売買を含む管理権を与えられている。その後、市街地の拡大とともに破壊が進み、今は北野天満宮・鷹ヶ峯・大宮・上堀川・蘆山寺境内など、わずかしか残っておらず、9カ所が国の史跡に指定されている。御土居には京の七口(長坂・鞍馬・大原・粟田・伏見・鳥羽・丹波)とよばれる出入口が設けられ、現在も京都の町名・通名として残っている。

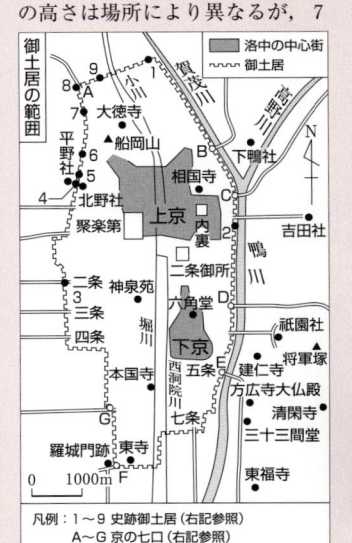

[史跡御土居一覧表]
1．紫竹：北区紫竹上長目町・上堀川町　2．蘆山寺：上京区寺町広小路上ル北之辺町　3．西ノ京：中京区西ノ京中合町
4．北野：上京区北野馬喰町
5．平野：北区平野鳥居前町
6．紫野：北区紫野西土居町
7．鷹ヶ峯：北区鷹峯旧土居町3　8．鷹ヶ峯：北区鷹峯旧土居町29　9．大宮：北区大宮土居町
[京の七口] A．長坂口　B．鞍馬口　C．大原口　D．粟田口　E．伏見口　F．鳥羽口　G．丹波口

平野鳥居前の御土居

西陣・北野

大将軍商店街の妖怪人形

されている(一部は京博保管)。いずれも平安時代後期から鎌倉時代の制作で、革甲に冑をつけた武装の神像は独特の表情・装束をもつ。また陰陽道皆川家の天文暦道関係資料(府有形)がある。

近年、大将軍八神社前にある大将軍商店街は、かつては妖怪が出没したといわれる平安京の一条大路に面しており、百鬼夜行の通り通(一条妖怪ストリート)として、各商店の前には工夫を凝らしたユニークな妖怪の人形が置かれている。10月の第3土曜日には、妖怪仮装行列が催され、そのほか様々なイベントが催されている。

神社の西、紙屋川(天神川)を渡ったところにある地蔵院(浄土宗)は、昆陽山地蔵院といい、五色八重散椿があることから椿寺の通称でよばれている。洛陽三十三観音の第30番札所でもある。寺伝によると、726(神亀3)年に行基が摂津の昆陽池の畔に寺院を建立し、地蔵院と号したのが始まりとされる。平安時代には衣笠山の南に移され、室町時代の1391(明徳2)年におこった山名氏清らが足利義満に反乱した明徳の乱にともない焼失した。足利義満は、この寺の荒廃を惜しみ、北山殿(金閣)造営の余材をもって仮堂を建てて地蔵菩薩をまつったとされる。1589(天正17)年に豊臣秀吉の命により、現在地の一条紙屋川に移った。毎年3月末〜4月末頃までに咲く五色八重散椿は、加藤清正が秀吉に献上したものが、北野大茶会の縁で、この寺に献木されたものという。

Kitaku 北区

鹿苑寺（金閣寺）

金閣寺境内図（『都林泉名勝図会』）

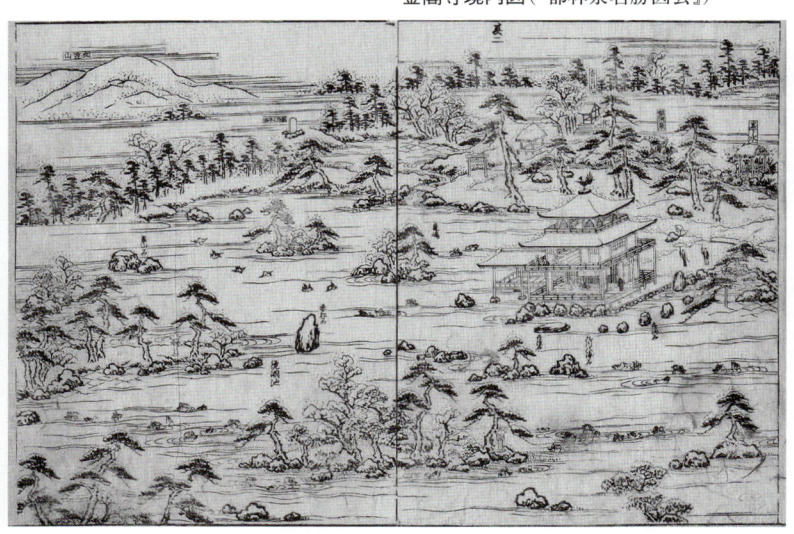

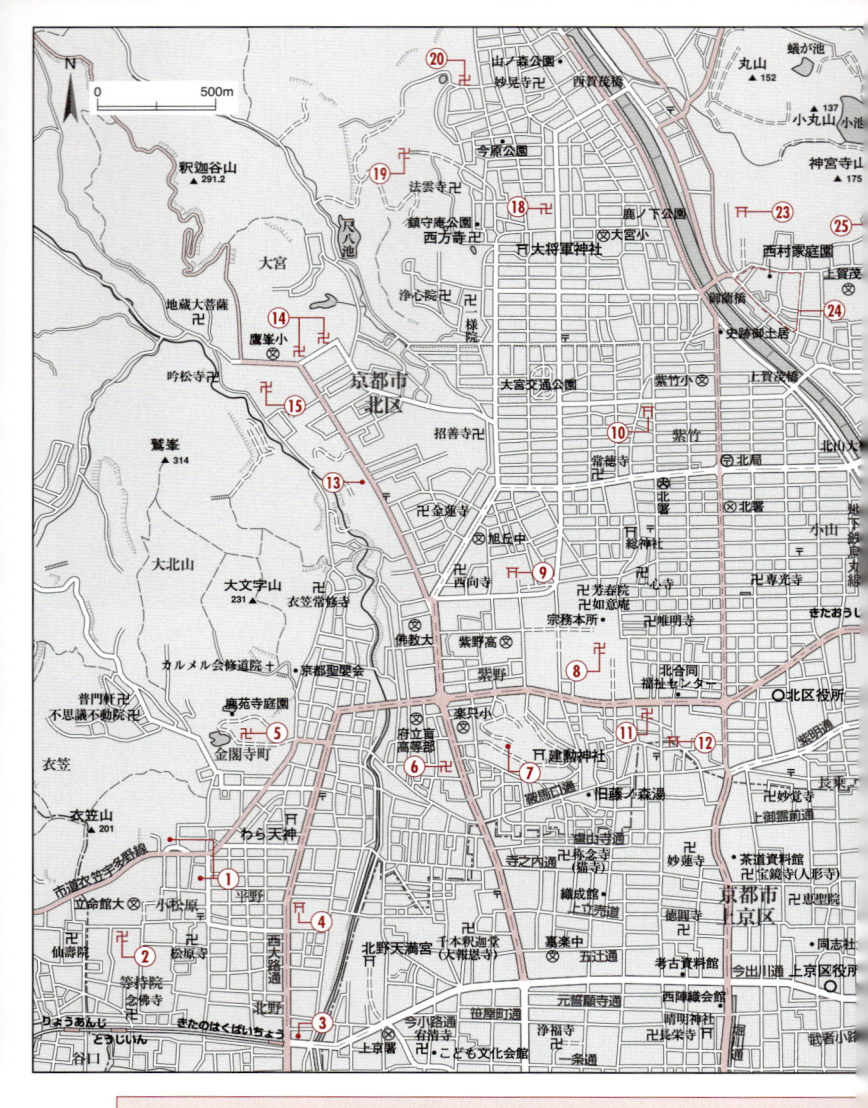

①堂本印象美術館と国際平和ミュージアム	③北野廃寺跡	⑦船岡山	久我神社
②等持院	④平野神社	⑧大徳寺	⑪雲林院
	⑤鹿苑寺(金閣寺)	⑨今宮神社	⑫玄武神社
	⑥上品蓮台寺	⑩牛若丸伝説の地と	⑬鷹ヶ峯御土居

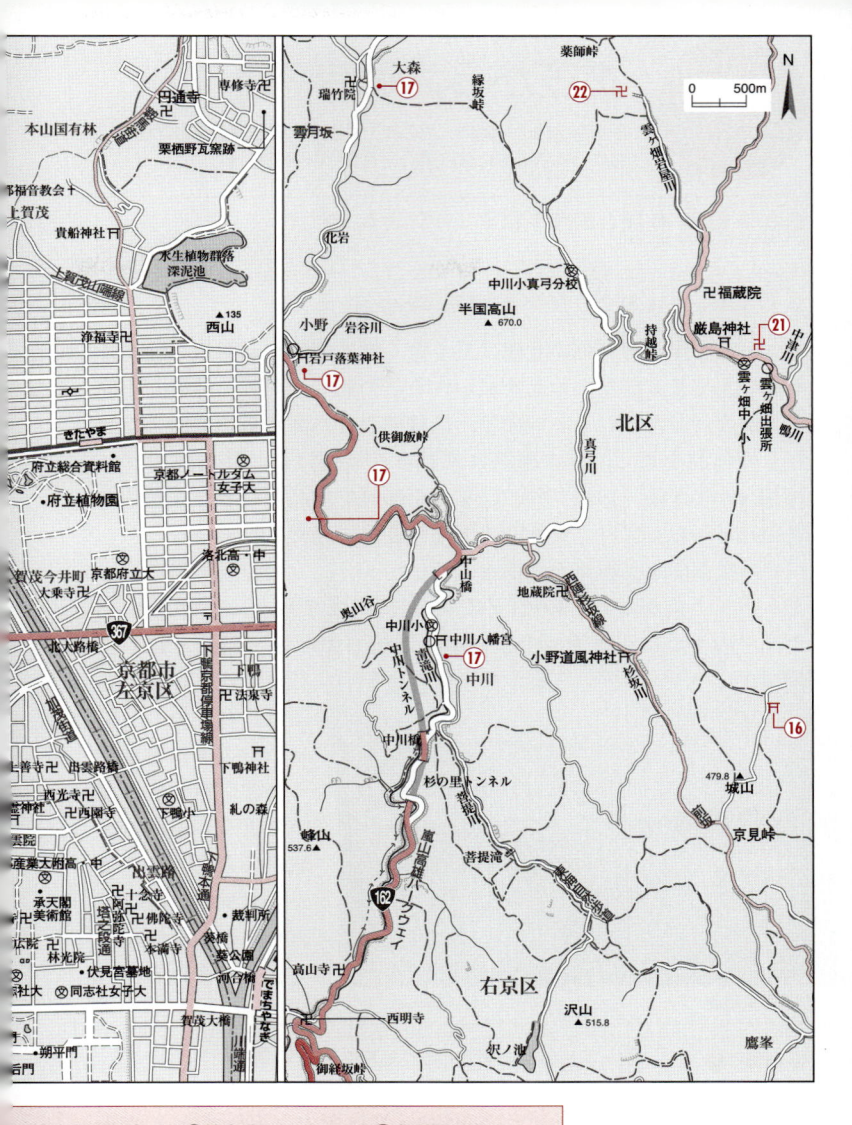

源光庵と常照寺	⑱神光院	㉒志明院
光悦寺	⑲正伝寺	㉓上賀茂神社
氷室と氷室神社	⑳霊源寺	㉔社家町界隈
北山杉の里	㉑高雲寺	㉕大田神社

① 衣笠から大徳寺

平安京北郊の遊猟地。その歴史に王朝人を偲び、室町文化の息吹く禅宗寺院に今に続く日本文化の深層をみる。

堂本印象美術館と国際平和ミュージアム ❶

075-463-0007／075-465-8151

〈M▶P.170, 179〉京都市北区平野上柳町26-3　P／北区等持院北町56-1
市バス立命館大学前🚶すぐ／わら天神前🚶10分

近代日本画と十五年戦争
日本近代の一端をみる

　立命館大学前バス停の北側に目を惹く意匠の建物がある。近代日本画の大家堂本印象の作品を展示する美術館で、内装・外装を印象自身が設計したという。印象は、伝統的な日本画から抽象画まで数多くの作品を遺し、日本画壇に刺激を与え続けた。美術館は1966（昭和41）年建築。1991（平成3）年、京都府に作品ともども寄贈され、翌1992年から京都府立堂本印象美術館として運営されている。

　その堂本印象美術館から南東へ徒歩約5分、立命館大学国際平和ミュージアムがある。1992（平成4）年に開設され、「15年戦争」をテーマの1つに、戦争と平和に関する資料の収集・研究・展示を行っている。展示室には、戦争中の国民生活や軍隊のありようなどが紹介されているほか、現在の地域紛争を取り扱うなかで、平和への取組みやその必要性を考えさせてくれる。

堂本印象美術館

等持院 ❷

075-461-5786

〈M▶P.170, 179〉京都市北区等持院北町63　P
京福電鉄北野線等持院駅🚶10分、または市バス等持院道🚶12分

足利将軍家の位牌所
歴代将軍の木像を安置

　京福電鉄等持院駅から北へ約400m、立命館大学衣笠キャンパスの南に等持院（臨済宗）はある。足利尊氏が柳馬場御池付近（現、中京区）に1341（暦応4）年に造営した等持寺の別院として、現在地に建立された。尊氏の死後はその墓所となり、応仁・文明の乱で

等持院

本寺の等持寺が焼亡した後は、当院が本寺となった。義詮・義満らの葬儀も当院で営まれ、近江国鉤ノ陣で客死した7代将軍義尚も当院で荼毘に付されるなど、足利将軍家の菩提寺として深い帰依を受けた。

本堂は、1808（文化5）年の火災で焼失後、妙心寺海福院にあった福島正則建立（1616〈元和2〉年）の方丈を、1818（文政元）年に移設したものといわれる。庭園（市名勝）は「風色雄雅」と評され、芙蓉池は夢窓国師の作と伝える。庭中には尊氏の墓と伝えられる宝篋印塔があり、方丈の東にある霊光殿には歴代足利将軍の木像を安置する。1863（文久3）年、尊氏・義詮・義満の3代の木像は、その首が盗まれて三条河原にさらされるという難に遭った。幕末史上に知られる足利三代木像梟首事件である。このほか石清水八幡宮の宝蔵坊から移された徳川家康の木像や、紙本淡彩等持寺絵図（国重文・南北朝）などを所蔵する。

等持院総門の約70m東には、等持院のもと鎮守であった六請神社（祭神伊勢大御神ほか5神）が鎮座する。末社の力石大明神は、まつられた大石を持ちあげれば誓願成就すると伝え、持ちあげるかわりに願いを記して奉納された小石が、大石のまわりに多数おかれている。

北野廃寺跡 ❸

075-761-7799（京都市文化市民局文化財保護課）

〈M▶P.170, 179〉京都市北区北野上白梅町・北野紅梅町ほか

京福電鉄北野線北野白梅町駅すぐ

蜂岡寺の前身？創建は秦氏が関係

北野白梅町交差点付近にある北野廃寺跡は、1936（昭和11）年の市電敷設工事において、飛鳥時代に遡る多量の瓦を含んだ土層が発見されたことで知られるようになった、京都市内最古の寺院跡である。過去16次におよぶ発掘調査や、多くの試掘・立会調査により、少しずつその性格が明らかになってきた。とくに「野寺」と記された墨書土器が出土したことから、平安時代には官寺である野寺（常住

寺)であったことが確認されている。また、遺物や遺構が7世紀前半に遡ることや、「秦立」などの墨書土器から秦氏とのつながりがうかがえるため、広隆寺(右京区太秦)の前身である蜂岡寺とする説もある。

野寺(常住寺)は、『日本後紀』延暦15(796)年に初めて名がみえ、『日本三代実録』元慶8(884)年の落雷による火災の記録からは、五重塔・講堂・金堂・鐘楼・経蔵・歩廊・中門が存在したことがわかっている。これらの建物のうち講堂跡と考えられる瓦積基壇と歩廊が確認されており、ほかにもどの建物か特定できないものの、基壇や建物の遺構が検出されている。北野白梅町交差点の北東隅には石碑があり、往時の姿に思いを馳せてほしい。

平野神社 ❹
075-461-4450
〈M▶P.170, 179〉 京都市北区平野宮本町1　P
市バス衣笠校前🚶2分

蕃神をまつる独特の社殿 境内は桜の名所

北野白梅町交差点から北へ約500m、西大路通の東に面して平野神社の境内が広がる。今木皇大神など4神を祭神とし、社伝では794(延暦13)年の平安遷都にともない、大和国の今木皇大神など3座の神を勧請遷座したことに始まるという。第1殿の今木皇大神は平城京の田村後宮にまつられていたもので、782(延暦元)年従四位上に叙せられた。第4殿の比咩大神は桓武天皇の母高野新笠のことともいい、承和年間(834〜848)頃からまつられるようになったと伝える。主神の今木皇大神はその名からわかるように渡来系の祭神であり、渡来系氏族出身の高野新笠をまつるなど、渡来系氏族やそれと由縁のある桓武天皇との関係も想像される。

『日本文徳天皇実録』は、851(仁寿元)年今木皇大神に従二位、久度大神・古開大神に従四位、比売大神に正五位の神階を授けた記事を載

平野神社

せ，859(貞観元)年には今木皇大神に正一位が授けられた。『延喜式』神名帳は「平野祭神四社」を名神大社として記載し，その例祭の平野祭は勅祭で，皇太子が奉幣する定めとなっていた。

本殿(国重文)は比翼春日造とよばれる独特の様式で，一間社春日造の社殿を2殿ずつ合いの間で連結する。平野造ともいい，現在の社殿は寛永年間(1624～44)の造営。境内はサクラの名所としても名高く，平安時代に花山天皇によってサクラが植えられたのが起源とされ，今も早咲きから遅咲きまで50種約400本の桜花が目を楽しませてくれる。

境内から東へ行き紙屋川を渡れば北野天満宮で，その北の紙屋川沿いには御土居(平野御土居)がある。また，西大路通に沿って400mほど北にある敷地神社は，木花開耶姫命を祭神とし，わら天神の名で知られる。わら天神の俗称は，安産の護符として藁を授けたことによる。藁に節があれば男児，無節であれば女児を授かるという。

鹿苑寺(金閣寺) ❺
075-461-0013

〈M▶P.170, 179〉京都市北区金閣寺町1　Ｐ
市バス金閣寺前 🚶 1分・金閣寺道 🚶 3分

池に映る黄金の閣　日本国王義満の旧邸

鹿苑寺(臨済宗)は，平野神社の北約1kmの所にあり，金閣寺の通称で知られる。足利3代将軍義満の山荘北山第(北山殿)を寺にしたもので，中心を成す舎利殿は2層・3層に金箔を押した3層の建物で，一般に金閣とよばれる。1950(昭和25)年に放火で炎上し，現在の建物は1955年に資料をもとに再建されたものである。三島由紀夫や水上勉は，この炎上事件をもとに『金閣寺』や『五番町夕霧楼』を執筆した。現在は，相国寺(上京区)の境外塔頭となっており，境内は鹿苑寺(金閣寺)庭園(国特別史跡・国特別名勝)に指定されている。

北山第は，義満が西園寺家の山荘を1397(応永4)年に河内国の領地と交換に譲り受けて営んだもので，実質的な将軍御所として機能した。義満は1394(応永元)年には子の義持に征夷大将軍の位を譲っていたが，実権は手放さずに政務を総覧し，北山第で「日本国准三后源道義」として実質的に日本国の頂点に立つ権力を振るった。武家のみならず公家や僧侶もが北山第に参集し，義満に追従したと

衣笠から大徳寺　　175

鹿苑寺(金閣寺)庫裏

いう。

義満の死後, 義持は北山第を解体し, 夢窓疎石を勧請開山(名目上の開山)として禅寺に改めた。寺名は義満の法号「鹿苑院」にちなむ。応仁・文明の乱では中心となる舎利殿金閣は焼失を免れたものの, 建物の大半を焼失した。現在残る多くの建物は, 江戸時代に再建されたものである。

入口正面の木立に包まれた参道を進み, 総門を入って右手に庫裏・方丈などをみて庭園の入口を入れば, 鏡湖池を前にたたずむ金閣が正面に望まれる。池の東岸から金閣の裏をめぐり, 背後の一段高くなった場所にあるもう1つの池(安民沢)の横を通りすぎ, 金森宗和好みと伝えられる寄棟造・茅葺きの茶室夕佳亭の前から, 北門出口へと至る。夕佳亭は, 明治時代初期に焼失, 1874(明治7)年に再建されたものである。

北門を出た所に不動堂があり, 堂の背後の岩窟内に不動明王を安置する。その岩窟内の石材には「康永元(1342)暮秋下旬」などの銘が刻まれ, その起源の古さをうかがわせる。

金閣背後の安民沢は, 西園寺家の山荘時代から続くといわれ, そこから流れ出た水は竜門瀑と名づけられた滝を経て鏡湖池にそそぐ。鏡湖池には葦原島・鶴島・亀島などの島々のほか, 畠山石・赤松石・細川石などの奇岩名石が配される。閣前の池中にある九山八海石は, 秀吉の聚楽第造営に際する石狩りを免れて伝来したものという。また, 1790(寛政2)年の「北山鹿苑寺絵図」では鏡湖池の南に池(枯れ池のようでもある)を描く。ここは一般には立ち入れないが, 今もその跡が残る。

大書院障壁画50面(国重文)は伊藤若冲の筆で,「宝暦九(1759)年」の年紀がある。ほかに絹本著色足利義満像(室町), 絹本著色足利義満像(室町), 絹本著色達磨図(鎌倉), 不動堂安置の木造不動

明王立像(平安)，子元祖元高峰顕日問答語(鎌倉)，慈聖院幷寿寧院遺誡(鎌倉)，紙本墨書竺田悟心墨蹟(鎌倉)などを所有している(いずれも国重文，相国寺保管)。また，防災工事の発掘調査で出土した修羅(石材など工事資材を運搬する木製の橇)が，保存処理されて市有形文化財に指定されている。

方丈は，1602(慶長7)年に西笑承兌が庫裏とともに新造したものを，1678(延宝6)年に後水尾院の寄進で建て替えたもの。2005(平成17)年の解体修理にともなう発掘調査で，慶長年間(1596〜1615)の方丈跡が確認され，規模も同大で，建替えに際して場所を南東に少しずらしていたことが判明した。庫裏は，1835(天保6)年に再建されたものである。

上品蓮台寺 ❻
075-461-2239

〈M▶P.170,179〉京都市北区紫野十二坊町33-1
市バス千本鞍馬口・千本北大路🚏5分

最盛期には12の子院を有した真言寺院

千本北大路の交差点から千本通を約200mくだった西側に，上品蓮台寺(真言宗)がある。聖徳太子を開基とし，宇多法皇が寛空を住持に再興したと伝え，かつて12の子院を擁したことから十二坊と称される。『日本紀略』には960(天徳4)年に観空が北山蓮台寺を供養したとの記事があり，この頃，創建もしくは再興されたと考えられる。『扶桑略記』寛和3(987)年2月条には，嵯峨の清凉寺が現在所蔵する木造釈迦如来立像(国宝・北宋)を，奝然が宋から帰国した足でこの寺に運んだことが記され，それを見物した藤原実資も日記(『小右記』)にその様子を記している。

応仁・文明の乱で建物などを焼亡したが，桃山時代に豊臣秀吉の帰依を受け，再建された。寺宝に紙本著色絵因果経(国宝・奈良，京博保管)，絹本著色六地蔵像(国重文・鎌倉，京博保管)，絹本著色文殊菩薩像(国重文・鎌倉，大美保管)などがある。また平安

上品蓮台寺

時代の仏師定朝の墓と伝える石塔がある（境内へは入れるが内部は非公開）。

現在，子院は3つに減っているが，そのうちの真言院には阿刀氏塔とよばれる五輪塔や頼光塚があり，大慈院には室町時代の金工家後藤祐乗と一族の墓がある。

船岡山 ❼
075-451-0170（建勲神社）
〈M▶P.170, 179〉京都市北区紫野北舟岡町
市バス船岡山🚶3分・千本北大路🚶5分

平安京の基準点　応仁・文明の乱では西軍の陣

上品蓮台寺の東約250m，北大路通の南約100mにある独立丘陵が，船岡山（112m，国史跡）である。形が船に似ているところからその名がおこったといわれ，山頂には磐座を思わせる巨石が存在する。京都の北西方を扼する要地で，朱雀大路（現，千本通）の延長上にあり，平安京造営の中心軸設定の起点となったともいわれる。

平安時代中頃までは清浄の地とされ，疫病除去のための御霊会などが行われた。清少納言は『枕草子』で「岡は，船岡」と記している。付近には紫野や〆野などの禁野が広がり，遊猟の地とされていた。985（寛和元）年に円融上皇が行った「子の日遊び」は，和歌にも詠まれ著名である。やがて付近は葬送の地となり，保元の乱で敗れた崇徳上皇方の源為義は，後白河天皇方についた長男義朝に船岡で処刑された（『兵範記』）。室町時代には戦略的位置からしばしば合戦場となり，応仁・文明の乱の際には西軍の陣が築かれた。今も建勲神社本殿背後の禁足地に堀の跡などを良好に残す。1511（永正8）年に細川高国・大内義興と細川澄元との間でおきた合戦は，船岡山合戦として知られる。

桃山時代には，豊臣秀吉が織田信長の冥福を祈るため，この地に天正寺を建立しようとして，計画なかばで挫折した。明治時代に至り，織田家の子孫が山の東

船岡山

178　北区

船岡山周辺の史跡

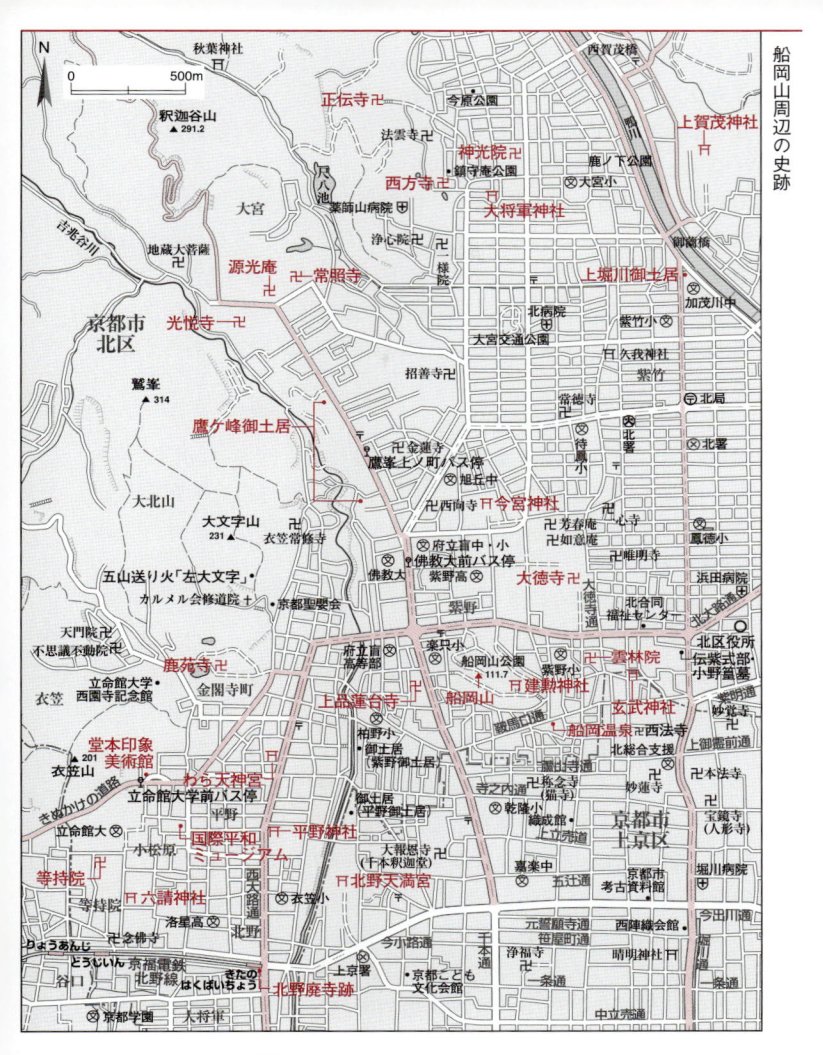

麓に祖信長をまつる建勲神社を建て、さらに昭和時代に入って、京都市が残りの土地を大徳寺から借地して、京都市第1号の都市計画公園として整備した。

建勲神社は、国重文の『信長公記』(太田牛一自筆本、江戸)や紺絲威胴丸(室町)、刀(南北朝)などを蔵し、本殿以下の各建物は

国登録文化財となっている。刀は無銘であるが「永禄三(1560)年五月十九日義元討捕刻彼所持刀織田尾張守信長」との金象嵌があり，俗に「義元左文字」と称される。

山の約150m南側の鞍馬口通沿いには，1923(大正12)年建築で，唐破風の玄関など凝った意匠の船岡温泉(国登録)がある。見事な欄間や豪華なタイルなどに大正ロマンを感じ，また，通りを東に約300m行った所にある1930(昭和5)年建築の銭湯を改装したカフェ旧藤ノ森湯(国登録)で一服するのも，京の味わいの1つであろうか。

大徳寺 ❽
075-491-0019 〈M▶P.170, 179〉京都市北区紫野大徳寺町53 Ｐ
市バス大徳寺前🚶1分

権力におもねらない幾多の高僧を輩出した林下の雄

船岡山の北，北大路通に境内の一部を接して大徳寺(臨済宗)がある。東を通る大徳寺通に向かって惣門が開き，間に市立紫野高校を挟んで西端に塔頭孤篷庵が所在し，西は千本通近くにまでおよぶ(境内は国史跡)。

開山は大燈国師(宗峯妙超)で，1315(正和4)～19(元応元)年頃に赤松則村の援助でつくった小院大徳庵に始まる。1324(正中元)年には雲林院付近の土地を花園上皇から寄進されて寺地を拡大し，1326(嘉暦元)年に法堂が開堂した。花園上皇や後醍醐天皇が祈願所となし，1333(元弘3)年には後醍醐天皇から宗峯門流による相承を安堵された。翌年には五山第一の南禅寺と同格に列するなど，公家が外護する特異な禅刹として発展した。

しかし，建武新政の崩壊後は夢窓門派に帰依した足利政権下での寺勢の維持は難しく，1386(至徳3)年に五山に復帰した際も十刹中の9位にとどまった。宗峯妙超の死後，徹翁義亨が住持職を継ぎ，1368(応安元)年に「大徳寺寺務定文」を作成するなど，困難な時期に寺門の基盤強化と門弟の育成に努めた。応永・正長年間(1394～1429)には宗峯門流以外の者が住持に任命されることがあり，五山の中では幕府による他流派の住持任命をこばめず，宗峯門流で相承する原則に背くとして，1431(永享3)年十刹の寺格を辞退した。これ以降，大徳寺は林下の禅院として活動する。

1453(享徳2)年の火事や，応仁・文明の乱で伽藍が焼亡し，その再建に取り組むため1474(文明6)年，一休宗純が47世住持と

なった。一休は大徳寺に入寺しなかったが、堺の豪商などの協力を得て再建に努め、1478年に方丈、翌1479年に法堂の竣工をみた。一方、この頃から大徳寺の住持職は、一休の法兄で先に大徳寺住持（26世）となった養叟宗頤の門下から輩出されるようになった。なかでも東渓宗牧と古嶽宗亘の2人は逸材で、永正年間（1504～21）以降の住持職はこの2人の門派が独占することになった。東渓宗牧が龍源院を、古嶽宗亘が大仙院を塔所とし、伽藍の南と北にあったことから、東渓の門派を南派、古嶽の門派を北派とよぶ。

　一休以後も大徳寺は堺の商人や茶人との関係を深め、戦国大名の帰依も受けるなどして塔頭の建立が進み、寺勢も回復に向かった。とくに、天正年間（1573～92）から元和年間（1615～24）にかけては、豊臣秀吉や千利休・黒田長政・細川忠興・小早川隆景らを檀越として、塔頭の建立や施設の整備が進められた。

　寛永年間（1624～44）には、紫衣事件で沢庵宗彭や玉室宗珀が流罪となったが、沢庵が徳川家光の帰依を受けて品川に東海寺が創建されるなど、大徳寺門派の江戸進出の礎が築かれた。また、宗峯妙超三百年忌にあわせて伽藍の整備も行われた。寛永の伽藍整備は手狭となった中心伽藍の寺地を北に拡大するもので、あらたに法堂を建築し、それまでの仏殿兼用の法堂を仏殿とするものであった。そのため北にあった塔頭如意庵と大用庵を移転、真珠庵の寺地を削り、そこに方丈・庫裏を建築した。1635（寛永12）年に方丈が完成、翌1636年には玄関や廊下・法堂が竣工している。庫裏の改築も同年に行われ、1640年には内裏の門（西築地の御唐門）を勅使門として下賜され、伽藍の威容が整った。孤篷庵など、西方にも塔頭の造立が進んだ。

　寛永年間に整備された寺観は幕末まで維持されたが、明治時代の廃仏毀釈により幾つかの塔頭が退転し、現在の寺観ができあがった。とくに西方の塔頭は多くが高校の敷地などになり、境内が分断された状態となっている。

　境内東端の北寄りに勅使門・山門・仏殿・法堂（いずれも国重文）などの中心伽藍を配し、その北に塀で区画されて本山の庫裏（国重文）・方丈（国宝）などがある。その周囲三方には塔頭群が広がり、

大徳寺山門

昔年の面影を伝えている。

2層楼閣(ろうかく)(五間三戸二階二重)の山門は,1523(大永3)年に造営に着手され,資金不足から1層目のみで中断していたものを,1589(天正17)年に千利休が檀越となって完成させたもので,金毛閣の名で知られる。このとき,楼上に掲げられた利休の木像を秀吉が咎め,利休が死に追い込まれたことは,歴史上著名な事件である。また,1層目の工事の檀越となった柴屋軒宗長(さいおくけんそうちょう)は,秘蔵の藤原定家筆の『源氏物語』を売り,建立資金にあてたという。

仏殿は,寛永の伽藍整備後の1665(寛文5)年,京都の那波常有(なわじょうゆう)の寄進で建て替えられたものである。法堂は,小田原城主稲葉正則が父正勝(春日局の息)の遺命により寄進したもので,天井の雲竜図は狩野元信筆(中央部分のみ旧仏殿の部材を再利用している)。法堂と仏殿の東に経蔵(そうたん)(国重文)と鐘楼があり,経蔵は那波宗旦の寄進,鐘楼は1819(文政2)年の再建である。本坊の方丈は京都の後藤益勝の寄進で,通常の方丈が前後6室からなるのに対し,開山大燈国師の遺骨を納める雲門庵(うんもんあん)を設ける関係で8室あるのを特徴とする。方丈障壁画83面(寛永18〈1641〉年,国重文)は,狩野探幽の筆。

方丈に付属して住持専用の玄関(国宝)があり,その西にある寝堂(しんどう)(国重文)は,法堂へあがる住持が衣服を整える所で,1630(寛永7)年の建築である。間には,現在は瑞雲軒に移築されているが,寛永の整備時に御所の局(室町時代後期)を移築した待真寮(じしんりょう)(国重文)があった。方丈の西にある庫裏は,1636年に旧方丈を改造・移築したもので,東側の入母屋屋根は旧方丈の名残をとどめる。方丈南の塀に設けられた唐門(国宝)は,いわゆる桃山三唐門の1つで,豪華な彫刻群で有名。別名「日暮門(ひぐらしもん)」とよび,聚楽第の遺構と伝える。もとは山門前の勅使門の西にあり,明治時代中頃ここに移された。それまでは,今の南禅寺金地院(なんぜんじこんちいん)にある明智門(あけちもん)があったという。

一休宗純と沢庵宗彭

コラム 人

時の権力者も帰依した風狂と硬骨の禅僧

　大徳寺からは高僧・名僧が輩出しているが、なかでも一休宗純と沢庵宗彭の2人はよく知られている。一休は頓智咄や風狂の行いで、沢庵は沢庵漬の考案者や剣豪小説での柳生宗矩・宮本武蔵らの心の師として知られるが、ともに風聞の域を出ないものが多い。

　一休宗純は、1394(明徳5)年の生まれで、1481(文明13)年京都南郊の酬恩庵(酬恩庵一休寺、京田辺市)で寂した。後小松天皇の落胤ともいわれ、墓は陵墓として宮内庁が管理する。京都安国寺の像外集鑑に入門受戒、1415(応永22)年に大徳寺の華叟宗曇の弟子となり、一休の道号を授かった。後土御門天皇の勅命で大徳寺住持に任じられ、再建に取り組んだのは81歳のときである。

　長く市井に住み、放浪を繰り返しながら、詩や狂歌・書画に明け暮れる生活を送ったという。森侍者とよぶ盲目の侍女(側女ともいう)を侍らせたり、飲酒・肉食も厭わなかったとの逸話も残す。その生活は禅宗の風狂の精神のあらわれで、仏教の伝統化や形骸化に対する批判・風刺といわれ、歌集『狂雲集』は「門松は冥土の旅云々」の歌などで知られる。こうした話を背景にまとめられたのが『一休咄』である。作者は不明で元禄年間(1688～1704)頃の作といい、一休以外の事績や民間伝承も取り入れた史実とはいいがたいのであるが、そこに民衆が一休に擬え、求めたものがあったのであろう。

　沢庵宗彭は、1573(天正元)年の生まれで、10歳で生国播磨国出石(現、兵庫県豊岡市)の唱念寺で出家。その後、師事した薫甫宗忠が大徳寺住持となり、大徳寺に入る。堺の南宗寺の一凍紹滴にも師事し、1604(慶長9)年、沢庵の法号を得た。1609年、37歳で大徳寺154世住持となるが、3日で去ったという。

　その後、紫衣事件で1629(寛永6)年に出羽上山(現、山形県上山市)に流罪となり、赦された後は徳川家光の帰依を受け、家光は沢庵のために品川東海寺を建立した。沢庵は、帰京を何度も懇願したが許されず、1646(正保2)年「墓碑は建ててはならぬ」との遺誡を残し、東海寺で示寂した。

　一説には、東海寺を訪れた家光が出された大根漬をいたく気に入り、「沢庵漬なり」と命名したともいうが、伝説の域を出ない。剣禅一味の諭しを受け、剣の奥義をきわめた将軍家指南役柳生宗矩ら私淑する者も多く、宗矩は沢庵の赦免にあたって奔走したと伝えられる。また上山藩主の土岐頼行は、沢庵に草庵を寄進して厚遇したという。ただ、小説などで取り上げられる宮本武蔵との関係は定かでない。書画や詩文に通じ、多くの墨蹟を残している。

衣笠から大徳寺

大徳寺の文化財(美術工芸品, 塔頭をのぞく)　　*は京博および奈良博保管(一部保管を含む)
国宝
絵画　　絹本墨画淡彩観音図・絹本墨画淡彩猿鶴図(ともに南宋), 絹本著色大燈国師像(南北朝)
書跡・典籍　　虚堂智愚墨蹟(南宋)
古文書　　後醍醐天皇宸翰御置文(南北朝)
重要文化財
絵画　　絹本水墨竜虎図・絹本著色五百羅漢像*・絹本墨画竜虎図・絹本著色運庵和尚像・絹本著色虚堂和尚像・紙本墨画芙蓉図(附利休添文)(いずれも南宋), 絹本著色楊柳観音像・絹本著色楊柳観音像・絹本著色楊柳観音像(いずれも高麗), 絹本著色後醍醐天皇御像・絹本著色大応国師像(ともに鎌倉), 絹本著色十王像(元), 絹本著色大燈国師像・紙本淡彩養叟和尚像・絹本著色長生比丘尼像(いずれも南北朝), 紙本淡彩楊岐和尚像(室町), 紙本著色仏涅槃図(桃山), 紙本墨画柏鷹芦鷺図*・紙本墨書仏説教誡経・方丈障壁画(いずれも江戸)
彫刻　　木造大燈国師坐像(南北朝)
工芸品　　鳳凰沈金経箱(元)
書跡・典籍　　紙本墨書大蔵経(奈良～南北朝), 虚堂智愚墨蹟(南宋), 宗峰妙超墨蹟・景徳伝燈録(ともに鎌倉), 花園天皇大燈国師御問答書・紙本墨書大燈国師自筆法語(ともに鎌倉～南北朝), 宗峰妙超墨蹟・徹翁義亨墨蹟(ともに南北朝), 紙本墨書法華経・紺紙墨書法華経(ともに江戸)
古文書　　紙本墨書大燈国師自筆書状・紙本墨書中納言奉書並高家庄絵図・紙本墨書大燈国師自筆書文・紙本墨書大燈国師自筆置文(いずれも鎌倉), 後醍醐天皇宸翰御置文・紙本墨書大燈国師自筆書状・紙本墨書大燈国師自筆書状・紙本墨書大燈国師自筆置文・紙本墨書徹翁和尚筆七ヶ条制法・紙本墨書大徳寺諸庄園文書目録・花園天皇宸翰御置文(いずれも南北朝), 大徳寺文書(附文書袋幷文書箱, 平安～江戸)

　唐門北に広がる大徳寺方丈庭園(国史跡・国特別名勝)は南庭と東庭からなり, 南庭は169世住持天祐紹杲の作と伝え, 白沙の庭の東南隅にツバキの大刈込みを背後に2個の巨石を滝として配し, モッコクと十数個の石を西に向かって並べる。庭中には大小2個の石を3カ所配し, 島とする。東庭は小堀遠州の作といい, 生垣を背後に大小15個の石を配する。現在は, 成長した樹木が開発の進んだ周辺環境を隠しているが, かつては比叡山を眺望する庭であった。

　ほかに, 総見院の前に大徳寺鐘楼(国重文・桃山)があり, 惣門を入った北には, 灰屋紹由が1622(元和8)年に寄進・再興した浴室(国重文)がある。仏殿南庭にあるイブキ(市天然)の巨木は, 仏殿再

大徳寺方丈庭園(『都林泉名勝図会』)

建の1665(寛文5)年に植えられたものという。

　寺宝として、**絹本墨画淡彩観音図・猿鶴図・虚堂智愚墨蹟**(南宋)や**絹本著色大燈国師像・後醍醐天皇宸翰御置文**(南北朝)などの国宝を始め、多数の国重文を所蔵している。

　なお、大徳寺は本坊・塔頭の多くが非公開で、境内は自由に通行できるものの、春や秋の特別公開をのぞき常時公開されているのは、大仙院・龍源院・高桐院・瑞峰院の4塔頭である。

　[塔頭] **養徳院**　北大路通に向かって開く南門の東北に立地する塔頭で、足利義満の弟満詮が東山祇園に建てた妙雲院を、大徳寺山内に移して禅寺とし、満詮の法号にちなみ改称したものである。寺宝に**紙本淡彩中達磨左右臨済徳山像**(国重文・室町、東博保管)や**絹本著色足利満詮像**(国重文・室町、京博保管)がある。

　徳禅寺　徹翁義亨が自身の塔頭として大徳寺門前に創建した寺で、応仁・文明の乱後、現在地に再建された。中心伽藍の東南に接し、寺宝として**大燈国師墨蹟**(鎌倉〜南北朝)・**大燈国師墨蹟・徹翁義亨墨蹟**(ともに南北朝)・**徳禅寺法度**(附至徳元年徳禅寺法度・正伝菴法度、南北朝)などの国重文を所蔵する。**客殿**(本堂、慶長年間)は府有形である。

　黄梅院　参道を挟んで徳禅寺の西にあり、1562(永禄5)年に織田信長が父信秀の追善に建立した黄梅庵に始まる。小早川隆景が菩提所とし、黄梅院と改めた。1586(天正14)年に秀吉が**本堂**(国重文、**玄関**を含む)を、1589年に小早川隆景が客殿と**庫裏**(国重文)を改修した。庫裏は禅宗寺院中で最古の建物といわれる。本堂の襖絵は毛利家御用絵師雲谷等顔筆と伝え、室中の**紙本墨画竹林七賢図・山水図・芦雁図**(計44面、桃山、京博保管)は国重文。加藤清正が1592(天正19)年に寄進した朝鮮伝来の梵鐘なども蔵し、本堂前庭は天正年間の作と伝える。境内には小早川隆景や毛利一族の墓がある。

衣笠から大徳寺

龍源院　東溪宗牧がおこした塔所で，南派の本庵。中心伽藍の南に接する。1502（文亀2）年に畠山義元らの援助で創建された。方丈（本堂附玄関）は1517（永正14）年頃の建立で，方丈建築としては古例の1つ，表門（1517年頃）とともに国重文に指定されている。方丈北側の庭は室町時代の枯山水庭園で，苔地の広がる平庭に三尊石組などを配する。木造釈迦如来坐像（国重文・鎌倉）や，「天正十一（1583）年」銘のある種子島銃，豊臣秀吉と徳川家康が対局したと伝える四方蒔絵碁盤碁筒などを蔵する。

大慈院　1585（天正13）年，大友宗麟の姉見性院が天叔宗眼を開祖に開いた塔頭。龍源院の西方にある。廃仏毀釈で廃寺となった寮舎碧玉庵にあった立花宗茂の肖像や位牌・墓が移されている。

瑞峰院　大慈院の北にあり，1535（天文4）年，徹岫宗九を開祖に大友宗麟がみずからの菩提寺として創建。方丈（本堂附玄関）は1552（天文21）〜57（弘治3）年の建築で，檜皮葺きの表門（室町後期）とともに国重文。方丈の周囲にある庭は重森三玲の作で，独坐庭・閑眠庭・茶庭とよぶ3庭からなる。

興臨院　瑞峰院の北にあり，大永年間（1521〜28）畠山義総が小渓紹怤を開祖に菩提寺として建立。畠山家の没落後は，前田利家が1581（天正9）年に再興し，以後前田家の菩提寺となった。方丈（本堂附玄関・室町）・表門は国重文。表門は檜皮葺きの平唐門で，1533（天文2）年頃の建築とされる。寺宝に椿尾長鳥模様堆朱盆（国重文・元，京博保管）がある。

正受院　興臨院の北にあり，清庵宗胄を開祖に1554（天文23）年に創立された。明治時代に堂宇を失い，今の本堂はのちに再建されたものである。後奈良天皇宸翰の紙本墨書金剛般若経（国重文・室町，京博保管）を所有する。

三玄院　浅野幸長・石田三成・森忠政が1589（天正17）年，春屋宗園を開祖として創建。現在の寺地はもと龍翔寺の敷地で，廃仏毀釈後，その土地・建物をもとに再興されたものである。客殿（本堂）・庫裏は1817（文化14）年の建築で，表門とともに旧龍翔寺の遺構。鐘楼は1791（寛政3）年の建築で，明治時代に旧三玄院から移築されたものである。茶室も明治時代に西本願寺から移築されたもの

と伝える(いずれも府有形)。墓地には石田三成・森忠政・古田織部・藪内紹智らの墓があり、寺宝として絹本著色大宝円鑑国師像(国重文・桃山)を所蔵する。

真珠庵 一休宗純の塔所で、入寂10年後の1491(延徳3)年に一休の門信徒たちによって造営された。本坊の北に接し、寛永期の伽藍整備で敷地南辺を本山に譲渡したことにともない、1638(寛永15)年に方丈(本堂・国重文)を建て替え、庫裏(国重文、桃山)を北方に移築した。また、正親町天皇の女御の化粧殿を移築し、書院(通仙院、国重文・江戸)としたと伝える。方丈には木造一休和尚坐像(国重文・室町)を安置し、襖絵として伝曽我蛇足筆の紙本墨画真山水図・花鳥図・草山水図(計29面、国重文・室町)と伝長谷川等伯筆の紙本墨画商山四皓図・蜆子猪頭図(計12面、国重文・桃山)がある。方丈の南庭は苔地の中央に松の古木が植わる平庭で、方丈再築時の作庭とみられ、方丈東面の庭は七五三の庭と通称される石の配列を主にした庭で、村田珠光もしくは連歌師柴屋軒宗長の作と伝える。方丈背後の書院通仙院に面した庭は、茶室玉庭軒の露地庭で、方丈の庭との間を土塀で仕切る。方丈の庭と通仙院の茶庭という種類の異なる庭園をあわせて一構えの園(真珠庵庭園〈国史跡・国名勝〉)を構成している。

国宝の大燈国師墨蹟(南北朝)のほか、国重文の紙本墨画竹石白鶴図(室町、京博保管)・紙本墨画達磨像(室町)・紙本著色苦行釈迦像(室町)・絹本著色十一面観音像(南北朝、京博保管)・紙本墨画淡彩一休宗純像(室町)・絹本著色一休宗純像(3幅、室町)・紙本著色百鬼夜行図(室町、京博保管)・紙本淡彩臨済和尚像(室町)・紙本墨画白衣観音像(室町、京博保管)・絹本著色六祖大鑑禅師像(南宋)・紙本墨画山水図(室町)・絹本著色観音像(南北朝、京博保管)・紙本墨書一休和尚自筆法堂再興書状(室町)・南浦紹明墨蹟(鎌倉)・一休宗純墨蹟(室町)・真珠庵枡(2口、室町)など多数の文化財を所有する。

大仙院 古嶽宗亘の塔所として1509(永正6)年の創建。北派の本庵で、本坊の北、真珠庵の西にある。国宝の方丈(本堂附玄関)は1513年の建立で、東福寺龍吟庵方丈についで古い方丈建築であり、床

の間や玄関は日本最古とされる。書院(国重文)は1614(慶長19)年の建築。方丈周りの大仙院書院庭園(国史跡・国特別名勝)は室町時代を代表する枯山水庭園で，その見事な石組は古嶽宗亘の禅の心をあらわすという。これ以外の庭も大仙院庭園として国名勝となっている。寺宝として国宝の大燈国師墨蹟(鎌倉，京博保管)，国重文の紙本淡彩四季耕作図・紙本著色花鳥図・紙本墨画瀟湘八景図・紙本墨画瀟湘八景図(室町，京博保管)・牡丹孔雀模様堆朱盆(元，大美保管)などを所有する。

芳春院 本坊西の参道を北にあがった境内北端に位置し，前田利家夫人の芳春院(まつ)が，1608(慶長13)年，玉室宗珀を開祖に建立した。1796(寛政8)年の火事で諸堂を失い，再建されるも廃仏毀釈で主要な堂舎を喪失し，現在の建物は霊屋など数棟をのぞき明治時代以降の再建である。本堂(客殿)は妙心寺南門前の慈性院から譲り受けた建物(1823〈文政6〉年建立)で，霊屋2棟(芳春院と瑞龍院)と昭堂・打月橋・表門・墓参門(移築)は府有形に指定されている。昭堂は本堂の北西にある呑湖閣と称される重層の楼閣建物で，1815(文化12)年の再建。打月橋は昭堂と本堂をつなぐ橋で，昭堂と同時期の建築とみられる。大燈国師墨蹟(鎌倉～南北朝，京博保管)や絹本著色多賀忠孝像(室町，大美保管)などの国重文を所有する。

聚光院 本坊の西にあり，三好長慶の菩提を弔うため，養子の義継が1566(永禄9)年，笑嶺宗訢を開祖に建立した。千利休が笑嶺宗訢に参禅していた縁で，利休の墓を始め，3千家(表千家・裏千家・武者小路千家)歴代の墓所となっている。方丈(本堂附玄関)や茶室(江戸)は国重文。本堂は内部を狩野松栄・永徳父子の障壁画で飾られた桃山時代の建築で，内部の方丈障壁画38面は附指定の8面とともに国宝に指定されている。茶室は3畳茶室(閑隠席)・2畳(水屋)・4畳(枡床席)・6畳2室・縁からなり，閑隠席は1741(寛保元)年に表千家7世如心斎が寄進したもので，かつては千利休自刃の席と伝えられていた。本堂前の庭は「百積の庭」とよばれ，苔庭に直線上に庭石をおく平庭で，聚光院庭園として国名勝となっている。ほかに絹本著色三好長慶像(国重文・室町，京博保管)を所

有する。

総見院 聚光院の西にあり，1582(天正10)年に羽柴秀吉が織田信長の菩提を弔うため古渓宗陳を開祖に建立した。ここで行われた信長の葬儀で，秀吉が信忠の遺児三法師を抱き，後継者然と振る舞った話はよく知られる。秀吉は1585年にも当院を中心に追悼茶会を開き，信長の後継者たることを諸人に印象づけた。木造織田信長坐像(国重文・桃山)を所蔵し，境内前庭のワビスケ(市天然)は秀吉遺愛のツバキとして知られる。

龍翔寺 総見院の西にある大徳寺派の修行専門道場で，もとは現在の三玄院の地にあった。宗峯妙超の師父南浦紹明の塔所として太秦安井に開かれた寺院で，一時荒廃したが，天文年間(1532〜55)に天啓宗堂が大徳寺の塔頭として再興した。廃仏毀釈で廃寺となり，のちに旧天瑞寺の跡地である現在地に再興された。

高桐院 細川忠興が父藤孝の菩提を弔うため，叔父の玉甫紹琮を開山に1602(慶長7)年開いた塔頭で，忠興を埋葬する。本堂は廃仏毀釈後に細川侯爵家の援助で再建されたもの。北野大茶湯のときの茶室を移したと伝える鳳来・松向軒とよばれる茶室を存し，蹲踞は加藤清正が忠興に贈ったものという。また，本堂庭園にある春日灯籠は忠興と夫人ガラシャの墓標で，忠興がみずから指定したといわれる。国宝の絹本墨画山水図(附絹本墨画楊柳観音図・南宋，京博保管)，国重文の絹本著色牡丹図(元，京博保管)・絹本著色稲葉良籌像(室町)や，細川忠興像，利休愛用と伝える青井戸茶碗などを所有する。

玉林院 高桐院の南にあり，曲直瀬道三の弟子で，禁裏へ出入りし，徳川家康・秀忠に仕えた江戸時代初期の名医曲直瀬正琳が，月岑宗印を開祖に創建したもの。のちに大坂の豪商鴻池家が檀越となり，その菩提寺となった。方丈(本堂附玄関，国重文)は1609(慶長14)年の火災後の再建。大徳寺塔頭で最大規模を誇る8間取りの建物で，近年の修理事業により建立当時の姿に復された。月岑宗印をまつる南明庵は1742(寛保2)年の建築で，簑庵・霞床席の2棟の茶室および露地庭とともに国重文に指定されている。また，高麗から伝来した絹本著色釈迦如来像(国重文)を所蔵する。

竜光院 玉林院の南にあり，黒田長政が春屋宗園を開基に菩提寺として建立した。ただし事実上の開山は，その弟子で小堀遠州と親交があった江月宗玩になる。書院(国宝)は寄棟造・柿葺きの建物で，北西隅にある4畳半台目の茶室は「密庵」の名で知られ，書院風茶室の代表例とされる。密庵は床の間とは別に，手前座南側に密庵咸傑墨蹟(国宝・南宋，千利休消息を附指定)専用の奥行の浅い床を設ける。密庵咸傑墨蹟は，中国の禅僧密庵咸傑の現存唯一の墨蹟とされる。書院の西に立つ方丈(本堂附玄関・盤桓廊)は1649(慶安2)年の建立で，兜門の名で知られる平唐門の表門とともに国重文。黒田廟(江戸)や禹門・寮・小庫裏は府有形である。国宝の燿変天目茶碗(南宋)や竺仙梵僊墨蹟(南北朝)・大覚禅師筆金剛経(南宋，いずれも京博保管)や，国重文の絹本淡彩山水図(伝馬遠筆・南宋)・絹本著色十六羅漢像(元)・紙本墨画栗図および柿図(南宋，京博保管)・紙本墨画淡彩琴棋図(室町，京博保管)・油滴天目茶碗(附唐草文螺鈿天目台・南宋，京博保管)，紙本墨書後西天皇宸翰御消息(江戸)・南浦紹明墨蹟(鎌倉)・宗峰妙超墨蹟(鎌倉〜南北朝)・大川普済語録鈔(宗峰妙超筆・鎌倉)などを所有する。なお，当院は有栖川宮家の菩提寺でもあり，初代から7代までの宮家の墓所がある。

大光院 1592(文禄元)年に大和郡山に建立された豊臣秀長の菩提寺を，藤堂高虎が1595(文禄4)年に大徳寺に移し，古渓宗陳を開祖に創建したものという。1824(文政7)年に焼失，のち再建された。境内に秀長の墓がある。

孤篷庵 境域の西端に位置する。1612(慶長17)年に小堀遠州が竜光院内に江月宗玩を開祖として建立した小庵に始まり，1643(寛永20)年に現在地に移った。庵名は，船岡山を篷舟に見立てて名づけたものという。遠州晩年の隠居所で，孤篷庵庭園(国史跡・国名勝)は遠州の作風をよくあらわす。1793(寛政5)年の火災で焼失したが，松江藩主松平治郷(不昧)の援助で古図に基づき再建された。

方丈(本堂，国重文)は1797年に雲林院客殿を移築したもの。書院(国重文)は1800年の建築で，直入軒と称する。茶室忘筌(国重文)は1間幅の床を設けた12畳の茶席で，西側の庭に面する広縁に下半

分を吹放しとした明り障子を嵌め込み，吹放し部分から露結と称する蹲踞と各地の名石でつくった寄せ灯籠を眺める趣向になっている。

　本堂の南庭は，2重の刈込みで区切られた赤土の平庭。書院の南庭は，敷き詰めた赤土が水面をあらわし，刈込みで近江八景を表現する。書院北側には茶室山雲床があり，その西に露地が広がる。寛政の再建後の造形とみられるが，布泉銘の手水鉢と織部灯籠が秀逸な景を織りなす。また，入口の表門から玄関，唐門に至る敷石道の意匠にも独特のものがあり，遠州創始の意匠を伝える。

　寺宝として<u>井戸茶碗</u>（国宝・李朝）や<u>紙本墨書大燈国師墨蹟</u>（国重文・南北朝，京博保管）などを所有する。銘喜左衛門の井戸茶碗は，あいついで不吉が続いたため，所持していた松平治郷の遺命により寄進されたという。

今宮神社 ❾
075-491-0082

〈M▶P.170, 179〉京都市北区紫野今宮町21　P
市バス今宮神社前🚶すぐ・船岡山🚶7分

疫病退散に縁結び玉の輿の発祥地

　北大路通の今宮門前の交差点から北へ約400m行くと<u>今宮神社</u>がある。祭神は大己貴命・事代主命・奇稲田姫命。1001（長保3）年，疫病の流行に際して紫野に疫神をまつり，3宇の神殿を造営して今宮社と名づけたことが『日本紀略』にみえ，これが当社の創始とされる。船岡山紫野一帯は，疫病流行の折，御霊会が行われた場所の1つで，正暦5（994）年にも，疫神のために御霊会を修して木工寮と修理職に神輿2基をつくらせ，北野船岡山に安置させている（『日本紀略』）。本殿西の<u>疫神社</u>は素盞嗚尊をまつり，本社より古く鎮座していたとの伝承をもつ。鎮花祭ともいう毎年4月第2日曜の<u>やすらい花</u>（国民俗）は，この疫神社の祭礼である。

　社殿は，1896（明治29）年に焼失したものを，1902年に再建したもの。所有する<u>線彫四面仏石</u>（国重文）には「天治二（1125）年」の銘が

今宮神社

衣笠から大徳寺　191

今宮神社参道あぶり餅屋風景

ある（京博保管）。

　当社は徳川5代将軍綱吉の生母桂昌院が篤く崇敬した。桂昌院が京都西陣の八百屋の娘から将軍の生母となり，さらには従一位の位にまで昇り詰めたことから，当社は「縁結び」，なかでも「玉の輿」に利益があるといわれている。「玉の輿」の語源は，一説には桂昌院の名前がお玉であったことに由来するともいう。

　今宮神社の東門を出た参道沿いには，あぶり餅を商う2軒の茶店が道を挟んで相対し，炭火の煙と餅の焦げる香ばしい匂いを一帯に漂わせている。時代劇のセットの中に紛れ込んだかのような店構えは，昔ながらの茶店の雰囲気を伝えている。

牛若丸伝説の地と久我神社 ❿

〈M▶P.170, 179〉京都市北区紫竹牛若町（牛若丸誕生井・胞衣塚）／紫竹下竹殿町（久我神社）

市バス牛若🚶3分（牛若丸誕生井）／市バス下竹殿町🚶2分（久我神社）

　今宮神社の北東300mにある光念寺（浄土宗）には，常盤御前の守り本尊と伝える腹帯地蔵がある。この辺りは紫竹牛若町とよばれ，源義朝の別邸があり，愛妾の常盤御前が牛若丸（のちの義経）を産んだと伝えられる。牛若バス停の北西の畑の一角には牛若丸誕生井と胞衣塚があり，東南の住宅地の中には源義経産湯遺址の碑がある。

　北山通と船岡東通の交差点から東に100mほどにある常徳寺（日蓮宗）は，藤原忠実の隠居所知足院を前身とし，日蓮宗不受不施派の開祖日奥が1628（寛永5）年に，金工後藤長乗の帰依を得て再興したという。本尊の地蔵菩薩は，常盤御前が安産を祈ったといわれ，常盤地蔵と称する。境内には後藤氏の墓がある。

　北山通を越えて船岡東通を300mほど行くと大宮交通公園がある。

あぶり餅

コラム

江戸時代から続く門前の名物茶店

あぶり餅とは、先端を細く割った竹串に親指大の小餅を刺し、炭火で焼いて焦げ目をつけ、それにきな粉をまぜた甘白味噌をたっぷりつけたもので、今宮神社（疫神社）の東参道の２軒の茶店で売られている。994（正暦5）年の御霊会に際し供えられたことが始まりで、そのことから今宮神社に参詣の帰り、あぶり餅を食べると厄除けの利益があるといわれてきた。また、境内にある織物の神（栲幡千千姫命）をまつる織姫社との関連からか、西陣では初めて機を織るときに、この竹串をつけると上手に織り出せるといわれる。

茶店は、ともに時代劇に出てきそうな雰囲気のある建物で、実際に撮影が行われることもある。1780（安永9）年刊の『都名所図会』には、すでに現在と同位置に茶店が並んだ情景が描かれている。3人前以上は、竹皮に包んで持ち帰ることができるが、やはり現地で食べる焼きたてがおいしい。

あぶり餅は、右京区嵯峨の清涼寺境内にも茶店があり、そこでも食べることができる。

蒸気機関車や昔の市電がおかれている交通をテーマにした公園だが、南側の一角に小高く御土居の土塁が残る。

公園から東約300m に久我神社（市史跡）がある。上賀茂神社の境外摂社で、祭神は賀茂建角身命。『山城国風土記』逸文には、神武天皇の先導役をつとめた建角身命は、大和国（現、奈良県）葛城から山代（山城）国岡田の賀茂を経て「久我国」の北山の基に居を定めたとあり、賀茂氏の発展との関係性で注目される。『日本三代実録』の859（貞観元）年条に「久我神」とみえるのが文献上の初見で、『延喜式』式内社である。本殿は1628年の造営で、拝殿は妻を正面にし左右に庇をもつ珍しい構造をもつ。当社の付近はかつて大宮の森とよばれた鬱蒼とした樹林であったらしく、現在も境内の巨樹がその面影を残している。

久我神社から北東に約10

久我神社

衣笠から大徳寺　193

分，加茂川中学校の北側に上堀川御土居(お ど い)(国史跡)がある。賀茂川に沿って築かれた御土居が鷹ヶ峯(たかがみね)方面に曲がる屈曲点にあたり，すぐ北の御薗橋(み そ の ばし)を渡れば上賀茂神社である。近くには朝鮮半島の美術工芸品を集めた高麗(こうらい)美術館がある。

雲林院(うんりんいん) ⓫
075-431-1561
〈M▶P.170, 179〉京都市北区紫野雲林院町(ちょう)23
市バス大徳寺前 🚹 3分

『大鏡』の冒頭飾る菩提講　離宮が前身

　大徳寺の南，北大路通大徳寺前の交差点から南に少しさがった所に雲林院(臨済宗)がある。淳和(じゅんな)天皇の離宮(りきゅう)紫野院が，仁明(にんみょう)天皇，その子常康(つねやす)親王と伝領されて寺になり，親王没後の884(元慶8)年に僧正遍昭(そうじょうへんじょう)が花山元慶寺(か ざんがんけいじ)の別院としたものである。鎌倉時代末期には衰微し，1324(正中元)年大徳寺付属の寺として復興された。以後は禅宗の寺となり，応仁・文明の乱の兵火で廃絶したが，江戸時代に再建された。

　雲林院で開かれる菩提講は，平安時代中期にはすでに世に知られたものであった。歴史物語『大鏡(おおかがみ)』は，この菩提講で出合わせた2人の老人，大宅世継(おおやけのよつぎ)と夏山繁樹(なつやまのしげき)の昔語りという趣向で展開される。当時の範囲は，東は西御所田(にしごしょだ)町と雲林院町との境界をなす小道，南は建勲(けんくん)通，西は大徳寺通，北は若菜南(わかなみなみ)通に囲まれた，およそ2町(240m)四方と推定されている。その東端近くの紫野雲林院町で行われた発掘調査では，平安時代前期の苑池(えんち)や建物跡，井戸などが検出され，とくに建物跡の一部が池に張り出す形であったことから，『類聚国史(るいじゅうこくし)』にある「紫野院の釣台(ちょうだい)」ではないかと注目された。

　近くの堀川(ほりかわ)通北大路を約50m南にさがった一画に，紫式部墓・小野篁(おののたかむら)墓と伝える相並ぶ2基の塚がある。紫式部の墓は『河海抄(かかいしょう)』に雲林院にあって小野篁の墓の西にあると

雲林院

風流とやすらい花

コラム

祭

疫神を鎮める伝統祭礼

風流とは「ふりゅう」と読み,元来はきらびやかなもの,人目を引くもの,趣向をこらしたつくり物の意味であったが,のちにきらびやかな衣装をつけて踊る踊りをいうようになった。やすらい花は,風流の中でも中世後期に流行した風流拍子物の流れを引く疫神鎮送の踊りである。

やすらい花の構成は,胸に羯鼓をつけた稚児2人,締太鼓をもった赤毛鬼2人,鉦をもった黒毛鬼2人,烏帽子に素襖をつけた笛と太刀持ち(音頭)の囃子に笠鉾がつくもので,江戸時代から広隆寺(右京区太秦)の牛祭りと並ぶ奇祭として知られていた。

祭礼当日,一行は花を出し,飾りとする笠鉾を先頭に地区内を練り歩き,鉦と太鼓を手にした鬼が門口や辻などで激しく踊っては移動して行く。サクラの花とともに飛散する疫神を笠鉾に寄らせ,賑やかに囃し,踊って鎮め送るのだという。笠鉾の下に立てば病気にならないといわれるため,近所に住む人びとが入れ替わり笠の中に入って行く姿が印象的である。

今宮・玄武・川上神社では毎年4月第2日曜日,上賀茂神社では毎年5月15日に行われる。いずれも国の重要無形民俗文化財に指定されている。

記され,小野篁の墓も『雍州府志』などは雲林院にあったと伝える。また,雲林院の近くには,関白藤原忠実が保元の乱ののち籠居した知足院があった。

玄武神社 ⑫
075-451-4680

〈M▶P.170, 179〉京都市北区紫野雲林院町88
市バス堀川鞍馬口 ⧆3分・大徳寺前 ⧆5分

疫病封じのやすらい花
平安京の北方を守る

猪熊通北大路を100mほど南へさがると,平安京の北の護りという玄武神社がある。文徳天皇の皇子惟喬親王をまつり,別名を惟喬社ともよぶ。玄武とは,青龍(東)・白虎(西)・朱雀(南)とともに,王城の北方を守護する四神の1つである。

社伝によると,惟喬親王の末裔で若宮八幡宮の神職としてこの地に住んでいた星野茂光が,元慶年間(877〜885)に,親王の怨霊を慰め王城北面の鎮護を願って,親王寵愛の剣をまつったことに始まるという。毎年4月の第2日曜日には玄武やすらい花(国民俗)が行われる。この民俗芸能は,平安時代の花の精の力による疫病封じ(花鎮め)に由来し,サクラやツバキで飾られた風流傘を中心に,

衣笠から大徳寺

玄武神社

鉦(かね)や太鼓(たいこ)の囃(はや)しにあわせて鬼や小鬼が町を踊り歩くもので，京都の奇祭の1つとして知られる。

ここから南へさらに300mほどさがると，比叡山東塔北谷竹林院の里坊安居院(あぐいん)を継いだ上京(かみぎょう)区の西法寺(さいほうじ)に至る。その辺りが寺之内で，一帯には多くの寺が集まる。

❷ 長坂口から氷室・北山杉の里へ

秀吉の京都大改造の名残りと芸術家光悦の夢を伝える鷹ヶ峯から，杉の美林と山間の文化息づく氷室・北山をめぐる。

鷹ヶ峯御土居 ⓭
075-761-7799（京都市文化財保護課）

〈M▶P.170, 179〉 京都市北区鷹峯旧土居町
市バス鷹峯上ノ町・土天井町 大 3分

秀吉の京都都市改造を物語る土木遺産

鷹ヶ峯御土居（国史跡）へは，市バスの鷹峯上ノ町もしくは土天井町バス停で下車するのがもっとも近いが，バスの本数を考えると佛教大学前や千本北大路バス停から歩いてもよい。佛教大学前からは約12分，千本北大路からでも約15分である。途中，佛教大学前から北木ノ畑町バス停に至る間の道を西へ入った旧土居町には，急崖を利用してつくられた御土居が残り，公園化されている（御土居史跡公園）。

もとの道に戻り北へ向かえば，やがて御土居餅の看板がみえ，道を挟んだ西側の空き地奥に大きな土塁の断面がみえ，手前に史跡御土居の標柱が立つ。洛中を囲繞した御土居の西北屈曲部をなす鷹ヶ峯御土居である。L字状に屈曲する土塁の西側は紙屋川の形成した高さ20mにもおよぶ急崖で，土塁の北側（外側）には濠が設けられていた。現在も一部が凹地となって濠の名残りをとどめている。ここが丹波へ向かう長坂越の出入口（長坂口）で，江戸時代には北側に御土居を管理する角倉家の宅があったという。道を挟んだ東側の土塁と濠の跡地には家が立ち並んでいるが，その地割にはかつての御土居の名残りをみることができる。

御土居は，豊臣秀吉が洛中防備と水害防止のため1591（天正19）年に築いた，全長約22.5kmにおよぶ大がかりな土居である。築造は1月頃に始まり，3月頃には完成していたという。基底部幅約9m，高さ3m前後で，崩落防止のため土塁にはタケを植え，外縁に

鷹ヶ峯御土居

長坂口から氷室・北山杉の里へ　197

濠を設けた。規模は場所によって異なるが，西辺土塁の北半部は紙屋川の崖面を利用しているため，鷹ヶ峯辺りでは10mを超える比高差があり，雄大さを誇る。洛中の天正地割とともに，秀吉が行った京都大改造の様相を知るうえで重要な遺跡である。

御土居は，洛中の発展とともに削平が始まり，近代にはその他にも市街地化により多くが姿を消した。今は国史跡（御土居）に指定された9カ所が，わずかにその名残りをとどめる（P.167コラム参照）。

源光庵と常照寺 ⓮
075-492-1858／075-492-6775

〈M▶P.170, 179〉京都市北区鷹峯北鷹峯町47 Ⓟ／鷹峯北鷹峯町45 Ⓟ
市営バス源光庵前 🚶1分／🚶2分

伏見城の血天井 近くの寺には「吉野の赤門」

源光庵（曹洞宗）は，鷹ヶ峯御土居から北へ，道が突き当たった三差路を西に折れたすぐにある。大徳寺の徹翁義亨が隠居所として1346（貞和2）年に開いた寺で，一時衰退して1694（元禄7）年に曹洞宗の卍山道白が復興した。本堂・庫裏・楼門・開山堂などがあり，本堂廊下の天井板は関ヶ原合戦時の伏見城落城の血痕を残すと伝え，血天井として知られている。

当庵から東北へ約200mにある常照寺は，日蓮宗中興三師の一人日乾が，本阿弥光悦からの寺地寄進を受けて開創。山城六檀林の1つで，『山州名跡志』は「六所随一ナリ」と記す。本堂に掲げる「学室」の扁額は光悦の筆といい，「吉野の赤門」とよぶ朱色の門は，寛永三名妓の一人吉野太夫が寄進したものと伝える。

吉野太夫は，のちに島原に移転する六条三筋町の太夫で，関白近衛信尋や灰屋（佐野）紹益をなじみ客とし，1631（寛永8）年紹益と結婚，1643年に死去した。生前日乾に帰依した関係で当寺に墓がある。現在の墓は1917（大正6）年に改葬されたもので，佐野家の

源光庵

菩提寺立本寺(上京区)にも吉野の墓はある。

なお、常照寺から東の一帯を玄琢といい、江戸時代初期の名医野間玄琢が居を構えたことにちなむ。釈迦谷口バス停近くに野間玄琢廟所の碑が立ち、北側奥にその墓がある。

光悦寺 ⑮
075-491-1399

〈M▶P.170, 179〉京都市北区鷹峯光悦町29 [P]
市バス鷹峯源光庵前 🚶 3分

光悦が夢みし法華の楽園臥牛垣によすがを偲ぶ

源光庵前の鷹ヶ峯に至る三差路を約150m西へ入った南側に光悦寺(日蓮宗)がある。鷹ヶ峯一帯は、江戸時代初期に本阿弥光悦が徳川家康から土地を与えられ、光悦村とでもよぶべき自治集落を営んだ所である。光悦村には光悦の一族のみならず尾形宗柏や茶屋四郎次郎らの芸術家や豪商も屋敷を構え、熱心な法華信者であった本阿弥光悦を中心とした法華の別天地であったが、1681(天和元)年幕府に返還された。

光悦寺は、光悦死後に本阿弥家の先祖供養のため設けられた位牌所を寺にしたものといい、本法寺の日慈を開山とする。境内には大虚庵を始めとする茶席が設けられ、光悦・光瑳・光甫と3代にわたる墓や、板倉勝重父子の供養塔がある。大虚庵前に設けられた竹垣が光悦垣で、ゆるやかに弧を描いて背が低くなる姿から臥牛垣ともよばれ、上品な趣を呈している。なお、11月10日から13日は拝観不可となっている。

光悦寺の光悦垣

氷室と氷室神社 ⑯
075-761-7799(京都市文化財保護課)

〈M▶P.171, 205〉京都市北区西賀茂氷室町／西賀茂宮山
市バス鷹峯源光庵前 🚶 180分

朝廷献上の氷を製造『延喜式』記載の氷室跡

光悦寺・源光庵から道を北にとり、京見峠を経て約7.5kmで氷室に至る。峠に至る道は1890(明治23)年に旧道の東に開かれたもので車も通れるが、旧道は鷹ヶ峯千束町から鷹ヶ峯堂ノ庭町に出て

道風神社

現道の道筋に合流する。京見峠の名はここからの眺望に由来するらしく、『雍州府誌』は「洛下一望之中に在り」と記す。峠の鞍部を越えると氷室別れの三差路で，右手に進めば氷室の里である。峠道の左手に堂の庭城跡があり，峠をくだり氷室の里の小盆地に着く。

盆地におりきる手前の右手山裾に，氷室神社の小さな社がある。拝殿(府登録)は江戸時代前期の建築，前後に唐破風をつけた方1間の柿葺き建物で，後水尾天皇の女二宮の御殿内の鎮守拝殿であったと伝える。祭神は他の氷室神社と同様の稲置大山主神で，禁裏の蔵氷にかかわった清原家が勧請したという。

集落の西方には，今も氷室跡が残る。径7mほどの窪地が3カ所あり，付近には製氷に利用された氷池も残る。この地は平安京周辺に設けられた氷室の1カ所といわれ，『延喜式』記載の愛宕郡氷室5カ所の1つ，栗栖野氷室の推定地で，氷室神社境内と氷室跡は市史跡に登録されている。

氷室別れの三差路を左に進めば，杉坂を経て京北へ至る。今は高雄経由の国道162号線(周山街道)が京北への主要ルートとなっているが，昔はこちらが主要ルートであった。氷室別れから杉坂方面へ約2kmで，三蹟の1人小野道風をまつる道風神社がある。『山州名跡志』には地域の産土神と記されている。

北山杉の里 ⑰
075-406-2212(北山杉の里総合センター)

〈M▶P.171, 201〉 京都市北区中川ほか ℗(北山杉の里総合センター)
JRバス北山生協前🚏すぐ

小説「古都」で知られる銘木の故里

周山行のJRバスで京都駅から高雄を経由し，菩提道，山城中川などで下車すれば中川，小野下ノ町で下車すれば小野の集落がある。大森へは小野下ノ町から徒歩(大森中町までで約5.5km，70〜80分程度)で向かう。杉坂・真弓へは，周山街道と鷹ヶ峰方面への

北山杉の里総合センター周辺の史跡

分岐点杉坂口で下車する。真弓へは賀茂川上流の雲ヶ畑から持越峠を越えて向かう道もある。

清滝川とその支流に沿うこの地域は，林業を主産業とし，杉坂・真弓などとともに，一帯は見事な北山杉の景観を成す。

杉坂口から小野方面に向かう途中，北山生協前バス停で下車すると京都北山杉の里総合センターがあり，北山杉の展示や体験研修（要事前問い合せ）を行っている。

中川は磨き丸太で知られる北山杉生産の中心地で，川端康成の小説『古都』の舞台でもある。磨き丸太は，中川の近くの菩提滝で産する砂で磨くのが一番よいとされる。磨き丸太の歴史は古く，応永年間（1394～1428）頃から始められたといい，茶室建築などに用いられ盛んになった。昔は台杉方式で生産されたが，戦後の住宅建築ブームで生産が追いつかず，皆伐方式に切り替えられ，その生産地も京北や日吉など丹波地域まで広がった。今，台杉はおもに庭園樹として用いられている。

中川から上流へ遡った小野は，近世には仙洞御所の菖蒲役を勤仕した村で，1772（明和9）年の建築の日下部（式部）家住宅（市有形

北山杉の景観

や、1894(明治27)年に主屋や旧六畳蔵が建築された日下部(大助)家住宅(市有形)などの古い民家が残る。大森への分岐点を約100m入った岩戸落葉神社は、小野上村の岩戸社と小野下村の落葉社の2祠からなり、相並ぶ小祠の背後には大きな露岩がある。

大森は東町・中町・西町の3地区からなり、それぞれ惣墓がある。東町の惣墓には「応安五(1372)年」、西町には「至徳二(1385)年」の紀年銘をもつ五輪塔が立つ。大森賀茂神社は大森3カ村の氏神で、賀茂皇大神ほかを祭神とし、『延喜式』式内社の堕川御上社に比定される。東町にある長福寺には、「永禄九(1566)年」の銘のある五輪塔や惟喬親王の供養塔といわれる宝篋印塔があり、大森賀茂神社の東にある安楽寺は惟喬親王が建立したとの伝承がある。また、東町の椋本家住宅(市有形)は、主屋が1851(嘉永4)年、米蔵は1844(天保15)年の建築である。

中川の景観

日下部(式部)家住宅

③ 西賀茂・上賀茂とその周辺

伝承と祭礼を豊かに残す，京北郊・賀茂川上流の静かな遺産群を訪ねる。

神光院 ⑱
075-491-4375

〈M▶P.170, 179〉京都市北区西賀茂神光院町120 P
市バス神光院前 徒歩3分

洛北の弘法大師信仰の拠点と六斎念仏の寺

　五山の送り火の1つ，舟形のみえる船山(317m)を北にして，賀茂川と鷹ヶ峯に挟まれた一帯が西賀茂である。かつては田園風景が広がっていた西賀茂も宅地化が進み，柊野堰堤付近をのぞけば，住宅地に農地が少し残るだけとなった。しかし，ここから上賀茂・北山にかけて，のんびりと歩くには格好の地域である。

　神光院前バス停の南に神光院(真言宗)がある。方光山と号し，弘法大師像をまつり，東寺・仁和寺と並ぶ大師信仰の寺として知られる。毎年7月の「きゅうり封じ」は大師にちなむ厄除け行事。もと上賀茂神社の神宮寺とする地誌もあるが，寺伝では1217(建保5)年に上賀茂神社の社務職松下能久が神託を受け，大和国三輪の慶円を請じて開創したとする。天保年間(1830〜44)に本堂などを焼失し，明治維新後は廃寺となりかけたが，和田智満が再興，1879(明治12)年に寺号を復した。寺宝に絹本著色仏眼曼荼羅図・紙本墨書悉曇略記・細字金光明最勝王経(いずれも国重文・平安，京博保管)がある。門内左手には，幕末〜明治時代初期の女流歌人で，富岡鉄斎とも親交のあった大田垣蓮月が晩年をすごした茶所がある。

　神光院の南西約200mに大将軍神社(祭神磐長姫命)がある。境内地は鎮守の森の雰囲気をよく残し，市の文化財環境保全地区になっている。一間社流造の本殿(市有形)は，1591(天正19)年に造営された上賀茂社摂社の片岡社本殿を寛永年間(1624〜44)に移築したもので，賀茂社系の本殿建築の特色をよく残す。社伝では，こ

神光院

西賀茂・上賀茂とその周辺　203

の付近に住んだ瓦工人たちの鎮守社に由来し，平安京の造営以後は京の北を守る方位神としてまつられたものという。同社周辺から柊野堰堤付近にかけては，飛鳥〜平安時代まで操業されていた須恵器窯跡や瓦窯跡が数多く分布する(西賀茂瓦窯跡群)。大将軍神社北側の角社瓦窯跡群(西賀茂角社町)から北に大宮河上瓦窯跡(西賀茂丸川町・大宮中ノ社町)・鎮守庵瓦窯跡(西賀茂鎮守菴町)・蟹ケ坂瓦窯跡(西賀茂蟹ケ坂町)・上庄田瓦窯跡(西賀茂上庄田町)などがおもなものである。いずれも開発にともなう調査で遺跡の保存に至ってはいないが，これらの瓦窯は官窯として平安宮・京に大量に瓦を供給した。

　大将軍神社から西北に約300m行った山裾に，西方寺(浄土宗)がある。小さいながらも，秋に色づいた紅葉がことのほか美しい寺でもある。寺伝によれば，847(承和14)年に円仁が開創した天台寺院に始まり，正和年間(1312〜17)に至って干菜寺(左京区の光福寺)の道空が中興し，浄土宗に改めたという。以後，当寺はその末寺となり，六斎念仏の寺として知られた。現在も毎年8月16日の五山の送り火の夜に，舟形に点火した後，境内では鉦・太鼓による囃しと唱名念仏に和して踊る六斎念仏(市民俗)が行われるが，空也堂系のそれに比して古態を伝えるものといわれる。なお舟形は，唐からの帰路，暴風雨にあった円仁が南無阿弥陀仏の名号を称えたところ無事収まり，帰国できたという故事にちなむという。境内には皇室制度や神道史の研究者であったイギリス人ポンソンビの記念碑，背後の小谷墓地には大田垣蓮月・歌人賀茂季鷹・作曲家多梅雄・芸術家北大路魯山人・歴史家上原専禄らの墓がある。

正伝寺 ⑲

〈M▶P.170, 179, 205〉京都市北区西賀茂鎮守菴町72　P
075-491-3259
市バス神光院前 ⧖15分

伏見城の遺構を伝える血天井と見事な借景庭園

　西方寺の約600m北，船山の中腹に正伝寺(臨済宗)がある。宋僧兀庵普寧の高弟東巌慧安が，1268(文永5)年に聖護院執事の静成の援助で烏丸今出川に開創したことに始まる。慧安は元寇に際して石清水八幡宮に参籠して蒙古降伏の祈願を行い，亀山天皇から吉祥山正伝護国禅寺の号を下賜された。のちに比叡山衆徒により破却されたが，1282(弘安5)年に賀茂の社家森経久により現在地に復

正伝寺周辺の史跡

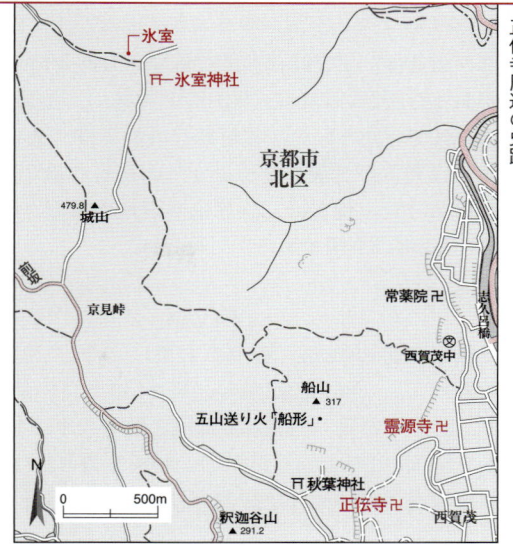

興され，南北朝から室町時代にかけては後醍醐天皇の勅願所あるいは足利義満の祈願所となって栄えた。応仁・文明の乱で焼亡したが，豊臣秀吉・徳川家康の援助を受けて復興。江戸時代前期には7塔頭を擁したが（『京羽二重』），その後は衰微し，現在は本堂と庫裏を残すのみとなっている。

山麓にある山門から約200mのぼった所に本堂がある。本堂（方丈，国重文・桃山）は伏見城の遺構と伝え，方丈障壁画（淡彩山水楼閣図，国重文・桃山）は狩野山楽筆と伝える。本堂広縁の天井は血天井とよばれ，伏見城落城時に鳥居元忠らが自刃した廊下の板を利用したものという。方丈前の正伝寺庭園（市名勝）は小堀遠州の作と伝え，石の代わりにサツキを主体にした刈込みを配した枯山水である。低い土塀越しに比叡山を借景とするこの庭園からの眺めは素晴らしい。

寺宝には絹本著色兀庵和尚像（元），絹本著色兀庵和尚像・先聖先賢聖道一轍義・紙本墨書東巌和尚蒙古降伏祈禱文（いずれも鎌倉）・紙本墨書東巌和尚賜号勅書（室町）・九条袈裟2領（南宋）などがある（いずれも国重文，京博保管）。

正伝寺の西北，船山の東

正伝寺

西賀茂・上賀茂とその周辺　　205

南部の山麓は，平安時代前期に創建され鎌倉時代まで存続した霊巌寺があった所といわれる（『山州名跡志』）。霊巌寺には妙見菩薩がまつられていたといい，室町時代の故実書『公事根源』によれば，かつては天皇が北辰をまつる9月の御灯の執行寺として重視された寺であった。現在は，谷筋に平坦地が確認されるものの（妙見堂遺跡），詳細は不明である。

霊源寺 ⑳

〈M▶P.170, 205〉京都市北区西賀茂北今原町41　P
市バス西賀茂車庫前🚶10分

　正伝寺の北約400m，船山の東麓に霊源寺（臨済宗）がある。本尊は釈迦如来。1636（寛永13）年，後水尾上皇の勅願により一糸文守を開山として創建。当初は霊源庵と称したが，1666（寛文6）年に上皇から清涼山の山号と霊源寺の勅額を賜り，寺号とした。以来，皇室の尊崇も篤く，1729（享保14）年には霊元上皇の勅願所ともなっている。

　一糸文守が岩倉家の出身であったことから，当寺は同家との関係が深く，尊王家竹内式部が処罰された宝暦事件（1758年）の際には岩倉尚具が隠れ，また1862（文久2）年には，朝廷・幕府の譴責を受けた岩倉具視が当寺で落飾・閉居した。墓地には具視の歯牙塚や岩倉家の墓があり，寺宝に後水尾上皇の画像や下賜物がある。

　霊源寺から北へ1kmほどの所にある常楽院（真言宗）には，清涼寺の釈迦如来像の古い模作として知られる木造釈迦如来立像（国重文・鎌倉）がある。創建は鎌倉時代初期であるが，1975（昭和50）年に現在地に移転している。

高雲寺 ㉑
075-406-2176

〈M▶P.171〉京都市北区雲ヶ畑中畑町190
京都バス高雲寺前🚶1分

　賀茂川に沿って谷筋を遡ると，桟敷嶽に源を発する賀茂川源流（雲ヶ畑川）の谷筋に開けた集落雲ヶ畑に至る。惟喬親王伝説の地で，毎年8月24日の松上げも親王を慰めるために始めたと伝えられる。近世は仙洞御料であり，雲ヶ畑川でとれたアユは禁裏に献上された。バスの便が少ないので，時間を確認して行動した方がよい。

　上賀茂神社入口の御薗橋から賀茂川沿いを約9km遡ると，北区役所雲ヶ畑出張所の近くに高雲寺（臨済宗，非公開）がある。寺伝で

高雲寺

は，文徳天皇の第1皇子惟喬親王が隠棲した耕雲殿の地で，親王が落飾後に真言宗の祈禱所としたことに始まるという(『拾遺都名所図会』)。のちに浄土宗となり，文政年間(1818～30)頃臨済宗に転じた。惟喬親王は当寺で大般若経を書写したと伝えられ，寺宝に惟喬般若経600巻(鎌倉)がある。江戸時代は村の惣堂であり，現在も実質的に地区が管理している。

雲ヶ畑学校前バス停の約300m北西に，厳島神社がある。祭神は天津石門別稚姫神で，『延喜式』の名神大社。江戸時代には当地の産土神で雲ヶ畑弁財天と称されたが，明治時代初期に厳島社に改称した。樹齢400～500年といわれる大杉がある。その北約1.2kmの出谷町の福蔵院(浄土宗)は，最澄の弟子空忍が792(延暦11)年に阿弥陀三尊をまつる寺を創建したのに始まると伝える。以来，延暦寺に属したが，1473(文明5)年将軍足利義尚の命で浄土宗に改宗した。現在の本堂は1854(安政元)年の建築。観音堂の十一面観音像は，豊臣秀吉の守護仏として石清水八幡宮豊蔵坊にあったものを，天正年間(1573～92)に勧請したものという。境内には，後桜町天皇が内裏の左近の桜の種子を下賜したと伝えるサクラの老樹がある。

志明院 ㉒
075-406-2061

〈M▶P.171〉京都市北区雲ヶ畑出谷町261 P
京都バス岩屋橋🚶25分

巨岩・洞窟・飛瀑の山岳行法の寺

福蔵院の北，雲ヶ畑岩屋川と祖父谷川の合流点が，バス終点の岩屋橋である。対岸の惟喬神社は惟喬親王をまつるが，親王の愛育した雌鳥を葬ったという伝承から雌鳥社の名もある。

岩屋橋から北へ約1.5kmのぼった岩屋山の山腹に，志明院(真言宗)がある。岩屋山志明院と号し，空海作と伝える不動明王をまつり，岩屋不動ともよばれる。縁起によれば，役小角が不動明王の示現により開創し，829(天長6)年に淳和天皇の命で空海が再興，後に宇多天皇の勅願所になったという。のちに衰えたが，1349(貞

和5)年に足利将軍家の帰依を得て復興され，近世には霊験を求める多くの参詣者で賑わった。1831(天保2)年に仁王門・鐘楼をのぞき焼失し，主要な建物はそれ以後の再建になる。

　かつて一の鳥居があった石礎から，16町で楼門(仁王門)に至る。往時，この参道には東山天皇から寄進されたヤマザクラの並木があり(『拾遺都名所図会』)，楼門の額「岩屋寺」は，小野道風(寺伝)あるいは後奈良院(『拾遺都名所図会』)の筆になるという。楼門の先の石段をのぼった所に本堂があり，その奥に飛龍の滝と飛龍権現の祠，さらに滝の後ろの崖に空海が護摩法を修したという護摩洞窟がある。歌舞伎の「鳴神」は，この辺りを舞台としたものである。

　北の山腹には神降窟があり，洞中から湧き出す水は香水と称され，かつては朝廷に献上され，あるいは病癒の薬水として珍重された(『雍州府志』)。巌頭には懸崖造の根本中院があり，宇多天皇の勅願により菅原道真が刻んで寄進したとされる眼力不動明王を安置する。この周辺から岩屋山にかけては行場となっており，納経の窟・脳薬師・飛岩・桜天満宮・神変堂などの諸堂がある。毎年4月27～29日は柴灯護摩供と大火渡りが行われ，参詣者を集める。周囲はシャクナゲの自生地(岩屋山志明院の岩峰植生として市天然)で，シャクナゲの開花の頃，あるいは紅葉時は多くの人で賑わう。

上賀茂神社 ㉓
075-781-0011

〈M▶P.170, 179〉京都市北区上賀茂本山339　P
市バス・京都バス上賀茂神社前🚻すぐ

葵祭・競馬などで知られる王城鎮護の神

　北大路橋から上流の鴨川左岸(東岸)は，船山を正面に，サクラ・ヤマブキ・ハギなどの花や新緑あるいは紅葉など，川岸の四季折々の姿を楽しみながら散策できる散歩道で，とくに北大路橋から北山大橋までの区間は半木の道として桜並木が整備されている。半木の道の東隣は府立植物園。同園は1924(大正13)年に大典記念植物園として開園された日本初の公立植物園。園の一画に残る自然林の中には，上賀茂神社の境外小祀半木神社(祭神天太玉命)がある。府立植物園の東隣には，1990(平成2)年の国際花と緑の博覧会に出品した，陶板の名画8点を展示した陶板名画の庭があり，その東には府立総合資料館がある。また，植物園の向かい側，北山通に面して表千家北山会館があり，茶器などを展示する。

賀茂川にかかる御薗橋の東に上賀茂神社(賀茂別雷神社)がある。主祭神は賀茂別雷大神。賀茂社の創始を語る『山城国風土記』(逸文)によれば、賀茂社の神である賀茂建角身命は日向国(現、宮崎県)に降臨し、神倭石余比古(神武天皇)を先導して大和国葛木(葛城)に至り、そののち山代(山城)国岡田の賀茂(現、木津川市)を経て、賀茂川上流の久我国の北山基(現、北区紫竹下竹殿町の久我神社辺りという)に鎮座したという。さらにある日、賀茂建角身命の娘の玉依日売が石川の瀬見の小川で川遊びをし、流れてきた丹塗の矢を持ち帰って床に挿しておいたところ妊娠し、男子が生まれた。成人した子に賀茂建角身命が「汝の父と思う人に酒を飲ましめよ」といったところ、その子は天に向かって祭りをし、昇天したため、賀茂建角身命はその子を賀茂別雷命と名づけた。別雷神の父は乙訓社(向日市)の火雷神とも大山咋神であったともいう。

　川や雷と関係する伝承は、賀茂社の信仰が基本的に農耕と深くかかわるものであったことを示唆する。また、賀茂祭についても、『山城国風土記』は、欽明天皇の時代に猪の頭をかぶった人が、馬を駆け馳せて豊穣を祈ったことに始まるといい、こうした馬を用いた祭儀も農耕祭祀につながるものである。

　文献史料上の初見は、文武天皇2(698)年に賀茂祭における会衆騎射を禁じた記事(『続日本紀』)で、以後、天平年間(729〜749)にかけて3度も騎射や会集の禁止、あるいは国司の臨検などが指示されており、奈良時代初期にはすでに賀茂社の祭礼が大規模なものになっていたことが示されている。なお、奈良時代前期までは賀茂社としか記述がないが、8世紀後半にはすでに上下2社に分立していたらしい。平安遷都とともに王城鎮護の神として尊崇されるようになり、807(大同2)年には正一位、810(弘仁元)年には伊勢神

上賀茂神社一の鳥居

西賀茂・上賀茂とその周辺　　209

宮の斎宮に倣い皇女が斎王として奉仕する斎院の制が創始されている。

　一の鳥居から二の鳥居までの境内地には，芝地が広がる。毎年5月15日の葵祭の行装は，御薗橋を渡って一の鳥居をくぐり，中央の参道を進む。祭りの終わりを告げる走馬も，この参道で行われる。左手(西側)の芝地が競馬の馬場で，5月1日には足汰式，5日には古式の衣装をまとった騎手による競馬が行われる。賀茂競馬は，堀河天皇の勅願により1093(寛治7)年に宮廷の競馬の儀を移したのが始まりとされ(『競馬記』)，出走する馬には賀茂社領として寄進された荘園の名がつけられた。馬場の西側からは北に，賀茂明神が降臨したと伝える神山(301m)を仰ぐことができる。山頂には降臨石とよばれる磐座があり，年ごとに神を迎える御阿礼神事は，かつてはここで行われていたという(現在は禁足地)。

　二の鳥居の内側におもな社殿がある。社殿造営は678(天武天皇7)年に遡るといわれる(『二十二社註式』)。1036(長元9)年には後一条天皇の勅により，21年ごとに造替されることになったというが，事情によりしばしば式年造替が行われないこともあったようである。現在の社殿はすべて，1628(寛永5)年・1863(文久3)年の造営によるもので，文久造営の社殿には本殿・権殿(ともに国宝)，本殿権殿取合廊・本殿東渡廊取合廊(ともに国重文)，寛永造営の社殿には本殿西渡廊・透廊・渡廊・祝詞舎・塀中門・摂社若宮神社本殿・東渡廊・四脚中門・御籍屋・神宝庫・唐門・東御供所・直会所・楽所及び西御供所・幣殿・忌子殿・幣殿忌子殿取合廊・高倉殿・楼門・廻廊(東・西)・摂社新宮神社本殿及び拝殿・摂社片岡神社本殿及び拝殿・片岡橋・拝殿(細殿)・舞殿(橋殿)・土屋

上賀茂神社拝殿

上賀茂のさんやれ祭り

コラム 祭

上賀茂に残る元服式

　毎年2月23、24日、北区上賀茂の7地区（山本・池殿・中大路・南大路・竹ケ鼻・岡本・梅ヶ辻の各町）に住む小学生から15歳までの少年により、上賀茂さんやれ（市登録）が行われる。行事は子ども組が主体となって、15歳になった少年の成人入りを皆で祝うもので、少年は「アガリ」と称する役をつとめてから組を抜けるという、いわば元服式である。

　「アガリ」の家に近所の小・中学生が集まり、夕食をともにして一晩そこに泊る。翌日、皆は、大将木という御幣を吊るした青木をもった少年を先頭に、副大将をつとめる14歳の少年が首からさげた鉦を叩き、羽織姿の「アガリ」が締太鼓を打つ。他の少年たちは御幣のついた榊をもっている。音頭が「ソーレ」というと、全員が「おめでとうござる」などと掛け声をかけ、鉦と太鼓で囃しながら町内を練り歩く。町内の山の神や祠をまわりつつ、上賀茂神社や大田神社に参拝し、最後は「アガリ」の家に戻って祝いの膳を受ける。

　組によって「アガリ」と楽器の人数や、「アガリ」のいない年は町会所を宿として集まるなど、多少の違いはある。

（着到殿）・楽屋・外幣殿・北神饌所（庁屋）がある（いずれも国重文）。

　二の鳥居と細殿との間の広場では、毎年9月9日に烏相撲が行われる。烏相撲は賀茂氏の祖賀茂建角身命が神武天皇の軍を案内した八咫烏であったという所伝に由来するもので、重陽の神事の後、細殿の立砂前につくられた土俵で、左右に分かれた子どもたちが相撲をとり、その勝ち負けで豊凶を占う。開始にあたって、立砂前に左右から弓矢を携えた刀禰が足を揃えて横飛びに進み、「カアカアカアー、コオコオコオー」と鳴くなど、ユーモラスな神事でもある。

　本殿の東西を流れる御物忌川と御手洗川は橋殿の手

上賀茂神社楼門

西賀茂・上賀茂とその周辺

前で合流し、楢の小川となる。川の名は、夏越祓（6月30日）の情景を詠んだ藤原家隆の和歌「風そよぐ ならの小川の 夕暮れは みそぎぞ夏の しるしなりける」で知られる。川は境内地の東部を南に流れ、神社東南の社家町へと流れ出る。

社家町界隈 ❷ 〈M▶P.170〉京都市北区上賀茂池殿町・山本町ほか
市バス上賀茂神社前 🚶 1分

川に沿う神職たちの町 重要伝統的建造物群保存地区

上賀茂神社から東、明神川に沿った一帯が社家町で、室町時代以降、上賀茂神社の神職が多く屋敷を構えたところからこの名がある。敷地内やや奥に設けられた主屋を土塀と門が囲み、庭や生垣の緑と明神川の流れがあいまって静寂な独特の景観を形成しており、国の重要伝統的建造物群保存地区に選定されている（上賀茂伝統的建造物群保存地区）。土塀越しに新緑の芽吹く季節は、とくに美しい。これら川沿いの屋敷の多くは邸内に明神川の流れを引き込み、庭園などの水として利用し、排水口から再び川に返すという水利用を行っていたが、今でも土塀下部の石垣に流入口・排水口がみられる。近世末の歌人賀茂季鷹はこの近くに住み、近代の芸術家北大路魯山人もこの付近で生まれている。

保存地区中央に、西村家庭園（市名勝）がある。もとは社家の錦織家の敷地で、住宅は明治30年代に建て替えられたものの、庭園は旧状のままに残されたといわれ、明神川から導入した遣水や水垢離場など、社家ならではの意匠や水利用の庭園構造をよく残している。付近の住宅地にも岩佐家・梅辻家住宅（ともに市有形）・井関家住宅（市登録）や岩佐家庭園（市名勝）など、社家に由来する建築や庭園が多く（いずれも非公開）、静かな雰囲気を味わいながら、そぞろ歩くにはよい場所である。

上賀茂の社家町

大田神社 ㉕
075-781-0011

〈M▶P.170〉京都市北区上賀茂本山340　P（上賀茂神社）
市バス・京都バス上賀茂神社前🚶10分，または地下鉄烏丸線北山駅🚶20分

平安時代以来のカキツバタの名所

　社家町の東北，上賀茂神社から東へ500mほど行った大田山の山裾に，大田神社（祭神 天鈿女命ほか）がある。『延喜式』式内社で，上賀茂神社の境外摂社の1つ。割拝殿と一間社流造の本殿は，上賀茂神社と同じく1628（寛永5）年の造営になる。参道東側の沢池は「大田の沢」とよばれ，藤原俊成が「神山や　大田の沢の　かきつばた　深き頼みは　色に見ゆらむ」と詠んだように，平安時代からのカキツバタの名所であり，大田ノ沢のカキツバタ群落として国天然記念物に指定されている。葵祭が行われる5月上旬～中旬の頃，池一面はカキツバタの青紫の花で彩られる。

　参道向かいにある末社の福徳社は，この地域で毎年2月24日に行われるさんやれ祭（幸在祭・市登録）の祭神。隣には北大路魯山人生誕地の碑がある。また，この地域では毎年5月15日に攘災を願うやすらい花（国民俗）の祭りも行われている。

　この辺りはまだ農地がよく残っており，夏には賀茂ナス，冬にはすぐき菜の栽培風景がみられ，穂根束公園には「すぐき栽培発祥の地」の碑がある。

　大田神社前から東に約800m行くと深泥池に着く。太古の京都盆地の環境を残す貴重な深泥池生物群集として，国天然記念物に指定されている。ここから南にさがれば地下鉄北山駅

大田神社拝殿

大田ノ沢のカキツバタ群落

西賀茂・上賀茂とその周辺

深泥池

（徒歩約10分），北に向かえば比叡山の借景で知られる円通寺(えんつうじ)（徒歩約20分）に出ることができる。

春の賀茂川堤と舟形山（上賀茂橋付近）

賀茂川で遊ぶ子ども

Ukyoku 右京区

妙心寺山門・仏殿・法堂

妙心寺境内図(『都名所図会』〈妙心寺〉)

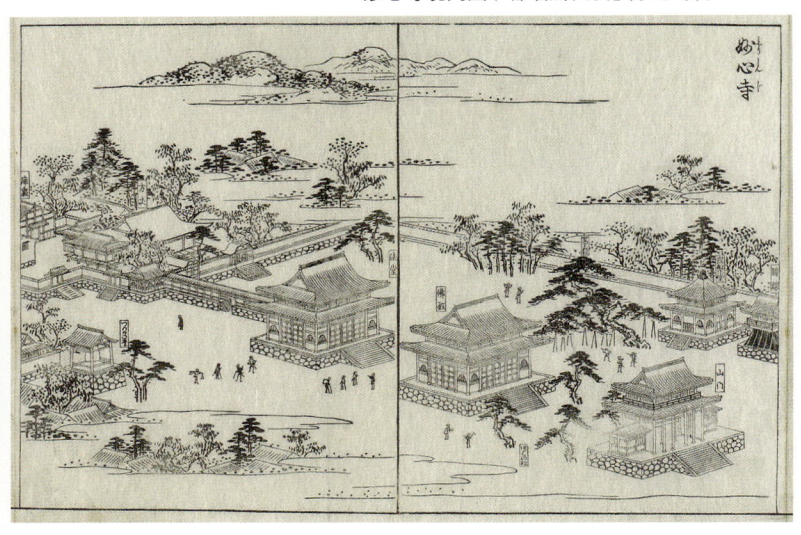

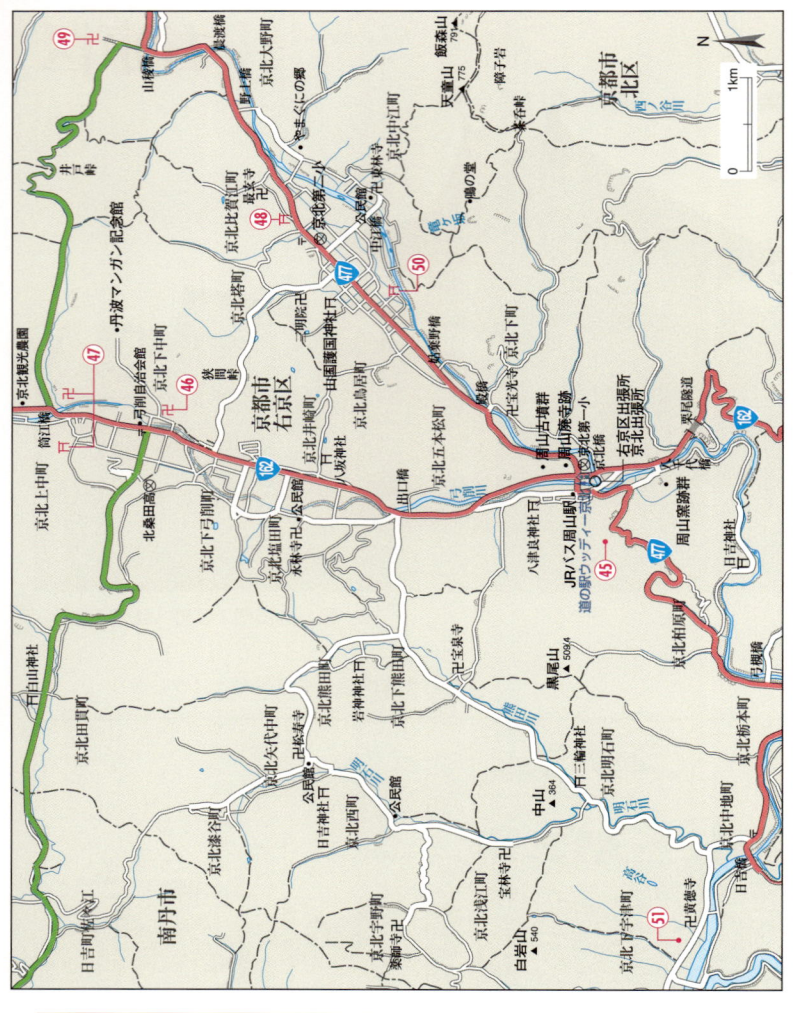

① 淳和院跡
② 西院春日神社
③ 蚕ノ社
④ 広隆寺
⑤ 蛇塚古墳
⑥ 長福寺と梅宮大社
⑦ 車折神社
⑧ 三船祭
⑨ 鹿王院
⑩ 旧山陰線
⑪ 臨川寺
⑫ 渡月橋
⑬ 天龍寺
⑭ 清凉寺
⑮ 大覚寺
⑯ 大沢池
⑰ 直指庵
⑱ 広沢池
⑲ 遍照寺
⑳ 野宮神社
㉑ 竹林
㉒ 常寂光寺
㉓ 落柿舎
㉔ 二尊院
㉕ 祇王寺
㉖ 滝口寺

216　右京区

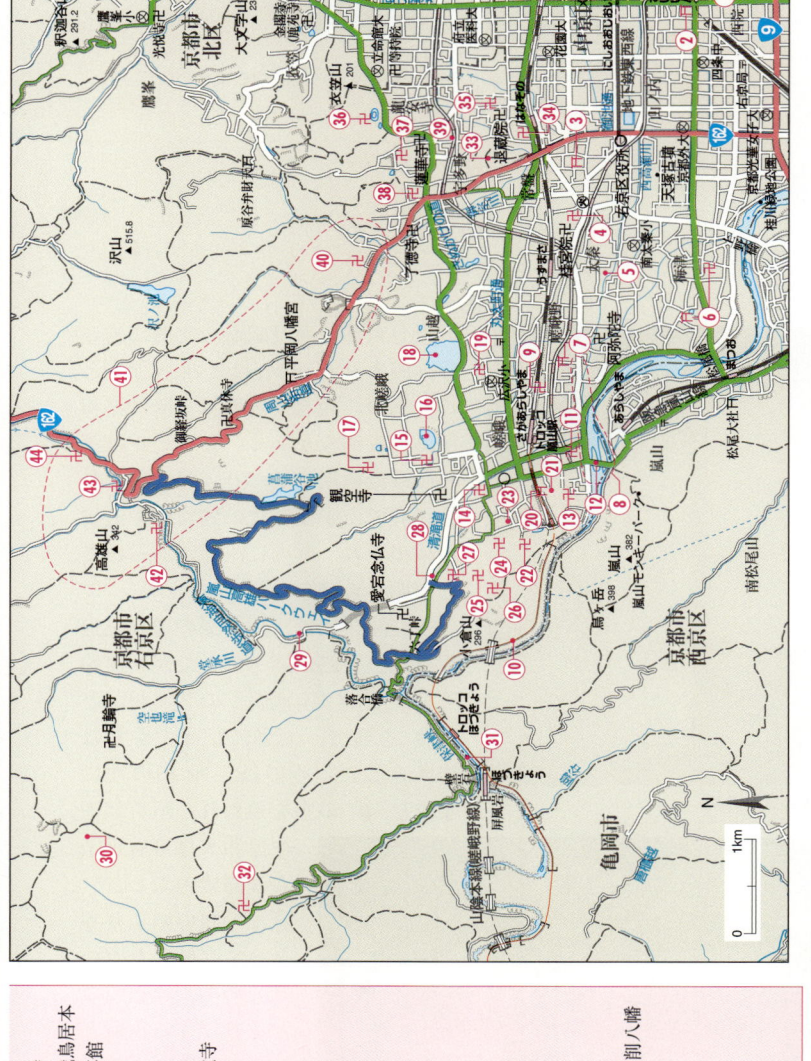

㉗化野念仏寺
㉘京都市嵯峨鳥居本町並み保存館
㉙清滝
㉚愛宕山
㉛保津峡
㉜木尾の円覚寺
㉝双ケ丘
㉞法金剛院
㉟妙心寺
㊱龍安寺
㊲仁和寺
㊳稲王子
㊴御室焼
㊵三宝寺
㊶梅ケ畑
㊷神護寺
㊸西明寺
㊹高山寺
㊺周山城跡
㊻福徳寺
㊼中道寺と弓削八幡宮社
㊽日吉神社
㊾常照皇寺
㊿山国神社
㊑宇津城跡

西院から太秦へ

1

京福電鉄(嵐電)の沿線に点在する古社寺や古墳をめぐり、今も生きる映画の街を訪ねる。

淳和院跡と西院春日神社 ①②
075-312-0474(西院春日神社)

〈M▶P.217〉京都市右京区西院春日町61 P
阪急京都線西院駅・京福電鉄嵐山本線西院駅・市バス西大路四条 🚶3分(淳和院跡)

淳和天皇造営の離宮 厄除け利益の産土神

淳和院跡の碑

西院春日神社

阪急京都線西院駅から北西に約3分、四条通を150mほど西へ行くと、佐井(春日)通北東角のビル壁に淳和院跡の説明板がある。このビルは淳和院跡南西隅にあたり、建設前の発掘調査で、平安時代の建物跡や遺物が検出され、邸内に工房があったことが明らかになっている。

平安時代には、佐井通の辺りを道祖(佐比)大路が通っていたが、淳和天皇が離宮(南池院、のち淳和院と改称)を建て、上皇になってからは居所とした。その後、承和の変により皇太子の座を追われた恒貞親王や淳和天皇皇后正子らが隠棲の地とし、正子の願いにより寺として存続したという。のち、淳和院などを管理する役職として淳和院別当が設けられると、村上源氏の氏長者に受け継がれるようになり、

嵐電(京福電鉄嵐山本線)

結果として徳川将軍家が継承したために、淳和院自体が廃絶してからも職名は明治維新まで残ることになった。この辺りを西院とよぶようになるのは、佐比大路と淳和院の存在によるものといわれる。

　ここから佐井通を100mほど北上すると、左手に西院春日神社がある。春日神社は建御賀豆智命などを祭神とし、西院地域の産土神として親しまれ、毎年10月第2土曜日・日曜日には春日祭が行われる。京都市内各地に残る剣鉾を差す祭の1つで、夜遅くまで夜店で賑わう。社務所は1939(昭和14)年に平安神宮から移築したもので、境内には淳和院の礎石や西院村道路元標などがある。神楽殿の脇の還来神社は、もと道祖大路にまつられていたもので、旅行の安全に利益があるとされ、第二次世界大戦中には出征兵士の家族が多数訪れたという。また、かつて京福電鉄西院駅のそばにあった招魂碑が、境内に移築されている。

　西大路四条の交差点東北角にある高山寺にも淳和院跡の石標が立つ。僧善西の開基と伝え、本尊は地蔵菩薩で、室町時代には洛陽六地蔵の1つとして栄えた。門標には「西院之河原旧跡高山寺」とあるが、各地に残る「賽の河原」伝承の1つといえよう。

　高山寺から東に少し行った所に京福電鉄嵐山本線西院駅がある。駅名は「さい」と読み、「さいいん」と読む阪急の駅とも今は直結する。京福電鉄(嵐電)は、1910(明治43)年に四条大宮駅から嵯峨嵐山駅を結ぶ約11kmが開通した。京都市内と嵯峨との間を、住宅地や

市五郎大明神

西院から太秦へ　　219

御土居跡の碑

田園地帯を縫うようにして走り、車窓からの眺めの中に目的とする古社寺の姿を探すこともできる。

淳和院跡の北方、西大路通を北に向かい、御池通から北に2筋目を右折して100mほど行くと、左手に1890(明治23)年に創祀された市五郎大明神があり、ここに御土居跡(国史跡)が残っている。南側から御土居の断面をみると往時の高さが偲ばれる。御土居は豊臣秀吉による京都の都市改造の一環として築かれたもので、御土居を境に洛中と洛外を分けていた。

また、市五郎大明神から西大路通を挟んだ西側、地下鉄西大路御池駅の近くにある西京高校からは、改築の際に平安時代前期の1町四方におよぶ大規模な貴族邸宅跡が確認されている(右京三条二坊十六町遺跡)。園池や建物跡、木簡や墨書土器などがみつかっており、墨書土器には「斎雑所」「斎宮」などとあることから、斎宮にかかわる施設と考えられている。同高校の前に解説板がある。

蚕ノ社(木島坐天照御魂神社) ③
075-861-2074

〈M▶P.217,223〉京都市右京区太秦森ヶ東町50
市営地下鉄東西線太秦天神川駅🚶5分、または京福電鉄嵐山本線蚕ノ社駅🚶3分

秦氏所縁の式内社池にあるのは三柱の鳥居

西院駅から太秦天神川駅までは京福電鉄で約10分、島津製作所の工場群の北に、仁和寺や妙心寺などを包み込む西山の眺めを楽しむことができる。太秦天神川駅は市営地下鉄との連絡駅でもあり、右京区役所や図書館なども集まる。

太秦天神川駅から北西へ歩いて約5分の所に、木島坐天照御魂神社(市史跡)がある。祭神は天御中主命ほか4神で、『延喜式』にはすでにその名がみえる。平安京以前からこの辺りにあった神社で、来歴には不明な点が多い。本殿(木島神社)の右に並ぶ東本殿(蚕養

木島坐天照御魂神社

神社）と，西側にある元糺の池などは，それぞれ別の由緒があったものがまとめられたのではないかと思われる。『梁塵秘抄』には，「稲荷も八幡も木島も人の参らぬ時ぞ無き」とうたわれた。

　東本殿の蚕養神社は通称「蚕ノ社」といい，古くからこの辺りを拠点としていた秦氏ゆかりのものと考えられる。秦氏は大陸からの渡来伝承をもつ氏族で，最新の知識に基づく養蚕や機織を主たる業とした。おそらく農耕や治水にも手腕を発揮し，この辺りの発展の基礎を築き，桓武天皇が新しい都を築く場所として山城盆地（現在の京都）を選ぶ理由の1つにもなったものと思われる。

　また，元糺の池には3本の石柱からなる三柱の鳥居があり，三方から拝むことができる。

広隆寺 ❹
075-861-1461
〈M▶P. 217, 223〉京都市右京区太秦蜂岡町32　**P**（有料）
京福電鉄嵐山本線太秦広隆寺駅・市バス広隆寺前🚶すぐ，JR山陰本線太秦駅🚶8分

国宝第1号の弥勒像
太子側近秦河勝が建立

　蚕ノ社から西へ5分ほど歩くと，京福電鉄嵐山本線太秦広隆寺駅があり，その北側に広隆寺（真言宗）がある。広隆寺も平安京造営以前からある古い寺院で，聖徳太子から仏像を授けられた秦河勝が，太子の供養のために建立した寺に始まるという。別名を秦公寺（蜂岡寺），俗に太秦の太子堂ともいう。このため，京都市街地から西へ太秦安井町方向にのびる広隆寺参詣の道は太子道とよばれる。

　広隆寺の楼門の前は，嵐電を始め諸方からの道路が合流する交通の要衝である。地形は南に向かって下り坂になっており，広隆寺を南から眺めると楼門と「太秦広隆寺」の大きな石標が聳え立ってみえる。朱塗りの楼門（仁王門）から境内に入ると，左手に薬師堂，その北に地蔵堂（腹帯地蔵）があり，庶民の信仰を集める。楼門から右手には講堂（赤堂，国重文・平安）があり，中央に阿弥陀如来坐像（国宝・平安），左右に虚空蔵菩薩坐像と地蔵菩薩坐像（ともに国重

西院から太秦へ　　221

広隆寺の国指定文化財（美術工芸品）

国宝

彫刻　木造弥勒菩薩半跏像（宝冠）・木造弥勒菩薩半跏像（宝髻）（ともに飛鳥），木造不空羂索観音立像・木造十二神将立像・木造阿弥陀如来坐像，木造千手観音立像（いずれも平安）

古文書　広隆寺縁起資財帳・広隆寺資財交替実録帳（ともに平安）

重要文化財

絵画　紙本著色能恵法師絵詞・絹本著色十二天像・絹本著色准胝仏母像・絹本著色三千仏図（いずれも鎌倉）

彫刻　塑造弥勒菩薩坐像（奈良），木造薬師如来立像・木造地蔵菩薩立像・木造持国天立像・木造広目天立像・木造増長天立像・木造阿弥陀如来立像・木造毘沙門天立像・木造吉祥天立像5体・木造聖観音立像・木造大日如来坐像2体・木造日光菩薩立像・木造月光菩薩立像・木造不動明王坐像・木造神像・木造女神坐像・木造菩薩立像・木造千手観音坐像・木造五髻文殊菩薩坐像・木造多聞天立像・木造蔵王権現立像2体・木造如意輪観音半跏像・木造地蔵菩薩坐像・木造虚空蔵菩薩坐像（いずれも平安），木造聖徳太子半跏像（鎌倉）

工芸品　鉄鐘（鎌倉）

　文・平安）を安置する。講堂の北には秦河勝・漢織女・呉織女をまつる太秦殿があり，その北に本堂の上宮王院太子殿がある。18世紀に建てられ，本尊の聖徳太子像を安置し，11月22日の御火焚祭に開帳される。

　西方にある桂宮院本堂（国宝・鎌倉）は，聖徳太子が楓野別宮をおこした所と伝える。春と秋の一時期しか見学できないが，その八角形の建築は法隆寺夢殿を思わせる。桂宮院の前には，かつて付近にあった池の中島弁天島に築かれていた経塚群の遺物の模造品がおかれる（出土品は市考古資料館保管）。

　寺宝の多くは，境内の北部に建設された霊宝殿に安置されている。なかでも国

広隆寺

広隆寺周辺の史跡

宝第1号として知られる「宝冠の弥勒」すなわち木造弥勒菩薩半跏像(国宝・飛鳥)は、聖徳太子から秦河勝に贈られたものといわれる。

広隆寺楼門から北東にある大酒神社は、祭神として秦の始皇帝・弓月君・秦酒公をまつる。広隆寺の縁起では、秦氏の祖の功満王が祖先をまつったのが始まりとされるが、一説には秦氏渡来以前からあった大避神社で、農耕神または除障の神であったともいう。もとは桂宮院内にあったらしい。京都三奇祭の1つで10月12日夜に行われる牛祭は、大酒神社の祭礼である(今は休止中)。

太秦はかつて、大映や松竹・東映などの映画会社が集まる映画の町だった。今でもその賑わいを偲ぶことができるのが、大酒神社の北約5分の所にある東映太秦映画村である。一方、広隆寺の楼門から西に延びる細い道(旧三条通)は、現在、大映通りと名乗って映画にちなんだ催しを行う。通りの中ほどにある三吉稲荷には、俳優らから寄進された石柵が並び、境内には日本映画の父といわれる牧野省三の顕彰碑が立つ。さらに3分ほど南に行くと、黒澤明監督の映画「羅生門」が撮影されたスタジオ跡を記念する碑が立つ。

大映通りの西端帷子ノ辻には京福電鉄嵐山本線帷子ノ辻駅があり、北野白梅町方面にのびる北野線との乗換え駅となっている。檀林皇后(嵯峨天皇の皇后 橘 嘉智子)の葬送の際に棺をおおった帷子が風に飛ばされたことに由来する地名という。駅の南側には松竹の撮影所がある。

西院から太秦へ

223

蛇塚古墳 ❺
075-761-7799（京都市文化財保護課）
〈M▶P.217, 223〉京都市右京区太秦面影町
京福電鉄嵐山本線帷子ノ辻駅🚶7分

府内有数の巨石墳
嵯峨野の石舞台

　松竹の撮影所から南に200mほど行くと，住宅地の中に蛇塚古墳（国史跡）がある。かつては墳長75mの前方後円墳だったが，現在は横穴式石室（全長約18m）が露出し，奈良県明日香村の石舞台古墳を思わせる姿をみせる。嵯峨野の古墳群中最大の規模をもち，秦氏一族の首長を葬ったものと考えられている。普段は鍵がかかっているが，近隣住民に頼めば，石室の中を見学することもできる。

　この辺りには，秦氏ゆかりのものと思われる古墳がいくつかある。蛇塚古墳から東南に流れる西高瀬川に沿って20分ほど歩いた太秦松本町に，やはり住宅に囲まれて墳長71mの天塚古墳（国史跡）がある。現在も古墳の景観を保ち，蛇塚古墳などの往時の姿を想像することができる。石室が2カ所保存されており，記帳をすれば見学可能である。天塚古墳の付近には清水山古墳とよばれる古墳もあったが，現在は古墳跡に石碑が立つのみとなっている。

　天塚古墳の北東約2分ほどの所には，千石荘児童公園がある。ここにはかつて大きな池があり，戦前には，日本海を航行していた長栄丸という千石船が浮かべられていたため，この名がある。公園には，1926（大正15）年にスウェーデン皇太子夫妻が天塚古墳や千石船を見学したことを記念する碑が立つ。

蛇塚古墳

長福寺と梅宮大社 ❻
075-861-1304／075-861-2730
〈M▶P.217〉京都市右京区梅津中村町37／京都市右京区梅津フケノ川町30
阪急嵐山線松尾駅🚶20分／阪急嵐山線松尾駅🚶10分，または市バス梅ノ宮神社前🚶3分

　梅津は桂川が大きく蛇行し，対岸に松尾山を望む位置にあり，

水運の要衝に立つ梅津氏ゆかりの寺と橘氏の氏神社

平安時代以来,貴族の別荘地,あるいは丹波方面から桂川を通じて京都へ運ばれる材木の陸揚地として発展した。また,こうした交通上の要地という性格から,鎌倉時代末期以降,しばしば合戦の舞台ともなった。

蛇塚古墳から南に約1km,四条通を挟んで少し離れて長福寺(臨済宗)と梅宮大社がある。

長福寺は梅津庄を開発した梅津氏の後裔,真理尼の創建と伝える。14世紀には花園天皇の信任のあつかった月林道皎が入寺,臨済宗に改めた。仏殿・方丈・鐘楼・表門は市有形で,境内の石造宝塔(室町)は国重文。ほかにも多くの国宝・国重文を所有する。

長福寺の西約1km,四条通の北に梅宮大社がある。『延喜式』に載る名神大社で,橘氏一族の氏神として酒解神など4神をまつる。橘諸兄の母県犬養橘三千代が井手寺(現,綴喜郡井手町)に氏神をまつったことに始まり,橘氏出身の檀林皇后(橘嘉智子)がこの地に移したと伝える。例祭の梅宮祭は平安時代には官祭とされた有名な祭りであった。本殿・拝殿・楼門と境内社の若宮社・護王社は府有形。神苑はカキツバタやウメの名所として知られる。ここから西に向かうと,まもなく桂川に出る。この辺りの堤防は罧原堤といい,6世紀頃秦氏によって整備されたという。ここから松尾橋を渡ると松尾大社に出る。

長福寺の国指定文化財(美術工芸品,すべて京博保管)

国宝
絵画　紙本著色花園天皇像(南北朝)
書跡・典籍　古林清茂墨蹟(元)

重要文化財
絵画　絹本著色仏涅槃図(南北朝)
書跡・典籍　紺紙金字金光明経(平安),紙本墨書長福寺縁起・紙本墨書花園天皇宸翰如来寿量品偈・紙本墨書花園天皇宸翰阿弥陀経残巻・紙本墨書花園天皇宸翰達磨像御賛(いずれも鎌倉),竺仙梵僊墨蹟(南北朝)
古文書　紙本墨書花園天皇宸翰御消息・紙本墨書月林道皎禅師送行文・紙本墨書光厳院宸翰仮名御消息・紙本墨書普光大幢国師諡号勅書・紙本墨書後光厳院宸翰御消息(いずれも南北朝)

西院から太秦へ

❷ 嵯峨野を歩く

京福電鉄(嵐電)の沿線から嵐山と嵯峨の中心部をめぐり、旧山陰本線のトロッコ列車で保津峡を楽しむ。

車折神社と三船祭 ❼❽

075-861-0039

〈M▶P.217, 228〉京都市右京区嵯峨朝日町23 P
京福電鉄嵐山本線車折神社駅 徒歩1分

平安時代の漢学者をまつり、船遊びを再現

京福電鉄車折神社駅の南に接して車折神社があり、平安時代後期の明経博士で「国の大器、道の棟梁」と称された清原頼業をまつる。

頼業の死後その廟が設けられ、宝寿院ともよばれていた寺を、後嵯峨天皇から車折大明神との神号を贈られて車折神社と改めたと伝えられる。明治時代には、一時、富岡鉄斎が宮司をつとめた。江戸時代から商売繁盛の神として信仰され、社前の小石を家に持ち帰り、祈願成就の際には石を倍にして返すという風習がある。また、境内には芸能神社(祭神 天宇受売命)があり、玉垣には多くの芸能人の名が並ぶ。5月の第3日曜日に嵐山の大堰川で行われる三船祭は、平安時代の船遊びを模して1928(昭和3)年に始められたもので、今では有名な観光行事となっている。

車折神社を通り抜けると三条通に出るが、周囲には材木の集散地だった雰囲気が残る。三条通を東に約300mほど戻ると斎宮神社(祭神 天照大神)があり、伊勢神宮に奉仕する斎宮(斎王)が伊勢に向かう前に潔斎をした野宮跡と伝える。嵯峨には、野宮跡と称する社が幾つかあり、ここはその1つである。

斎宮神社の南200mほどの住宅地の中に、阿弥陀寺(浄土宗)がある。毎年8月23日に、嵯峨野六斎念仏保存会が六斎念仏を上演することで知られる。

三船祭

鹿王院 ⑨
075-861-1645

〈M▶P.217, 228〉京都市右京区嵯峨北堀町24 P
京福電鉄嵐山本線鹿王院駅🚶3分

夢窓疎石の法嗣春屋妙葩が開山　一時は十刹

　車折神社から西に約300m, 京福電鉄鹿王院駅の南に鹿王院(臨済宗)がある。1380(康暦2)年, 足利義満が春屋妙葩を開山として興聖寺(のち宝幢寺)を建立, のちに建てられた開山堂を鹿王院と号した。宝幢寺は十刹にも数えられたが, 応仁・文明の乱で衰え, 宝幢寺は廃絶して鹿王院だけが残る状態となった。寛文年間(1661～73)に酒井忠知の援助で再興され, 鹿王院を寺号とした。

　総門は室町時代初期のものと考えられるが, ほかの建築物の多くは江戸時代の再興以後のものである。客殿の南, 舎利殿を中心に, 嵐山を借景とし, 苔におおわれた中に石組と樹木を配した平庭式枯山水庭園(市名勝)が広がる。寺宝として絹本著色夢窓国師像2幅・絹本墨画出山釈迦像(いずれも南北朝)や紙本著色釈迦三尊及三十祖像・紙本墨画蘭石図(ともに室町)などの絵画, および紙本墨書後醍醐天皇宸翰御消息(鎌倉)・紙本墨書鹿王院文書・紙本墨書金剛院文書・夢窓疎石筆臨幸私記・夢窓疎石墨蹟・春屋妙葩墨蹟(いずれも南北朝)などの書蹟があり, 国重文に指定されている(一部は京博保管)。

　鹿王院の南西にある曇華院(臨済宗)は, 通称竹の御所といわれる尼門跡である。足利義詮の夫人良子の生母智泉尼が三条東洞院に開いた通玄寺(のち曇華院)に始まり, 同地に曇華院前町との町名も残る。延宝年間(1673～81)に後西天皇の皇女大成尼によって中興され, 門跡寺院となったが, 1864(元治元)年の禁門の変で焼失し, 1872(明治5)年に現在地に移った。

旧山陰線(トロッコ列車) ⑩

〈M▶P.217, 228, 234, 241〉京都市右京区嵯峨天龍寺車道町 P
JR山陰本線(嵯峨野線)嵯峨嵐山駅🚶すぐ

鉄道遺産　保津峡の景色を楽しむ

　嵐電嵯峨駅から北に約3分の所にJR嵯峨嵐山駅があり, 嵯峨野観光鉄道トロッコ嵯峨駅が併設される。山陰本線の電化・複線化にともない, 不用になった旧山陰本線を観光用に再利用したもので, トロッコ嵯峨駅からトロッコ亀岡駅までの7km余りを約25分で結

嵯峨野を歩く

嵯峨駅周辺の史跡

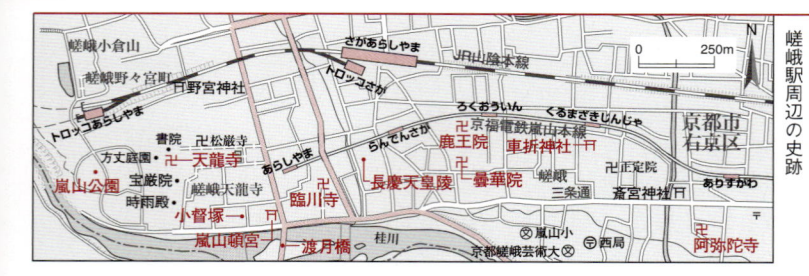

ぶ。岸壁を削り，トンネルを穿ち，1899(明治32)年に開通した。鉄道遺産となり，走る車窓からは保津峡の景色を楽しむことができる。また，トロッコ嵯峨駅前の19世紀ホールには，蒸気機関車などが展示され，隣接してジオラマ館が設けられている。

臨川寺と渡月橋 ⓫⓬
075-872-0836

〈M▶P.217, 228〉京都市右京区嵯峨天龍寺造路町33 [P](民間有料)

京福電鉄嵐山本線嵐山駅🚶5分，または市バス嵐山🚶すぐ

夢窓疎石が開山の寺 目前は観光スポット

　嵐電嵯峨駅の南50mほどに長慶天皇陵があり，敷地内には平安時代の陰陽師安倍晴明の墓もある。長慶天皇は南朝の天皇の1人で，即位についても疑問視されていたが，1926(大正15)年に皇統に加えられて歴代天皇に数えられるようになり，1944(昭和19)年に陵墓も定められた。

　嵐電嵯峨駅から西南に歩いて約5分の所に臨川寺(臨済宗)がある。この辺りは亀山上皇の離宮亀山殿があった所で，離宮を継承した後醍醐天皇の皇子世良親王が禅寺を創建しようとしたが早世してはたせず，遺命で北畠親房が禅刹とし，ついで後醍醐天皇が1335(建武2)年に夢窓疎石を開山に迎えて勅願寺とし，臨川禅寺と号した。疎石はこの寺で入寂している。足利尊氏はこの寺を十刹に数え，足利義満の代には五山に加えるなど，室町幕府の保護はあつかった。現在は中門・開山堂・客殿(いずれも市有形)を残し，中門には義満筆と伝える「三会院」の額を掲げる。本尊の弥勒菩薩像のほか，世良親王と夢窓疎石をまつるところからこの名がある。

　臨川寺門前は多くの土産物屋で賑わう。手前に渡月橋と桂川(大堰川)，背後に嵐山を臨む景観は京都有数の観光スポットであり，一帯は国史跡・国名勝嵐山に指定されている。渡月橋から約20m

臨川寺

上流にある車折神社嵐山頓宮の前には,「琴きき橋」と記された小橋がある。これは,高倉天皇の寵愛を受けた小督局が,権勢を誇る平氏をはばかって嵯峨に身を隠したが,琴の調べによってその居場所がわかったという『平家物語』や謡曲「小督」で知られる故事にちなむもので,西へ約100m進み,20m北上すると小督塚もある。

　料亭や保養所などが集まるこの辺りは,江戸時代には三軒家とよばれ,嵐山の見物客を目当てにした料理屋があり,水害などで渡月橋がない時期には渡し船を営んでいた。上流側に数分歩くと嵐山公園(亀山公園)があり,入口には周恩来の詩碑がある。近年,亀山公園手前の坂をのぼった所に宝厳院(天龍寺塔頭)が移転し,その南には百人一首をテーマとする体験型博物館時雨殿ができた。

天龍寺 ⓭
075-881-1235
〈M▶P. 217, 228〉京都市右京区嵯峨天龍寺芒ノ馬場町68 P (有料)
京福電鉄嵐山本線嵐山駅・市バス嵐山天龍寺前🚶すぐ

京都五山の筆頭 造営に貿易船

　京福電鉄嵐山駅の正面北側にみえるのが,天龍寺(臨済宗)の総門である。足利尊氏が夢窓疎石の勧めで後醍醐天皇の菩提を弔うために建立した寺院で,造営経費の足しにするため天龍寺船が派遣されたことはよく知られている。幕府の崇敬が篤く,1386(至徳3)年には京都五山の1位となるなど発展したが,応仁・文明の乱の兵火で全焼,幕府の権威の失墜もあって復興が進まず衰退した。豊臣秀吉により寺地の寄進をうけて以降は復興に向かい,近世には臨川寺や

天龍寺法堂

嵯峨野を歩く　229

天龍寺の重要文化財（塔頭を含む）	*は京博保管

絵画　絹本著色観世音菩薩像（元），絹本著色清凉法眼禅師像・絹本著色雲文大師像（ともに南宋），絹本著色夢窓国師像・絹本著色夢窓国師像・絹本著色夢窓国師像（いずれも南北朝），絹本著色夢窓国師像（南北朝，妙智院），絹本著色足利義持像*（室町，慈照院），絹本著色策彦和尚像*（明・室町，妙智院）

彫刻　木造釈迦如来坐像（平安），木造毘沙門天立像（平安，弘源寺）

工芸品　蘇芳地連雲文金襴袈裟*（元，慈照院），白地二重蔓牡丹文金襴九条袈裟*（明，三秀院）

書跡・典籍　東陵永璵墨蹟*（南北朝）

古文書　紙本墨書遮那院御領絵図（鎌倉），北畠親房筆消息*（南北朝），紙本墨書往古諸郷館地之絵図*・紙本墨書応永鈞命絵図*（ともに室町），策彦入明記録及送行書画類14種（明・室町，妙智院）

　西芳寺を含め32院をもつまでに回復したが，幕末の禁門の変の際に長州藩が陣をしいたために戦火で全焼した。その後，滴水宜牧・峨山倡禎らの努力で復興し，1900（明治33）年頃に，ほぼ現在の規模になった。

　総門から境内に入ると，北側に立ち並ぶ塔頭に沿ってのびる参道が方丈まで続く。参道の南側には，1613（慶長18）年頃建築の勅使門（府有形），放生池，三門跡・仏殿跡，江戸時代の選仏場を移築した法堂が一直線に並ぶ。1900年に再建された法堂には，本尊として釈迦三尊像を安置し，天井画の雲龍図は鈴木松年が描いた。

　大方丈の前には，曹源池を中心に，嵐山を借景とする庭園が広がる。夢窓疎石の作と伝えられる。勅使門から法堂・大方丈に至る典型的な禅宗寺院中枢の地割りと曹源池周辺の林泉庭園は天龍寺庭園として国史跡・国特別名勝に指定されている。また，塔頭を含め，多数の美術工芸品を所有している。

清凉寺 ⑭
075-861-0343

〈M▶P.217, 234, 241〉京都市右京区嵯峨釈迦堂藤ノ木町46
P
JR山陰本線（嵯峨野線）嵯峨嵐山駅 🚶15分

　天龍寺総門から北に800mほど行くと，清凉寺（浄土宗）の仁王門（府有形・江戸）に突き当たる。嵯峨天皇の皇子で，『源氏物語』の主人公光源氏のモデルともいわれる源融が営んだ山荘栖霞観を，その遺志によって寺（栖霞寺）としたことに始まる。そののち，宋か

宋から渡来の仏像五臓六腑が胎内に

清凉寺本堂

ら帰国した奝然が伽藍の整備を図り，弟子の盛算が栖霞寺内の釈迦堂に請来の釈迦如来像を安置し，清凉寺と称するようになったという。釈迦如来に対する信仰を中心に天台・真言・念仏宗を兼ねた寺として貴賤の信仰を集め，しばしば火災に遭いながらもそのたびに再興されてきた。本堂（府有形）は，1701（元禄14）年頃に江戸幕府5代将軍徳川綱吉の発願で再建されたもので，多宝塔も同じ時期の建築である。本尊の木造釈迦如来立像（国宝・宋）で，中国を巡行中の奝然が，優填国王がつくったと伝える釈迦像を拝して感激し，香木を買い求めて中国で制作し日本に持ち帰ったものという。インドから中国を経て日本に伝わったということから「三国伝来の釈迦像」とよばれ，同寺全体が「嵯峨の釈迦堂」として親しまれる由来ともなっており，現在は，綱吉の母の桂昌院が寄進した豪華な厨子内に納められている。本尊の胎内には多くの納入品が納められていたが（釈迦如来立像とともに像内納入品として国宝），五臓六腑を形どった絹製品は珍しく，普段はその模型を見学することができる。境内には，多宝塔の背後に嵯峨天皇・檀林皇后・源融を供養する宝篋印塔（鎌倉）と層塔（平安）や，源融供養塔（宝篋印塔・鎌倉），本堂北の墓地に宝篋印塔（室町）と円覚（導御）石塔と伝える八角石幢などの石造物

清凉寺の国指定文化財（建造物をのぞく）	
国宝	
絵画	絹本著色十六羅漢像16幅（北宋）
彫刻	木造釈迦如来立像及像内納入品一切（北宋），木造阿弥陀如来及両脇侍坐像（平安）
重要文化財	
絵画	紙本著色融通念仏縁起・紙本著色釈迦堂縁起（ともに室町）
彫刻	木造毘沙門天立像・木造十大弟子立像・木造文殊菩薩騎獅像・木造帝釈天（伝普賢菩薩）騎象像・木造四天王立像（いずれも平安），木造地蔵菩薩立像（鎌倉）
古文書	源空・証空自筆消息（鎌倉）

嵯峨野を歩く

がある。また，清滝道をへだてた東方に奝然の八角石幢（鎌倉）がある。

境内西側にある狂言堂では，毎年4月に嵯峨大念仏狂言（国民俗）が演じられる。鎌倉時代に円覚により庶民教化のために始められたといい，謡曲「百万」はここを舞台とする。鐘楼の梵鐘（室町）には足利義政・日野富子を始め多数の男女の名が刻まれており，中世における当寺の念仏の盛況を反映している。また，3月15日夜に行われる涅槃会（「お松明」）もよく知られる。なお，仁王門の東隣には，嵯峨豆腐の原点ともいわれる豆腐店があり，観光客で賑わう。

清凉寺仁王門から西約100mの所には，宝筐院（臨済宗）がある。平安時代末に白河天皇の勅願寺として建てられ，当初は善入寺とよばれていたが，南北朝期に夢窓疎石の高弟黙庵により再興されて臨済宗となり，義詮以後の足利将軍家によって伽藍が整えられた。宝筐院の寺号は義詮の院号をとったもので，この由縁により絹本著色足利義詮像（国重文・南北朝）を寺宝として所蔵する。その後衰退し，天龍寺の子院として存続したが，幕末期には廃寺となった。当寺には黙庵により四条畷で戦死した楠木正行の首が葬られたとの言い伝えがあり，明治期には京都府知事北垣国道が小楠公首塚の伝承復活につくし，1916（大正5）年には寺が再興された。

大覚寺と大沢池 ⓯⓰
075-871-0071

〈M▶P.217, 234〉京都市右京区嵯峨大沢町4　Ｐ（有料）

市バス大覚寺🚶すぐ，または京都バス大覚寺🚶すぐ，JR嵯峨野線嵯峨嵐山駅から🚶15分

＊南北朝和解の舞台　嵯峨天皇が遺愛の庭

清凉寺の仁王門から東に約400m歩くと，大覚寺の総門跡に出る。現在は2本の門柱が立つのみであるが，江戸時代にはこれより北側には坊官など大覚寺関係者の屋敷が並んでいた。大覚寺の門前南東にある覚勝院は唯一の塔頭で，境内には宝篋印塔（国重文・室町）がある。

大覚寺（真言宗）は，この地に大沢池を苑地として営まれた嵯峨天皇の離宮嵯峨院を前身とし，嵯峨天皇の没後，淳和天皇の皇后であった皇女正子内親王が離宮を寺に改め，皇子恒寂法親王を開山としたことに始まる。この所縁で，付近に営まれた嵯峨天皇・檀林

大覚寺表門

皇后・淳和天皇の3陵と禅林寺の管理を任された。10世紀以降は奈良興福寺の一乗院門主が兼帯するところとなったが、1268(文永5)年に後嵯峨上皇が入寺し、ついで亀山・後宇多上皇も入寺して、上皇や皇子が住持をつとめる寺となった。

　亀山・後宇多両上皇はここで院政を行い、とくに後宇多院は伽藍の整備に力をつくした。以後、亀山・後宇多の系統は当寺にちなんで大覚寺統とよばれ、後深草天皇の系統である持明院統と対立して鎌倉後期には交代で皇位につき(両統迭立)、続く時代には南北朝の対立を演出することになった。14世紀末の南北両朝の講和も大覚寺が舞台となっている。応仁・文明の乱では火災に遭い、以後衰退

大覚寺の国指定文化財(美術工芸品)	*は京博・奈良博保管
国宝	
書跡・典籍	後宇多天皇宸翰弘法大師伝*
古文書	後宇多天皇宸翰御手印遺告*(ともに鎌倉)
重要文化財	
絵画	絹本著色五大虚空蔵像*・絹本著色後宇多天皇宸影2幅・紙本著色後宇多天皇宸影(いずれも鎌倉)、大覚寺障壁画116面(桃山～江戸)
彫刻	木造五大明王像・木造軍荼利明王立像*・木造大威徳明王像(いずれも平安)
工芸品	太刀*(鎌倉)
書跡・典籍	紙本墨書孔雀経音義(平安)、紙本墨書後宇多天皇宸翰灌頂院宣明・紙本墨書後宇多天皇宸翰宝珠抄・紙本墨書後宇多天皇宸翰奥砂子平口決・紙本墨書後宇多天皇宸翰護摩口決・紙本墨書後宇多天皇宸翰伝法灌頂作法(附 深守筆伝法灌頂注)・紙本墨書後宇多天皇宸翰(悉曇印信口決・悉曇印信, 附後宇多天皇宸翰御包紙)・紙本墨書後宇多天皇宸翰灌頂私注(附禅円筆灌頂私注)・紙本墨書後宇多天皇宸翰伝法灌頂初後夜供養法次第・紙本墨書金剛界伝法灌頂作法・紙本墨書袈裟印・紙本墨書秘鈔(いずれも鎌倉)
古文書	後深草天皇宸翰御消息・紙本墨書後宇多天皇宸翰伝流抄目録並禅助消息3通・紙本墨書高雄曼荼羅御修覆記・紙本墨書花園天皇宸翰御消息(いずれも鎌倉)

嵯峨野を歩く

大覚寺周辺の史跡

大沢池越しに望む大覚寺

したが、織田信長・豊臣秀吉・徳川家康の保護を得て復興に向かい、後水尾上皇の時代にほぼ今日の寺観が整えられた。

伽藍の中央には、南から勅使門(唐門)・御影堂・心経殿が並び、御影堂の東に五大堂、西に宸殿、宸殿の北側に正寝殿(客殿)が立つ。これらの建物の間は、屋根つきの廊下で結ばれている。宸殿(国重文・江戸)は東福門院(後水尾天皇中宮)の旧殿を移築したものと伝えられる。正寝殿(客殿、国重文)は桃山時代に建てられ、上段の間(御冠の間)の玉座は、後宇多上皇が院政を行った部屋を再現したものと伝える。宸殿と正寝殿および玄関にある障壁画116面は国重文で、なかでも牡丹図・紅梅図は狩野山楽の傑作として名高い。御影堂と心経殿

234　右京区

は1925(大正14)年に整備されたもので、御影堂は大正天皇即位式の饗応殿を移築したもの、心経殿(国登録)には嵯峨天皇・後光厳天皇・光格天皇など歴代天皇直筆の般若心経を収蔵する。五大堂は天明年間(1781〜89)の建立で、もとは伽藍の中心を占めていたが、御影堂の移築に際して現在地に移った。

　五大堂の東には露台(観月台)があり、中国の洞庭湖になぞらえて庭湖とよばれる大沢池(国名勝)を眺めることができる。大沢池は、百済河成が作庭した嵯峨院の苑池を受け継いだものといわれるが、長い間、周辺農村の灌漑施設としても利用されてきた。池中には北に天神島、その東に菊島があり、その間に庭湖石とよばれる巨石を配する。大覚寺は華道嵯峨御流を伝えることでも知られているが、これは嵯峨上皇が菊島に生えた菊花を取り、挿したことに始まると伝えられる。近年、池の北岸周辺は、発掘調査に基づき名古曽の滝や遣水・洲浜などが整備された。また、天神島西北の護摩堂の周辺には鎌倉時代の石仏群がある。名古曽の滝も大沢池の附として国名勝、両者と大覚寺を含む広い範囲が国史跡(大覚寺御所跡)に指定されている。大沢池周辺は京都らしい風致景観を良好に維持しており、映画やテレビドラマの撮影にもよく使われる。

直指庵 ⓱
075-871-1880
〈M▶P. 217, 234〉京都市右京区北嵯峨北ノ段町3
市バス大覚寺🚶10分、または京都バス大覚寺🚶10分

　大覚寺から350mほど西には観空寺(真言宗)がある。本尊は十一面観音。嵯峨上皇により創建された寺で、その後荒廃し、後水尾上皇により復興された。その後再び衰退し、大覚寺の境外仏堂となっていたが、住友家が崇敬して整備した。なお、観空寺から西に臨む曼荼羅山は、五山送り火(市民俗)の1つ鳥居形松明を灯すことで知られ、この辺りの住民の手で送り火が守られている。大文字を始

直指庵

嵯峨野を歩く

めとする他の送り火が、薪を井桁状に積みあげて火を灯すのに対し、鳥居形だけは鉄製の火皿に松明を立てる。

大覚寺の北約500mに、直指庵(浄土宗)がある。17世紀中期、隠元の教えを受けた独照性円が「直指伝心」を旨として建てた草庵に始まる。のち荒廃したが、幕末に近衛家に仕えた老女村岡(津崎矩子)が再興したという。村岡は公家と勤王の志士たちとの連絡役だったが、安政の大獄(1858〜59年)で逮捕されて江戸送りになり、帰洛後はここに隠棲したという。本堂は1880(明治13)年の焼失後の再建で、裏に村岡の墓がある。当寺の周辺は孟宗竹の竹林でよく知られる。直指庵を含め、明治期以後に整備された寺社が多いが、この辺りから奥嵯峨にかけては嵯峨の風情をもっともよく残す。

直指庵の西の御廟山の山頂に嵯峨天皇陵、庵の東約1kmの所に後宇多天皇陵がある。大沢池周辺から広沢池にかけての北嵯峨の地域には、朝原山古墳群・嵯峨七ツ塚古墳群・長刀坂古墳群などの群集墳が分布する。古都保存法により風致景観が維持されている区域であり、かつての嵯峨野の風情を偲ぶことのできる散歩道である。

維新の烈女津崎村岡所縁の庵

広沢池と遍照寺 ⑱⑲
075-861-0413(遍照寺)

〈M▶P.217〉京都市右京区嵯峨広沢西裏町14
P
市バス山越 🚶10分

東密声明中興の祖寛朝が開祖

市バス山越バス停から西へ向かうと、穏やかな北嵯峨の風景の中に広沢池がみえてくる。

広沢池は周囲約1.3km、観月の池として知られる。秦氏一族が溜池としてつくったとも、遍照寺の庭池としてつくられたともいわれる。

遍照寺(真言宗)は、989(永祚元)年に宇多天皇の孫寛朝が開き、広沢流の真言密教の拠点となった。もとは広沢池の北西

広沢池と遍照寺山

の朝原山の麓にあった。朝原山を遍照寺山ともいうのは，そのためである。その後は衰え，江戸時代には池の南の現在地に小庵を残すのみになっていた。現在の境内は，明治期以後に復興したもので，本堂には木造十一面観音立像と木造不動明王坐像(ともに国重文・平安)を安置する。8月16日には広沢池で灯籠流しが行われる。

池の西南角にある児神社は，寛朝が亡くなった際，後を追って広沢池に入水した稚児をまつるためにつくられたといわれる。児神社の北側には，観音島があり，広沢池を眺める名所となっている。広沢池の北から西にかけての一帯は電柱や看板などもなく，時代劇の撮影地としてよく知られる。また，池の南東には，都から鳴滝を経て広沢池に至ったという千代の古道とよばれる小道がある。

遍照寺から南に向かい丸太町通に出，東へ200mほど行った安堵橋のほとりに阿刀神社がある。『延喜式』式内社で，平安遷都以後，この地に居住した阿刀氏の氏神と伝える。その南西の甲塚町にある冑塚古墳は大形の円墳で，横穴式石室が開口する。

❸ 奥嵯峨散策のメインストリート

京都随一の人気スポット，天龍寺から鳥居本にかけての約3kmをめぐる。

野宮神社から竹林へ ⑳㉑
075-871-1972

〈M▶P.217, 228, 234, 241〉京都市右京区嵯峨野々宮町1
京福電鉄嵐山駅🚶5分，または市バス野々宮・京都バス野の宮🚶3分

黒木鳥居と小柴垣 斎王が潔斎の伝承地

天龍寺総門から200mほど北に，西に抜ける小路がある。ここから西に250mほど歩くと，野宮神社（祭神天照大神）がある。嵯峨には，伊勢神宮に斎宮（斎王）として奉仕する皇女が潔斎所とした野宮の跡と伝承される場所が幾つかあり，ここもその1つ。『源氏物語』「賢木」の巻で光源氏が六条御息所を訪ねた嵯峨の野宮のモデルともいう。黒木の鳥居と小柴垣が，光源氏の時代を偲ばせる。

野宮神社から西に150mほど歩くと，天龍寺の北門がある。この辺りから300mほどの間は深い竹林が続き，総門前の雑踏とは別世界となる。嵯峨散策の中でも定番の観光名所で，それだけに秋の休日などは人の波が絶えることがない。

野宮神社から5分ほど竹林の中を歩くと，大河内山荘に突き当る。俳優大河内伝次郎が，1931（昭和6）年から約30年もの歳月をかけて造営した山荘と庭園を公開したものである。ここから北に向かえば常寂光寺，南に行けば嵐山である。なお，この付近から天龍寺にかけての地域には，かつては嵯峨天皇の皇后 橘 嘉智子が創建した檀林寺があった。

常寂光寺 ㉒
075-861-0435

〈M▶P.217, 241〉京都市右京区嵯峨小倉山小倉町3 Ｐ
京福電鉄嵐山駅🚶15分，市バス・京都バス嵯峨小学校前🚶10分

寺号となったその風情 秋は紅葉の名所に

大河内山荘から小倉池の傍らを通り北に400mほど歩くと，常寂光寺（日蓮宗）に出る。小倉山の中腹にあって嵯峨野を一望でき，秋は全山紅葉に包まれる，嵯峨野でも屈指の紅葉の名所である。当地の風情が，常寂光土の感があるとして寺号としたと伝えられる。16世紀末に角倉家一族が本圀寺日禎にこの地を寄進して開かれ，小早川秀秋らの諸大名が堂宇の建立に協力したという。

常寂光寺

　茅葺きの仁王門は本圀寺の南門を移築したものといわれ、これを入ると急な石段があり、本堂へと続く。本堂は伏見城の客殿だったと伝える。その上に立つ塔婆(多宝塔、国重文)は1620(元和6)年に建立されたもので、高さは12m余りもあり、3間四方の宝形造としては完成度が高い。鐘楼は寛永年間(1624〜44)のものである。

　江戸時代には寺内に定家社がまつられていたらしく(『山州名跡志』)、山門から仁王門に至る参道傍らには時雨亭跡碑があり、多宝塔の上の歌仙祠には、藤原定家・家隆と徳川家康の木像がまつられている。

落柿舎 ㉓
075-881-1953

〈M▶P.217,241〉京都市右京区嵯峨小倉山緋明神町20
JR嵯峨野線嵯峨嵐山駅🚶15分、または市バス・京都バス嵯峨小学校前🚶8分

玄関に在庵知らせる蓑と笠　去来を偲ぶ

　常寂光寺から一旦東に出ると、すぐ北に畑が広がり、畑の北側に落柿舎がみえる。畑は、落柿舎の景観を維持するためのものという。途中に榊の生け垣をめぐらした有智子内親王の墓がある。嵯峨天皇の皇女で、初代の賀茂斎院であり、退下後は嵯峨西庄に居した。

　落柿舎は、1686(貞享3)年、松尾芭蕉の十哲の1人、向井去来が草庵を営んだことに始まる。草庵は、農民や町人も出入りし、俳諧道場として賑わったという。1691(元禄4)年には松尾芭蕉が滞在して『嵯峨日記』を著した。

　去来の死後は、荒廃して場所もわからなくなっていたが、1770(明和7)年に俳

落柿舎

奥嵯峨散策のメインストリート

人井上重厚が天龍寺塔頭弘源寺跡にあたる当地に再興し、捨庵とよばれて寺僧の隠棲所に用いられた。現在の落柿舎は、この捨庵を1895（明治28）年に再興したものである。これ以降、山鹿耕年・永井瓢斎・工藤芝蘭子ら歴代庵主が維持につとめ、現在に至っている。土間の壁に蓑と笠がかけられているのは、かつて去来が庵にいることを知らせるためにしていたとの故事にちなむ。

　落柿舎の西側の小道が、二尊院を経て愛宕山（924m）に向かう愛宕街道であり、奥嵯峨散策のメインストリートである。愛宕街道を落柿舎から北に100mほど行くと、東側に去来の墓と称される一画がある。この辺りに「去来」と刻まれた小さな石があったことにちなみ、周囲を句碑が囲むように整備されている。

二尊院 ㉔
075-861-0687

〈M▶P.217, 241〉京都市右京区嵯峨二尊院門前長神町27　P
JR嵯峨野線嵯峨嵐山駅🚶20分、または市バス・京都バス嵯峨小学校前🚶15分

寺名の謂われは、釈迦と阿弥陀の二尊像

　落柿舎から北へ約200mで二尊院（天台宗）がある。二尊院の寺号は、本尊の木造釈迦如来立像・木造阿弥陀如来立像（発遣の釈迦と来迎の阿弥陀、ともに国重文・鎌倉）の2尊像に由来する。

　承和年間（834〜848）、嵯峨天皇の勅により円仁（慈覚大師）が建立し二尊教院華台寺と号したという。のち荒廃したが、法然とその高弟湛空らにより再興され、天台・真言・律・浄土の4宗兼学の寺として隆盛した。応仁・文明の乱で堂塔が全焼したが、1521（永正18）年に三条西実隆・公忠父子の援助で本堂や勅使門（唐門）などが再建された。現本堂（市有形）はこのときのものという。

　惣門（市有形）は角倉了以が伏見城の薬医門を寄進したものと伝え、参道は「桜の馬場」とも「紅葉の馬場」とも

二尊院

よばれて，紅葉の名所として知られる。本堂前庭は竜神の庭とよばれ，九頭竜弁財天がまつられる。本堂には後柏原天皇の「小倉山」，後奈良天皇の「二尊院」の勅額がかかり，堂内に本尊2尊を安置する。

寺宝として絹本著色法然上人像(鎌倉)，絹本著色浄土五祖像(南宋)，絹本著色釈迦三尊像(元)，絹本著色逍遙院実隆像・称名院公条像(室町，以上京博保管)，絹本著色十王像(室町，奈良博保管)などの絵画や，法門名義巻第一(平安)，法然上人七ケ条制法 附蒔絵箱(鎌倉，いずれも京博保管)などの国重文を所有する。

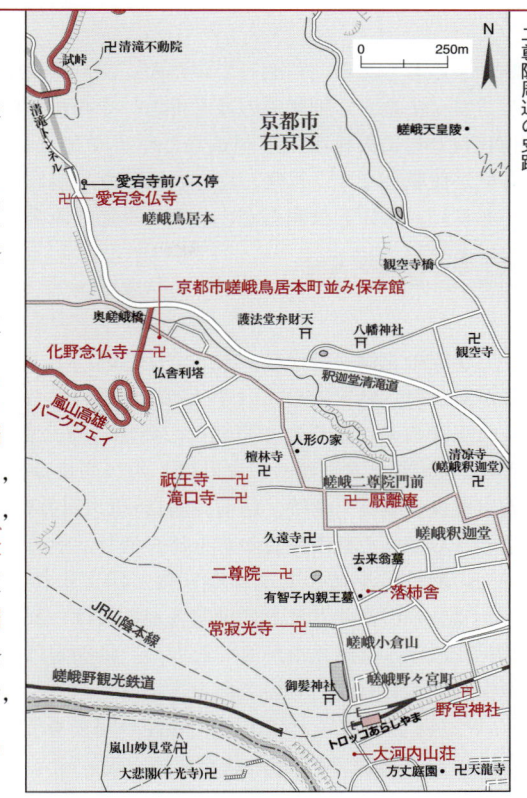

境内の墓地には，二条・鷹司・三条などといった公家の墓，角倉了以・素庵父子，伊藤仁斎・東涯父子，阪東妻三郎らの墓があり，境内奥には土御門天皇・後嵯峨天皇・亀山天皇の分骨を安置する3帝陵がある。また，奥には藤原定家の時雨亭跡とされる場所がある。

二尊院と清涼寺の間，二尊院から5分ほどの所に竹垣でおおわれた路地があり，その奥に厭離庵(臨済宗)がある。この辺りは藤原定家が百人一首を撰した小倉山荘跡と伝え，境内には定家が硯の水に用いた柳の水や定家・為家父子の墓がある。百人一首は，定家が息為家の妻の父宇都宮頼綱(蓮生)の依頼により，頼綱の嵯峨中院の障子に帖子色紙に名歌を選んで記したもので，この地を中院の

奥嵯峨散策のメインストリート

跡とする説もある。荒廃していたが，江戸時代中期に冷泉家が修復し，霊元法皇から厭離庵の号を得た。その後は再び衰えたが，1910（明治43）年に大村彦太郎が仏堂と庫裏を建立し，山岡鉄舟の娘素心尼が住職となり，以後，尼寺となった。現在は書院と茶室時雨亭がある。通常は非公開だが，紅葉の季節のみ公開する。

祇王寺と滝口寺 ㉕㉖
075-861-3574（祇王寺）／075-871-3929（滝口寺）

〈M▶P.217, 241〉京都市右京区嵯峨鳥居本小坂町32　P
市バス・京都バス嵯峨釈迦堂前 🚶15分

平家が描きし悲恋の伝説　復興に北垣国道も尽力

　二尊院の北側一帯には，かつて法然の門弟良鎮が創建した往生院があった。祇王寺や滝口寺は，これにちなむ寺である。
　祇王寺の入口からやや東側に，新田義貞公首塚碑と勾当内侍供養塔がある。『太平記』によれば，勾当内侍は後醍醐天皇の女官で新田義貞の寵愛を受け，越前国藤島（現，福井県福井市）で戦死し，京でさらされた新田義貞の首を持ち帰り，その菩提を弔うために往生院の側に庵を結んで尼になったと伝えられる。こうした史跡は『太平記』の広がりとともに全国各地に設けられたが，首塚碑は1894（明治27）年に富岡鉄斎が建てたもの，供養塔は1932（昭和7）年にその傍らに建てられたものである。
　『平家物語』によれば，平清盛の寵愛を受けた白拍子祇王が，白拍子仏御前に寵を奪われたため，母・妹とともに都を出て身を寄せたのがこの地にあった往生院で，やがて仏御前も捨てられてここにきて，女4人が念仏三昧の生活をおくったという。のちに衰退し，明治維新頃には廃寺になり，その跡は大覚寺の管理に帰した。その復興につくしたのが京都府知事の北垣国道で，1895（明治28）年に別荘の一部を移して再興したのが祇王寺（真言宗，尼寺）である。境内には清盛や祇王の墓と伝える五輪塔と三重石塔がある。また，庭園は苔と紅葉の美しさで知られる。
　祇王と同じく『平家物語』に描かれたのが，平清盛の家臣で滝口武者の斎藤時頼である。時頼は清盛邸での宴で横笛という女性の舞姿にみとれ，結婚を申し入れる。しかし，身分違いの結婚を反対された時頼は，出家して往生院に入寺し，訪ねてきた横笛と会うこともこばみ，横笛も尼になって法華寺に入寺したという。『源平盛衰

記』では横笛は大堰川に入水する。滝口寺は、昭和時代初期に往生院の子院三宝寺跡を再興するに当って、寺号として選ばれたものである。時頼と横笛の話は、1894(明治27)年に高山樗牛によって小説『滝口入道』の題材となり、1923(大正12)年には映画にもなるなど、悲恋物語として広く知られるようになっていった。

化野念仏寺と京都市嵯峨鳥居本町並み保存館 ㉗㉘
075-861-2221(化野念仏寺)／075-864-2406(鳥居本町並み保存館)

〈M▶P.217, 241〉京都市右京区嵯峨鳥居本化野町17／嵯峨鳥居本仙翁町8 P(民間有料)

京都バス鳥居本🚶5分

露消える時無き供養の地
石仏と愛宕参詣道

祇王寺から北へ100mほどに南朝最後の天皇後亀山天皇の陵があり、さらに愛宕街道へ出て北西へ進むと鳥居本に出る。嵯峨鳥居本の集落は、愛宕神社の門前町として発展したもので、化野念仏寺を境に瓦屋根の町家風民家が並ぶ下地区と、茅葺きの農家が多い上地区とに分かれる。一帯は昔の面影を残し、国の重要伝統的建造物群保存地区(嵯峨鳥居本伝統的建造物群保存地区)に選定されている。

化野念仏寺(浄土宗)の「化野」は、東山の鳥辺野などと並び、古くはこの辺りが葬送の地であったことを意味する。寺伝によれば、空海が野ざらしになっていた遺骸を埋葬して菩提を弔うため五智山如来寺を建立したことに始まり、法然が念仏道場を開いたことから念仏寺に改めたという。本尊は湛慶作と伝える阿弥陀如来像、本堂は江戸時代の1712(正徳2)年に再建されたものである。境内の約8000体ともいわれる石仏・石塔は、1903(明治36)年頃、化野に散在していた多くの無縁仏を掘り出して集めたもので、賽の河原に模して「西院の河原」と名づけられた。8月23・24日夜の千灯供養には多くの参詣者が訪れる。

念仏寺の入口から200m

鳥居本の町並み

奥嵯峨散策のメインストリート

愛宕神社一之鳥居

ほど集落を先に進むと、京都市嵯峨鳥居本町並み保存館がある。町並み保存に対する理解の手助けのために、空き家となっていた虫籠造(むしこづくり)の町家を京都市が改修し、1993(平成5)年に開設した。館内には、愛宕山鉄道が走っていた1930(昭和5)年頃の鳥居本界隈(かいわい)の様子を復元した模型が展示されている。

嵯峨野散策のメインストリートも、愛宕神社の一之鳥居(いちのとりい)で一段落する。すぐそばに、名物の鮎(あゆ)料理で知られる茶店(ちゃみせ)が数軒立つ。ここから北に向かうと清滝(きよたき)、左に細い道を入ると水尾(みずお)へ抜ける道である。

清滝(きよたき)と愛宕山(あたごやま) ㉙㉚
075-865-1231(愛宕念仏寺)
075-865-0658(愛宕神社)

〈M▶P.217, 241〉京都市右京区嵯峨鳥居本深谷(ふかたに)町2-5　P(愛宕念仏寺)
京都バス愛宕寺前🚶すぐ

愛宕さんには月参り　京の火伏せの神様

愛宕神社一之鳥居から約200m北に歩くと、愛宕念仏寺(おたぎねんぶつじ)(天台宗)がある。10世紀初め、東山の現在の六波羅蜜寺の近くに千観により創建されたという。1922(大正11)年に本堂(国重文・鎌倉)・地蔵(じぞう)堂・仁王門などをこの地に移築した。寺宝に木造千観内供坐像(ないぐ)(国重文・鎌倉、京博保管)があり、また、住職を引き継いだ者が彫り続けた石像千二百羅漢(らかん)でも知られる。

愛宕念仏寺の約100m北に清滝トンネルがあり、それを抜けると清滝に出る。清滝トンネルは全長約500mの細長いトンネルで、片面通行しかできないため、両端に信号がついていて、車などは交代で通行する。

もとは愛宕山参詣に利用された愛宕山鉄道の単線トンネルで、戦時中に廃線になってから道路として利用されるようになった。かつて、清滝や愛宕山に遊園地があり、遊覧客やスキー客などで賑わった様子を偲ぶことができる数少ない遺構である。清滝はゲンジボタル生息地(国天然)としても知られる。

愛宕神社の火伏札

愛宕神社は，山城と丹波の国境にある愛宕山(924m)の山頂にあり，清滝の二之鳥居からの登山道を約5.5kmのぼる。3合目・5合目・7合目・水尾分かれに休憩所が設けられているので，適当な所で一休みするとよい。

愛宕神社は全国に広がる愛宕神社の総本社であり，京都では東の比叡山と並んで「愛宕さん」とよばれて親しまれている。火伏の神として知られ，関西では台所などに「火廼要慎」と書かれた当社の火伏札を貼る風習がある。

8世紀には，愛宕大権現をまつる白雲寺が建立されたと伝えられ，その後は修験道の道場として知られた。明治維新後の神仏分離により白雲寺は廃絶され，愛宕神社となり，山内にあった勝軍地蔵は西京区大原野の金蔵寺に移された。

現在の社殿は1800(寛政12)年頃焼失後の再建で，参道には多数の愛宕灯籠が並ぶ。宝物に革包太刀(国重文・鎌倉，東博保管)がある。

愛宕神社の本殿石段下から細い道をくだった東方山中には月輪寺(天台宗)がある。中国の五台山になぞらえて愛宕山の各峰に1寺ずつ建てられた愛宕五山寺の中で，唯一現存する寺である。

役行者や空也，九条兼実ゆかりの古刹との説もあるが，いずれも伝説的色彩が強い。

宝物には，阿弥陀如来坐像・十一面聖観音立像・聖観音立像・千手観音立像・伝藤原兼実坐像・伝善哉童子立像・伝竜王立像(いずれも平安)や空也上人像(鎌倉)などの木像を所蔵する(いずれも国重文。見学は要予約)。また，境内には親鸞が流罪前に植えたとされる時雨桜がある。

月輪寺からは梨ノ木谷と大杉谷の合流点を通過して清滝へとくだることができるが，途中，大杉谷には空也が修行したとの伝のある滝(空也滝)があり，修験の山であったことが実感できる。

奥嵯峨散策のメインストリート

保津峡と水尾の円覚寺 ㉛㉜
075-861-2795（円覚寺）

〈M▶P.217〉京都市右京区嵯峨水尾宮ノ脇町58 P

水尾自治会バス嵯峨水尾大 3分

柚子と鳥鍋で知られる清和天皇所縁の隠れ里

　愛宕神社一之鳥居手前の細い山道を入り，西へ40分ほど歩くと，JR嵯峨野線の保津峡駅に着く。道中は車1台がようやく通れる険しい峠道であるが，足下の保津峡沿いにトロッコ列車や筏流しの姿を楽しむことができ，季節によっては釣り客やハイキング客で賑わう。保津峡駅からさらに1時間ほどで柚子の里水尾に出る。保津峡駅からは水尾自治会バスを利用することもできる。

　水尾は，山城と丹波の両国を結ぶ要所に当るところから，早くから開け，この地を気に入ったといわれる清和天皇の陵もある。村内には，柚子風呂や鳥の水炊きを出す旅館にまじって，清和天皇社や円覚寺などがある。

　集落のほぼ中央に円覚寺（浄土宗）がある。清和天皇は譲位後に水尾山寺に入り，仏堂を造営したが，病を得て東山粟田の円覚寺に移り，そこで没した。1420（応永27）年に円覚寺が焼失したため，清和天皇ゆかりの水尾山寺に円覚寺を移し，寺号を併称するようになったが，いつしか円覚寺の名のみが残ったと伝える。

　本尊薬師如来坐像は清和天皇の念持仏と伝え，境内には清和源氏の祖貞純親王を供養する宝篋印塔や，源頼義・為義・義朝らの供養塔がある。

　当寺では毎年8月16日，円覚寺六斎念仏保存会によって六斎念仏（国民俗）が行われる。獅子舞などを演じる芸能六斎と違って，念仏の詠唱を基本とする念仏六斎（空也堂系）は，地味なためにほとんど観光化しておらず，念仏本来の姿をみることができる。鉦を叩くところから，「水尾の鉦講」ともいわれる。

　水尾には愛宕山への登り口があり，清滝口などに比べると，傾斜は厳しいが距離は短い。

　円覚寺の東北に清和天皇をまつる清和神社（清和天皇社）がある。境内摂社の四所神社は清和天皇の母の染殿皇后（藤原明子）が信仰した大原野神社の祭神4柱を勧請したものと伝える。清和神社と水尾川の谷を挟んだ西側の清和山の中腹には清和天皇陵がある。

河原家住宅

　水尾からさらに車で北上すると，樒原・越畑の集落に出る。棚田で知られ，近年は村おこしのために設けられたそば処が人気を集める。車道に面して立つ河原家住宅は，市登録文化財で主屋から1657（明暦3）年の棟札がみつかっている。

④ 花園から高雄をめぐる

名刹・古刹が集中する嵯峨の入口から，自然と一体となった景観をみせる高雄を訪ねる。

双ケ丘と法金剛院 ㉝㉞
075-461-9428(法金剛院)

〈M▶P.217, 254〉京都市右京区花園扇野町49 P
JR山陰本線花園駅🚶5分，または市バス花園扇野町🚶すぐ

古都保存の契機開発に揺れた双ケ丘

　JR花園駅のすぐ北西にみえる山が，双ケ丘(国名勝)である。北から一ノ丘(116m)，二ノ丘，三ノ丘と並ぶ。東山の神楽岡，京都市内北部の船岡山とともに，都人に親しまれた。双ケ丘には一ノ丘山頂にある1号墳を始めとする数多くの円墳があるが，被葬者は不明。1号墳は墳丘径44mをはかる古墳群中最大の規模をもち，清原夏野の墓と伝えられてきたが，夏野は『令義解』を編纂した平安時代初期の人物で，古墳とは年代があわない。石室には大きな石材が用いられており，秦氏のような有力氏族の首長である可能性が高い。山内には野生の鹿をみかけることもある。

　双ケ丘の北東部には，平安時代中期に円の字を冠した御願寺が4カ寺(四円寺)つくられたが，しだいに廃絶し，鎌倉時代以降の様子は伝わらない。山麓部には，平安時代に，貴族の別荘や寺院が営まれた。双ケ丘西麓の地名常盤は，嵯峨天皇の皇子源常の別荘があったことに由来するという。鎌倉時代には，『徒然草』の作者吉田兼好が草庵を結んで隠棲した。丘の東麓にある長泉寺(浄土宗)は，兼好の故事を偲んで元禄年間(1688〜1704)に建てられたもので，境内には兼好塚や歌碑がある。

　双ケ丘の南東，花園駅の前には法金剛院(律宗)がある。背後の小丘が五位山である。ここに営まれた清原夏野の山荘を，夏野の死後に寺(双丘寺)としたことに始まり，一時衰えたが，鳥羽天皇の中宮待賢門院璋子が御願の御堂を建立し，苑地をととのえ，あらたに法金剛院として開創したという。その後，応仁・文明の乱や地震などで衰退し，明治期に入ってからは境内の南部を京都鉄道(現在の山陰本線)の敷地として失った。1968(昭和43)年の丸太町通拡幅を機に諸堂を整備，1970年には発掘調査に基づき庭園を復元した。

現在，庭園は五位山も含めて法金剛院青女滝附五位山として国特別名勝に指定されており，夏期には観蓮会で賑わう。本尊の木造阿弥陀如来坐像(平安)のほか木造僧形文殊坐像・木造地蔵菩薩立像(ともに平安)・厨子入木造十一面観音坐像(像内納入品を附指定，鎌倉)，蓮華式香炉(江戸，京博保管)などの国重文を所有する。境内の地蔵院には木造地蔵菩薩坐像(金目地蔵，国重文・平安)を秘蔵する。また五位山北東麓には待賢門院の陵がある。

　法金剛院から東北に歩いて約3分の所に，花園今宮神社がある。素戔嗚命をまつる御霊社の1つで，11世紀の疫病流行時に創始されたという。本殿は，江戸時代初期の仁和寺再興に際して建てられたものといわれ，花園周辺住民の産土神となっている。

妙心寺 ㉟

〈M▶P.217,254〉京都市右京区花園妙心寺町1　P
JR山陰本線花園駅🚶5分，または市バス妙心寺前🚶5分

075-463-3121(妙心寺派宗務本所)／
075-461-5226(涅槃堂)

大徳寺と並ぶ林下の雄　国内最大の禅宗寺院

　JR花園駅から北東に約400m，下立売通に面して妙心寺(臨済宗)の南総門と勅使門(ともに国重文・桃山)がある。広大な境内は国史跡(妙心寺境内)に指定されている。妙心寺は，宗峰妙超(大燈国師)に深く帰依した花園上皇が，この地にあった離宮を禅寺とし，宗峰が推した関山慧玄を開山として迎えたのに始まる。

　室町時代には小規模で，五山十刹にも加えられず，関係の深かった大内義弘が室町幕府3代将軍足利義満に叛旗を翻し敗死した応永の乱後は，義満から寺地を没収され，いったんは中絶同然の姿となった。しかし15世紀頃から復興が進み，16世紀には細川家・今川家など有力大名の帰依を受けて寺勢を拡大し，五山の衰退をよそに臨済宗の中心的な存在となった。江戸時代初期には方広寺の鐘銘事件で豊臣氏を弁護し，紫衣事件で幕府の処置を批判するなどして，幕府の厳しい制裁を受けたが，一方では，春日局の保護を受けるなどして，多くの塔頭が創建された。17世紀後期には境内・境外合計73の塔頭を数えた(『京羽二重』)。江戸後期には，中興の祖白隠慧鶴があらわれ，その門下に多くの名僧を出した。

　境内には，勅使門から北に向かって山門・仏殿・法堂・寝堂(いずれも国重文)が一直線に並び，禅宗寺院中枢部の構造を良好に示

花園から高雄をめぐる

す。山門は1599(慶長4)年建造の2階2重門,仏殿は1584(天正12)年建築で1827(文政10)年に改造,法堂と寝堂は1656(明暦2)年の建築で,法堂天井には狩野探幽筆の雲龍図が描かれている。寝堂の後ろに大方丈と庫裏がある(ともに国重文)。庫裏は1653(承応2)年,大方丈はその翌年の建築で,方丈に面して枯山水の庭園(妙心寺庭園,国名勝・史跡)がある。大方丈の東側には1656年建築の小方丈(国重文)がとりつく。また,山門の東方に浴室と経蔵(ともに国重文)がある。これらの周囲を取り囲むように塔頭がそれぞれの寺地を守り,その伽藍は江戸時代の禅宗系寺院を代表する景観を呈している。

普段から拝観できるのは法堂と浴室で,法堂では,かつて鐘楼にあった梵鐘(国宝)をみることができる。銘にある「戊戌年」は698年のことといわれ,在銘鐘としては日本最古のものである。塔頭が立ち並ぶ様子も壮観であるが,季節ごとや特別拝観などをのぞき,通年で公開されている塔頭は少ない。以下,公開されている塔頭を中心に南から順に紹介する。

山門の西側に位置する退蔵院は,15世紀の建立と伝えられ,妙心寺山内でも屈指の古刹。本堂(国重文)は1602(慶長7)年の建築で,庭園(退蔵院庭園,国名勝・史跡)は室町時代を代表する画家の狩野元信が築いたという。室町時代の禅僧で,山水画の祖といわれる如拙の「瓢鮎図」(国宝,京博保管)を所有するほか,花園天皇宸翰御消息(鎌倉〜南北朝),後奈良天皇宸翰徽号勅書・御消息(室町,京博保管)の国重文を有する。

仏殿から東に入った所にある大心院は,1492(明応元)年に細川政元が自邸を寺に改めたのに始まり,のちに細川幽斎が妙心寺内に移して中興したという。「阿吽

```
妙心寺の国指定文化財(建造物および塔頭所有をのぞく)
国宝
工芸品　梵鐘(白鳳)
書跡・典籍　大燈国師墨蹟2幅(鎌倉)
重要文化財
絵画　絹本著色大応国師像・絹本著色大燈国師像・絹本著色六代祖師像6幅
　　　(いずれも鎌倉),紙本墨画中達磨左右豊干布袋像3幅・絹本著色虚堂和尚
　　　像(ともに南宋),絹本墨画普賢菩薩像(元),絹本著色十六羅漢像16幅・紙
　　　本墨画瀟湘八景図・絹本著色花園天皇御像(いずれも室町),紙本著色三
　　　酸及寒山拾得図・紙本著色呂望及商山四皓図・紙本著色琴棋書画図・紙
　　　本著色花卉図・紙本著色厳子陵及虎渓三笑図・紙本著色竜虎図(いずれ
　　　も桃山)
工芸品　倶利迦羅竜守刀・小形武具(ともに桃山)
書跡・典籍　花園天皇宸翰御消息(鎌倉),花園天皇宸翰御置文・花園天皇御証
　　　状・関山慧玄墨蹟(いずれも南北朝),後奈良天皇宸翰徽号勅書・後奈良
　　　天皇宸翰御置文(ともに室町),後西天皇宸翰徽号勅書・東山天皇宸翰徽
　　　号勅書・光格天皇宸翰徽号勅書・孝明天皇宸翰徽号勅書・桃園天皇宸翰
　　　光徳勝妙国師号勅書(いずれも江戸)
```

庭」という枯山水の庭をもつ。本堂・書院・霊屋・表門は府有形で,絹本著色羅漢像(国重文・鎌倉,大美保管)を所有する。書院は宿坊として開放されている。

　大心院からさらに北東に入っていくと桂春院がある。1632(寛永9)年,美濃(現,岐阜県)の石川貞政が亡父の50回忌に整備し,このとき寺号を桂春院としたという。本堂・庫裏・書院・表門は府有形で,方丈から書院にかけて庭園(桂春院庭園,国名勝・史跡)が広がる。

　方丈正面の庭(真如の庭)は庭石を七五三において石灯籠と植栽を配し,東側の庭(思惟の庭)は飛石を巧みに配する。そこから茶室既白軒にかけて侘の庭とよばれる露地がある。また,寺宝として無明慧性墨蹟(国重文・南宋)を所蔵する。

　山内には40以上の塔頭・子院があり,ほかにも季節による限定公開を行う慧照院・大法院・東林院,座禅会が催される霊雲院や如是院などがある。非公開の塔頭にも,東海庵書院庭園(国名勝・史跡)や玉鳳院庭園(国名勝・史跡)など著名なものがある。近年は,京都市などとの共催で特別公開を行うこともあるので,非公開寺院

龍安寺 ㊱ 〈M▶P. 217, 254〉京都市右京区龍安寺御陵ノ下町13 P(有料)
075-463-2216　市バス龍安寺前🚶すぐ，または京福電鉄北野線龍安寺駅🚶7分

禅の心を表現した虎の子渡しの枯山水

　妙心寺の北門を出るとすぐ東に，「龍安寺御陵道」と書かれた道標がある。これを5分ほど北上すると京福電鉄龍安寺駅西側の踏切に達する。さらに5分ほど行くと突当りに道標が立つので，それに従って西に行くとすぐの所に龍安寺の入口を示す道標が立つ。

　石庭で知られる龍安寺（臨済宗）は，1450（宝徳2）年，細川勝元が妙心寺の義天玄承を招いて創建した。応仁・文明の乱で一旦は焼失したが，勝元邸の書院を移して方丈とするなどただちに復興に着手し，子の政元のときには徳芳禅傑のもとで整備が進められた。江戸時代には塔頭21を数えたが，1797（寛政9）年に火災に遭い，江戸時代後期に現在の姿になった。

　山門を入り，観光道路（きぬかけの道）を横切ってそのまま北上して中門を入ると，左前方に鏡容池が広がる。この鏡容池と山門から中門までの区域は，龍安寺庭園として国名勝に指定されている。鏡容池は，平安時代に円融天皇の御願寺としてこの地に建てられた円融寺の園池と伝えられる。円融寺の衰退後は藤原実能が山荘を営み，山荘内にのちに徳大寺とよばれた寺を建立した。実能は待賢門院（鳥羽天皇皇后）と兄弟で，鳥羽上皇の信任も厚く，その家系は以後，徳大寺家とよばれて摂関家につぐ家格を誇った。細川勝元はこの徳大寺家の土地を譲り受けて龍安寺を造営した。

　鏡容池の北岸には塔頭3院が並び，さらにその北に庫裏，北東に方丈（本堂，国重文・桃山）がある。方丈は1606（慶長11）年建立の塔頭

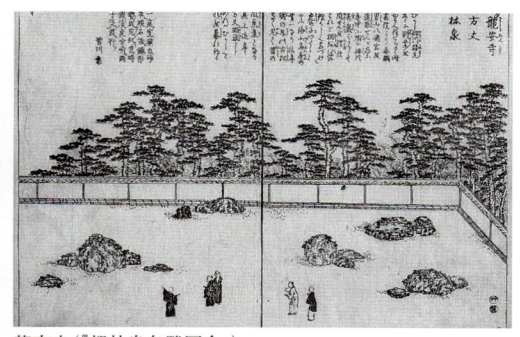

龍安寺（『都林泉名勝図会』）

252　　右京区

西源院の本堂を寛政の火災後に移築したものである。方丈の前庭(龍安寺方丈庭園, 国特別名勝・史跡)は, 枯山水式石庭の代表作で, 白砂敷きの中に5群15個の岩石が飛び飛びに配置されていることから「虎の子渡し」とよばれる。方丈の北には茶室蔵六庵があり, その前に徳川光圀寄進という石製の手水鉢がある。寺宝に紙本墨書太平記(国重文・室町, 京博保管)がある。なお, 龍安寺背後の山には, 一条・後朱雀・後三条などの天皇・皇后陵が集まり, 龍安寺七陵とよばれる。

仁和寺 ㊲
075-461-1155

〈M▶P.217, 254〉京都市右京区御室大内33 P(有料)
市バス御室仁和寺🚶すぐ, または京福電鉄北野線御室仁和寺駅🚶3分

歴代皇室から入山 金堂は元紫宸殿

　龍安寺の山門と中門との間を横切る道路(きぬかけの道)に沿って西に10分ほど歩くと, 仁和寺の二王門に着く。仁和寺(真言宗)は, 9世紀後期, 光孝天皇の勅願で造営を開始, 888(仁和4)年に宇多天皇が完成させ, 年号を寺号とした。宇多天皇は出家後に住持となり, これ以後, 歴代住職は皇族がつとめ, 門跡寺院の代表格となり, 堂塔をふやして寺域を拡大した。平安時代中頃, 双ケ丘北側に開発された四円寺(円融寺・円教寺・円乗寺・円宗寺)も仁和寺の子院である。宇多天皇の入寺以来, 当寺は尊称して御室ともよばれたが, 寺の発展にともない, この辺り一帯も御室とよばれるようになった。しかし, 12世紀の2度にわたる大火で打撃を受け, 応仁・文明の乱では一山がほとんど灰となり, 双ケ丘の西麓に移ってわずかに法脈を維持する状態になった。徳川家光の時代に覚深法親王が家光の援助を受けて再興に着手し, 御所(慶長内裏)の紫宸殿や清涼殿を移して現在地に大規模な伽藍が造営された。しかし1887(明治20)年に火災で本坊の多くを消失し, 大正時代に現在の姿となった。

仁和寺二王門

花園から高雄をめぐる

仁和寺周辺の史跡

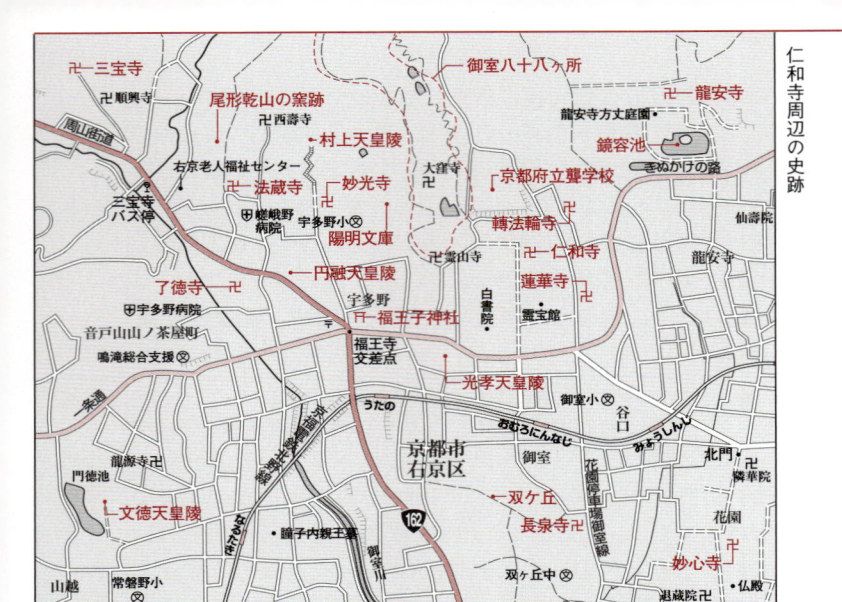

　巨大な二王門(国重文・江戸)は家光寄進によるもので，知恩院の三門，南禅寺の山門とあわせて京都の三大門とよばれ，左右に金剛力士像を納める。二王門を入って西側にある本坊は旧御室御所の御殿で，勅使門・白書院・黒書院・宸殿・霊明殿(いずれも国登録)・白砂の南庭・池泉回遊式の北庭などで構成されるが，大半は明治以後に再建されたものである。本坊表門(国重文・桃山)は旧御所台所門，霊明殿東の庭園の隅に立つ茶室飛濤亭(国重文・江戸)は光格天皇遺愛の茶室，霊明殿の西に接する遼廓亭(国重文・江戸)は尾形光琳邸から移築したものと伝える。二王門から北に進むと，東側には霊宝館(国登録)があり，多数の寺宝を収め，春と秋の観光シーズンに開館する。霊宝館を右手にみながら北に進むと，朱塗りの中門(国重文・江戸)があり，その奥に御室ザクラ(国名勝)，右手に九所

仁和寺の国指定文化財(美術工芸品)	*は京博・東博・大美保管

国宝

絵画　絹本著色孔雀明王像*(南宋)

彫刻　木造阿弥陀如来坐像及両脇侍像・木造薬師如来坐像(いずれも平安)

工芸品　宝相華蒔絵宝珠箱*(附 木造彩絵四天王像・平安)

書跡・典籍　医心方・黄帝内経太素(ともに平安),三十帖冊子・宝相華迦陵頻伽蒔絵塞冊子箱*(附行遍僧正消息・三十帖策子々細,平安),新修本草・御室相承記(ともに鎌倉),黄帝内経明堂巻第一(室町)

古文書　高倉天皇宸翰御消息*(附守覚法親王御消息,平安)・後嵯峨天皇宸翰御消息*(鎌倉)

重要文化財

絵画　紙本墨画弥勒菩薩画像集・紙本墨画薬師十二神将像・紙本墨画高僧像(いずれも平安),紙本墨書別尊雑記*・紙本墨画四天王図像*・紙本白描及著色密教図像*(いずれも平安),絹本著色僧形八幡神影向図(鎌倉),絹本著色聖徳太子像*(鎌倉)

彫刻　木造多聞天立像・木造吉祥天立像・厨子入木造愛染明王坐像(いずれも平安),木造増長天立像*(平安),木造文殊菩薩坐像・木造悉達太子坐像(ともに鎌倉)

工芸品　銅製舎利塔・五鈷鈴・三鈷鈴・九頭龍鈴・五鈷杵*(鎌倉・元〜明),宝珠羯磨文錦横被*(附宝珠羯磨文錦裂,鎌倉),住吉蒔絵机*・日月蒔絵硯箱*(ともに桃山),色絵瓔珞文花生(江戸)

書跡・典籍　絹本墨書尊勝陀羅尼梵字経・紙本墨書草書法華玄義(ともに唐),紙本墨書如意輪儀軌(附相承文書)・紙本墨書十地経・秘密曼荼羅十住心論(いずれも平安),紙本墨書理趣釈*(平安),紙本墨書孔雀経巻中下*(平安)・紙本墨書後鳥羽天皇御作無量講式・紙本墨書般若理趣品(鎌倉),摧邪輪(鎌倉〜室町),万葉集註釈(南北朝),仁和寺黒塗手箱聖教(附聖教箱,平安〜江戸),淡紫紙金泥般若心経・紺紙金泥薬師経(江戸)

古文書　紙本墨書消息・貞観寺根本目録・法勝院領田地公験紛失状(いずれも平安),紙本墨書孔雀明王同経壇具相承起請文(平安〜鎌倉),紙本墨書承久三,四年日次記・日本図(鎌倉),後宇多天皇宸翰御消息*(2点,鎌倉),後醍醐天皇宸翰御消息*(2点,南北朝)

考古資料　仁和寺境内出土品*(附唐草瓦,平安)

明神・五重塔,左手に観音堂,奥に金堂(国宝・桃山)を中心に経蔵・鐘楼・御影堂(いずれも国重文・江戸)が並ぶ。金堂には木造阿弥陀如来坐像及両脇侍像(平安)を安置する。

御室ザクラは,樹高が低く,他のサクラに比べて開花の時期が遅いところに特徴がある。参道の東側に立つ五重塔は高さ36m余りで,1644(寛永21)年の造営とされる。鐘楼も同時期のものとされる。

花園から高雄をめぐる

仁和寺金堂

また、御影堂は京都御所の清涼殿の資材で建築されたといわれる。金堂は桃山時代に建てられた京都御所の紫宸殿を江戸時代初期に移築したもので、現存最古の紫宸殿の遺構と伝えられる。

仁和寺の西門を出ると御室八十八カ所とよばれる巡拝コースがある。文政年間(1818〜30)に、時の門跡済仁法親王の発願により寺侍が四国八十八カ所を巡拝し、各霊場から持ち帰った砂を各堂に埋めたのが始まりと伝える。点在する堂をめぐる行程は2時間ほどで、京都市内の眺望を楽しむこともできる。

仁和寺の東向かいには、きゅうり封じで知られる蓮華寺(真言宗)がある。さらに80mほど北上すると、阿弥陀如来坐像を本尊とする転法輪寺(浄土宗)、さらに西には日本最初の盲唖教育の史料(府有形)を所蔵する京都府立聾学校がある。これらは、いずれも昭和期に入ってから現在地に移ってきたものである。

仁和寺五重塔

福王子と御室焼 ❸❽❸❾
075-463-0937

〈M▶P.217, 254〉京都市右京区宇多野福王子町52 市バス福王子🚶すぐ、または京福電鉄北野線宇多野駅🚶4分

仁和寺の鎮守福王子 仁清・乾山の窯跡

仁和寺の二王門から「きぬかけの道」に沿って西に500mほど歩くと、福王子交差点に出る。「きぬかけの道」は金閣寺から龍安寺・仁和寺を経て、広沢池・嵯峨・嵐山へと抜ける道路として新しく開発されたものだが、福王子は、北は高雄から周山、南は太

福王子神社

秦・花園方面，東は衣笠・北野などを経て京都市内へと向かう，古くからの交通の要衝である。

交差点の北側に福王子神社がある。祭神は光孝天皇の皇后班子で，宇多天皇を始め多くの子どもを産んだので，福王子の名がある。江戸時代後期には，宇多野を始めとする周辺各村の産土神として親しまれた。現在の社殿は，御室御所（仁和寺）の守護神として，寛永年間（1624～44）の仁和寺の再建と同時に造営されたもので，本殿・拝殿・鳥居はいずれも国重文である。

福王子神社の東にある小道を約100m北上すると，摂関家筆頭の近衛家に伝来した古文書などを保管する陽明文庫がある。1938（昭和13）年に当時の近衛家当主で首相であった近衛文麿が設立したもので，藤原道長自筆本を含む御堂関白記，頼通の孫の師通の後二条師通記や，『和漢朗詠集』を藤原行成が写したと伝える倭漢抄下巻などの国宝の書蹟を始め，多数の国重文の書蹟や工芸品などを所蔵する。また，福王子神社の西側の道を約300m北上すると，室町時代には京都十刹にも数えられた妙光寺（臨済宗）があり，境内には御室焼の大成者野々村仁清と伝える墓がある。なお，福王子神社の周辺には，円融天皇陵，村上天皇陵，光孝天皇陵がある。

福王子交差点から高雄方面に向かう周山街道の西側に沿って御室川が流れる。平安時代からの祓の場の1つであり，周辺には公家の山荘や寺院が営まれた。鳴滝という地名は，その川の流れからとったもので，藤原俊成や西行の歌でも知られる。

福王子から北西に約300m行くと了徳寺（浄土真宗）がある。毎年12月9日と10日の報恩講には参拝者に大根を振舞う大根焚を行い，大根焚寺と通称される。

福王子から北西の高雄に向かって400mほど歩き，小道をさらに250mほど北上すると法蔵寺（黄檗宗）がある。かつての鳴滝の風情を偲ばせるこの寺の裏山には，野々村仁清に学んだ陶工尾形乾山

花園から高雄をめぐる

陽明文庫の国指定文化財(美術工芸品)

国宝

書跡・典籍　倭漢抄下巻・神楽和琴秘譜・歌合(附歌合目録)・類聚歌合(いずれも平安)，熊野懐紙(鎌倉)，大手鑑(奈良〜室町)

古文書　御堂関白記(附御堂御記抄・御堂御暦記目録)・後二条殿記(ともに平安)

重要文化財

絵画　絹本著色春日鹿曼荼羅図(南北朝)

工芸品　太刀(平安)，太刀(2点，鎌倉)，短刀(鎌倉)，砧青磁鳳凰耳花生(南宋)

書跡・典籍　紙本墨書琴歌譜・紙本墨書古謡集・紙本墨書不空羂索神呪心経・紙本墨書五絃琴譜・紙本墨書論春秋歌合・紙本墨書歌合序・四条宮歌合序・白氏文集新楽府断簡四種・六条斎院歌合・和漢朗詠集巻下断簡・幼学指南鈔(いずれも平安)，紙本墨書古今集(附三条西公条極状・後西天皇宸翰御極札)・紙本墨書後拾遺抄・紙本墨書法曹至要抄・裁判至要抄・紙本墨書源氏物語(いずれも鎌倉)，遊仙窟(南北朝)，金泥絵料紙墨書孝明天皇宸翰御製(江戸)

古文書　紙本墨書藤原忠通書状・紙本墨書兵範記・紙本墨書九暦記抄・後朱雀天皇宸翰御消息・紙本墨書平記(附範国記新写本・知新記新写本)・摂関家旧記目録・紙本墨書平信範消息・永昌記(いずれも平安)，愚昧記(平安〜鎌倉)，紙本墨書後深草天皇宸翰御消息・紙本墨書慈円僧正消息・紙本墨書明恵上人消息・紙本墨書源家長消息・紙本墨書冷泉為相消息並万里小路宣房返状・紙本墨書猪熊関白記・紙本墨書花園天皇宸翰御消息・紙本墨書知足院関白記・紙本墨書岡屋関白記・紙本墨書宮城図・延喜天暦御記抄・深心院関白記・大府記・吉黄記・明恵上人夢記・近衛家実摂政家辞表文書・中右記・摂関系図・車図(いずれも鎌倉)，尊円親王筆消息・後深心院関白記(附近衛政家筆目録)・後愚昧記(いずれも南北朝)，後法興院記・雑事要録・近衛家所領目録(いずれも室町)

(尾形光琳の弟)の窯跡がある。

三宝寺から梅ケ畑へ ㊵㊶
075-462-6540

〈M▶P.217, 254〉京都市右京区鳴滝松本町32 P

市バス・JRバス三宝寺🚶5分，または京福電鉄北野線宇多野駅🚶15分

神護寺の守護神平岡八幡
紅葉の高雄の入口

　福王子交差点から周山街道を高雄方面に約600m行った三宝寺バス停から西北に約300mのぼると，三宝寺(日蓮宗)がある。1628(寛永5)年に後水尾天皇の内旨を受け，菊亭経季と中山為尚が日護を開基として建立した寺院で，江戸時代には13の塔頭を擁する大寺院に発展した。茶道家山田宗偏も塔頭涼池院に住したという。

境内には、宝暦年間(1751〜64)に菊亭家から移植されたといわれる「御車返しの桜」や、樹齢700年ともいわれる楊梅がある。

三宝寺バス停に戻り、バスで約4分、梅ケ畑の入口平岡八幡前に着く。平岡八幡宮は、高雄山神護寺の守護神として、弘法大師空海が809(大同4)年に宇佐八幡から勧請して平岡山崎の地に創建したものという。祭神は応神天皇。平安時代後期には衰退したが、12世紀末に文覚が神護寺の復興とともに再興、その後浄覚により現在地に移された。室町時代には足利氏などが参詣や紅葉狩りに訪れた。社殿はしばしば火災に見舞われ、現在の本殿(市有形)は1826(文政9)年に再建されたもので、極彩色の天井花卉図が美しい。

平岡八幡宮前から1kmほど高雄方面に進むと、高雄小・中学校と道を挟んだ反対側に為因寺(浄土宗)がある。1233(貞応2)年に建立された高山寺の別院善妙寺の跡地に開かれたという。境内に1265(文永2)年銘をもつ宝篋印塔(国重文)がある。

高雄の手前には嵐山・高雄パークウェイの高雄口ゲートがあり、嵯峨・嵐山との間を有料自動車道がつなぐ。パークウェイの全長は約10kmで、途中に菖蒲ケ丘・愛宕前・保津峡・小倉山の各展望台と、観空台・菖蒲谷池などの遊園地がある。このうち菖蒲谷池は、寛永年間(1624〜44)に角倉家一族の吉田光長らが嵯峨一帯の灌漑のためにつくったと伝えられる。

パークウェイ入口の少し先には慰称寺(浄土宗)があり、本尊の木造地蔵菩薩立像(平安)が国重文に指定されている。

神護寺と西明寺 ❷❸

075-861-1769(神護寺)
075-861-1770(西明寺)

〈M▶P.217〉京都市右京区梅ケ畑高雄町5・梅ケ畑槇尾町1
市バス・JRバス高雄🚶20分

和気清麻呂が創建　法師文覚が再興

神護寺(真言宗)のある高雄は紅葉の名所で、北に続く槇尾(西明寺)、栂尾(高山寺)とあわせて三尾という。高雄バス停から谷へくだり、清滝川にかかる橋を渡って長い参道をのぼった先に神護寺の楼門がある。

神護寺は、もと高雄山寺といい、和気氏ゆかりの寺院であったが、最澄が法華経の講義を行ったり、空海が一時住するなど、洛北の名刹として知られた。9世紀前期、この高雄山寺に、同じく和気氏

神護寺

ゆかりの神願寺が合併し、神護寺の基礎が形づくられたようである。その後は一時衰えていたが、12世紀には文覚が再興につとめ、その志は明恵らに受け継がれた。その後の寺運は明確ではないが、応仁・文明の乱以後は衰え、1547(天文16)年には細川晴元の軍の放火で全焼。のち豊臣秀吉や徳川家康の援助で復興に向かい、讃岐(現、香川県)屋島寺の僧竜厳が徳川秀忠の援助を得て諸堂を整えた。

楼門前の石段の下には硯石があり、能書家として名高い空海にかかわる伝承をもつ。楼門(府有形)を入ると、右手には、東から書院・宝蔵・鐘楼・金堂などが並ぶ。鐘楼(府有形)は元和年間(1615〜24)の再建とされるが、梵鐘(国宝)は875(貞観17)年につくられ、銘文は序は橘広相、文は菅原是善(道真の父)、書は藤原敏行によってつくられたことから、「三絶の鐘」と称される。金堂には本尊の木造薬師如来立像(国宝・平安)と脇侍の日光・月光菩薩立像(国重文・平安)が安置されている。金堂後方の多宝塔には木造五代虚空蔵菩薩坐像5体(国宝・平安)を安置し、金堂前方の平地には五大堂・毘沙門堂(ともに府有形)、大師堂(国重文・桃山)がある。毘沙門堂には木造毘沙門天立像(国重文・平安)を安置する。大師堂は細川忠興の寄進により造営された神護寺最古の建築で、板彫弘法大師像(国重文・鎌倉)を安置する。少し離れて地蔵院があり、素焼きの土器を清滝川の渓谷に向かって投げるかわらけ投げを試すことができる。また鐘楼の傍らからあがった北側の山腹に、和気清麻呂と文覚の墓がある。多数の国宝・国重文の美術工芸品を所有する。とくに「源頼朝」「平重盛」「藤原光能」のものと伝えられる肖像画は著名であるが、近年は別の人物を描いたとする説もある。

高雄バス停から道路に沿って300mほど歩くと西明寺に出る。普段はハイキングに最適な山道であるが、紅葉の季節になると渋滞が

神護寺の国指定文化財(美術工芸品)	*は東博・京博・奈良博・大美保管

国宝
絵画　絹本著色釈迦如来像*・紫綾金銀泥絵両界曼荼羅図*(ともに平安),絹本著色伝源頼朝像*・絹本著色伝平重盛像*・絹本著色伝藤原光能像*・絹本著色山水屛風(附 絹本著色同模本)*(いずれも鎌倉)
彫刻　木造薬師如来立像・木造五大虚空蔵菩薩坐像(いずれも平安)
工芸品　梵鐘(平安)
古文書　灌頂歴名(附後宇多天皇宸翰施入状)*・文覚四十五箇条起請文*(ともに平安)

重要文化財
絵画　絹本著色十二天像*・絹本著色真言八祖像*・絹本著色真済僧正像*・絹本著色文覚上人像*(いずれも鎌倉),絹本著色足利義持像*(室町)
彫刻　乾漆薬師如来坐像*(奈良)・木造毘沙門天立像・木造日光菩薩立像・木造月光菩薩立像(いずれも平安)・木造愛染明王坐像*・板彫弘法大師像(ともに鎌倉)
書跡・典籍　紺紙金字一切経*・経帙(附黒漆塗経箱)*・紙本墨書二荒山碑文*(いずれも平安),紙本墨書神護寺略記*(南北朝)
古文書　紙本墨書寺領絵図4幅*(平安〜鎌倉),紙本墨書神護寺文書(平安〜室町),紙本墨書文覚上人書状案*・紙本墨書後宇多天皇宸翰御寄進状・紙本墨書神護寺絵図*・紙本墨書高山寺絵図*(いずれも鎌倉)

おきるほどの人出で賑わう。西明寺(真言宗)は,9世紀前期に空海の弟子智泉が神護寺の別院として創建したというが,一時衰え,17世紀に再興された。現在の本堂は,1700(元禄13)年,徳川綱吉の生母桂昌院が寄進したものという。堂内には木造釈迦如来立像と木造千手観音立像(ともに国重文・鎌倉)を安置する。

高山寺 ㊹
075-861-4204
〈M▶P.217〉京都市右京区梅ヶ畑栂尾町8　P
JRバス栂ノ尾 大 5分

お茶栽培発祥の地 鳥獣人物戯画で有名

西明寺からさらに道路に沿って北東に約1km行くと高山寺(真言宗,国史跡)がある。栂尾は古代より山岳修行のための小寺院があったというが,平安末に文覚により再興され,鎌倉時代の僧明恵によって本格的な整備が行われたところから,明恵を実質的な開基とする。法然の教えを批判し,華厳宗の復興に努めた明恵は,後鳥羽上皇からこの地を与えられ,この頃から高山寺の寺号を名乗るようになった。応仁・文明の乱の兵火で石水院のほかは全焼。豊臣秀吉の保護により復興に向かった。

境内にはやや南側の麓から階段を経て金堂へと続く金堂道と,駐

花園から高雄をめぐる

高山寺の国指定文化財(美術工芸品)	*は東博・京博・奈良博・大美保管

国宝

絵画　紙本墨書鳥獣人物戯画*(平安〜鎌倉)，絹本著色明恵上人像*・絹本著色仏眼仏母像*・紙本著色華厳宗祖師絵伝*(いずれも鎌倉)

書跡・典籍　玉篇巻第廿七*・冥報記3巻*(ともに唐)，篆隷万象名義*(平安)

重要文化財

絵画　絹本著色不空三蔵像*(南宋)，紙本墨画達磨宗六祖像*・紙本墨画高僧像*(ともに平安)，絹本著色明恵上人像*・紙本淡彩藤原兼経像*・絹本著色菩薩像*・絹本著色文殊菩薩像*・絹本著色華厳海会諸聖衆曼荼羅図*・紙本墨画将軍塚絵巻*・絹本著色熊野曼荼羅図*・絹本著色五聖曼荼羅図*(いずれも鎌倉)

彫刻　乾漆薬師如来坐像*(奈良)，木造明恵上人坐像・木造善妙神立像*・木造白光神立像*・木造鹿*・木造狛犬4対*・木造馬*・木造犬*

工芸品　黒漆机*(平安)，木製彩絵転法輪筒*・阿字螺鈿蒔絵月輪形厨子*(ともに鎌倉)，輪宝羯磨蒔絵舎利厨子*(鎌倉〜南北朝)

書跡・典籍　紙本墨書弥勒上生経*(奈良)，紙本墨書金剛頂瑜伽経・華厳宗一乗開心論*・紙本墨書義天録*(いずれも平安)，高山寺典籍文書類(平安〜江戸)，宋刊本斉民要術*・宋版金光明文句護国記*・宋版金剛記外別解*・宋版法蔵和尚伝*・宋版華厳三昧章*(いずれも南宋)，紙本墨書梵天火羅図*・紙本墨書倶舎論中不染無知断位料簡*・紙本墨書華厳孔目章*・紙本墨書明恵上人筆入解脱門義*・紙本墨書明恵上人筆華厳信種義*・紙本墨書明恵上人詠草*・紙本墨書史記*・紙本墨書貞元華厳経*・紙本墨書新訳華厳経音義*・貞元筆華厳経音義*・大法炬陀羅尼経要文集*・紙本墨書古華厳経*・紙本墨書釈迦五百大願経*・紙本墨書論語*・紙本墨書荘子*・紙本墨書明恵上人筆大唐天竺里程書*・紙本墨書華厳伝音義*(いずれも鎌倉)

古文書　紙本墨書神尾一切経蔵領古図*・高弁夢記(ともに鎌倉)

車場から坂道を道なりにのぼる参道がある。坂道の参道をのぼると，右手に石水院がある。石水院(国宝)は，明治時代中期まで金堂の東側にあった経蔵を移したもので，鎌倉時代前期の建造物という。その上に，寺宝を収める法鼓台文庫，木造明恵上人坐像(国重文・鎌倉)を安置する開山堂，金堂と続く。開山堂の傍らには宝篋印塔・如法経塔(ともに国重文・鎌倉)があり，金堂は1634(寛永11)年に仁和寺の金堂を移したものという。境内にある茶園は明恵ゆかりのもので，臨済宗の開祖栄西から贈られた茶を植えたと伝えられる。

　寺宝として多数の国宝・重要文化財を所蔵する。とりわけ国宝の鳥獣人物戯画(平安〜鎌倉)はとくに名高い。

⑤ 周山街道から京北一周

京近郊の木材の産地。点在する名所にかつての繁栄を偲ぶ。

周山城跡 ㊺
075-761-7799（京都市文化財保護課）

〈M▶P.216, 265〉京都市右京区京北周山町
JRバス高雄京北線周山 🚶 1時間

明智光秀が築城 周山の名も光秀命名

福王子の交差点から梅ヶ畑・周山を経て福井県小浜市に至る国道162号線は、通称周山街道という。京都市内から若狭への最短路線の1つで、途中には茅葺き集落で知られる美山もあり、近年重要度を増している道でもある。高雄から約4kmで北山杉の里中川に、さらに5kmほど北に行くと小野に着く。小野の集落の手前には北山杉の里総合センターがある。小野を抜けたところにある笠トンネルが右京区京北（旧京北町）の入口になる。

旧京北町に入ると、まもなく栗尾峠にさしかかる。急カーブの多い難所であったが、現在はトンネルができている。これを過ぎると右京区役所京北出張所（旧京北町役場）などが集まる周山である。

出張所西側の山頂には周山城跡がある。天正年間（1573～92）に丹波攻略を進めた明智光秀が築城し、石垣や土塁・櫓台など郭の跡がよく残っている。本丸大手の城戸口に桝形をともなうなど、織豊系城郭の特徴をよく示す。『信長公記』によると、1579（天正7）年、明智光秀は丹波に入り宇津城を開城させ、周山城を築いた。『御湯殿上日記』には、それまで宇津氏によって押領されていた禁裏御料所を光秀が回復し、皇室から褒賞を与えられたことが記録されている。築城者と築城年が知られる貴重な城跡の1つである。

出張所の東北、周山中学校の校地は、飛鳥時代後期の創建とみられる府史跡の周山廃寺跡で、背後の丘陵上には十数基の方墳からなる周山古墳群（古墳前期）がある。また、周山の中心に

周山城小姓郭北石垣

入る手前，府の京北総合庁舎脇の山腹には，周山廃寺の瓦を焼いたと推定されているやはり府史跡の周山窯跡がある。これらの遺跡は，この辺りが交通の要衝として早くから開けていたことを示す。

福徳寺 ㊻
0771-54-0971
〈M▶P.216, 265〉京都市右京区京北下中町寺ノ下
JRバス周山乗換え下中🚶5分

弓削道鏡所縁と伝承 境内のサクラは隠れた名所

周山からさらに北へたどると弓削谷で，約4kmで下中の集落に着き，その東山麓に福徳寺（曹洞宗）がある。

寺伝では711（和銅4）年に行基が創建，弓削道鏡が七堂伽藍を整え，弓削寺と称して北方の大谷口にあった。1396（応永3）年の火災で本堂を残すのみとなり，再建されたものの周山城築城の用材調達のため明智光秀により破却されたという。1681（天和元）年曹洞宗の寺として再興され，富春庵と称したが，1882（明治15）年福徳寺と改称した。薬師堂には薬師如来坐像・持国天立像・増長天立像（いずれも国重文・平安，見学は要予約）がまつられ，境内には弓削道鏡塚とよばれる五輪塔がある。境内にはまた，「かすみ桜」とよばれるシダレザクラ（市天然）があり，春には訪れる人びとの目を楽しませる。

福徳寺よりさらに北東1kmほどの山中に丹波マンガン記念館があった。マンガンや丹波でのマンガン採掘に関する資料を展示していた。また，福徳寺の西北には京都府立ゼミナールハウスがあり，学生の研修・合宿などに利用されている。

福徳寺

中道寺と弓削八幡宮社 ㊼
0771-54-0737
〈M▶P.216, 265〉京都市右京区京北上中町
JRバス周山乗換え上中🚶10分

孝謙天皇ゆかりの中道寺

国道162号線を北へ進み，上中集落に入ると，その東の山麓に中道寺（真言宗）がある。寺伝では751（天平勝宝3）年に孝謙天皇の

勅願で創建され，弓削八幡宮社の神宮寺であったという。

木造増長天立像（国重文・平安）や木造阿弥陀如来坐像・木造薬師如来坐像・木造十一面観音坐像（いずれも市有形・鎌倉）などを所蔵する。

　その北の山麓に鎮座する**弓削八幡宮社**は，8世紀中頃の孝謙天皇の時代に宇佐八幡を勧請し，859（貞観元）年に現在地にまつられたという。祭神は応神天皇・神功皇后・湍津姫命。弓削郷の産土神として信仰を集めた。戦国時代には衰退したが，江戸時代初期に再建された。**本殿**（府登録）は檜皮葺き，三間四面の神明造で，境内が府の文化財環境保全地区となっている。

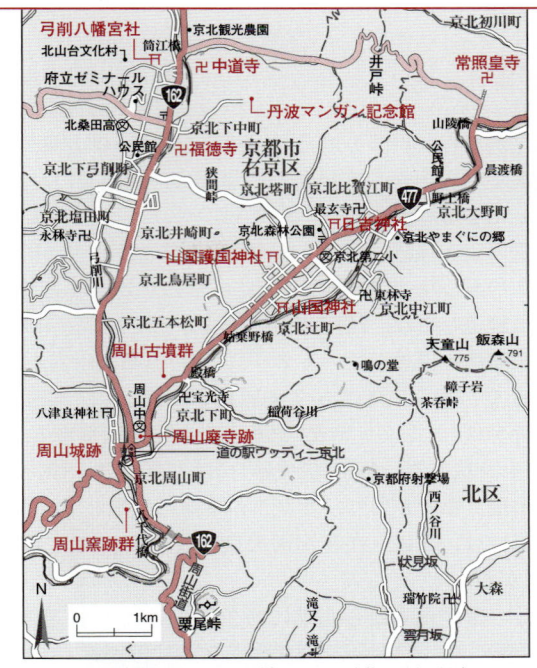

日吉神社 ㊽　〈M▶P.216, 265〉京都市右京区京北矢代中町
　　　　　　JRバス周山乗換え矢代🚶10分

　周山から約2km北の出口橋の所から府道443号線に入り，矢代中まで進むと，集落の西方，明石川の対岸の山麓に**日吉神社**（祭神猿田彦命）がある。創建は平安時代に遡ると考えられる。例祭は10月15日で，**矢代田楽**（府民俗）が奉納される。この田楽は，竹製の花笠をかぶり，小太鼓をもつ白衣の者と，ささらをもつ黒衣の者の4人が，片足を上げて床に強く下ろす所作を繰り返す。平安時代の田楽の流れを引く，古い神事の芸能である。

周山街道から京北一周

常照皇寺 ㊾
0771-53-0003
〈M▶P.216, 265〉京都市右京区京北井戸町字丸山14-6 P
京北ふるさとバス山国・黒田線小塩行山国御陵前🚶5分

皇室所縁の山の寺　北朝の上皇が出家遁世

　弓削から井戸峠を越えて，山道を5kmほど東に行くと常照皇寺がある。周山から直接向かう場合は，国道477号線を北東に向かうことになる。
　常照皇寺(臨済宗)は，南北朝時代に光厳上皇が出家した後，1362(貞治元)年，この地に庵を結んだのが始まりとされる。戦国時代には衰退したが，江戸時代に入って2代将軍徳川秀忠が寺領を寄進し，朝廷の保護も受けるようになった。1781(安永10)年には開山堂を建立，幕末以降は方丈や庫裏を整備した。木造阿弥陀如来及両脇侍坐像(国重文・平安)や光厳天皇宸翰法華経要文和歌懐紙(府有形)を所蔵する。境内(府史跡)には九重ザクラ(国天然)や「御車返しの桜」などがあり，サクラの季節には賑わう。なお，寺の背後の山腹には，光厳・後花園両天皇の陵と後土御門天皇の分骨所(山国陵)がある。
　この常照皇寺から北東に約2km，小塩の日吉神社前では毎年8月23日に上げ松(府登録)が行われる。愛宕山に捧げられるもので，左京区花脊や広河原などで行われる松上げと同様，今では夏の盆行事の1つに数えられている。

常照皇寺

山国神社 ㊿
0771-53-0026
〈M▶P.216, 265〉京都市右京区京北鳥居町宮ノ元
JRバス周山乗換え丹波鳥居🚶10分

朝廷の杣以来の所縁　維新勤王山国隊の故郷

　常照皇寺の南西約4kmに，山国の集落がある。山国は，平安遷都の際に桓武天皇から朝廷の杣御料地に定められたと伝えられる。明治維新のとき，山国隊を結成して新政府軍に加わったことは地域の人びとの誇りとなっており，1872(明治5)年には集落北部に戊辰

山国隊

コラム

時代祭の先頭を行く維新勤王隊列のルーツ

毎年10月10日の時代祭で行列の先頭に立つのが山国隊である。陣羽織に袴姿で刀を差し，錦の御旗を掲げ，その鼓笛隊が「宮さん，宮さん」の軍楽を奏でて行進する。これは明治維新のときの戊辰戦争に加わった山国の人びとの姿である。第１回の時代祭から25年間ほどは地元から参加し，祭りを彩った。

山国は古代から禁裏御料地として皇室との関係が深い土地であり，1868(慶応４)年１月に鳥羽・伏見の戦いがおこると，鎮撫使西園寺公望の檄に応えて当地の有志83人が農兵隊を結成，やがてそのうちの１隊は山国隊として鳥取藩の手に属して東上した。４月の安塚村(現，栃木県)の戦いでは戦死者３名を出し，５月に上野(現，東京都台東区)の彰義隊とも交戦した後，東北地方に転戦，11月に大総督有栖川宮の凱旋隊に加わって帰国し，1869(明治２)年２月に山国神社で凱旋式を行った。

戦争での戦病死者をまつる山国護国神社が創建された。1895(明治28)年に京都で時代祭が始まると，村民は山国隊の装束で行列に加わり，名物になった。その後，村民の参加は中断したが，山国隊自体は時代祭に欠かせないものとして現在まで受け継がれている。

鳥居の東側，桂川の北岸には山国神社が鎮座する。『延喜式』式内社で，山国郷の一宮としてこの地域ではもっとも由緒ある神社である。祭神は大己貴命すなわち大国主命で，伝承では宝亀年間(770～781)の創始といい，現在の本殿は1737(元文２)年の建築である。毎年10月第２日曜日の例祭では，「山国隊軍楽保存会」による山国隊軍楽(府登録)の行列が，神輿とともに集落内を練り歩く。

宇津城跡 (51)

075-761-7799(京都市文化財保護課)

〈M►P. 216〉京都市右京区京北下宇津町
JR バス周山乗換え宇津🚶20分

中世の京北を支配，宇津氏が居城

周山の西方，桂川に沿う下宇津の八幡宮社の裏山に，室町時代にこの地に勢力を張った宇津氏の山城跡がある。宇津(宇都)氏は美濃(現，岐阜県)の土岐氏の一族でこの地に移住した初代頼顕に始まる。最初の居城は宇津と世木(南丹市日吉町)の境界に位置する宇津嶽山城であり，３代頼高の代により山城として優れた宇津城を築いたとされる。

光厳天皇の旅と常照光寺

コラム

戦乱に弄ばれた彷徨の上皇

　常照光寺開山の光厳天皇は，南北朝の騒乱の中で各地を転々とした天皇である。元弘3（1331）年，後醍醐天皇の起こした元弘の乱で神器なしで天皇となったものの，後醍醐天皇方の巻き返しで都を逃れ，近江国番場（現，滋賀県米原市）で捕縛されて廃立された。しかし，建武3（1336）年，足利尊氏に請われて後醍醐天皇追討の院宣を出し，弟を天皇（光明天皇）として院政をしいた。15年に及ぶ院政の後，観応の擾乱で尊氏が南朝に帰参して北朝は廃され，観応3（1352）年の南朝軍京都奪還で，弟の光明上皇，子の崇光上皇とともに大和国賀名生（現，奈良県五条市）に拉致された。同年8月に出家，5年に及ぶ幽閉の後に京に戻るも，始め深草金剛寿院，ついで嵯峨小倉に隠棲，春屋妙葩らを師として禅宗に帰依した。貞治3（1362）年，僧順覚を伴として西国巡礼の旅に出る。『太平記』は，吉野山での南朝の後村上天皇との語り合いの場を，その旅に絡んで描く。また，紀ノ川では野武士に襲われるという逸話も伝わる。京に戻って後，禁裏御柚の丹波国山国庄（現，京都市右京区啓北町）の常照寺（現，常照光寺）に隠棲し，ここで崩御する。貞治5（1364）年7月7日，52歳であった。陵は松柏を植えたのみの塚とするよう遺言し，今も常照光寺にある山国陵で，松柏を歌の友に静かに眠る。

　城は直下に大堰川（桂川）が流れ，付近を街道が通る水陸の要衝にあった。この城を拠点に宇津氏は近隣の荘園を侵略し，1535（天文4）年には禁裏御料所である山国庄の年貢を宇津氏が横領したことが記録にみえる。やがて織田信長が登場すると，信長は皇室に対して宇津氏の横領を停止することを約束し，明智光秀が任に当った。1579（天正7）年7月，光秀の攻撃を受けた宇津城は一戦にも及ばず落城したことが『信長公記』に記されている。

　宇津城は，山頂の本丸を中心として南北に郭がある。本丸は約35mの方形で，東北に土塁が築かれている。西南の城戸口には石組が築かれ，本丸への入口には枡形がつくられていた。『北桑田郡誌』によると，光秀は宇津城を大改修し，それとは別に周山城を築いたとされているので，現在の城跡は光秀の修築が加わったものと考えられる。

Nishikyoku 西京区

松尾大社

松尾大社境内図(『都名所図会』〈松尾社〉)

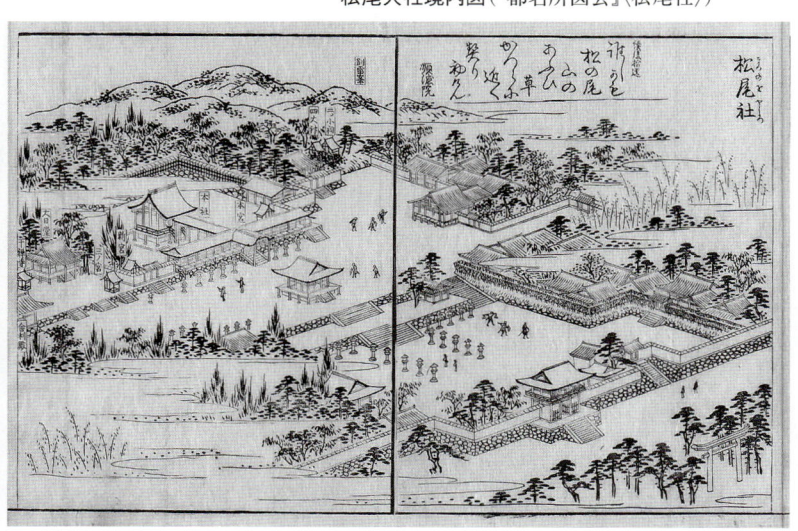

西京区

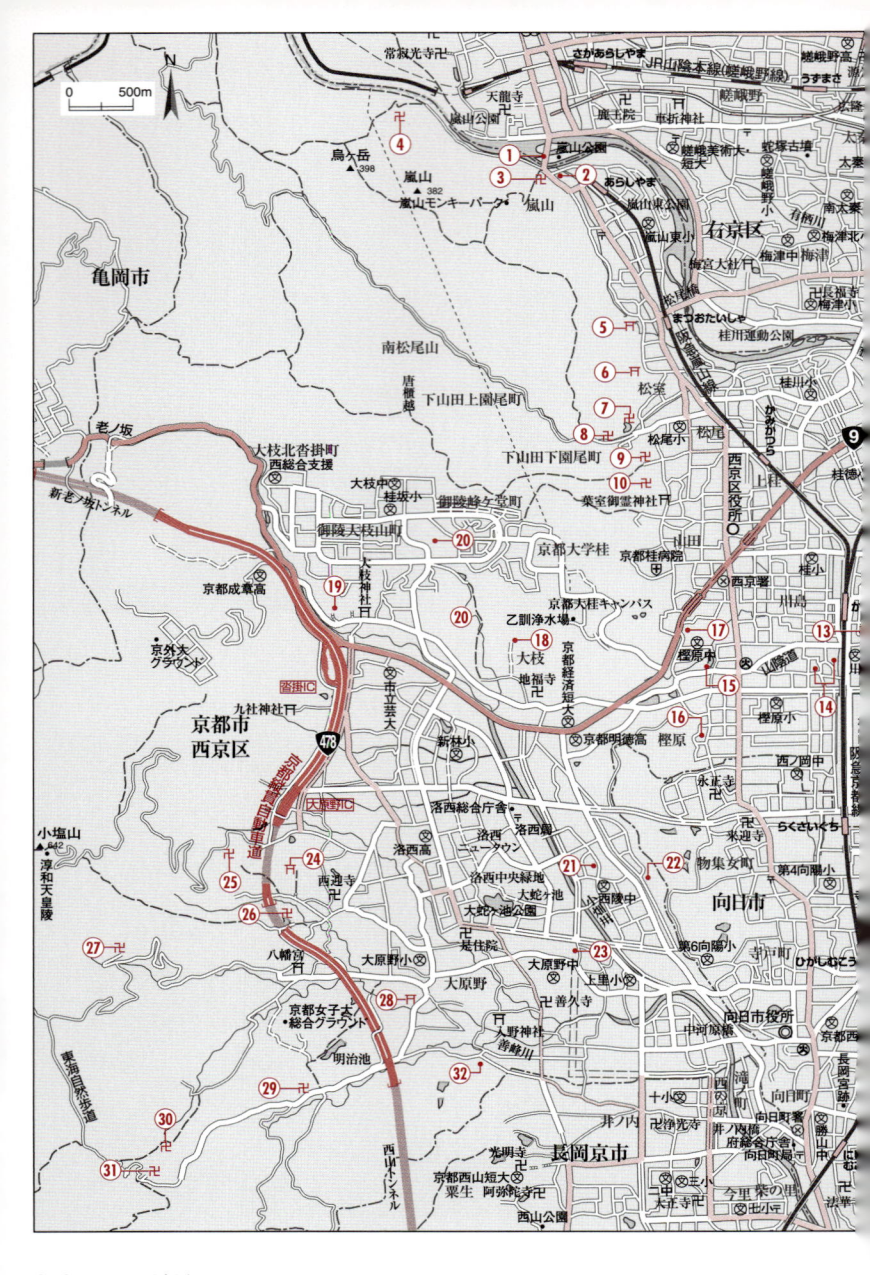

①渡月橋
②一ノ井堰碑
③法輪寺
④千光寺(大悲閣)
⑤松尾大社
⑥月読神社
⑦華厳寺(鈴虫寺)
⑧西芳寺
⑨地蔵院
⑩浄住寺
⑪桂離宮
⑫地蔵寺(桂地蔵)
⑬本願寺西山別院
⑭革嶋館跡と孝子儀兵衛碑
⑮樫原本陣跡(玉村家住宅)
⑯樫原廃寺跡(樫原廃寺跡史跡公園)
⑰天皇の杜古墳(乙訓古墳群のうち)
⑱宇波多陵
⑲大枝陵(桓武天皇御母御陵)
⑳大枝山古墳群
㉑福西遺跡公園
㉒京都市洛西竹林公園(竹の資料館)
㉓灌田記念碑
㉔大原野神社
㉕勝持寺
㉖正法寺
㉗金蔵寺
㉘大歳神社
㉙十輪寺
㉚三鈷寺
㉛善峯寺
㉜興産紀功の碑

1 渡月橋をわたって嵐山へ

京都を代表する名勝地・嵐山。角倉了以ゆかりの千光寺(大悲閣)などを訪ねる。

渡月橋 ❶ 〈M▶P. 217, 228, 270, 273〉京都市右京区嵯峨中之島町, 西京区嵐山
阪急電鉄嵐山線・京福電鉄嵐山本線嵐山駅🚶5分, または市バス・京都バス嵐山・嵐山公園🚶すぐ

京都を代表する景観 貴族の遊覧の地

　京福電鉄嵐山本線嵐山駅から南へ200mほど歩くと, 目の前に渡月橋と嵐山の景色が広がる。対岸にみえる嵐山は標高381.5m, 渡月橋の下を流れる桂川は, この周辺から上流では大堰川・保津川とよばれる。この付近はかつては秦氏により葛野大堰がつくられ, 平安時代には貴族の遊覧の地となり, 宇多上皇や藤原道長らも舟遊びを楽しみ, 多くの和歌にもうたわれた。この嵐山から嵯峨の一帯が国史跡・国名勝嵐山に指定されている。

　渡月橋(長さ約155m)の起源については諸説あるが, 当初は法輪寺橋とよばれ, 9世紀前半にはすでに架けられていたと考えられる。渡月橋の名は, 鎌倉時代に亀山上皇が命名したもので, 朱塗りの美しい橋の上を満月が渡っていく様子をみて「くまなき月の渡るに似たり」と述べたことに由来するという。渡月橋は, 1932(昭和7)年の洪水で流された後, 1934(昭和9)年に鉄筋コンクリート製となったが, 欄干部分は今も木製である。

渡月橋

一ノ井堰碑 ❷ 〈M▶P. 270, 273〉京都市西京区嵐山西一川町
京福電鉄嵐山本線嵐山駅🚌市バス・京都バス嵐山🚶7分, または阪急電鉄嵐山線嵐山駅🚌京都バス嵐山公園🚶5分

室町期の絵図に描かれた取水口に

　渡月橋を渡り, 嵐山温泉の前を通り左折すると, 一ノ井堰碑がみ

西京区

渡月橋周辺の史跡

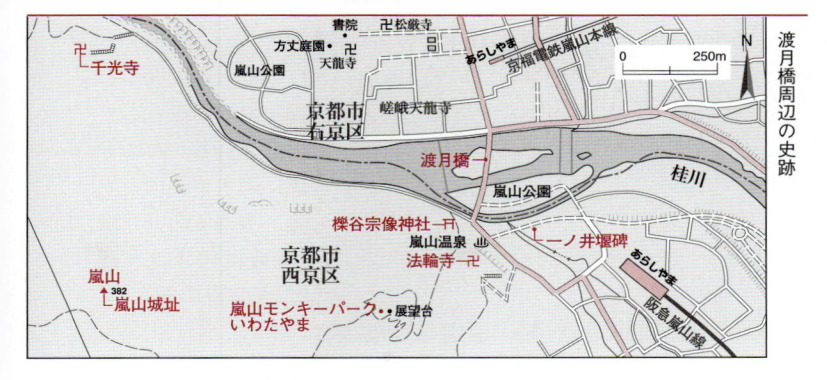

える。一ノ井は治水や灌漑のためにつくられた取水口で，1419（応永26）年に描かれた桂川用水路図には，法輪寺橋のやや下流の右岸に一ノ井という名称で用水取入口が記入され，この付近が相当するという。洛西用水竣功記念として，碑は1980（昭和55）年に一之井堰並通水利組合により建立されたものである。

一ノ井堰碑（洛西用水竣功記念碑）

法輪寺 ❸
075-861-0069

〈M▶P.270, 273〉京都市西京区嵐山虚空蔵山町16　P
京福電鉄嵐山本線嵐山駅🚶15分，または阪急電鉄嵐山線嵐山駅，京都バス・市バス嵐山🚶15分

知恵を授ける虚空蔵菩薩十三まいりでとくに賑わう

　渡月橋の南に法輪寺（真言宗）がある。本尊は虚空蔵菩薩で，嵯峨の「虚空蔵さん」として知られ，数え年13歳に成長した男女が厄除けと知恵を授かるため虚空蔵菩薩に祈願する「十三まいり」の寺としても有名である。針供養でも知られる。

　寺伝では，713（和銅6）年に元明天皇の勅願により行基が開創し，当初は葛井寺と称したが，道昌が874（貞観16）年に再建したときに法輪寺に改めたという。禁門の変の兵火で堂宇を消失し，現在の建物は明治時代以降の再建である。本堂への石段をあがると，牛と虎の1対の石像がある。本尊の虚空蔵菩薩像は日本三虚空蔵の1つ

渡月橋をわたって嵐山へ

法輪寺

に数えられ、丑年と寅年の守本尊として信仰される。このそばに、木造持国天立像・木造多聞天立像（ともに国重文・鎌倉）を安置する。

大堰川開鑿にちなむ寺角倉了以の木像を安置

千光寺（大悲閣） ❹
075-861-2913
〈M▶P.270, 273〉京都市西京区嵐山中尾下町62
阪急電鉄嵐山線・京福電鉄嵐山本線嵐山駅、または市バス・京都バス嵐山・嵐山公園🚶20分

　法輪寺から北西に200mほど歩くと、櫟谷宗像神社がある。『延喜式』式内社で、中世以降は松尾大社の摂社。祭神は櫟谷神（奥津島姫命）であるが、現在は宗像神（市杵島姫命）を併祀する。境内の左手に、「嵐山モンキーパークいわたやま」の入口がある。パーク内の展望台は見晴らしがよい。

　桂川の右岸（南岸）に沿って上流の方へ約1km進むと、「大悲閣」の名で有名な千光寺（黄檗宗）への参道との分かれ道がある。途中には「花の山二町のぼれば大悲閣」の芭蕉の句碑があるが、この句のとおり、紅葉はもちろんサクラも美しい。つづら折りの石段をのぼると山門に至り、ここからさらに急傾斜の石段が続く。当寺は嵯峨中院にあった後嵯峨天皇の祈願所千光寺が前身で、1614（慶長19）年に、角倉了以が大堰川開鑿工事に協力した人びとの菩提を弔うために現在地へ移すとともに、大悲閣を建立した。本尊の千手観音菩薩像は恵心僧都の作と伝え、本尊の脇には右手に石割斧をもって座した角倉了以像（江戸）がある。境内には、林羅山が撰文し、角倉素庵（了以の子）が建立した「河道主事嵯峨吉田了以翁碑銘」がある。

274　西京区

2 松尾大社から苔寺へ

嵐山・松尾から松室周辺には、松尾大社・月読神社や西芳寺（苔寺）などの古社寺が立ち並ぶ。

松尾大社 ❺ 〈M▶P.217, 270, 278〉京都市西京区嵐山宮町3 P
阪急嵐山線松尾駅🚶3分、または市バス・京都バス松尾大社前🚶3分

松尾の葵祭り、桂川の舟渡御 醸造家の信仰篤い酒の神

　阪急電車の松尾駅で降りると、松尾大社（大山咋命・市杵島姫命）の参道入口の大鳥居がみえる。祭神の大山咋命は上賀茂社の祭神賀茂別雷命の父神で、『延喜式』に記される式内社。701（大宝元）年に秦忌寸都里が現在地に神殿を営み、その後も一族が社家をつとめた。784（延暦3）年の長岡京遷都の際には勅使が派遣され、平安京遷都以後は、王城鎮護の社として、東の賀茂社と並び称される大社であった。

　社殿の背後にある松尾山の大杉谷から湧き出る清泉は霊亀の滝となり、その崖下（本殿北東隅）から霊泉「亀ノ井」の水が湧き出す。この水を醸造の際に酒水に加えると腐敗しないと伝えられ、このため同社は中世以来"酒の神"として醸造家からの信仰が篤い。また、この北の坂をあがった頂上近く（日崎の峰）が同社の旧鎮座地で、磐座と考えられる巨岩がある。

　本殿（国重文）は1397（応永4）年の建造、1542（天文11）年に修理を施したもの。両流造ではあるが切妻造に似た建築で、松尾造とよばれ、この様式の社殿は宗像大社・厳島神社・松尾大社の3社のみという。多数の神像や古文書を所蔵するが、このうち木造男神坐像2体と木造女神坐像1体（いずれも国重文）は平安後期の作で、日本最古の神像の1つ。近年の調査で、新たに女神像2体から平安後期の銘文が発見されている。また境内の庭園は、昭和期の作庭家

松尾大社

重森三玲の作。例祭の松尾祭は有名で，毎年4月20日以後の最初の日曜日に行われる神幸祭では，6基の神輿が巡行し，桂川の舟渡御が行われる。

月読神社 ❻

〈M▶P.270, 278〉京都市西京区松室山添町15
阪急電鉄嵐山線松尾駅🚶8分，または市バス松室北河原町・京都バス北河原町🚶3分

壱岐県主の祖 天月読命をまつる社

　松尾大社から南へ400mほど行くと，月読神社（市史跡）がある。『日本書紀』には，顕宗天皇3年に阿閉臣事代が任那に派遣される途中に，月神があらわれてわれをまつれといったので，帰京後に歌荒樔多の地にまつり，壱岐県主の先祖押見宿禰が祭祀にあたったと記される。856（斉衡3）年に現在地に移され，906（延喜6）年に正一位，名神大社に列せられた。江戸時代以降は松尾社に従属し，1877（明治10）年に松尾神社（現，松尾大社）の境外摂社となった。本殿右の玉垣内にある月延石は，安産の神として信仰される。

月読神社

華厳寺（鈴虫寺）❼
075-381-3830

〈M▶P.270, 278〉京都市西京区松室地家町31
阪急嵐山線松尾駅🚶10分，または市バス苔寺道🚶5分，京都バス苔寺・すず虫寺🚶3分

華厳宗復興のための寺

　月読神社を出て南へ約200m進むと，最福寺旧跡の通称谷ケ堂がある。この敷地内にある延朗堂には，天台密教の学僧延朗の木造が安置されている。延朗は源義家4代孫にあたり，1176（安元2）年に最福寺を創建，寺は最盛期には塔頭49院を数える大寺となった。しかし，応仁・文明の乱では東軍の出撃基地になったため，西軍の攻撃を受けて炎上。以後衰退し，16世紀後期には廃絶した。
　谷ケ堂から道なりに南西へ100mほど行くと華厳寺（臨済宗）がある。江戸時代中期の学僧鳳潭が，1723（享保8）年に華厳宗の復興

のために最福寺の故地に開創し，明治初年に臨済宗に転じた。本堂には，本尊の大日如来像（平安）・宝冠釈迦如来像（鎌倉）・鳳潭像を安置する。同寺は，「鈴虫寺」の名で知られ，年間を通して鈴虫の音色を聞くことができる（団体は要予約）。

西芳寺 ⑧
075-391-3631

〈M▶P.270,278〉京都市西京区松尾神ヶ谷町56
阪急嵐山線松尾駅🚶10分，または市バス苔寺道🚶5分，京都バス苔寺・すず虫寺🚶3分

中世を代表する寺院庭園　苔寺の名でも有名

　華厳寺から100mほど南，苔寺・すず虫寺バス停のある交差点を右折し，さらに100mほど行くと，「苔寺」として有名な西芳寺（臨済宗）がある（拝観は要予約）。

　創建については，聖徳太子別邸説，行基創建説などの諸説がある。建久年間（1190〜99）には，のちに鎌倉幕府の評定衆をつとめた中原師員が再建して本寺を西方・穢土の2寺に分け，法然を招請したと伝えられる。建武年間（1334〜36）の兵乱で荒廃したが，1339（暦応2）年に摂津（中原）親秀が夢窓疎石を招いて復興。疎石は，浄土宗を臨済宗に改め，寺名も西方寺から西芳寺に改称した。本尊の阿弥陀如来にちなんで仏殿は「西来堂」と名づけられ，その西には，上層を無縫塔，下層を瑠璃殿と称する2層の楼閣があった。この楼閣は現存しないが，金閣や銀閣のモデルになったといわれる。疎石は，瑠璃殿の南に湘南亭を，北に潭北亭を創建し，さらに池を拡張して谷間の水をそそぎ，邀月橋を架け，山腹には指東庵をつくった。この庭園の美は隣国にまで聞こえ，日本の作庭界にも大きな影響を与えた。

　現在の庭園（西芳寺庭園，国史跡・国特別名勝）は，枯山水の前庭と，黄金池を中心として4島8橋をもつ池泉回遊式の庭園とからなる。この庭は一面が苔におおわれ，緑の絨毯を敷き詰めたような美しさで，「苔寺」の名はここに由来する。

　池の南岸にある湘南亭（国重文・桃山）は，1458（文明17）年の洪水で流失した後，慶長年間（1596〜1615）に千利休の次男少庵（宗淳）らが再建したものと伝え，桃山期の茶室の代表格とされる。幕末には，蟄居を命じられた岩倉具視がここに隠棲した。このほか，指東庵は明治期の再建，潭北亭は近年の再建である。寺宝には絹本

松尾大社から苔寺へ

松尾駅周辺の史跡

著色夢窓国師像(国重文・南北朝)がある。

寺の東隣には池大雅美術館があり、紙本淡彩柳下童子図(八曲屏風、国重文・江戸)など、池大雅の作品が展示されている。西芳寺の裏山には、西芳寺古墳群(古墳時代後期)がある。40基を超える小円墳が密集する地域で、西芳寺指東庵の庭にある石組みには、古墳の横穴式石室の石が用いられたといわれる。

嵐山から西芳寺までは、ハイキングコースとして「京都一周トレイル　西山コース」が設定されている。渡月橋から出発して、松尾山(276m)へのぼり、西芳寺(苔寺)前まで下山するコースで、松尾山山頂からは京都市内が眺望できる。この周辺には松尾山古墳群が分布するが、近年、松尾山山中で平安時代前期頃と推定される瓦や須恵器などの遺物が発見されており、山岳寺院の存在が推定されている。

地蔵院 ⑨
075-381-3417

〈M▶P.270, 278〉 京都市西京区山田北ノ町23　Ｐ

阪急電鉄嵐山線上桂駅🚶15分，市バス苔寺道🚶10分，京都バス苔寺・すず虫寺🚶3分

夢窓疎石の開山
竹の寺・谷の地蔵として知られる

　苔寺・すず虫寺バス停のある交差点から南へ200mほど歩くと，竹の寺として知られる地蔵院（臨済宗）がある。山号は衣笠山。本尊は地蔵菩薩で，俗に「谷の地蔵」とよばれる。室町幕府の管領細川頼之が西芳寺の碧潭周皎を請じて創建した寺で，碧潭は師の夢窓疎石を勧請して開山とし，自身は2世を称した。北朝歴代の勅願寺に準ぜられ，末寺26カ寺を数える大寺に発展したが，応仁・文明の乱で西軍の兵舎となり焼失。その後に再建されたが，1585（天正13）年の震災被害で再び衰退，1704（宝永元）年に再興された。

　寺宝として銅造千手観音坐像（国重文・鎌倉）や細川頼之木像などを所蔵する。再興時に建築された方丈は市登録文化財，その前にある庭園（地蔵院庭園・市登録）は，二十数個の石をおき十六羅漢の庭とよばれる。本堂南には碧潭と頼之の墓があり，山形の自然石でつくられた頼之の墓石は「細川石」とよばれている（団体見学は要予約）。周辺は市の地蔵院文化財環境保全地区になっている。

地蔵院

浄住寺 ⑩

〈M▶P.270, 278〉 京都市西京区山田開キ町9

阪急電鉄嵐山線上桂駅🚶15分，市バス苔寺道🚶12分，京都バス苔寺・すず虫寺🚶5分

葉室家の菩提寺
鉄牛復興の黄檗寺院

　地蔵院から南へ300mほど行くと，浄住寺（黄檗宗）がある。山号は葉室山。本尊は如意輪観音である。『感身覚正記』によれば，弘長年間（1261～64）に葉室定嗣が出家して定然と号し，西大寺の叡尊（興正菩薩）を招いたことに始まるという。当初は戒律弘教の道場で，1272（文永9）年に定嗣が死去した後は，葉室家の菩提寺となった。

松尾大社から苔寺へ

浄住寺

1298(永仁6)年には将軍家の祈願所となり、塔頭49院をもつ大寺となった。しかし1333(正慶2)年、千種忠顕の六波羅攻めの際の戦火で焼かれて衰退。1493(明応2)年には、細川政元のクーデターで将軍足利義稙の側近だった葉室教忠が処刑された際、別業であった浄住寺も破壊された。のち、1689(元禄2)年に葉室頼孝が黄檗山万福寺の鉄牛道機を招いて復興。このとき、本堂(仏殿)・開山堂(ともに市指定)を整備し、真言律宗から黄檗宗に改めた。周辺は市の浄住寺文化財環境保全地区に選定されている。

❸ 桂離宮から旧山陰街道を樫原へ

日本建築の代表格とされる桂離宮から，山陰街道に沿って，宿場町として栄えた樫原の町並みを訪ねる。

桂離宮 ⓫
075-211-1215（宮内庁京都事務所参観係）

〈M▶P.271, 282〉京都市西京区桂御園 Ⓟ
阪急京都線桂駅🚶20分，または市バス・京阪京都交通バス桂離宮前🚶5分

もと桂宮（八条宮）の別荘　世界に知られる日本建築

桂離宮は，山陰街道（府道142号線）の桂離宮前バス停（桂大橋西詰）の北側にある。もとは桂宮（八条宮）家の別荘で，1883（明治16）年に離宮となった。この庭園と建物は，ブルーノ・タウトが「日本建築の世界的奇跡」と絶賛したことで，一躍有名になった。

桂離宮は，八条宮家初代の智仁親王（正親町天皇の嫡孫，後陽成天皇の弟）が，豊臣秀吉の援助を得て桂山荘を造営したことに始まる。智仁親王は初め秀吉の養子となったが，秀吉に実子鶴松が生まれたため，復籍して八条宮家を創設した。桂山荘は当初は，親王が「下桂瓜畠のかろき茶屋」と称した簡素なものであったが，1620（元和6）年から4年をかけて本格的に整備された。古書院・中書院・松琴亭・月波楼や池庭は，このときにほぼ完成したと推定される。1624（寛永元）年に訪れた相国寺の昕叔顕晫は，山を築き，池を掘り，舟を浮かべ，橋や亭を設けた庭の景色を眺めて，「天下之絶景也」と賞賛した。智仁親王の没後は一時荒廃に向かったが，あとを嗣いだ智忠親王が1641（寛永18）年頃から再び造営を始め，新書院などが増築され，今日の離宮の形を整えた。

現在，見学は建物の外観と庭園に限定されている（見学には参観申込みが必要）。離宮の中央南にある大池の西畔に，古書院・中書院・新書院が配置される。古書院は総柿葺きの入母屋造で，9畳で床の間をもつ一の間，15畳の二の間のほか，鑓の間，囲炉裏の

桂離宮

桂駅周辺の史跡

間などがあり、庭に面して池上に月見の間が張り出す。中書院は古書院より小さいが、一の間（山水の間）・二の間（七賢の間）・三の間（雪の間）のほか、3畳敷の楽器の間がある。新書院（新御殿・御幸の間）は後水尾上皇来遊時の新築と伝えられ、客を迎えるための建物である。一の間の上段の違棚は「桂棚」とよばれ、奇材を用いた複雑で巧みな構造である。

　庭園は心字池を中心にした池泉回遊式で、池中に3島を配して16の橋が架かる。池の北には、1658（明暦4）年に後水尾上皇を迎えるために整備されたと伝わる御幸道があり、その先に御幸門がある。左手の池中には御舟屋があり、その先を右折すると、半島部の先端に天の橋立がみえる。その北の対岸には明石の浜に見立てた州浜、南には遠州好みの建築といわれる松琴亭がある。松琴亭は江戸時代初期の茶室建築の代表格で、茅葺き・入母屋造の主屋に一の間・二の間が付属し、柿葺きの茶室・瓦葺きの水屋などが連なる。また、中島にある休息茶屋の賞花亭は、洛中の八条殿本邸にあった茶屋「竜田屋」が移築されたものと推定される。園林堂は本瓦葺き・宝形造、唐破風の向拝つきの小堂で、八条宮歴代と細川幽斎像や位牌を安置する。池の北西岸、古書院の前には月波楼がある。寄棟造・柿葺きの簡素な建物で、もと下桂御霊神社にあったという外国貿易船の絵額がある。池の西岸には、船着場の茶室としてつくられた笑意軒がある。

　桂離宮の近くは、かつて「桂の渡し」があった所で、古くから交

通の要衝であった。桂大橋の西詰には1848(嘉永元)年の常夜灯がある。また，桂離宮前バス停の近くには，明治時代創業の菓子司中村軒がある。農作業の合間に，食事代わりに食べられていたと伝わる麦代餅が名物である。

桂離宮の駐車場から西へ100mほど行くと，下桂御霊神社がある。御霊八社の1つで，橘逸勢を祭神とする。例祭は毎年5月第3日曜日に行われる。

地蔵寺(桂地蔵) ⑫
075-381-3538

〈M▶P.271,282〉京都市西京区桂春日町9
阪急京都線桂駅🚶5分，または市バス桂消防署前🚶すぐ

京都六地蔵めぐりの第五番札所

桂離宮前バス停から，山陰街道に沿って南西へ400mほど行くと，桂地蔵として知られる地蔵寺(浄土宗)がある。京都六地蔵巡りの第5番札所で，本尊の地蔵菩薩立像は，小野篁が冥土で地蔵菩薩に出会って蘇生し，その後みずから彫った6体の地蔵菩薩の1つという伝承がある。当初，6体の地蔵菩薩は木幡(伏見区六地蔵)の大善寺にまつられていたが，1157(保元2)年に平清盛が平安京の安泰を祈って，都への六街道の入口に分祀したという。毎年8月22・23日の地蔵盆に行われる「六地蔵巡り」には多くの参詣者で賑わう。本堂の東に鎌倉時代初期の石造薬師如来坐像を安置し，境内には鎌倉期のものと推定される石造宝篋印塔がある(拝観は要相談)。

地蔵寺(桂地蔵)

本願寺西山別院 ⑬
075-392-7939

〈M▶P.270,282〉京都市西京区川島北裏町29
阪急京都線桂駅🚶2分

京都四カ別院の1つ徳力善宗筆の障壁画

地蔵寺から南西へおよそ500m，阪急京都線の桂駅東口を出て南に150mほどの所に，旧山陰街道に面して本願寺西山別院(久遠寺，浄土真宗)がある。京都四カ別院の1つで，西山御坊・桂御坊ともよばれる。寺伝では桓武天皇の勅願により最澄が創建したとする

が，1314(正和3)年に本願寺3世覚如が竣工したとする記録がある。9間四方の入母屋造の本堂(府有形)は，1618(元和4)年建造の西本願寺の阿弥陀堂を1756(宝暦6)年に移築したもの。本堂障壁画(紙本金字著色松に藤図・桜に牡丹図，江戸)は国重文。

革嶋館跡と孝子儀兵衛碑 ❶

〈M▶P. 270, 282, 286〉京都市西京区川島玉頭町(冷聲院内)
阪急京都線桂駅🚶8分，または市バス・京都バス川島町🚶5分

西岡衆の一人革嶋氏の居館跡
修身教科書に紹介された儀兵衛の顕彰碑

川島の一帯は中世の革嶋荘の地で，川島玉頭町には領主革嶋氏の居館跡が残る。革嶋家文書(国重文，府立総合資料館所蔵)にある江戸時代中期の絵図にも，土塁と堀に囲まれた館跡が描かれている。場所は革嶋春日神社を含む一帯であるが，近年の発掘調査により絵図を裏づける遺構も確認されている。革嶋氏を始めとする桂川西郊の領主たちは，室町時代には西岡衆(西岡被官人)とよばれて，足利将軍を支える軍事的基盤となった。

西山別院の南を通る旧山陰街道を西へ行き，阪急電車の踏切(地下道あり)を渡ると，松尾大社分社の大宮社がある。ちなみに，この道が旧山陰街道にあたる。大宮社から100m先の交差点(農協川岡支店駐車場)を南へ100mほど行くと，三宮神社がある。さらに南東に100mほど歩くと，冷聲院(浄土宗)がある。

冷聲院は革嶋一宣が建立したと伝え，境内には革嶋氏の紋「丸の内五本骨扇に月」が散見される。墓地には孝子儀兵衛碑がある。

冷聲院

儀兵衛は江戸時代中期の人物で，川岡村の農家の養子になり両親に孝行をつくしたといい，大正期に尋常小学校の修身教科書にも取り上げられて全国的に有名になった。碑は孝子彰徳会によって1924

（大正13）年に建立されたもので，現在も命日の10月5日には祭典が営まれている。

樫原本陣跡（玉村家住宅）⓯

〈M▶P.270, 286〉京都市西京区樫原下ノ町5
市バス樫原公会堂前🚏すぐ

京都市内に現存する唯一の本陣遺構

冷聲院から，もときた道を北へ歩き，旧山陰街道に戻る。街道に沿って西に約1.2km進むと，樫原本陣跡（玉村家住宅）がある（非公開）。市内に現存する唯一の本陣遺構である。山陰街道の宿場町として栄えた樫原宿の本陣として，参勤交代の大名などの宿所にあてられていたもので，現在の主屋（市有形）は1797（寛政9）年の焼失後に再建されたもの。背後にはやはり市有形の土蔵（1766〈明和3〉年）が現存し，天井板に宿札が残る。参勤交代の大名行列が京都市中を通過することは原則許されず，山陰道から東海道へかかるときは，老ノ坂を越えて樫原に入り，鳥羽・伏見を経て大津（現，滋賀県）へ向かうのが通例であった。

街道沿いには，このほかにも三ノ宮神社郷倉（樫原宇治井西町）などが残る。また，この界隈は市の「西京樫原界わい景観整備地区」に指定されている。

旧山陰街道を西へ進むと，三ノ宮バス停の前に，三ノ宮神社（樫原上ノ町）があり，さらに南西へ200mほど歩くと，丘の入口に「樫原札の辻　三士殉難の地」の案内板と「維新殉難志士

樫原本陣跡（玉村家住宅）

維新殉難志士の墓

桂離宮から旧山陰街道を樫原へ

樫原廃寺跡周辺の史跡

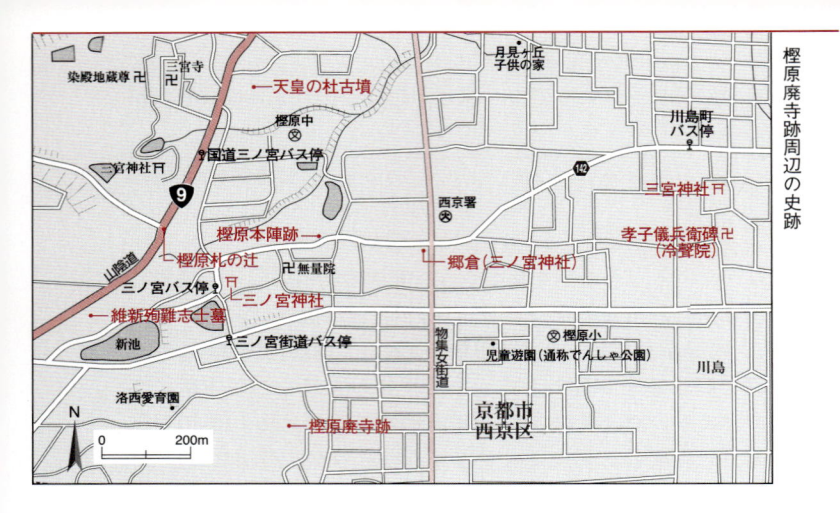

墓在此丘」の道標が立つ。この道標を目印に，落ち葉を踏んで坂をあがると，丘の中腹に維新殉難志士墓が並ぶ。1864(元治元)年の蛤御門の変で敗走し，樫原札の辻で討たれた志士たちの墓である。

樫原廃寺跡(樫原廃寺跡史跡公園) ⑯

渡来集団の寺院跡か八角瓦積基壇の塔跡

〈M▶P.270, 286〉 京都市西京区樫原内垣外町
阪急京都線桂駅🚌市バス・京都バス三ノ宮街道🚶5分，または市バス・京都バス三ノ宮🚶10分，ヤサカバス史跡公園前🚶7分

　樫原札の辻・三士殉難の地から南東へ約300m進むと，新山陰街道との交差点(三ノ宮街道バス停付近)に出る。交差点から道なりに南へ100mほど歩くと三ノ宮天満宮・鎮守の森があり，この南約100mの地に樫原廃寺跡(国史跡)がある。樫原廃寺は7世紀半ばに創建された古代寺院で，発掘調査で中門・塔・回廊・金堂・築地などの遺構が確認されており，四天王寺式の伽藍配置であったことが判明している。なかでも塔は八角形の瓦積基壇をもつ特異なもので，この地に居住した渡来人集団により造営された寺と推測されている。現在は塔跡基壇が復元され，金堂跡や回廊跡が表示されている樫原廃寺跡史跡公園として整備されている。

　史跡公園から北東へ約500m，樫原水築町バス停から南に約100mの樫原五反田に，でんしゃ公園がある。この公園は電車公園運営委

樫原廃寺跡

員会が運営・管理しているもので、かつての京都市電の車両が残されている。この車両は児童館が不足した時代に、地域の児童館に準ずる役目をはたしていた。

天皇の杜古墳 ⑰
(史跡「乙訓古墳群」のうち)

〈M▶P.270, 286〉京都市西京区御陵塚ノ越町
JR京都駅🚌市バス・京都バス桂坂中央行国道三ノ宮🚶すぐ

京都市内最大級の前方後円墳

国道9号線を通って、国道三ノ宮バス停で降りると、1922(大正11)年に国の史跡に指定された天皇の杜古墳がある(樫原廃寺跡史跡公園から歩く場合は、三ノ宮神社付近の三ノ宮バス停から北へ400mほど)。市内最大級の前方後円墳で、全長83m、後円部直径50.5m、墳丘の高さは7.2mにおよぶ。発掘調査により、葺石・埴輪列が発見されている。古墳時代前期(4世紀末頃)に、桂川右岸の地域を統括した豪族によりつくられたものと推定される。「天皇の杜古墳」の名は、この古墳が文徳天皇陵と伝えられていたことによる。1994(平成6)年に史跡公園として整備された。

また、2016(平成28)年には、既指定の国の史跡3基(天皇の杜古墳・寺戸大塚古墳・恵解山古墳)を統合し、これに8基の古墳を追加して、「乙訓古墳群」と名称が変更された。京都市西京区と向日市・長岡京市・大山崎町に分布する古墳11基で、古墳時代前期から後期までの首長墓と推定される前方後円墳など、古墳時代を通しての政治状況がうかがえるきわめて重要な古墳群として注目される。

天皇の杜古墳

桂離宮から旧山陰街道を樫原へ

④ 大枝陵から福西古墳群へ

桓武天皇の母・高野新笠ゆかりの大枝陵などの陵墓や，大枝古墳群・福西古墳群をたずねる。

宇波多陵 ⑱　〈M▶P.270, 290〉京都市西京区大枝塚原町
JR京都駅🚌市バス，または京都バス国道中山🚶20分

淳和天皇生母、旅子の墓

　国道9号線の国道中山バス停で下車し，北へ200mほど歩くと旧山陰街道に合流する。すぐ左手に中山バス停がみえる。ここから北西へ500mほど歩くと，三ノ宮神社への参道に至る。この参道は桓武天皇夫人で淳和天皇生母の藤原旅子の墓と伝える宇波多陵への参道を分岐し，陵まで250mほど竹林の中の坂道が続く。

　この参道入口の南側（旧山陰街道の北）にある小丘陵からは，大正期に宇治宿禰墓が発見されている。銅製骨蔵器を入れた石櫃と銅板の墓誌が発見され，768（神護景雲2）年に没した宇治宿禰の墓であることが判明した（墓誌は東博保管）。

　宇波多陵と三ノ宮神社への参道の入口から西へ進み，下狩川とよばれる小川を越えて200mほど進むと旧山陰街道との交差点に至る。この付近には現在茅葺き屋根の旧家が残っているが，さらに街道に沿って北西へ300mほど行くと児子神社（祭神児子大国御魂神）がある。社名は聖徳太子の幼児像をまつることに由来し，参道入口には大きなクスノキがあり，付近に1906（明治39）年に建立された忠魂碑が残る。

大枝陵（桓武天皇御母御陵）⑲　〈M▶P.270, 290〉京都市西京区大枝沓掛町
京都バス国道沓掛🚶8分

桓武天皇の母高野新笠の陵丹波との境・老ノ坂

　児子神社を出て，旧山陰街道に沿って北西に250mほど歩くと，桂坂中央通りとの交差点（桂坂口）に至る。ここが桂坂ニュータウンへの入口である。旧山陰街道をさらに西へ300mほど行くと，沓掛会館と金輪寺があり，ここから100mほどで旧山陰街道「沓掛」の三差路に至る。ここから少し西へ行った所に，この地に居住した大江氏をまつったものとみられる大枝神社（祭神高美計神）があり，近くには弘法大師ゆかりの湧き水「弁天水」がある。旧山陰街道をさらに西へ約100m行くと大枝陵（桓武天皇御母御陵，光仁天皇皇

大枝神社参道

后高野新笠大枝陵)への参道がある。この付近は，古くは土師氏の居住地で，桓武天皇の母高野新笠が渡来系氏族出身の和乙継と土師氏出身の土師真妹との間に生まれたことから，この地に陵墓がつくられたという。大枝は，老ノ坂山地の東端にあたり，丹波と山城の境で，交通・軍事の要地であった。

大枝陵への参道入口から，旧山陰街道に沿って少し西に，大江関跡(関ノ明神社)がある。大江関は，山城国と丹波国との境界に設けられた関所で，大枝関ともよばれ，老ノ坂峠の入口にあたる。丹波と山城との国境の老ノ坂峠は，今は国道9号線のトンネルで通過してしまうが，入口手前左側の道を登ると旧道に出る。旧道を京都側に少し辿ると源頼光に退治された酒呑童子の首をまつったという首塚大明神がある。

大枝陵

大枝には，国道9号線の南側に京都市立芸術大学がある。同大学には，芸術資料館が併設され，収蔵品は約1万数千点におよぶ。年に数回の収蔵品展が開催され，広く一般に公開されている。常時開館ではないので，訪れる際は事前に確認した方がよい。

大枝山古墳群 ⑳

〈M ▶ P.270, 290〉京都市西京区御陵大枝山町
阪急京都線 桂 駅 🚌 市バス桂坂センター前 🚶 5分

ニュータウン内に残る古墳時代後期の群集墳

大枝の丘陵地帯には，古墳時代後期(6世紀後半から7世紀初頭)の群集墳がある。桂坂口から桂坂中央通を北に進むと，桂坂ニュータウンに入る。ニュータウン中央のロータリー北東側に桂坂公園，その西北に続いて古墳の森があり，20基以上の円墳からなる大枝山

大枝陵から福西古墳群へ　　289

京都市立芸術大学周辺の史跡

古墳群のうち13基が現地保存されている（市史跡）。森の入口にある14号墳は移築復元されたもの。朝鮮半島系の陶質土器を出土し，古墳群全体も山背盆地西部をひらいた秦氏と関係するといわれる。

古墳の森の北約200mには国際日本文化研究センター，その奥には桂坂野鳥遊園がある。

福西遺跡公園 ㉑

〈M▶P.270〉京都市西京区大枝北福西町4
市バス，またはヤサカバス福西遺跡公園前 🚶 3分

洛西ニュータウン造成で発掘された群集墳

洛西ニュータウンの中央付近の大枝北福西町には，福西古墳群がある。6世紀末から7世紀前半にかけてつくられた古墳時代後期の群集墳で，二十数基が確認されている。このうち，ニュータウン造成時に発掘された福西古墳7号墳および10号墳は，福西遺跡公園と

して整備・保存され，市登録文化財となっている。

　北へ約200mの東長町には，福西4号墳が保存されている。北福西町1丁目バス停にある。京都生協の前なのでわかりやすい。

京都市洛西竹林公園（竹の資料館） ㉒
075-331-3821

〈M▶P.270〉 京都市西京区大枝北福西町2-300-3　Ｐ
市バス・京都バス・ヤサカバス南福西町1丁目🚶13分，または市バス南福西町🚶5分

竹に関する資料を収集・豊富な資料を展示

　北福西町1丁目バス停から，境谷本通を東に約200m進み，2つ目の交差点を南へ入ると，西ノ岡竹林道に至る。この竹林道は，向日市と京都市との境界線上にある。さらに500mほど歩くと，京都市洛西竹林公園がみえてくる。正式名称は「竹の資料館」で，竹に関するさまざまな資料が集められている。

　園内の生態園の遊歩道を行くと，池の上に「百々橋」とよばれる石橋が架けられている。もとは百々町（上京区）付近にあった橋だが，1963（昭和38）年に解体され，その後，同公園に移築された。当初は石橋ではなく板橋だったが，応仁・文明の乱で東軍（細川家）と西軍（山名家）が戦った際の発端になった橋という由来がある。

　生態園の東南の広場には，旧二条城関係の石造物群（市有形）がある。これらの石造物は，1970年代後半に市営地下鉄烏丸線の工事

洛西竹林公園

旧二条城関係の石造物群（洛西竹林公園）

大枝陵から福西古墳群へ　　291

に先立つ発掘調査により発見された。1569(永禄12)年に織田信長が築造した旧二条城の石垣の石材として使われていたもので，自然石のほか，石仏・供養碑などがある。

灌田記念碑 ㉓

〈M▶P.270〉京都市西京区大原野上里北ノ町
阪急京都線桂駅🚌市バス福西竹の里，またはJR東海道本線桂川駅🚌ヤサカバス福西竹の里🚶5分

大蛇ケ池開鑿を記念する顕彰碑

福西竹の里バス停から，南に200mほどの所に，灌田記念碑がある。旱害に悩まされた旧大原野村には，大正期に大蛇ケ池が開鑿された。この事業を記念して1921(大正10)年に建立されたのが，この石碑である。なお，大蛇ケ池の用地は，洛西ニュータウン建設にあたって大蛇ケ池公園として整備された。同公園は竹の里小学校に隣接し，住民の憩いの場となっている。

灌田記念碑のあるY字路を道なりに南東へ約300m進み，さらに200mほど先の角を南に入った上里南ノ町に喜春庵(臨済宗)がある。文亀年間(1501〜04)，性庵の開創と伝え，本堂に廃寺の遺仏と思われる一木造の木造十一面観音立像(国重文・平安)が安置されている。

灌田記念碑

5 大原野の古社寺をめぐる

大原野神社や「花の寺」として知られる勝持寺などの名所をたずねる，緑の美しいハイキングコース。

大原野神社 ㉔
075-331-0014

〈M▶P.270, 296〉京都市西京区大原野南春日町1152
JR東海道本線向日町駅🚌阪急バス南春日町🚶10分，または阪急京都本線桂駅🚌市バス南春日町🚶10分

藤原氏出身の后が祭礼を奉仕した王城鎮護の神社

　小塩山(642m)の東麓にある大原野は，清々しい竹林や，サクラや紅葉の隠れた名所でもあり，遠く京都を望む風光明媚な里である。
　南春日町バス停で下車して西へ。途中にある樫本神社を過ぎて200mほど行った所の鳥居をくぐり，参道をのぼると大原野神社(祭神建御賀豆智命ほか3神)がある。784(延暦3)年の長岡京遷都にあたり，桓武天皇皇后の藤原乙牟漏が奈良の春日社の分霊を勧請したことに始まる。平安遷都後，藤原冬嗣が正式に春日明神を現社地に勧請し，大原野社と称したという。藤原氏の氏神としてしばしば天皇・皇后の行幸が行われ，例祭の大原野祭は藤原氏出身の皇后が奉仕することになっていた。一条天皇のとき，中宮定子を含めて3人いる藤原氏出身の后が全員出家していて，大原野祭に奉仕する皇后が1人もいないという理由をもって，道長の娘彰子が立后し，一帝二后という前例のない状態になったことはよく知られている。室町時代には足利将軍家の保護を受けたが，応仁・文明の乱以降は衰微したらしく，江戸時代に入って後水尾上皇により社殿の造営が行われ，祭礼なども旧に復した。
　本殿(市有形)は後水尾上皇による慶安年間(1648〜52)の造営で，春日造・檜皮葺きの4つの社殿が連なる。参道脇には名泉瀬和井があり，境内中央には，猿沢の池を模した「鯉沢の池」がある。境外摂社に樫本神社がある。例祭は毎年4月8日。社宝に大原野大明神縁起(南北朝)などがある。

勝持寺 ㉕

〈M▶P.270, 296〉京都市西京区大原野南春日町1194
JR東海道本線向日町駅🚌阪急バス南春日町🚶20分，または阪急京都本線桂駅🚌市バス南春日町🚶20分

西行ゆかりの「花の寺」

　大原野神社から西へ500mほど歩くと，花の寺として知られる勝持寺(天台宗)がある。本尊は薬師如来。山号は小塩山。寺伝では，

大原野の古社寺をめぐる　293

勝持寺

白鳳年間(672～686)に天武天皇の勅により役小角が草創し、また791(延暦10)年に桓武天皇の命で最澄が伽藍を建立し、のちに薬師仏を安置して大原坊と称したと伝え、文徳天皇の時代に勝持寺と改めたという。足利尊氏の庇護を受けて栄えたが、応仁・文明の乱で焼失、その後は衰退した。天正年間(1573～92)以降はやや復興に向かい、江戸時代には、将軍綱吉の生母桂昌院の援助により、堂宇の修復が行われた。桂昌院は大原野の出身ともいう。

表参道の石段をあがって仁王門をくぐり、その奥の急坂をのぼると正面に庫裏、左手に本堂(阿弥陀堂)がある。仁王門は応仁・文明の兵火を免れた寺内最古の建物で、木造金剛力士立像2体(国重文・鎌倉)を安置する。境内にはほかに護摩堂・不動堂や、寺宝を収める瑠璃光殿がある。

庭内のサクラは古来より有名で、「花の寺」の名があり、満開時には寺が花で埋めつくされる。出家した西行はここに庵を結んだと伝えられ、不動堂の後ろの西行庵には西行像が安置され、鐘楼のそばには西行桜がある。『太平記』には「ばさら大名」と称された佐々木導誉が当寺で花見の宴を開いたことが記され、江戸前期の木下長嘯子も晩年、この付近に住んだという。

寺宝には、ほかに木造薬師如来坐像2体(国重文・平安・鎌倉)・大原野千句

淳和天皇陵

294　西京区

連歌懐紙（国重文・室町，京博保管）がある。このほかに，同寺に隣接する宝菩提院（天台宗）の所有で，勝持寺が管理している木造菩薩半跏像（伝如意輪観音，国宝・平安）がある。なお，宝菩提院の本堂には木造薬師如来立像（国重文・平安）が安置されている。宝菩提院は奈良以前に創建された願徳寺で，平安時代末期に願徳寺領の東山三条に移って宝菩提院と称した。のち向日市寺戸に移り，1973（昭和48）年に現在地に移っている。

　勝持寺から西方へ1.5kmほどで小塩山（642m）の山頂に至る。山頂の40mほど北には淳和天皇陵がある。山頂までは道標があるが，急坂もあり，ハイキングのつもりで準備したほうがよい。

正法寺 ㉖

〈M▶P.270, 296〉京都市西京区大原野南春日町1102
JR東海道本線向日町駅🚌阪急バス南春日町🚶10分，または阪急京都本線桂駅🚌市バス南春日町🚶10分

西山のお大師さまとして親しまれる

　大原野神社から南へ約100m，社家川に架かる極楽橋をわたると正法寺（真言宗）がある。同寺は，754（天平勝宝6）年に鑑真とともに来日した智威大徳の修禅場の春日禅房を起源とし，のち勝持寺49房の1つとなった。本尊は三面千手観音菩薩立像（平安）で，ほかに木造千手観音菩薩立像（国重文・鎌倉）がある。境内一円に多くの石がおかれ，「石の寺」ともよばれる。

金蔵寺 ㉗

〈M▶P.270〉京都市西京区大原野石作町1639
JR東海道本線向日町駅🚌阪急京都本線桂駅🚌阪急バス南春日町🚶60分，または京都バス長峰🚶40分

元正天皇勅願で創建と伝わる、天台の古刹

　長峰バス停から西へ40分ほど歩くと，金蔵寺（天台宗）の参道にとりつく。金蔵寺は大原野の古寺の中でもっとも高い所にあり，ハイキングとしても楽しめる。仁王門をくぐり，急な石段をあがると，左手に鐘楼，その横に向日明神影光松がある。松の奥に書院と庫裏，右手に護摩堂，その北に湧き水の石井がある。もとは『延喜式』式内社の石井神社があったが，1953（昭和28）年に，山麓の坂本にある山王社に合祀された。石井の上に2つ目の石段があり，上り口に腹帯地蔵がまつられる。石段をあがると本堂があり，本尊の十一面観音像を安置する。境内からは，乙訓一帯を一望できる。

　寺伝によると，718（養老2）年に元正天皇の勅により隆豊が開

大原野の古社寺をめぐる

正法寺周辺の史跡

創，728（神亀5）年に聖武天皇から金蔵寺の額を下賜され，翌年には天皇が経典を埋納する霊山の1つに選ばれたという。境内にある聖武天皇経塚碑は1693（元禄6）年に経堂を建立した際に発見された大蔵経を記念して建てたものという。また，桓武天皇は平安遷都の際，都の四方の岩倉に経典を埋めて王城の鎮護としたが，金蔵寺が西の岩倉となり，西岩倉山の号を賜ったと伝える。958（天徳2）年に天台座主良源の弟子賀登が中興して天台宗に改め，中世には寺運も隆盛したが，応仁・文明の乱以後は衰えた。貞享年間（1684～88）に至って桂昌院が再興につとめ，本堂・護摩堂・客殿・開山堂などの堂宇は桂昌院の寄進によるものである。

金蔵寺

本堂左手の石段をあがると，鎮守社と桂昌院の廟所がある。本堂右の開山堂脇の石段をあがると愛宕大権現（勝軍地蔵愛宕大権現）がある。かつては愛宕神社の本尊であったが，明治初期の神仏分離を

機にここに遷座した。不動堂脇の五輪塔は梅若丸塔、宝篋印塔は桂海塔という。8世桂海(膽西上人)が石山寺の観音の利益で稚児の梅若丸を愛し、それにより真の信仰に入ったという伝承による。

大歳神社 ㉘
075-331-0627

〈M▶P.270〉京都市西京区大原野灰方町575 P
JR東海道本線向日町駅・阪急京都本線東向日駅🚌阪急バス灰方🚶5分

洛西の地の緑に囲まれた鎮守の森

長峰バス停のある分岐路に長峯寺があり、東側に長峰八幡宮がひっそりとたたずむ。八幡宮を含むこの一角は、かつての長峰城跡と推定される。500mほど東に灰方橋とよばれる小さな橋があり、その少し東の大原野古墳公園には、古墳時代後期と推定される下西代2号墳が移築・復元されている。

大原野古墳公園をすぎて東へ300mほど歩くと、分岐路に至る。道なりに南西に行き150mほどの所に大歳神社(境内は市登録)がある。バスで行く場合は灰方バス停で下車し、灰方の分岐路から約350m南に歩く。同社には農耕の守護神・大歳神がまつられるが、石作氏の氏神石作神社を合祀し、ともに『延喜式』式内社である。毎年10月第3日曜日の例祭には金剛流家元が能を奉納する。

大歳神社

十輪寺 ㉙
075-331-0154

〈M▶P.270〉京都市西京区大原野小塩町481 P
JR東海道本線向日町駅🚌阪急バス小塩🚶すぐ

在原業平ゆかりの寺 謡曲「小塩」の舞台

大歳神社から南へ400mほど歩くと、府道向日善峰線に合流する。この道をさらに西へ700m歩くと、小塩バス停からすぐの所に十輪寺(天台宗)がある。通称業平寺。染殿皇后藤原明子の安産祈願のため、円仁の弟子恵亮が850(嘉祥3)年に開創し、延命地蔵尊を安置したと伝える。加持祈禱の修練道場で、勅願所である。本尊の延命地蔵菩薩は明子が無事に子(清和天皇)を出産したことにちなみ、腹帯地蔵とよばれる。応仁・文明の乱で衰微し、江戸時代の寛

大原野の古社寺をめぐる

十輪寺

文年間(1661〜73)に花山院定好が再興,花山院家の菩提寺となった。1750(寛延3)年には花山院常雅が殿舎を整備している。

本堂(府有形)は江戸時代中期の建築で,屋根が鳳輦形,四隅に奇獣の彫刻がある独特の意匠をもつ。当寺は在原業平が晩年に閑居した地とされ,本堂後ろに業平の墓と伝える宝篋印塔(室町)や,塩釜跡などの旧跡があり,毎年5月28日には業平忌三弦法要が営まれる。また,この地は謡曲「小塩」の舞台といわれる。

三鈷寺 ㉚
075-331-0022

〈M▶P.270〉京都市西京区大原野石作町1323　P
JR東海道本線向日町駅🚌阪急バス善峰寺🚶15分

念仏道場として隆盛
蓮生ゆかりの抱止阿弥陀

十輪寺を出て,さらに1.5kmほど西へ進むと,三鈷寺(西山宗)への参道に至る。1074(承保元)年に善峰寺を開いた源算が隠居所として建てた往生院が前身という。3代慈円から譲り受けた証空がここを念仏道場として浄土宗西山派を創始,寺名も三鈷寺と改称した。寺名は,背後の山の形が仏具の三鈷に似ていることによるという。証空没後,証空に深く帰依した宇都宮頼綱(蓮生)が,証空墓所の華台廟の近くに多宝塔を建立した。中世を通じて多数の塔頭をもつ寺として隆盛したが,応仁・文明の乱の兵火で焼失して衰退,復興も試みられたが,結局は本寺周辺のみに縮小することになった。本堂には2代観性の筆と伝える仏眼明妃坐像画幅(如法仏眼曼荼羅)と,頼綱が夢の中で抱きとめたという伝承をもつ抱止阿弥陀,証空の木像を安置する。もとは浄土宗西山派であったが,1951(昭和26)年に西山宗の本山となった(拝観は事前連絡)。

三鈷寺の参道はつづれ折れのかなり急な坂道になっているが,これとは別に善峰寺からの道もある。境内からの眺望は素晴らしく,遠く東山まで望むことができる。

善峯寺 ㉛ 〈M▶P.270〉京都市西京区大原野小塩町1372
JR東海道本線向日町駅🚌阪急バス善峯寺🚶5分、または小塩🚶50分

天然記念物の遊龍松や回遊式庭園が美しい

　三鈷寺の南西に善峯寺（天台宗単立）がある。近くまで運行するバスは本数が少ないので、事前に確認するとよい。この道はポンポン山（678m）への登山ルートで、寺は釈迦岳（631m）の中腹に位置し、ハイキングコースとしても人気がある。

　本尊の十一面千手観音は、もと洛東鷲尾寺に安置されていたものを、後朱雀天皇の勅命により当寺に移したものと伝わる。西国三十三カ所観音霊場の第20番札所になっており、その参拝者も多い。

　善峯寺バス停近くから、寺に続く階段をのぼると、「善峯寺」の額を掲げた山門（府有形）がみえる。山門は1716（正徳6）年建立と伝わる三間一戸の楼門形式のお堂で、楼下の金剛力士像は、源頼朝寄進・運慶作と伝わる。

　縁起によれば、長元年間（1028〜37）に比叡山の僧源算が当地に道場を開いたことに始まる。鎌倉時代には、後鳥羽上皇の皇子道覚法親王がこの寺の蓮華寿院に籠居したことから「西山宮」と号され、以後、亀山天皇皇子慈道らの法親王が住持を歴任した。室町時代にも足利将軍の保護を受けて栄え、堂舎僧坊は52を数えたが、応仁・文明の乱によって大半が焼失した。現在の建物の多くは元禄年間（1688〜1704）徳川5代将軍綱吉の生母桂昌院の寄進によるもので、本堂（観音堂）・薬師堂・開山堂・護摩堂・鐘楼・鎮守堂など、多くが府有形に指定されている。

　山門をくぐり石段をのぼると、本尊をまつる本堂に至る。右手の石段をのぼると、1621（元和7）年再建の多宝塔（国重文）と経堂がみえる。この前方には有名な遊龍の松（国天然）が枝を

善峯寺

大原野の古社寺をめぐる　　299

広げる。桂昌院の手植えと伝える五葉松(ごようまつ)で、樹齢600年以上、全長37mに及び、竜が遊ぶがごとき趣からこの名があり、ここから善峯寺は「松の寺」ともよばれる。経堂の西には、桂昌院手植えと伝える枝垂れ桜(しだれざくら)の古木がある。

遊龍の松をながめつつ北へ進むと、奥に開山堂・桂昌院廟・宝篋印塔(府有形・鎌倉)があり、西方の一段高い所に釈迦堂と薬湯場(やくとう)が並ぶ。この奥に阿弥陀堂・桂昌殿・奥の院・薬師堂・青蓮院宮御廟・阿弥陀堂・書院などがある。境内3万坪の池泉(ちせん)回遊式庭園は小川治兵衛(おがわじへえ)の作庭。

2000(平成12)年建立の文殊寺宝館には、山門楼上にあった本尊文殊菩薩と二天が修覆遷座されている。同寺の文化財約300点を収蔵し、春と秋に一般公開される。寺宝に絹本著色大元帥明王像(けんぽんちゃくしょくだいげんすいみょうおう)(国重文・鎌倉、京博保管)・善峯寺参詣曼荼羅(府有形・室町)などがある。

興産紀功の碑(こうさんきこうのひ) ㉜

〈M▶P.270〉京都市西京区大原野上羽町(うえばちょう)388(JA京都研修センター内)
JR東海道本線向日町駅・阪急京都線東向日駅(ひがし)🚌阪急バス宇の山または灰方 🚶20分

国産ビール麦栽培発祥地の記念碑

大歳神社の東約800mの所に、上羽集落の産土神(うぶすながみ)である入野神社(いりの)がある。ここから南へ約500mほど行くとJA京都研修センターの建物があり、この敷地内に興産紀功の碑が立つ。国産ビール麦栽培の発祥地を記念してつくられた碑で、当初、1920(大正9)年に川岡(かわおか)小学校(西京区川島滑樋町(なめらひちょう))内に建てられ、その後、浄土真宗西山別院(にしやまべついん)を経て、1991(平成3)年に現在地に移転した。明治時代中期以降、葛野郡川岡村・牛ヶ瀬村(うしがせ)・樫原村(かたぎはら)の一帯(現、京都市西京区)ではビール麦の栽培が盛んで、一時は大阪麦酒株式会社(現、アサヒビール)吹田(すいた)工場の需要をほぼ充たすほどだったという。その後、輸入品に押され、しだいに栽培されなくなった。

あとがき

　このたび，新版『京都府の歴史散歩』が刊行から16年ぶりに全面改定されることになった。この間には新しい発見やさまざまな分野で調査・研究の深化があり，その新しい情報とすでによく知られている文化財とをあわせて上・中・下の3巻にまとめ，広く紹介するのが本書の目的である。

　刊行に当たっては，編者代表を井口和起氏にお願いし，編集・執筆については「京都府歴史遺産研究会」を立ち上げ，日頃から文化財保護とその普及に努めている府・市町の行政職員が主となった。永年，担当地域の文化財などに接してきたことから，正確でまた最前線の情報を掲載することができたのではないかと考えている。

　京都は南北に長く，南寄りに恭仁・長岡京と1000年の都平安京の3都があり，北は日本海に面している。そのため豊かな各地域文化の上に，日本の中央としての政治・文化，さらに海外の影響を受けた国際性が重なっている。京都・宇治市内の世界文化遺産，京丹後市域の海岸線が「世界ジオパーク」に登録・認定されていることは，京都の一面を象徴している。もちろん本書3巻では，それらの多種多様な社寺や史跡，民俗，自然などのすべてに触れることはできなかった。

　本書では，既刊本の項目をかなり踏襲したが，近年の発掘調査の進展にともなう重要な成果については，積極的に追加した。さらに全体としてわかりやすく楽しい内容にし，親しみのもてる編集を心がけた。本書を携え，できるだけ多くの人が豊かな文化財に触れ，何度も観光し，あわせて文化財保護への理解にもつながれば大変ありがたいと考えている。

　結びに調査や写真掲載に御協力いただいた機関や個人，また刊行に至るまでの山川出版社の尽力に厚く御礼を申しあげたい。

　2011年7月

　　　　　　　　　　　　　　　京都府歴史遺産研究会　編集担当
　　　　増渕　徹（上巻）　　山口　博（中巻）　　杉原和雄（下巻）

【京都府のあゆみ】

　京都府は日本列島の中央部に位置し、東と北は滋賀県・福井県、西は兵庫県、南は大阪府・奈良県・三重県と接し、北端は日本海に面している。人口は約264万人、平成の市町合併が進み、現在15市10町1村である。総面積は4613km²、南北の距離は約150kmである。南丹市日吉町胡麻は中間の75km地点にあたり、北の若狭湾に向かう由良川水系と南の大阪湾に向かう桂川水系の分水界となっている。人びとは北から福知山盆地・亀岡盆地・山城盆地の3つの大きな盆地と中小河川の流域などに居住し、海路または陸路により周辺地域との交流を重ねながら、それぞれの歴史と文化を育んできた。

原始

　現在、旧石器時代前期に遡る遺跡はないが、3万年前以降の後期になると丹波の綾部市西原、福知山市和田賀、京丹波町蒲生、南丹市八木町池上などでナイフ形石器や石核が採集されている。山城では京都市広沢池、菖蒲谷池周辺と大枝、乙訓の段丘上の岸ノ下などで、旧石器人の生活の一端をみることができる。氷河時代の終わりを迎える約1万2000年前になると、尖頭器とよばれるすぐれた槍先や石鏃、そして縄文土器が出現する。有舌尖頭器は京丹後市途中ヶ丘遺跡、舞鶴市小橋遺跡、京都市右京区大原野遺跡、井手町上井手遺跡、千両岩遺跡など、府内全域にみられる。福知山市武者ヶ谷遺跡の小型丸底の鉢は全国でも最古式の縄文土器として著名である。縄文時代の集落跡は丹後北部と山城盆地北部に集中するほか、由良川下流域、乙訓・相楽郡、城陽市などにも分布する。丹後では早期の押型文土器が与謝野町有熊遺跡、京丹後市裏陰遺跡など内陸部の10カ所で確認され、縄文時代は山間地から幕開けする。前期から後期には一転して由良川下流域と京丹後市の海岸部の古砂丘に展開する。中・後期には前期の倍以上の集落跡が確認でき、縄文文化が飛躍的に根づいたことがわかる。後期の浜詰遺跡では貝・魚、鳥、哺乳類などの動物死骸、さらに食用植物遺体などが出土し、比較的豊かな縄文人の生活を知ることができる。すでにクジラを食していることも注目される。舞鶴市浦入遺跡出土の現長5m・幅1mを残す前期の丸木舟は、晩期の向日市東土川遺跡出土丸木舟と並んで貴重である。山城では北白川の扇状地に縄文時代前期以来の集落跡が集中し、多量の土器・石器が出土する。土器文様は瀬戸内や東海の影響を受け、京都市左京区北白川上終町・追分町では楕円形と隅丸方形の早期や後期の住居跡がみつかっている。南山城では乙訓と木津川市付近を中心に20カ所ほどの遺跡がある。城陽市森山では後期の住居跡6軒が中央の広場を囲むように建てられていて、縄文村のほぼ全容がわかることから近畿を代表する遺跡として知られる。近年、西京区上里遺跡で晩期の甕棺墓、木津川市例弊遺跡で前期の墓、京田辺市薪遺跡では中期末の一辺5mを測る方形住居跡などが注目される。

約2400年前，大陸から稲作農業や青銅器・鉄器を受け入れ，弥生時代が始まる。九州からの弥生文化がもっとも早くおよぶのは山城盆地の長岡京市雲宮遺跡である。近江や摂津の影響を受けた京都大学構内遺跡，京都市上京区内膳町遺跡，山科区の中臣遺跡などは，いずれも低地に立地する。中期には桂川右岸や木津川下流域に拠点集落とよばれる大型の集落がつぎつぎと営まれる。長岡京市神足遺跡，久御山町市田斉当坊遺跡，八幡市金右衛門垣内遺跡などは石剣・石鏃・石斧など豊富で良好な石器をもつことが特徴である。大山崎町下植野南の方形周溝墓群は中期前半の墓制を代表する。向日市森本遺跡の人面付土器，鶏冠井の銅鐸鋳型など希有な資料もある。後期になると集落は山城全域に広がるが，まだ集落の実態を知る資料は少ない。この時期には長岡京市の谷山遺跡，宇治市羽戸山遺跡，木津川市城山遺跡など，丘陵上の集落があり戦乱を想起させる。

　丹後では弥生前期の遺跡は海岸沿いに京丹後市函石浜・松ヶ崎・竹野・平などがある。出土の土器には関門地方の影響が色濃くあり，九州から日本海沿いに東へ伝わるルートを教えてくれる。中期には京丹後市扇谷・途中ヶ丘，与謝野町の須代，日吉ヶ丘両遺跡など環濠を備えた大集落がある。丹後の中期文化を特徴づけるのは方形の貼石墓や水晶・凝灰岩・ガラスなどの玉造をしている志高，奈具丘，日吉ヶ丘などの遺跡である。後期には丹後全域で集落が急増する。京丹後市古殿遺跡では井戸枠，与謝野町温江遺跡では貯蔵穴内におかれたままの梯子など珍しい遺物がある。注目されるのは京丹後市赤坂今井遺跡，与謝野町大風呂南遺跡に代表される地域首長墓で，玉類を初め鉄剣や鉄刀，鉄鏃など北部九州につぐ豊富な鉄器をもっている。

　丹波の亀岡盆地では前期の亀岡市太田，蔵垣内遺跡に続き，中期には福知山市観音寺・興，亀岡市余部，千代川，南丹市池上などの拠点集落が生まれ，方形周溝墓も確認されている。後期の集落は中期から引き続き存続するものに，亀岡市北金岐，松熊，南丹市曽我などあらたな集落が加わる。北金岐の長さ約1.2mの田舟は貴重である。

　弥生時代特有の遺物に土笛と銅鐸がある。土笛はその原型が中国にあり，日本では北部九州，島根県，丹後地方など前期の遺跡から出土する。丹後では途中ヶ丘ほか2カ所から計4個出土している。銅鐸は山城で3カ所6個，丹波1カ所1個，丹後4カ所7個であるが，意外に山城が少ない。丹後の銅鐸は日本海側に多い流水文系・近畿式・東海式と分類される各種の銅鐸が揃っていることが重要で，交流の様子を知ることができる。

　京都府の古墳時代は，山城から始まる。向日丘陵では出現期の元稲荷古墳（前方後方墳），五塚原古墳（前方後円墳）に始まり，寺戸大塚，妙見山古墳へと首長墓が続く。椿井大塚山古墳は三角縁神獣鏡33面を含む36面の鏡を副葬し，初期ヤマト王権の成立を考えるうえで重要な位置を占める。中期には長岡京市恵解山と久津川

車塚古墳が2大勢力圏を形成し，ヤマト王権を支える。南山城の後期古墳は宇治市二子塚，向日市物集女車塚，長岡京市今里大塚，八幡市の横穴群など際立った古墳が点在するものの，横穴式石室を用いた群集墳の発達はない。逆に前・中期古墳の乏しい京都市域に長刀坂，音戸山など数十基からなる群集墳がみられる。

丹後では古墳時代への転換はやや遅れ，前期後半の与謝野町白米山，蛭子山に始まり，京丹後市網野銚子山，神明山など全長200m級の前方後円墳へと展開する。これらの大首長は地域色の濃い丹後型埴輪を共有し，日本海側の拠点としてヤマト王権に参画していた。中期なかばから後期には，中小の円墳が主体となり群集墳も小規模である。京丹後市湯舟坂，高山古墳群では金銅製の環頭大刀が出土して注目された。

丹波の福知山盆地では前期に方墳の宝蔵山や前方後円墳の広峯15号があるものの，大型の前方後円墳は認められない。広峰の「景初四(240)年銘鏡」は京丹後市大田南5号の「青龍三(236)年銘鏡」とともに邪馬台国論争に一石を投じるものとして著名である。中期は方墳が主体で綾部市聖塚古墳，福知山市妙見1号墳など大型のものがある。この盆地では後期になって，中小の前方後円墳が20基以上築造されるほか横穴式石室を主体部とする群集墳が福知山市下山，綾部市久田山などで発達し，この時期に古墳時代の盛行期を迎える。亀岡盆地の前期古墳は北部の園部垣内古墳(前方後円墳)，南部の小規模な向山古墳(円墳)から始まるが，少数である。中期は福知山盆地と同様，亀岡市滝ノ花，坊主塚などの方墳が主流になる。後期初めには亀岡市千歳車塚古墳が築かれ，盆地全域を掌握する勢力が生まれた。その後，群集墳がめざましく発達し，府内一の質・量を誇る。次代に国府や国分寺，有力な寺院が造営される基盤がすでに築かれていたといえよう。

古代

京都府域は7世紀まで山代(山城)と旦波(丹波)の2地域から構成されていたが，713(和銅6)年に丹波国から丹後国が分立し，これによって山城・丹波(南部)・丹後の3国からなる，律令制下行政区画の基本的な枠組みが成立した。10世紀に成立した『倭名類聚抄』は，山城国府が乙訓郡に，丹波国府が桑田郡に，丹後国府が加佐郡に所在することを記している。これら国府の遺跡は確定されていないが，山城国分寺跡(木津川市)・丹波国分寺跡(亀岡市)・丹後国分寺跡(宮津市)や正道官衙遺跡(城陽市)などが，律令国家の支配の様相を示す。また，逸文とはいえ『山城国風土記』『丹後国風土記』が残り，古代における地域像を伝えている点も特筆される事柄であろう。

山城は古代国家の権力中枢を構成する中央氏族の出身地域としての畿内に含まれるとはいえ，政権を主導したような強大な氏族を見出すことができない。しかし一方，秦氏に代表される渡来系氏族が濃厚に分布している。このことは，山城盆地が渡来系氏族の力によって開発され，それらを組織化したヤマト政権の生産拠点的性

格をもつ地域となっていったことを推測させる。葛野大堰の伝承や樫原廃寺跡・北野廃寺跡などは、こうした渡来系氏族の活動の痕跡といえよう。また、南山城は平城京と強く結びつき、官道が整備されるとともに木津川には津が設けられて物流の拠点となり、奈良山丘陵北面や木津川東岸には多くの窯が操業され、離宮や有力貴族の別邸あるいは大寺院の関連施設が営まれた。恭仁京や長岡・平安両京の造営は、こうした山城地域の発展のうえに位置づけられるものともいえるだろう。

平安遷都によって京都はあらたな発展の時期を迎える。長岡京こそ10年間で放棄されたが、平安京は桓武朝を通じて造営・整備が続けられた。諸道へ通じる官道網だけではなく、琵琶湖の大津や淀川の山崎・淀の津を拠点とする水上交通網も整備され、京は列島における人と物資の交流の拠点となった。9世紀初頭の平城太上天皇の変(薬子の変)以後は唯一の都城としての地位が確立し、東京遷都まで「千年の都」として、日本の歴史上の中心に位置し続けることになった。この平安京の姿は、千本通(朱雀大路)以東の道路形態として現在の京都にも継承されている。

平安京の都市形態は、10世紀後半には左京を中心としたものに変わり、しだいに鴨川の東岸地域(鴨東)へと展開するようになる。摂関政治の時代には左京の東北部を中心に有力貴族たちの邸宅が立ち並び、鴨川西岸に法興院や法成寺、東岸に法性寺など藤原氏関係の大寺院が造営された。院政期になると鴨東の白河に上皇(院)御所や六勝寺が造営され、新たな政治の拠点となる。院御所はしだいに南へと拡大していったが、これにともない院近臣として権力中枢に接近した平氏の邸宅群が鴨東の六条以南(六波羅)の地域に営まれた。院の権力による都市京都の更新は、やがて京南郊の鳥羽にもおよぶ。また、これに対応するように、11世紀後期以降、宇治が藤原摂関家の都市として整備されていく。鴨東の蓮華王院(三十三間堂)や宇治の平等院、あるいは鳥羽の安楽寿院や鳥羽離宮跡は、院政期における政治と都市の展開をみるうえでの重要な遺産ともいえる。こうした貴族社会の充実と京都の変遷の中で、貴族層を中心として日本人の嗜好にあった文化が発展・成熟に向かい、文学・芸術・庭園など数多くの分野で作品がつくられた。

平安京の誕生と発展は、神祇信仰と仏教信仰のあらたな発展でもあった。平安初期には最澄・空海によって天台宗・真言宗が開かれ、両宗はともに国家護持の性格をもつとともに、密教の修法を通して多くの貴族層の信仰をあつめた。京内における寺院建立が厳しく規制された中にあって、空海は嵯峨天皇から東寺を与えられて京における真言宗の活動拠点とした。一方、比叡山の延暦寺を中心として京東郊には多数の天台系寺院が建立されて、天台僧たちの京における活動拠点となった。この両宗の寺院を中心として京郊外あるいは周辺の山地には多くの寺院が造営され、京を取り囲むように寺院群が存在することになった。神護寺や清水寺は平安京草創頃からの、醍醐寺や仁和寺あるいは離宮を前身とする大覚寺は平安京の発展にともなう、いずれも代表的な寺院である。また、平安後期の浄土教の発展

にともない多くの浄土教寺院が造られたが、平等院や法界寺（京都市伏見区）・浄瑠璃寺（木津川市）は浄土教寺院の形態を伝える貴重な遺例である。なお神祇信仰の面でも、9世紀初頭の嵯峨朝には賀茂斎院がもうけられて賀茂社が王城守護の神として位置づけられ、のちにはあらたな守護神として京の南西郊に石清水八幡宮が勧請され、王城の地を中心として神祇信仰が再編成された。

経済・産業面からみると、平安京の所在する山城国だけでなく、京に近接する丹波国も平安京を中心とする流通経済に組み入れられ、平安時代後期には多くの荘園が存在するようになり、丹波国は木材を中心とする物資の京への供給地としても重要視された。丹後国に関しては、成相寺が著名な霊場として発展したことが特筆される。また、摂関期に夫藤原保昌の国守赴任に同行した和泉式部が丹後国の情景を和歌に残したのも、時代の点景といえようか。

中世

院近臣から台頭した平氏は、12世紀後期、六波羅を拠点に初の武家による政権を開いた。続いて鎌倉幕府が成立すると、京都は武家政権に対する公家政権の拠点都市としての性格をもつことになった。承久の乱（1221年）後には多数の東国武士が西日本に地頭として移住し（西遷御家人）、幕府は全国政権としての実質を強めていくことになる。京には西国の統括や朝廷の監視にあたる六波羅探題がおかれ、また丹波国には北条時房が守護に任じられるとともに、多くの西遷御家人が新補地頭に任ぜられた。しかし公家政権の膝下であり皇室・公家・寺社領荘園が多数所在する山城・丹波両地域にあっては、権門の支配力は強大で、在地領主の成長は抑制されることになった。そのため土豪層は村落住民との結合、惣の代表・一員としての地位の獲得の方向を目指すことになる。

後醍醐天皇による建武の新政府を倒して成立した足利政権は、いちはやく山城・丹波の国人層を糾合して味方につけ、京に本拠を定めるとともに、乙訓地方の土豪を直勤御家人に組織して将軍軍事力の増強を図り、室町幕府3代将軍足利義満の頃には有力な守護大名を抑圧するとともに朝廷の権限を吸収して、全国的な統一政権としての幕府が確立した。しかし15世紀後期には将軍や管領家の継嗣問題から応仁・文明の乱（1467〜77）が勃発し、社会は戦国時代へと移行する。山城国は15世紀末には事実上細川氏の領国と化し、16世紀中期には三好長慶が支配権を掌握した。この間、丹波国においては南北朝時代後期に山名氏、それ以後は細川氏が守護として支配し、16世紀には八木城を拠点とする内藤氏、八上城による波多野氏が台頭した。丹後国は14世紀末以降は守護の一色氏の支配がつづいたが、戦国時代中期以降は丹波北部の荻野氏の勢力の介入を受けるようになった。両地域ともやがて織田信長麾下の明智光秀や細川藤孝・忠興の侵攻を受け、両氏は信長の承認のもと、新しい方式の領国支配に乗り出す。

中世後期には、領主層・商工業者・民衆を問わずさまざまなレベルでの結合体

(一揆)の活動が展開された。応仁・文明の乱の最中におこった山城国一揆は，領主層である国人の一揆の代表として知られ，正長の徳政一揆，嘉吉の徳政一揆など，徳政を求める民衆の一揆もおこった。こうした民衆の活動の背景には，農業生産力の増大にともなう惣村の形成，商工業者の同業組合（座）の成長と座外の新商人の輩出，流通経済の発展，酒屋・土倉などの高利貸資本の成長がある。応仁・文明の乱で中断した祇園祭が，1500（明応9）年に下京の町衆の祭として再興されたことは，商工業者・金融業者の集住地としての下京の性格を物語るものである。また，行商では女性の活躍もみられ，日常生活品を売る女商人以外に，大原女・白川女・桂女など京近郊の特産品を商う女性労働も記録されるようになる。

　中世文化の特徴の1つは，仏教文化と庶民文化の発展にある。鎌倉新仏教の開祖の多くは天台宗の出身で，京を重要な活動の舞台とした。延暦寺はこれに対ししばしば弾圧を加えたが，新仏教は貴族や武士・民衆の中にしだいに信者を獲得して影響力を強め，京内外に多くの寺院が造営された。なかでも浄土真宗（一向宗）は一時山科に拠点を設け（山科本願寺），法華宗（日蓮宗）は京の町衆に多数の信者を獲得して法華一揆を結ぶなど，政治的にも大きな動きを示した。禅宗の発展も大きな特徴で，室町時代には臨済宗が幕府の保護を受けて宗勢を伸ばすとともに，五山を中心として水墨画や漢詩文の作品がつくられ，また大徳寺など五山以外の禅宗（林下）も発展した。禅宗の影響を受けた多くの庭園がつくられ，日本の庭園文化が確立したのもこの時期の特徴である。庶民の文化としては，南北朝期より連歌や茶寄合が盛んになり，集団として文化を楽しむ気風が生まれた。また，猿楽やのちに生まれた狂言は，皇族・将軍家から公家・武家・庶民にひとしく愛される文化として，江戸時代における庶民文化隆盛への途を開いた。このように中世には，立花・茶・能楽などの新たな文化が誕生し，体系化されたが，これらはいずれも京を拠点とし，現在にまで京都にその伝統を残している。

近世

　1568（永禄11）年，足利義昭を奉じた織田信長の上洛を画期として，京都は新しい武家権力の拠点として改造される。その象徴が，信長の築造した二条城（丸太町室町付近）であり，豊臣秀吉の聚楽第，徳川家康の二条城であった。とりわけ，秀吉による聚楽第を中核とした京都の城下町化政策は，その後，現代にまで続く京都の原型を形づくるものとなった。御土居の築造による洛中と洛外の空間的分離や，寺町・寺之内への寺院の移転，御所付近への公家の集住などである。洛中の土地所有者は洛外に替地を支給され，洛中は土地税免除の巨大市場へと改造された。

　秀吉による政権を継承し，江戸幕府を開いた家康の京都における拠点が，二条堀川の二条城である。関ヶ原合戦（1600年）ののちに築城されたこの城は，公武交渉の場として，また西国大名統制の拠点として重要な役割をはたした。1615（元和元）年にはこの城で「禁中並公家諸法度」が発布され，1626（寛永3）年には，大御所

秀忠と3代将軍家光が後水尾天皇を招待する二条城行幸が挙行された。城の周囲には、京都所司代を始め幕府出先機関の役所が軒を並べた。1668（寛文8）年からは、京都市中の民政や上方八カ国の広域行政を担当する東西の京都町奉行所も設置される。

信長の上洛時に「辺土の民屋」と酷評された御所も、新しい武家政権によって改修・整備が繰り返された。ちなみに、現在の京都御苑は、1708（宝永5）年大火後の区画整理によってつくられたものであり、また、現御所は1854（嘉永7）年失火後の1855（安政2）年の再建である。

戦乱を脱した近世の平和の到来のなかで、京都町人の活発な商工業活動や自治活動が進み、著しい都市的発展がみられた。信長の時代に上京80数町、下京59町であった町数は、1690（元禄3）年には上京806町、下京665町、寺内120町など合わせて1802町へと10倍に増え、秀吉の時代に3万人程度だった人口も、100年後には10倍の35万人へと膨張している。17世紀末期に刊行された『京羽二重織留』は、そうした高度に発達した商工業の様子を記録している。東洞院御池付近には呉服や手工業品を各地に売り出す諸国売物問屋が集中し、三条通や室町通には各地の物産を扱う諸国買物問屋が軒を並べたという。長崎問屋は新町二条付近に、糸割符商人は御所の西部や南部に、朝鮮問屋は新町中立売付近に店を構えている、とある。諸国大名の京屋敷も多数設置された。1637（寛永14）年の『洛中絵図』によれば、すでにこの頃に東国大名20家、西国大名48家の京屋敷がみられる。大名京屋敷の役割は、京都の地に蓄積した各種の知識・文化情報の収集・吸収と、呉服などさまざまな物産の購入にあった。近世京都は、所司代や町奉行の統制を受けながら、平安京以来のミヤコの伝統を継承・発展させる都市（ミヤコ町）として賑わっていた。

洛中から目を転じて、近世の山城・丹波・丹後の世界を眺めてみよう。こちらには農業を中心的な生業とする村社会と、その中に商工業者と武士のつくる城下町が点在する光景が広がっていた。町と村を結ぶ水陸の交通も整備され、人と物の行きかいも盛んだった。

山城国内の城下町としては淀城下町があった。秀吉の淀城を前史とした徳川の淀城は、1623（元和9）年に新築され、徳川一門・譜代の居城として重視された。町は城外三町、城内三町からなる。江戸時代中期の調査では、町人数4000人余、家数は1270軒にのぼった。

丹波国には亀山（亀岡）、園部、山家、綾部、福知山の5藩がおかれた。このうち京都への出入り口の亀山と、由良川中流域の要所福知山には、徳川一門・譜代の大名が配置された。園部、山家、綾部の外様3藩を挟み込む幕府の意図が読み取れる。亀山藩は1609（慶長14）年の岡部氏入封以降、藩主が頻繁に入れ替わったが、1748（寛延元）年に松平（形原）氏が入ってからは安定した。福知山藩も当初は藩主の交替が多かったが、1669（寛文9）年に朽木氏が入封してからは、明治維新に至るまで

同氏が城主をつとめた。園部の小出氏，山家の谷氏，綾部の九鬼氏は近世を通じてそれぞれの藩政を担当した。

いっぽう丹後国では，関ヶ原合戦後，一国すべてが京極高知に与えられたが，1622(元和8)年高知の死を契機に，田辺藩(西舞鶴)・宮津藩・峰山藩の3藩鼎立体制となった。その後，田辺は1668(寛文8)年京極氏の転封以後，また宮津は1666(寛文6)年の京極氏改易の後，いずれも譜代大名の城下町となった。他方，峰山藩は幕末に至るまで代々京極氏が城主をつとめている。このほか，1735(享保20)年には久美浜に幕府の代官所が設置され，丹後の幕府領を管理する代官が派遣されるようになった。これら城下町は，大名の参勤交代などを通じて首都江戸との接触が多く，京都とは一味違う文化も生まれていた。

近現代

1868(明治元)年に山城1国を所轄として成立した京都府は，翌1869年の版籍奉還，1871年の廃藩置県を経て山城と丹波3郡(桑田・船井・何鹿)を所管するようになり，1877年には豊岡県に編成されていた丹後全域と丹波天田郡を加えてほぼ京都府の区域が確定したが，さらに1958年に南桑田郡樫田村と亀岡市の一部が大阪府に編入されて現在の京都府域となった。旧来の町村もしだいに統合され，1889年の市町村制の施行により府内279町村となり，同年には上京・下京両区を合同した京都市が誕生した。その後の町村合併や「平成の大合併」の動きによって現在は26市町村となっているのは，冒頭に述べた通りである。

幕末政局の重要な舞台となった京都ではあったが，1869年の東京遷都により政治的地位を失うことになり，人口も減少し，産業活動も低下した。京都の近代はこうした状況から始まる。産業振興のために精力的に推進されたのは輸送網の拡充であり，琵琶湖からの疏水計画が検討される一方で，鉄道の敷設が実行されていく。鉄道は1886年には京都・大阪間の，1890年には京都・大津間の鉄道が開通し，1896年には京都・奈良間，1899年には京都・園部間が開通して，京都を中心とする鉄道網が整備されていった。1909年には京都・舞鶴間が直通列車で結ばれ，鉄道は京都府下の各地と京都を結びつける動脈となった。一方，1890(明治23)年に完成した琵琶湖疏水は，鉄道輸送の充実によって物資輸送の重要性を失ったが，京都市民の生活を支える上水道あるいは水力発電によるエネルギー供給源として機能し，わが国初の電気による市電が走る京都の近代化に大きく貢献することになった。琵琶湖疏水は近代の土木技術を学んだ日本人技師たちの手になる初めての大規模土木工事で，当時世界でもまだ実用例が少なかった立坑工法やインクライン・水力発電の方式を実用化し，その遺産を豊富に残すものとして近代土木史上大きな意義をもっている。また，疏水の水を利用して蹴上周辺には無鄰庵など政界・財界関係者の別邸群もつくられたが，ここから近代日本庭園の歴史が始まったことも，庭園文化を伝統としてもつ京都らしい文化の革新であったといえるだろう。こうした京都の近代化を物

語る遺産は，琵琶湖疏水とその周辺に限らず，三条通界隈に点在する洋風建築群，梅小路機関車庫，島津製作所創業記念資料館など，京都の各所でみることができる。
　西欧の技術を用いた近代化の跡は，木津川市や由良川流域に残る治水施設にもみることができるが，とくに丹波・丹後地域においては軍施設の建設が近代化と大きくかかわった。舞鶴には海軍鎮守府，福知山には陸軍歩兵第20連隊がおかれ，それぞれ軍都であるとともに地域の中核都市として発展していった。丹波における明治中期以降の蚕糸業の発展も特筆される。1896年には綾部に郡是製糸会社が設立され，のちに全国的規模での経営を展開していった。
　番組小学校を編成したり女紅場(女学校)を開設したり，いち早く教育の近代化に着手した点は，京都の歴史として特筆に値するといえよう。これらの動きは京都を中心とする伝統産業の近代化とも密接にかかわっていた。また，1897(明治30)年京都帝国大学が創立され，私学でも同志社(1875年創立)・立命館(1900年創立)などが開学し，京都は学生の都市としての性格もあった。全国水平社の設立による部落解放運動の誕生，複数の映画会社の撮影所をもつ映画界の一大中心地など，千年の伝統を有する京都は独特の新しい顔をももっていた。
　第二次世界大戦中に大規模な空襲を受けなかった京都市だが，戦後高度経済成長期の後半以降，市街地・周辺地を含めて急速な開発の波に見舞われ，京都の景観は一変した。文化財庭園の塀越しにビルやマンションがみえ，五山の送り火さえみる地点を探すのに難渋する始末である。他方，1994(平成6)年には「古都京都の文化財」が世界遺産に登録され，京都の歴史遺産への国際的関心が高まった。こうした状況を受けて，近年，ようやく市街地中心部の高度低減が提起され，交通渋滞緩和のためのパークアンドライド方式が展開され，旧来の都市開発からの構想転換を模索する段階にある。また，近代以前からミヤコとの交流で都市的性格をもってきた丹後・丹波・山城の府内各地域も，隣接府県とのいっそう深く広い連携や日本海を通じた外国との交流によって，今，その独自の伝統と革新の歩みを新しい段階へと進み始めている。

【文化財公開施設】

①内容，②休館日，③入館料

京都鉄道博物館 〒600-8835下京区観喜寺町 TEL0570-080-462 ①新幹線やSL車両をはじめとする鉄道資料を展示，②水曜日（3月25日～4月7日・7月21日～8月31日・祝日をのぞく），③有料

古代友禅苑 〒600-8354下京区高辻通猪熊西入ル TEL075-823-0500・0508 ①1階友禅美術館，3階友禅手作りコーナーなど，要事前申込み，②12月27日～1月5日，③体験有料

京都市学校歴史博物館 〒600-8044下京区御幸町通仏光寺下ル橘町437 TEL075-344-1305 ①江戸時代以降の教科書など学校文化財資料，②水曜日（祝日の場合は翌日），12月28日～1月4日，③有料

柳原銀行記念資料館 〒600-8206下京区下之町6-3 TEL075-371-8220（崇仁コミュニティセンター） ①人権問題関係の歴史・生活資料を展示，特別展もあり，②月曜日，日曜日，祝日，12月29日～1月3日，展示替期間，③無料

角屋もてなしの文化美術館 〒600-8828下京区西新屋敷揚屋町32 TEL075-351-0024 ①角屋の文化財（一般公開は1階，2階座敷は特別公開〈要予約〉），②月曜日（祝日の場合は翌日），12月16日～3月13日，7月20日～9月14日，③有料

遠藤剛熈美術館 〒600-8353下京区猪熊通高辻下ル TEL075-822-7001 ①洋画家遠藤剛熈の作品を収蔵・展示，②予約制，月曜日（祝日の場合は翌日），年末年始，③有料

ブリキのおもちゃと人形博物館 〒600-8498下京区四条通堀川東入ル柏屋町22 クオン四条柏屋町301 TEL075-223-2146 ①3000点ものブリキのおもちゃと人形を展示，②日曜日，祝日，年末年始，③有料

KCIギャラリー（京都服飾文化研究財団） 〒600-8864下京区七条通御所ノ内南町103 TEL075-321-9221 ①服飾資料の展示，②土・日曜日，祝日，③無料

眼科・外科医療歴史博物館 〒600-8126下京区正面通木屋町東入ル鍵屋町340 TEL075-371-0781 ①江戸時代からの医家道具や明治・大正時代の診断用器械を展示，②予約制，③無料

京都芸術センター 〒604-8156中京区室町通蛸薬師下ル山伏山町546-2 TEL075-213-1000 ①京都における芸術振興の拠点施設として展覧会・ワークショップなどを開催，②12月28日～1月4日，③無料

島津製作所創業記念資料館 〒604-0921中京区木屋町二条南 TEL075-255-0980 ①島津製作所の資料，②水曜日（祝日をのぞく），年末年始，③有料

いけばな資料館（池坊） 〒604-8134中京区六角通東洞院西入 池坊会館3F TEL075-221-2686 ①生花の古文献・花瓶・屏風・軸物，②予約制，土・日曜日，祝日，年末年始，お盆期間，③無料

京都府京都文化博物館 〒604-8183中京区三条高倉通 TEL075-222-0888 ①京の歴史・文化・産業など総合的に紹介，②月曜日（祝日の場合は翌日），③有料

雅楽器博物館 〒604-8444中京区西小路通御池上ル2筋目西入 TEL075-802-2505 ①雅楽器5代山田家の収集品，②予約制，無休，③有料

堀野記念館（キンシ正宗） 〒604-8811中京区堺町通二条上ル亀屋町172 TEL075-223-2072 ①江戸時代以来の造り酒屋の旧宅と酒造道具，②4・5・10・11月は火曜日，1～3月・6～9月・12月は火・水曜日，年末年始と7・8月は臨時休館有り，③有料

| 紫織庵 | 〒604-8205中京区新町通六角上ル　TEL075-241-0215　①大正時代の京町屋に色・柄の友禅などの長襦袢その他を展示，②予約制，火曜日，不定休，③有料 |

本能寺大寶殿　〒604-8091中京区下本能寺前町522　TEL075-253-0525　①寺宝，織田信長・豊臣秀吉ら戦国武将の遺品展示，②年末年始，③有料

大西清右衛門美術館　〒604-8241中京区三条通新町西入ル釜座町18-1　TEL075-221-2881　①工夫を凝らした茶の湯釜の伝統と様式を名品の展示により紹介，②月曜日(祝日をのぞく)，祝日の翌日(土・日・祝日をのぞく)，③有料

京都国際マンガミュージアム　〒604-0846中京区烏丸通御池上ル　TEL075-254-7414　①マンガの収集・保管・展示およびマンガ文化に関する調査研究，②水曜日(祝日の場合は翌日)，年末年始，③有料

京都市平安京創生館　〒604-8401中京区丸太町通七本松西入　京都市生涯学習総合センター(京都アスニー)1F　TEL075-812-7222　①平安京復元模型のほか平安京に関する資料を展示，②火曜日(祝日の場合は翌日)，12月28日～1月4日，③無料

千總友禅資料館　〒604-8166中京区三条通烏丸西入　TEL075-211-2531　①友禅裂地や型友禅の見本裂・下絵などを展示，②水曜日，年末年始，③無料

中信美術館　〒602-8248上京区下立売通油小路東入ル西大路町136-3　TEL075-417-2323　①公益財団法人中信美術奨励基金などに関係する芸術家の作品などを企画・展示，②月曜日，展示替期間，③無料

壬生寺歴史資料室　〒604-8821中京区坊城通仏光寺上ル壬生梛ノ宮町31　TEL075-841-3381　①仏像や天皇からの拝領品などの寺宝ほか展示，②不定休，③有料

元離宮二条城　築城400年記念展・収蔵館　〒604-8301中京区二条通堀川西入二条城町541　TEL075-841-0096　①二の丸御殿障壁画とそれに関する資料を年間4期に分けて期間展示，②1・7・8・12月の火曜日(祝日の場合は翌日)，年末年始，③有料

花園大学歴史博物館　〒604-8456中京区西ノ京壺ノ内町8-1　TEL075-811-5181　①調査・研究活動によって蓄積された資料を広く公開，②日曜日，祝日，全学休校日，開館期間は春と秋の特別展のときが中心，③無料

二条陣屋(重要文化財小川家住宅)　〒604-8316中京区三坊大宮通137　TEL075-841-0972　①江戸時代後期の豪商の邸宅を公開，②予約制(見学は高校生以上)，水曜日(祝日をのぞく)，年末年始，③有料

京都絞り工芸館　〒604-8261中京区油小路通御池南入ル　TEL075-221-4252　①京の絞り職人衆が製作した作品を展示，体験事業，②不定休，③有料

京都市歴史資料館　〒602-0867上京区寺町通荒神口下ル松蔭町138-1　TEL075-241-4312　①京都市の歴史資料，②月曜日，祝日，年末年始，③無料

北村美術館　〒602-8363上京区河原町通今出川下ル1筋目東入　TEL075-256-0637　①茶道具と書画軸物，②月曜日，祝日の翌日，不定休，③有料

相国寺承天閣美術館　〒602-0898上京区今出川通烏丸東入ル　大本山相国寺内　TEL075-241-0423　①相国寺と末寺(金閣寺・銀閣寺)の宝物など，②無休，③有料

京菓子資料館　〒602-0021上京区烏丸通上立売上ル柳図子町331-2俵屋吉富烏丸店北隣　TEL075-432-3101　①京菓子に関する古文書・書籍・什器・美術品，②水曜日，年末年始，③無料

樂美術館　　〒602-0923上京区油小路通中立売上ル油橋詰町84　TEL075-414-0304　①楽焼の楽家歴代の茶碗・文献資料，②月曜日(祝日をのぞく)，年末年始，展示替期間，③有料

西陣織会館　　〒602-8216上京区堀川通今出川南入　TEL075-451-9231　①西陣織の資料，製品展示・販売，②無休，③無料

京都市考古資料館　　〒602-8435上京区今出川通大宮東入ル元伊佐町265-1　TEL075-432-3245　①京都市内の埋蔵文化財の展示，②月曜日(祝日の場合は翌日)，12月28日～1月3日，③無料

茶道総合資料館　　〒602-8688上京区堀川通寺之内上ル　裏千家センター内　TEL075-431-6474　①茶道の総合資料館，今日庵文庫あり，②月曜日，③有料

宝鏡寺門跡　　〒602-0072上京区寺之内通堀川東入ル百々町　TEL075-451-1550　①皇室関係の人形・貝合せ・投扇など，②春・秋の人形展開催時のみ公開，③有料

北野天満宮宝殿　　〒602-8386上京区馬喰町　TEL075-461-0005　①神社関係宝物，②毎月25日・1月1日・12月1日・4月10日～5月30日・観梅・紅葉シーズンのみ開館，③有料

高津古文化会館　　〒602-8375上京区今出川天神筋下ル大上之町61　TEL075-461-8700　①映画小道具のコレクションから鎧・大刀など，②月曜日，12月28日～1月5日，③有料

織成舘　　〒602-8482上京区浄福寺通上立売上ル大黒町693　TEL075-431-0020　①手織技術関係，②月曜日(祝日開館)，年末年始，③有料

安達くみひも館　　〒602-8012上京区出水通烏丸西入ル　TEL075-432-4113　①くみひもの歴史と実演，②不定休，年末年始，③有料

大将軍八神社方徳殿　　〒602-8374上京区一条通御前通西入3丁目西町55　TEL075-461-0694　①同社の神像100体余り(うち79体は国重文)を展示，②5月1～5日・11月1～5日のみ公開，③有料

西陣くらしの美術館冨田屋　　〒602-8226上京区大宮通一条上ル　TEL075-432-6701　①西陣の商屋特有の様式を多く残す町屋を公開，②月曜日(祝日をのぞく)，年末年始　③有料

松本明慶佛像彫刻美術館　　〒602-8004上京区下長者町通室町西入ル西鷹司町16　プレパレス内　TEL075-432-6010　①仏師松本明慶の作品を展示，②予約制，第1・3土・日曜日のみ公開，③無料

頼山陽書斎山紫水明處　　〒602-0865上京区東三本木通丸太町上ル南町　TEL075-561-0764　①頼山陽が書斎とした家屋を公開，②予約制，③有料

同志社大学ハリス理化学館同志社ギャラリー　　〒602-8580上京区今出川通烏丸東入　同志社大学ハリス理化学館内　TEL075-251-3042　①同志社大学創始者新島襄の遺品などを展示，②月曜日，祝日，日曜日(企画展中は開館)，ゴールデンウィーク，夏・冬期休暇の一部，③無料

益富地学会館　　〒602-8012上京区出水通烏丸西入ル　TEL075-441-3280　①世界中の化石・鉱物標本を展示，関係図書の閲覧，②土・日曜日と祝日(盆と年末年始をのぞく)のみ公開，③有料

仁和寺霊宝館　　〒616-8092右京区御室大内33　TEL075-461-1155　①仁和寺の宝物，②4月1日～5月第4曜日・10月1日～11月23日，③有料

陽明文庫　　〒616-8251右京区宇多野上ノ谷町1-2　TEL075-461-7550　①近衛家(藤原氏)の

	古文書・美術工芸品，②予約制（団体のみ），春・秋の各3カ月間のみ公開（日曜日・祝日は休館），③無料
広隆寺霊宝館	〒616-8162右京区太秦峰岡町32　TEL075-861-1461　①広隆寺の寺宝のうち飛鳥時代以降の仏像彫刻を中心に展示，②12月30・31日，③有料
清凉寺霊宝館	〒616-8447右京区嵯峨釈迦堂藤ノ木町46　TEL075-861-0343　①清凉寺伝来の寺宝，②4月1日〜5月31日・10月1日〜11月30のみ公開（会期中は無休），③有料
さがの人形の家	〒616-8434右京区嵯峨鳥居本仏餉田町12　TEL075-882-1421　①全国の人形を中心とする民俗資料，②予約制，火曜日（祝日の場合は翌日，春季展（2月中旬〜6月上旬）・秋季展（9月中旬〜12月上旬）開催時のみ公開），年末年始，③有料
東映太秦映画村 映画文化館	〒616-8586右京区太秦東蜂岡町10　TEL075-864-7716　①貴重な映画資料を展示，②12月27〜31日，③有料
京北さんさと民俗資料室	〒601-0292右京区京北周山町上寺田（京北合同庁舎3階）　TEL075-852-0774　①農林道具や生活民具を展示，②土・日曜日，祝日，年末年始，③無料
大河内山荘	〒616-8394右京区嵯峨小倉山田淵山町8　TEL075-872-2233　①名俳優大河内伝次郎の別荘を公開，②無休，③有料
小倉百人一首殿堂時雨殿	〒616-8385右京区嵯峨天龍寺芒ノ馬場町11　TEL075-882-1111　①百人一首に関する資料の展示，デジタル技術を用いた体験，②月曜日（祝日の場合は翌日），年末年始，③有料
車折神社車軒文庫	〒616-8343右京区嵯峨朝日町23　TEL075-861-0039　①所蔵の富岡鉄斎の作品120点余りを逐次展示，②予約制（2名以上），予約がある場合のみ開館，③有料
日本刺繡館	〒615-0877右京区西京極西衣手町36　TEL075-313-2151　①伝統的刺繡作品・実演・講習，②盆，年末年始，③有料
京都嵐山オルゴール博物館	〒616-8375右京区嵯峨天竜寺立石町　TEL075-865-1020　①オルゴールの展示のほか生演奏もある，②火曜日，③有料
京都嵯峨芸術大学附属博物館	〒616-8362右京区嵯峨五島町1　TEL075-864-7898　①収蔵する美術・工芸品の展示，②日曜日，入試日など，展覧会開催時のみ開館，③無料
京都友禅文化会館	〒615-0801右京区西京極豆田町6　TEL075-311-0025　①友禅染の展示，映画，実演，②日曜日，年末年始，③有料
松尾大社宝物館 お酒の資料館	〒616-0024西京区嵐山宮町3　TEL075-871-5016　①酒造りの道具などを展示，②無休，③有料
竹の資料館（京都市洛西竹林公園）	〒610-1112西京区大枝北福西町2-300-3　TEL075-331-3821　①竹の生態や竹製品を展示，②水曜日，12月29日〜1月3日，③無料
京都花鳥館	〒615-8296西京区松室山添町26-24　TEL075-382-1301　①マイセン窯の磁器作品と上村淳之の日本画を展示，②月曜日（祝日の場合は翌日），年末年始，③有料
京都府立堂本印象美術館	〒603-8355北区平野上柳町26-3　TEL075-463-0007　①日本画家堂本印象の作品，②月曜日（祝日の場合は翌日），12月28日〜1月4日，③有料
末川記念館	〒603-8577北区等持院北町56-1　立命館大学内　TEL075-465-8234　①立命館大学初代総長末川博の遺品・著書，②第1日曜日（1・8・12月をのぞく），盆，年末年始，③無料
立命館大学国際平和ミュージアム	〒603-8577北区等持院北町56-1　TEL075-465-8151　①

	広く戦争と平和に関する資料を収集・展示，②月曜日(祝日の場合は翌日)，祝日の翌日，年末年始，夏季，③有料
高麗美術館	〒603-8108北区紫竹上ノ岸町15　TEL075-491-1192　①朝鮮半島の古代から近代までの文物を展示，②月曜日(祝日の場合は翌日)，年末年始，展示替え期間，③有料
川人ハンズ	〒606-8054北区等持院南町76　TEL075-461-2773　①京象嵌の老舗川人象嵌による象嵌製品の展示即売，象嵌に関する資料展示，②土・日曜日，祝日，年末年始，③無料(実習は要予約・有料)
西村家庭園	〒603-8075北区上賀茂中大路町1　TEL075-781-0666　①古い社家庭園の趣を残す西村家の庭園を公開，②12月9日〜3月14日，③有料
大谷大学博物館	〒603-8143北区小山上総町　TEL075-411-8483　①真宗・仏教・歴史・文学・芸術など広範囲にわたる資料を収集・展示，②日・月曜日，展覧会開催時のみ公開，③有料
表千家北山会館	〒603-8054北区上賀茂桜井町61　TEL075-724-8000　①茶道表千家関係の史料・茶道具，②月曜日，③有料
京都府庁旧本館	〒602-8570上京区下立売通新町西入ル　TEL075-414-5435　①知事室などの公開，②土・日曜日，祝日，年末年始，③無料
龍谷大学龍谷ミュージアム	〒660-8399下京区西中筋通正面下ル　TEL075-351-2500　①仏教の総合展示，②月曜日，祝日の翌日，その他，③有料
仏教大学宗教文化ミュージアム	〒616-8306右京区嵯峨広沢西裏町5-26　TEL075-873-3115　①宗教文化に関する調査研究成果の展示，②日曜日，祝日，年末年始，大学の定める休日など(但し，特別展開催中は日曜・祝日開館)，③無料
京都水族館	〒600-8835下京区歓喜寺町35-1　TEL075-354-3130　①京都の水棲生物を中心とした展示，②無休，③有料
風俗博物館	〒600-8468下京区堀川通新花屋町下ル(井筒左女牛ビル5階)　①日本の古代から近代に至る風俗衣裳を展示，②日曜日，祝日，お盆(8月13日〜17日)，展示替期間，③有料
京都市立芸術大学芸術資料館	〒610-1197西京区大枝沓掛町13-6　TEL075-334-2232　①明治以来の卒業作品や収集参考資料などの企画展示，②展示期間中の月曜日，③無料
京都外国語大学国際文化資料館	〒615-8558右京区西院笠目町6(10号館4階)　①イスラム，中南米の民族資料などの展示，②土・日曜日，祝日，展示替期間，③無料

【無形民俗文化財】

国指定・選択

京都祇園祭の山鉾行事(祇園祭山鉾連合会)　　中京区・下京区(各町保存会)　7月17・24日

京都の六斎念仏(京都六斎念仏保存団体連合会)

 壬生六斎念仏(壬生六斎念仏講中)　　中京区壬生梛ノ宮町(壬生寺)　8月9日

 千本六斎念仏(千本六斎会)　　上京区閻魔前町(引接寺〈千本えんま堂〉)　8月15日

 中堂寺六斎念仏(中堂六斎会)　　中京区壬生梛ノ宮町(壬生寺)　8月16日

 円覚寺六斎念仏(円覚寺六斎念仏講)　　右京区嵯峨水尾宮ノ脇町(円覚寺)　8月16日

 小山郷六斎念仏(小山郷六斎保存会)　　上京区上御霊堅町(上御霊神社)／上京区上善寺門前町(上善寺)　8月18日／8月22・23日

 嵯峨野六斎念仏(嵯峨町六斎念仏保存会)　　右京区嵯峨野宮ノ元町(阿弥陀寺)　8月23日，9月第1日曜日

 桂六斎念仏(桂六斎念仏保存会)　　西京区桂春日町(桂六地蔵)　8月22・23日

 梅津六斎念仏(梅津六斎保存会)　　右京区梅津フケノ川町30(梅宮大社)　(休止中)／8月最終日曜日

 西院六斎念仏(西院六斎念仏保存会)　　右京区西院春日町(西院春日神社)　10月11日

 郡六斎念仏(空也念仏郡保存会)　　右京区西京極東衣手町(念仏寺)　休止中

 吉祥院六斎念仏(吉祥院六斎保存会)　　南区西大路十条西入北(吉祥院天満宮)　8月25日

 久世六斎念仏(久世六斎保存会)　　南区久世上久世(蔵王堂光福寺)　8月31日

 上鳥羽六斎念仏(上鳥羽橋上鉦講中)　　南区上鳥羽岩ノ本町(浄禅寺)　8月22・23日

 空也踊躍念仏(空也踊躍念仏保存会)　　東山区松原大和大路東入二丁目(六波羅蜜寺)　12月13日～年末

 西方寺六斎念仏(西方寺六斎念仏保存会)　　北区西賀茂鎮守庵町(西方寺)　8月16日

壬生狂言(壬生大念仏講中)　　中京区壬生梛ノ宮町(壬生寺)　2月節分の前日・当日，4月21～29日，10月の連休3日間

嵯峨大念仏狂言(嵯峨大念仏狂言保存会)　　右京区嵯峨釈迦堂藤ノ木町(清凉寺)　4月中旬の土曜日，10月26日前後の日曜日

やすらい花(やすらい踊保存団体連合会)

 今宮やすらい祭(今宮やすらい会)　　北区紫野今宮町(今宮神社)　4月第2日曜日

 上賀茂やすらい祭(上賀茂やすらい踊保存会)　　北区上賀茂本山(太田神社・上賀茂神社)　5月15日

 川上やすらい祭(川上やすらい踊保存会)　　北区西賀茂南川上町(大神宮)　4月第2日曜日

 玄武やすらい祭(玄武やすらい踊保存会)　　北区紫野雲林院町(玄武神社)　4月第2日曜日

府指定・登録

矢代田楽(六苗株座)　　右京区矢代地区(日吉神社)　10月15日

山国隊軍楽(山国軍楽保存会)　　右京区(山国神社)　10月第2日曜日

小塩の上げ松　　右京区小塩地区　8月23日

京都市指定・登録文化財

西ノ京瑞饋神輿(西ノ京瑞饋神輿保存会)　　上京区・中京区　10月1～4日
千本えんま堂大念仏狂言(千本えんま堂大念仏狂言保存会)　　上京区千本通鞍馬口下ル　5月1～4日
蹴鞠(蹴鞠保存会)　　上京区今出川通堀川東入(白峯神社)　7月7日
神泉苑狂言(神泉苑大念仏狂言講社)　　中京区御池通大宮西入(神泉苑)　5月1～4日
梅林寺ジジバイ講(梅林寺ジジバイ講保存会)　　下京区梅小路(梅林寺)　1月8日
嵯峨お松明(嵯峨お松明保存会)　　右京区嵯峨(清凉寺)　3月15日
鳥居形松明送り火(鳥居形松明保存会)　　右京区嵯峨　8月16日
太秦牛祭(牛祭保存会)　　右京区太秦(広隆寺)　10月10日
木遣音頭(番匠保存会)　　右京区太秦ほか　1月2日
西院春日神社の剣鉾差し(春日祭鉾仲間連合会)　　右京区西院(春日神社)　10月第2日曜日
嵯峨祭の剣鉾差し(嵯峨祭奉賛会)　　右京区嵯峨(野々宮神社)　5月第4日曜日
梅ケ畑平岡八幡宮の剣鉾差し(梅ケ畑剣鉾保存会)　　右京区梅ケ畑(平岡八幡宮)　10月10日
平岡八幡宮の三役相撲(平岡八幡宮三役相撲保存会)　　右京区梅ケ畑(平岡八幡宮)　10月初旬の日曜日
松尾大社御田祭(松尾大社御田祭保存会)　　西京区嵐山(松尾大社)　7月第3日曜日
賀茂競馬(賀茂競馬保存会)　　北区上賀茂(上賀茂神社)　5月5日
船形万燈籠送り火(船形万燈籠保存会)　　北区西賀茂　8月16日
左大文字送り火(左大文字保存会)　　北区大北山、同区衣笠　8月16日
雲ケ畑松上げ(雲ケ畑松上げ保存会)　　北区雲ケ畑　8月24日
烏相撲(烏相撲保存会重陽社)　　北区上賀茂　9月9日
上賀茂紅葉音頭(上賀茂紅葉音頭保存会)　　北区上賀茂　9月7日
上賀茂さんやれ(上賀茂山本町さんやれ保存会・上賀茂池殿河原町さんやれ保存会・上賀茂中大路町さんやれ保存会・上賀茂南大路町さんやれ保存会・上賀茂竹ケ鼻町さんやれ保存会・上賀茂岡本町さんやれ保存会・上賀茂梅ケ辻町さんやれ保存会)　　北区上賀茂　2月24日
大田神社の巫女神楽(大田神社巫女神楽保存会)　　北区上賀茂(大田神社)　毎月10日／節分／2月24日

【おもな祭り】(国，府指定・登録，京都市指定・登録無形民俗文化財をのぞく)──────
筆始祭　　上京区馬喰町(北野天満宮)　1月2日
山の神祭　　北区中川北山町(中川八幡宮社)　1月9日
御粥神事　　北区上賀茂本山(上賀茂神社)　1月15日
初天神　　上京区馬喰町(北野天満宮)　1月25日
追儺式鬼法楽　　上京区北之辺町(盧山寺)　2月3日
節分厄除大法会　　中京区壬生梛ノ宮町(壬生寺)　2月2～4日
おかめ節分会　　上京区溝前町(大報恩寺)　2月節分の日
女人厄除まつり　　下京区本塩竈町(市比売神社)　2月節分前後
節分会・追儺式　　上京区馬喰町(北野天満宮)　2月立春前日

梅花祭	上京区馬喰町(北野天満宮)　2月25日

梅花祭　　　上京区馬喰町(北野天満宮)　　2月25日
雛まつり　　　上京区百々町(宝鏡寺)　　3月1日
ひいな祭　　　下京区本塩竈町(市比売神社)　　3月3日
桃花神事　　　北区上賀茂本山(上賀茂神社)　　3月3日
十三まいり　　西京区嵐山虚空蔵町(法輪寺)　　3月13日～5月13日(4月13日が中日)
祈年祭(北野天満宮春祭)　　上京区馬喰町(北野天満宮)　　3月15日
松尾大社例祭　　西京区嵐山宮町(松尾大社)　　4月2日
平野神社例大祭　　北区平野宮本町(平野神社)　　4月2日
土解祭　　北区上賀茂本山(上賀茂神社)　　4月3日
護王大祭　　上京区桜鶴円町(護王神社)　　4月4日
白峯神宮春季例大祭(淳仁天皇祭)　　上京区飛鳥井町(白峯神宮)　　4月14日
賀茂曲水宴　　北区上賀茂本山(上賀茂神社)　　4月第2日曜
桜祭神幸祭　　北区平野宮本町(平野神社)　　4月10日
吉野太夫花供養　　北区鷹峰北鷹峰町(常照寺)　　4月第3日曜日
猫祭　　上京区西熊町(称念寺)　　4月中旬
松尾祭・神幸祭　　西京区嵐山宮町(松尾大社)　　4月20日以降の日曜日
中酉祭　　西京区嵐山宮町(松尾大社)　　4月中酉の日
石楠花祭(志明院大祭)　　北区雲ケ畑出谷町(志明院〈岩屋不動〉)　　4月28・29日
上御霊祭　　上京区上御霊竪町(上御霊神社)　　5月1～18日
今宮(神幸祭)　　北区紫野今宮町(今宮神社)　　5月5日
菅大臣祭　　下京区菅大臣町(菅大臣神社)　　5月第2土・日曜
市比売神社春季大祭　　下京区本塩竈町(市比売神社)　　5月13日
葵祭　　北区上賀茂本山(上賀茂神社)・左京区下鴨泉川町(下鴨神社)　　5月15日
下御霊祭(還幸祭)　　中京区下御霊前町(下御霊神社)　　5月第3日曜日
三船祭　　右京区嵯峨朝日町(車折神社・嵐山大堰川)　　5月第3日曜日
嵯峨(神幸祭・還幸祭)　　右京区嵯峨釈迦堂藤ノ木町(嵯峨釈迦堂〈清涼寺〉前)　　5月第3・4曜日
恵方祭　　右京区嵯峨野宮ノ元町(斎宮神社)　　5月卯の日
御田植祭　　北区上賀茂本山(上賀茂神社)　　6月10日
御誕辰祭　　上京区馬喰町(北野天満宮)　　6月25日
御手洗祭・七夕祭　　上京区馬喰町(北野天満宮)　　7月7日
精大明神例祭(七夕祭)　　上京区飛鳥井町(白峯神宮)　　7月7日
北野(北野天満宮祭例大祭)　　上京区馬喰町(北野天満宮)　　8月4日
七夕(おりひめさん)　　北区紫野今宮町(織姫神社〈今宮神社末社〉)　　8月7日
八朔祭　　西京区嵐山宮町(松尾大社)　　9月第1日曜日
萩祭　　上京区染殿町(梨木神社)　　9月第3または第4日曜日前後
名月祭(芋名月)　　上京区馬喰町(北野天満宮)　　9月中秋満月
賀茂観月祭　　北区上賀茂本山(上賀茂神社)　　9月中秋満月
瑞饋祭　　上京区馬喰町(北野天満宮)　　10月1～5日
船岡大祭　　北区紫野北舟岡町(建勲神社)　　10月19日

余香祭・披講式	上京区馬喰町(北野天満宮)	10月29日
亥子祭	上京区桜鶴円町(護王神社)	11月1日
嵐山もみじ祭(嵐山保勝会)	右京区(大堰川渡月橋付近)	11月第2日曜日
火焚祭	右京区嵯峨朝日町(車折神社)	11月23日
御火焚祭	中京区門前町(神泉苑)	11月23日
御茶壺奉献祭・口切式	上京区馬喰町(北野天満宮)	11月26日
上卯祭	西京区嵐山宮町(松尾大社)	11月上卯の日
亥猪祭	右京区嵯峨愛宕町(愛宕神社)	11月亥の日
献茶祭	上京区馬喰町(北野天満宮)	12月1日
終い天神	上京区馬喰町(北野天満宮)	12月25日

【有形民俗文化財】

国指定
祇園祭山鉾29基(山22・鉾7)(長刀鉾保存会ほか)　　下京区・中京区

京都市指定
崇仁船鉾・十二灯装飾品(一式)　　下京区郷之町　崇仁自治連合会
大船鉾装飾品(121点)　　下京区四条町　四条町大船鉾保存会

【世界遺産・古都京都の文化財(京都市・宇治市・大津市)】

賀茂別雷神社(上賀茂神社)・賀茂御祖神社(下鴨神社)・教王護国寺(東寺)・清水寺・延暦寺・醍醐寺・仁和寺・平等院・宇治上神社・高山寺・西芳寺(苔寺)・天龍寺・鹿苑寺(金閣寺)・慈照寺(銀閣寺)・龍安寺・本願寺(西本願寺)・二条城

【参考文献】

『安倍清明読本』　豊島泰国　原書房　1999
『維新の史蹟』　大阪毎日新聞社京都支局編　星野書店　1939
『院政期社会の研究』　五味文彦　山川出版社　1984
『江戸時代図誌　京都』1・2　林屋辰三郎・森谷尅久編　筑摩書房　1975・76
『王朝文化』（国民の歴史6）　柴田実　文英堂　1968
『織物の西陣』　佐々木信三郎　高桐書院　1947
『御大礼記念京都府伏見町誌』　伏見町編　伏見町　1929
『おんなの史跡を歩く』　京都新聞社編　京都新聞社　2000
『街道の日本史32　京都と京街道』　水本邦彦編　吉川弘文館　2002
『かくれた史跡100選』　京都新聞社編　京都新聞社　1972
『葛野郡史概要』　京都府教育会葛野郡部会　葛野郡役所　1922
『鎌倉時代の朝幕関係』　森茂暁　思文閣出版　1991
『鴨川周辺の史跡を歩く』　竹村俊則　京都新聞社　1996
『鑑定備考京都陶器全書』1　大西林五郎編　松山堂書店　1913
『祇園祭と戦国京都』　河内将芳　角川学芸出版　2007
『日本の宮都』　村井康彦　角川書店　1978
『京から丹波へ山陰古道』　石田康男　文理閣　2008
『京畿社寺考』　岩橋小弥太　雄山閣　1926
『京都』　本庄栄治郎　至文堂　1961
『京都』　林屋辰三郎　岩波書店　1962
『京都案内──歴史をたずねて』　京都歴史教育者協議会編　かもがわ出版　1993
『京都案内──歴史をたずねて』（改訂版）　京都歴史教育者協議会編　かもがわ出版　1999
『京都学ことはじめ』　森浩一　編集グループ〈SURE〉　2004
『京都暮らしの大百科』　梅原猛・森谷尅久・市田ひろみ監修　淡交社　2002
『京都五億年の旅』　地学団体研究会京都支部編　法律文化社　1976
『新京都五億年の旅』　地学団体研究会京都支部編　法律文化社　1990
『京都教会百年史』　日本基督教団京都教会百年史編纂委員会　日本基督教団京都教会　1985
『京都経済の百年』本編・資料編　京都商工会議所百年史編纂委員会編　京都商工会議所　1982・85
『京都芸能と民俗の文化史』　山路興造　思文閣出版　2009
『京都国立博物館百年史』　京都国立博物館編　京都国立博物館　1997
『京都古社寺詳説』　出雲路敬和　有峰書店　1974
『京都古代との出会い』　京都府埋蔵文化財調査研究センター編　京都府埋蔵文化財調査研究センター　1990
『京都市遺跡地図台帳』　京都市埋蔵文化財調査センター編　京都市文化市民局　2003
『京都滋賀鉄道の歴史』　田中真人ほか　京都新聞社　1998
『京都滋賀秘められた史跡』　京都新聞社編　京都新聞社　1973
『京都史蹟の研究』　西田直二郎　吉川弘文館　1961

『京都事典』　　川端康成ほか編　人物往来社　1967

『京都事典』(新装版)　　村井康彦編　東京堂出版　1993

『京都社寺名宝鑑』1・2　　日出新聞社編　芸艸堂　1933

『京都守護職始末』1・2 (東洋文庫)　　金子光晴訳・遠山茂樹校注　平凡社　1965-66

『京都商工会議所史』　　京都府商工経済会編　京都商工経済会　1944

『京都所司代』3　　京都新聞社編　人物往来社　1967

『京都史話』　　魚澄惣五郎　章華社　1936

『京都新聞百年史』　　京都新聞社史編さん小委員会編　京都新聞社　1979

『京都新聞120年史』　　京都新聞創刊120年記念事業実行委員会社史編さん部会編　京都新聞社　1999

『京都・一五四七年』　　今谷明　平凡社　2003

『京都叢書』全20巻(増補版)　　増補京都叢書刊行会編　増補京都叢書刊行会　1933-35

『京都——その地理探訪』　　谷岡武雄編　古今書院　1961

『京都大事典』　　佐和隆研ほか編　淡交社　1984

『京都地方労働運動史』　　渡部徹編　京都地方労働運動史編纂会　1959

『京都中世都市史研究』　　高橋康夫　思文閣出版　1983

『京都・伝統の手仕事』　　朝日新聞社編　朝日新聞社　1965

『京都・奈良博物館案内』　　木下長宏　ユニプラン　1991

『京都に於ける日本画史』　　神崎憲一　京都精版印刷社　1929

『京都の赤レンガ』　　日向進・前久夫編　京都新聞社　1997

『京都の医学史』本編・資料編　　京都府医師会医学史編纂室編　思文閣出版　1980

『京都の歌舞伎』　　堂本寒星　文献書院　1929

『京都の国宝』　　文化財保護法施行十周年京都記念会編　便利堂　1961

『京都の寺社505を歩く』上・下　　山折哲雄監修　PHP研究所　2007

『京都の自然』　　京都自然研究会編　六月社　1960

『京都の社寺文化』　　京都府文化財保護基金編　京都府文化財保護基金　1971・72

『京都の肖像彫刻』　　京都府文化財保護基金編　京都府文化財保護基金　1978

『京都の女性史』　　京都橘女子大学女性歴史文化研究所編　思文閣出版　2002

『京都の新国宝』1　　京都市産業観光局観光課編　京都市　1953

『京都の新国宝』2　　京都国立博物館編　京都新聞社　1952

『京都の「戦争遺跡」をめぐる』　　池田一郎・鈴木哲也　機関紙共同出版　1991

『京都の伝説——洛中・洛外を歩く』　　福田晃・真下美弥子　淡交社　1994

『京都の年中行事』　　臼井喜之介　保育社　1977

『京都の美術工芸』全6巻　　京都府文化財保護基金編　京都府文化財保護基金編　1979-86

『京都の仏教史』　　千里文化財団　平河出版社　1992

『京都の文化財』　　京都府文化財保護基金編　京都府文化財保護基金　1990

『京都の文化財地図帳』(改訂増補版)　　京都府文化財保護基金編　京都府文化財保護基金　1993

『京都の文人』　　河野仁昭　京都新聞社　1988

『京都の民俗芸能』　　京都府教育委員会編　大文字書林　1975

『京都の明治文化財』　　京都府文化財保護基金編　京都府文化財保護基金　1968・70
『京都の名宝──鑑賞と案内』　　京都市立美術大学芸術学研究室編　社会思想社　1965
『京都の洋画』　　京都市美術館編　京都市美術館　1980
『京都の歴史』1-10　京都市編　学芸書林　1968-76
『京都の歴史』全4巻　仏教大学編　京都新聞社　1993-95
『京都の歴史を足元からさぐる』全5巻　森浩一　学生社　2007-09
『京都百年』　毎日新聞社編　毎日新聞社　1968
『京都府愛宕郡村史』　愛宕郡編　愛宕郡　1911
『京都府遺跡地図』3　京都府教育庁指導部文化財保護課編　京都府教育委員会　2003
『京都府会志』1・2　京都府編　京都府　1913
『京都府会史』全4巻　京都府会事務局編　京都府会　1951-54
『京都府議会歴代議員録』1・2　京都府会事務局編　京都府会事務局　1961・83
『京都府教育史』上　京都府教育会編　京都府教育会　1940
『京都府教育史──戦後の教育制度沿革』　京都府教育委員会　1956
『京都府警察史』全4巻　京都府警察史編集委員会編　京都府警察本部　1971-85
『京都府蚕糸業史』　京都府蚕糸同友会資料委員会編　京都府蚕糸同友会　1987
『京都府史蹟名勝紀(記)念物調査報告書』1-22(復刻版)　京都府編　臨川書店　1983
『京都府市町村合併史』　京都府総合資料館編　京都府　1968
『京都府誌』上・下(復刻版)　京都府編　名著出版　1974
『京都府史料所在目録』　京都府立総合資料館内京都図書館協会編　京都府立総合資料館内京都図書館協会　1968
『京都府茶業史』　安達披早吉　京都府茶業組合連合会議所　1934
『京都府統計史料集──百年の統計』全4冊　京都府立総合資料館編　京都府立総合資料館　1969-71
『京都府農業発達史──明治・大正初期』　三橋時雄・荒木幹雄著・京都府農村研究所編　三橋時雄　1962
『京都府の教育史』　衣笠安喜編著　思文閣出版　1983
『京都府の百年』　井ヶ田良治・原田久美子編　山川出版社　1993
『京都府の歴史』　赤松俊秀・山本四郎編著　山川出版社　1969
『京都府の歴史』(第2版)　朝尾直弘ほか　山川出版社　2010
『京都府百年のあゆみ』　京都府企画管理部編　京都府企画管理部　1968
『京都府百年の資料』全9冊　京都府総合資料館・京都府編　京都府　1972
『京都府百年の年表』全10巻　京都府総合資料館・京都府編　京都府　1970-72
『京都府文化財総合目録』平成18年版　京都府教育委員会編　京都文化財団　2006
『京都文学散歩──風物詩』　白井喜之介　展望社　1960
『京都まるごと博物館・美術館──美術・工芸・染織・歴史・その他日本文化の粋』　福地義彦編　婦人画報社　1993
『京都民家巡礼』　橋本帰一　東京堂出版　1994
『京都民家のこころ』　朝日新聞京都支局編　淡交社　1973
『京都民俗志』　井上頼寿　岡書院　1933

『京都名家墳墓録』上・下（復刻版）　寺田貞次郎編　村田書店　1976
『京都名勝誌』　京都市編　京都市　1928
『京都名庭──名庭歳時記』1・2　水野克比古　京都書院　1987
『京都名庭を歩く』　宮元健次　光文社　2004
『京都名庭散歩』　水野克比古　京都書院　1997
『京都名庭秘話』　駒敏郎　学芸書林　1989
『京都名墓探訪』1・2（洛東編）　小川善明　ナカニシヤ出版　1994・96
『京都よみがえる古代』　井上満郎　ミネルヴァ書房　1991
『京都洋画の黎明期』　黒田重太郎　高桐書院　1947
『京に生きる』（テレビ放送シリーズ2）　建築資料研究社出版部編　建築資料研究社　1978
『京の医史跡探訪』　杉立義一　思文閣出版　1984
『京の鴨川と橋』　門脇禎二・朝尾直弘編　思文閣出版　2001
『京の芸能──王朝から維新まで』　守屋毅　中央公論社　1979
『京の史跡めぐり』　竹村俊則　京都新聞社　1987
『京の社寺を歩く』　京都新聞社編　京都新聞社　2000
『京の石造美術めぐり』　竹村俊則　京都新聞社　1990
『京の禅寺』　芳賀幸四郎・太田博太郎・玉村竹二　淡交新社　1961
『京の七口──史跡探訪』　京都新聞社編　京都新聞社　1975
『京の墓碑めぐり』　竹村俊則　京都新聞社　1985
『京の名墓探訪』　高野澄　淡交社　2004
『京の歴史と文化』全6巻　村井康彦編　講談社　1994
『京焼百年の歩み』　藤岡幸二編　京都陶磁器協会　1962
『近畿地方の民俗芸能2　京都』　三隅治雄・大島暁雄・吉田純子編　海路書院　2005
『近世学芸論考──羽倉敬尚論文集』　羽倉敬尚著・鈴木淳編　明治書院　1992
『近世の京都画壇』　京都市文化観光局　1992
『近代京都をきずいた人々』　夕刊京都出版部　夕刊京都出版部　1951
『京阪文化史論』　史学地理学同攷会編　星野書店　1920
『研究史・平安京』　井上満郎　吉川弘文館　1978
『源氏物語の京都案内』　文藝春秋編　文藝春秋　2008
『古京年代記』　村井康彦　角川書店　1973
『古寺巡礼京都』1-30　司馬遼太郎ほか　淡交社　1976-78
『古代地名を歩く──京都滋賀』1・2　吉田金彦　京都新聞社　1987・91
『古代の日本5　近畿』　岸俊男・坪井清足編　角川書店　1970
『古代の日本5　近畿1』（新版）　山中一郎・狩野久編　角川書店　1992
『古都の近代百年』　林屋辰三郎・加藤秀俊編　講談社　1975
『古都の障壁画』　水尾比呂志　淡交新社　1963
『古墳・埋蔵文化財』　京都府文化財保護基金　1972
『今昔都名所図会』全5巻　竹村俊則　京都書院　1992
『史跡でつづる京都の歴史』正・続　門脇禎二編　法律文化社　1977・79
『史跡と人物でつづる京都府の歴史』　「史跡と人物でつづる京都府の歴史」編集員会編著

光文書院　1982
『老舗と家訓』　京都府編　京都府　1970
『老舗の家訓と家業経営』　足立政男　広池学園事業部　1974
『写真集　京都府民の暮らし百年』　京都府立総合資料館編　京都府　1973
『写真で見る京都今昔』　菊池昌治　新潮社　1997
『写真で見る京都百年』　京都新聞社編　京都新聞社　1984
『趣味の京阪叢書』全12巻　中村直勝ほか　京阪電気鉄道　1939-43
『昭和京都名所図会』全7巻　竹村俊則　駸々堂　1980-89
『史料京都の歴史』全16巻　京都市編　平凡社　1979-94
『新修京都叢書』全25巻　野間光辰編　臨川書店　1967-2006
『新撰京都叢書』全12巻　新撰京都叢書刊行会編　臨川書店　1984-89
『新撰京都名所図会』1-7　竹村俊則　白川書院　1958-65
『図説京都府の歴史』　森谷尅久編　河出書房新社　1994
『世紀をむすんでひらく展覧会──京都府この100年』　京都府　2000
『戦後京の二十年』　夕刊京都新聞社編　夕刊京都新聞社　1966
『千年の息吹』上・中・下　上田正昭・村井康彦編　京都新聞社　1993・94
『叢書京都の史料』1-10　京都市歴史資料館編　京都市歴史資料館　1997-2008
『先史地域及び都市域の研究』　藤岡謙二郎　柳原書店　1955
『大徳寺と茶道』　芳賀幸四郎ほか　淡交社　1972
『大丸二百五拾年史』　大丸二百五拾年史編集委員会編　大丸　1967
『探求「鎮守の森」──社叢学への招待』　上田正昭編　平凡社　2004
『茶の湯人物志』　村井康彦　角川書店　1980
『中世京都と祇園祭』　脇田晴子　中央公論新社　1999
『中世京都の軌跡』　鋤柄俊夫　雄山閣　2008
『中世京都の町屋』　野口徹　東京大学出版会　1988
『中世芸能形成過程』　植木行宣　岩田書院　2009
『中世社会と一向一揆』　北西弘先生還暦記念会編　吉川弘文館　1985
『中世の寺院と都市・権力』　五味文彦・菊地大樹編　山川出版社　2007
『中世民衆の生活文化』　横井清　東京大学出版会　1975
『東寺百合文書にみる日本の中世』　京都府立総合資料館編　京都新聞社　1998
『徳川初期の京都』　国史普及会編　中島京栄社　1926
『都市研究　平安京変遷史』　藤田元春　スズカケ出版部　1930
『豊臣秀吉と京都』　日本史研究会　文理閣　2001
『謎解き洛中洛外図』　黒田日出男　岩波書店　1996
『なつかしい京都』　田中緑紅　京を語る会　1970
『西陣機業の研究』　黒松巌　ミネルヴァ書房　1965
『西陣研究』(増補改訂版)　本庄栄治郎　改造社　1930
『西陣史』　佐々木信三郎　芸艸堂　1932
『西陣の歴史展──西陣の五百年』　京都国立博物館編　西陣500年記念事業協議会　1967
『二條城庭園の歴史』　内田仁　東京農業大学出版会　2006

『二条城』(歴史群像名城シリーズ)　　学研　1996
『日本古寺美術全集』9・12・14・21-25　久野健ほか編　集英社　1979-83
『日本歳事史　京都の部』　江馬務　内外出版　1922
『日本産業史大系6　近畿編』　地方史研究協議会編　東京大学出版会　1960
『日本儒医研究』　安西安周　竜吟社　1943
『日本庭園史話』　森蘊　日本放送出版協会　1981
『日本中世都市論』　脇田晴子　東京大学出版会　1981
『日本中世の社会と宗教』　黒田俊雄　岩波書店　1990
『日本都市生活の源流』　村山修一　関書院　1953
『日本の文化地理10　京都・滋賀編』　織田武雄・林屋辰三郎編　講談社　1968
『日本の古代遺跡』27・28　平良泰久ほか　保育社　1986・92
『日本の民話41　京都の民話』　二反長半　未来社　1979
『日本花街史』　明田鉄男　雄山閣出版　1990
『日本歴史地名大系27　京都市の地名』　林屋辰三郎・村井康彦・森谷尅久編　平凡社　1979
『信長と天皇』　今谷明　講談社　1992
『幕末京都』上・下　明田鉄男　白川書院　1967
『秀吉の経済感覚』　脇田修　中央公論社　1991
『碑の頌──京都滋賀』　浜千代清　京都新聞社　1998
『伏見酒造組合誌』　伏見酒造組合編　伏見酒造組合　1955
『舞台芸能の伝流』　植木行宣　岩田書院　2009
『風流踊とその展開』　植木行宣　岩田書院　2010
『平安王朝』(日本歴史全集4)　目崎徳衛　講談社　1969
『平安貴族』　橋本義彦　平凡社　1986
『平安貴族の世界』　村井康彦　徳間書店　1968
『平安京』　村山修一　至文堂　1957
『平安京』(日本の歴史4・中公文庫)　北山茂夫　中央公論社　1973
『平安京　京都──都市図と都市構造』　金田章裕編　京都大学学術出版会　2007
『平安京再現』　井上満郎　河出書房新社　1990
『平安京散策』　角田文衛　京都新聞社　1991
『平安建都』　滝浪貞子　集英社　1991
『平安通志』1-60　湯本文彦編　京都市参会　1895
『平安の朝廷──その光と陰』　笹山晴生　吉川弘文館　1993
『平安の都』(国民の歴史5)　高橋富雄　文英堂　1968
『平安の都』(古代を考える)　笹山晴生編　吉川弘文館　1991
『本願寺』　井上鋭夫　講談社　2008
『本願寺史』全3巻　本願寺史料研究所編　浄土真宗本願寺派宗務所　1961-69
『町衆』　林屋辰三郎　中央公論社　1964
『都と鄙の中世史』　石井進編　吉川弘文館　1992
『みやこの近代』　丸山宏・伊從勉・高木博志編　思文閣出版　2008

『都の成立』　門脇禎二・狩野久編　平凡社　2002
『都名所図会』全6巻　秋里籬島　永昌堂　1780
『都名所図会』上・下（ちくま学芸文庫）　秋里籬島・市古夏生／鈴木健一監修　筑摩書房　1999
『都名所図会を読む』　宗政五十緒　東京堂出版　1997
『都林泉名勝図会——京都の名所名園案内』上・下　秋里籬島・白幡洋三郎監修　講談社　1999・2000
『室町時代美術展図録』　京都国立博物館編　京都国立博物館　1968
『名歌京都百景』　竹村俊則　京都新聞社　1976
『明治以降京都貿易史』　松野文造編　京都貿易協会　1963
『明治大正図誌10　京都』　梅棹忠夫・森谷尅久編　筑摩書房　1978
『明治維新と京都——公家社会の解体』　小林丈広　臨川書店　1998
『明治の禅匠』　禅文化編集部編　禅文化研究所　1981
『明治文化と明石博高翁』　田中緑紅　明石博高翁顕彰会　1942
『物語　京都の歴史——花の都の二千年』　脇田修・脇田晴子　中央公論新社　2008
『洛西探訪』　後藤靖・山尾幸久　淡交社　1990
『洛中洛外』　高橋康夫　平凡社　1988
『洛中洛外の群像』　瀬田勝哉　平凡社　1994
『歴史の京都』古代編・中世編　日本放送協会編　桑名文星堂　1954・55
『歴史の京都』全6巻　今東光ほか　淡交社　1970・71
『歴史の町なみ　京都篇』　保存修景計画研究会・西川幸治　日本放送出版協会　1979

【年表】

時代	西暦	年号	事項
旧石器時代	約3万年前		後期旧石器時代始まる
			山城盆地周辺を中心に遺跡が分布
縄文時代	約1万2000年前		縄文時代始まる
	約1万年前		この頃、京都盆地などに人びとが住み始める
			府内最古の土器がつくられる武者ケ谷遺跡(福知山市)
			北白川小倉町遺跡・大原野上里遺跡(京都市), 上井手遺跡(井手町), 森山遺跡(城陽市), 下海印寺遺跡(長岡京市), 三日市遺跡(亀岡市), 菖蒲池遺跡(福知山市), 丸山遺跡・中上司遺跡(与謝野町), 桑飼下遺跡(舞鶴市), 浜詰遺跡(京丹後市), 浦明遺跡(京丹後市)など
弥生時代			京都市の北白川・伏見深草などで集落遺跡、雲宮遺跡・神足遺跡(長岡京市), 余部遺跡(亀岡市), 橋爪遺跡(京丹後市)など
古墳時代			天皇の杜古墳(京都市), 椿井大塚山古墳(木津川市), 垣内古墳(南丹市), 蛭子山古墳(与謝野町), 広峯古墳(福知山市,「景初四年」銘鏡出土), 恵解山古墳(長岡京市), 車塚古墳(城陽市, 山城最大), 千歳車塚古墳(亀岡市), 菖蒲塚・聖塚古墳(綾部市), 銚子山古墳(京丹後市, 府内最大), 神明山古墳(京丹後市), 黒部銚子山古墳(京丹後市), 私市円山古墳(綾部市), 湯舟坂古墳(京丹後市。金銅製環頭大刀出土)
		(開化6)	丹波大県主由碁理の娘竹野媛, 皇妃にあがる(「丹波」の初見)
		(崇神10)	四道将軍派遣, 丹波は丹波道主命
		(仁徳10)	山城国栗隈郷に大溝(用水路)。秦酒公に太秦の姓を与える。秦氏, 葛野川に大堰を築く
	511	(継体5)	山城筒城(現, 田辺市)に都を遷す(筒城宮)
	535	(安閑2)	丹波国蘇斯岐(現, 亀岡市)に屯倉をおく
	587	(用明2)	用明天皇皇子麻呂子親王, 凶賊退治のため丹波・竹野にとどまると伝える
飛鳥時代	603	(推古11)	秦河勝, 蜂岡寺(現, 広隆寺)造営に着手
	646	(大化2)	僧道登, 宇治橋を架ける
	671	(天智10)	山科に天智天皇陵をつくる
	674	(天武3)	賀茂御祖神社(下鴨神社)造営開始(〜677年)
	677	(6)	賀茂別雷神社(上賀茂神社)造営開始(〜678年)
奈良時代	713	和銅6	丹後国をおく。相楽郡に瓶原離宮が造営される
	726	神亀3	行基, 山崎橋をつくるという。「山背国愛宕郡出雲郷計帳」できる
	740	天平12	恭仁京造営の詔。翌年, 聖武天皇, 月宮大極殿で朝賀を受ける(745年国分寺に施入)

	784	延暦3	都を長岡に遷す(長岡京, ～794年)
	788	7	最澄, 比叡山寺(現, 延暦寺)を造営
平安時代	794	13	都を長岡から葛野郡に遷し, 山背を山城とし, 新都を平安京とする
	823	弘仁14	空海に東寺を与える
	828	天長5	空海, 綜芸種智院を設置
	829	6	高岳親王(真如法親王), 加佐郡鹿原に金剛院創建
	856	斉衡3	法輪寺創建(のち遊仙寺。現, 泉涌寺)
	859	貞観元	京都に吉田神社創建, 八幡に石清水八幡宮創建
	863	5	御霊神社創建, 永観堂禅林寺創建
			神泉苑で御霊会が催される(祇園祭の始まり)
	866	8	応天門の変
	876	18	嵯峨院を大覚寺とする。八坂神社創建か
	888	仁和4	仁和寺創建(904年宇多法皇御室を造営)
	913	延喜13	京都付近大風, 洛中大火
	929	延長7	竹野郡大津浜(間人)に渤海の船着く
	938	天慶元	空也, 洛中で念仏を唱える
	947	天暦元	北野に菅原道真をまつる(北野天満宮の起源)
	952	6	醍醐寺五重塔供養
	960	天徳4	内裏焼亡(平安遷都後最初)
	970	天禄元	初めて祇園御霊会を行う
	985	寛和元	源信, 『往生要集』を著す
	987	永延元	奝然, 清凉寺(嵯峨釈迦堂)を創建
	1005	寛弘2	木幡三昧堂(浄妙寺)落慶
	1019	寛仁3	藤原道長出家し, 法成寺創建(1058年焼失)
	1038	長暦2	延暦寺僧徒, 座主問題で強訴
	1048	永承3	日野法界寺創建
	1052	7	藤原頼通, 宇治の別荘を寺とする(平等院の起源)
	1090	寛治4	聖護院創建
	1096	永長元	京中で田楽大流行
	1105	長治2	延暦寺僧徒ら強訴, この頃強訴が盛んとなる
	1124	天治元	初めて祇園臨時祭を行う
	1132	長承元	平忠盛, 得長寿院建立
	1135	保延元	「問丸」初見
	1137	3	安楽寿院建立
	1142	康治元	初めて四条橋をつくる
	1156	保元元	保元の乱
	1159	平治元	平治の乱
	1164	長寛2	蓮華王院本堂(三十三間堂)建立
	1177	治承元	京都大火(太郎焼亡)

	1178	治承2	京都大火(次郎焼亡)
	1179	3	平重盛,丹波国司となる
	1180	4	以仁王・源頼政,挙兵。6月平安京を廃し福原に遷都,11月還都
	1182	寿永元	京中飢饉,餓死者続出,盗犯・火事頻発
	1190	建久元	源頼朝初めて入京
	1191	2	法性寺殿完成
鎌倉時代	1192	3	土肥実平,丹波守護となる
	1194	5	延暦寺僧徒らの訴えで栄西の禅宗布教禁止される
	1198	9	粟生光明寺創建
	1202	建仁2	栄西,建仁寺創建
	1205	元久2	『新古今和歌集』完成
	1207	承元元	専修念仏を禁じ,法然・親鸞流罪(承元の法難)
	1221	承久3	承久の変
	1227	安貞元	大報恩寺(千本釈迦堂)本堂落成
	1232	貞永元	北条時宗,丹波守護となる
	1233	天福元	道元,深草に興聖寺創建
	1235	嘉禎元	九条道家,東福寺創建
	1243	寛元元	弁円円爾,東福寺住職となる
	1272	文永9	覚信尼,親鸞の墓を東大谷に移し,大谷廟堂(のち本願寺)建立
	1274	11	文永の役
	1281	弘安4	弘安の役
	1286	9	叡尊,宇治橋を再建し,浮島に十三重塔を造立
	1291	正応4	亀山上皇,離宮南禅院を営み,その一部を大明国師に与える(南禅寺の起源)
	1293	永仁元	大江修理亮,丹後守護となる
	1297	5	永仁の徳政令が出される
	1319	元応元	紫野に大徳寺建立
	1321	元亨元	後醍醐天皇,院政を廃し記録所設置
	1331	元徳3 (元弘元)	後醍醐天皇,京都を逃れ,鷲峰山を経て笠置山にこもる。笠置山焼失,天皇隠岐へ配流。光厳天皇即位(北朝)
	1333	正慶2 (3)	後醍醐天皇,隠岐脱出。足利尊氏,丹波で挙兵,六波羅を攻撃光厳天皇退位。鎌倉幕府滅亡
室町時代	1335	建武2	二条河原の落書が作成される
	1336	3 (延元元)	後醍醐天皇,吉野へ移る
	1338	暦応元 (3)	男山の合戦。尊氏,征夷大将軍となる
	1339	2 (4)	細川頼春勝龍寺城を築く。尊氏,暦応寺を創建(1341年天龍寺と改称)

1341	暦応4(興国2)	幕府,天龍寺船派遣
1342	康永元(　3)	幕府,五山・十刹の制を定める
1362	貞治元(正平17)	山名時氏・足利直冬軍,丹波で足利義詮軍と戦う
1365	4(　20)	那珂宗泰,丹波に天寧寺創建
1372	応安5(文中元)	観阿弥清次,京都に進出し醍醐寺で演能
1378	永和4(天授4)	足利義満,室町新邸(花の御所)に移る
1382	永徳2(弘和2)	相国寺上棟
1385	至徳2(元中2)	山名氏清,山城守護となる
1391	明徳2(　8)	氏清謀反,京都に迫り敗れる(明徳の乱)
1392	3	後亀山天皇,京都に帰り南北朝合一。一色満範,丹後守護となる
1394	応永元	結城満藤,山城守護となる
1397	4	北山邸(金閣)上棟,翌年義満移る
1401	8	足利義満,対明貿易を始める
1406	13	山城に段銭を課す
1428	正長元	山城の郷民,徳政を要求して蜂起(正長の土一揆)
1429	2	丹波に土一揆
1441	嘉吉元	赤松満祐,6代将軍足利義教を謀殺(嘉吉の乱)
1447	文安4	山城西岡土一揆,徳政を要求し京に乱入
1450	宝徳2	細川勝元,龍安寺を創建
1454	享徳3	山城徳政一揆
1457	長禄元	蓮如,法灯を継ぐ
1459	3	幕府,新関を京都七口におき関銭徴収
1461	寛正2	飢饉・疫病で洛中に死者多数
1462	3	池坊専慶,佐々木高秀邸で立花を行う。多賀高忠,所司代となる
1464	5	音阿弥,糺河原で勧進猿楽を行う
1467	応仁元	畠山政長・畠山義就,御霊林(現,京都市上京区)で戦う(応仁・文明の乱始まる)
1469	3	足利義政,武田信賢を丹後守護とし,一色・武田両氏の丹後争奪戦始まる

1474	文明6	一休宗純,大徳寺住職となる
1477	9	応仁・文明の乱終わる
1480	12	山科に本願寺建立
1482	14	足利義政,東山山荘(銀閣)に移る
1485	17	山城国一揆おこる
1487	長享元	乙訓郡国一揆おこる
1489	延徳元	下京大火。銀閣完成
1490	2	丹波で荻野・大槻氏が守護代上原氏に背く
1493	明応2	山城国一揆崩壊。山城で仏踊流行
1494	3	下京大火
1498	7	丹後守護一色義秀,普甲峠で国人に攻められ自害
1499	8	龍安寺庭園完成
1500	9	上京大火。祇園会,応仁・文明の乱後復活
1501	文亀元	武田元信丹後守護に任じられ,一色義通と加佐郡に戦い,義通は石川城に逃れる
1506	永正3	幕府,京中の踊り禁止。細川澄之,丹後賀屋城を攻め,武田元信を助け,元信は一色義有を攻める
1511	8	船岡山の戦い。相阿弥,『君台観左右帳記』著す
1528	享禄元	幕府,大舎人座の直売禁止,この頃下京に茶の湯流行
1532	天文元	法華一揆おこる
1536	5	天文法華の乱おこる
1542	11	法華21カ寺に洛中還住を勅許
1551	20	フランシスコ=ザビエル入京
1552	21	三好長慶,洛中を支配
1558	永禄元	一色義道,丹後守護となる
1559	2	織田信長入京
1560	3	ヴィレラ入京,キリスト教布教
1568	11	信長,15代将軍足利義昭を擁し入京
1571	元亀2	信長,比叡山焼討ち
1573	天正元	信長,上京焼討ち。信長,槇島城に将軍義昭を攻める(室町幕府滅亡)
1576	4	京都南蛮寺,献堂式挙行
1577	5	明智光秀,丹波の内藤氏を攻める
1578	6	光秀は丹波を,細川藤孝(幽斎)は丹後を攻める
1579	7	楽長十郎,千利休の指導で作陶(楽焼)
1580	8	ヴァリニャーニやフロイス,入洛。細川藤孝,八田築城
1582	10	本能寺の変,山崎の合戦。一色義有,宮津城で細川藤孝・忠興父子に謀殺される(一色氏滅亡)
1583	11	この頃,細川藤孝,田辺城を築く
1586	14	豊臣秀吉,東山に方広寺を建て大仏を鋳造

安土桃山時代

	1587	天正15	秀吉，北野大茶会を催す
	1590	18	秀吉，京都の都市改造着手，寺町をつくる(翌年御土居をつくる)。三条大橋完成。小野木重勝，福知山を領す
	1591	19	小早川秀秋，亀山城主となる。千利休自刃
	1594	文禄3	秀吉，淀川堤築造開始，石川五右衛門処刑
	1595	4	豊臣秀次自害，聚楽第破却。前田玄以，亀山城主となり，検地実施
	1596	慶長元	伏見大地震，伏見城大破
	1597	2	秀吉，再建された伏見城に入る
	1598	3	秀吉，醍醐の花見を催す。秀吉，伏見城で没す
	1600	5	関ヶ原の戦い。伏見城陥落。西軍，田辺城を攻囲
	1601	6	京都所司代設置，板倉勝重任命。伏見に銀座設置。伏見に円光寺創建。京極高知，宮津城主となる(1600年細川氏移封)
	1602	7	教如，東本願寺建立(東西本願寺分立)。徳川家康，二条城造営，伏見城再建，二条柳町の遊里を六条三筋町に移す
江戸時代	1603	8	出雲阿国ら，歌舞伎踊を始める。家康，征夷大将軍となる(二条城で宣下)
	1604	9	角倉了以，安南に渡航
	1606	11	幕府，禁裏・仙洞御所造営。角倉了以，大堰川を開削
	1607	12	松平忠勝，伏見城主となる
	1608	13	遊女歌舞伎，四条河原に進出
	1609	14	岡部長盛，亀山藩主となる
	1610	15	京都商人田中勝助ら，メキシコへ渡航
	1611	16	角倉了以，高瀬川開削着手。伏見の銀座を京都へ移す。方広寺大仏殿再建。京都南蛮寺破却
	1613	18	丹波で有馬検地。幕府，宇治採茶を命じる
	1615	元和元	本阿弥光悦，家康から鷹ケ峰に土地を与えられ一族と移住(芸術家村)。武家諸法度・禁中並公家諸法度を制定。大坂の陣で豊臣家滅亡
	1619	5	伏見城破却。小出吉親，園部藩主となる
	1620	元和6	桂離宮の普請開始。野々村仁清，京焼を始める
	1621	7	松平忠重，亀山藩主となり，前藩主岡部長盛は福知山藩主となる
	1622	8	宮津藩主京極高知没し，高広が後を継ぎ，高知3男高三は田辺藩主，養子高通は峰山藩主となる
	1623	9	松平定綱，淀城を創建，淀藩主となる
	1624	寛永元	東山に高台寺創建。稲葉紀通，福知山藩主となる
	1627	4	紫衣事件おこる(1629年沢庵ら流罪)
	1633	10	九鬼隆季，綾部藩主となる。永井尚政，淀藩主となる
	1634	11	徳川家光上洛。この年，洛中の人口41万人。菅原定芳，亀山藩

		主となる
1635	寛永12	鎖国令
1640	17	六条三筋町遊廓,朱雀野に移る(のちの島原遊廓)
1641	18	石川丈山,一乗寺村に移り詩仙堂造営
1644	正保元	東寺五重塔再建
1646	3	江岑宗左,千宗旦より家督相続(表千家),宗旦は今日庵を建て隠居(裏千家)
1647	4	この頃,粟田焼開始
1648	慶安元	松平忠晴,亀山藩主となる
1649	2	松平忠房,福知山藩主となる
1650	3	この頃,野々村仁清,仁和寺門前で製陶(御室焼)を始める。福知山大洪水(福知山流)
1651	4	この頃,西陣でビロードを織り始める
1653	承応2	京都秤座神氏に西国33ヵ国の秤支配権付与
1655	明暦元	桂離宮造営開始。この頃の酒造株京596・伏見283
1661	寛文元	京都大火。万福寺開創
1662	2	伊藤仁斎,堀川に古義堂開塾。この頃,大文字送り火始まる
1664	4	鈴木伊兵衛重辰,初代京都代官となる
1668	8	東西町奉行所制実質的にできる。牧野義成,田辺藩主となる
1669	9	永井尚征,宮津藩主となる。朽木稙昌,福知山藩主となる。石川憲之,淀藩主となる
1677	延宝5	福知山大火
1678	6	鉄眼,一切経を開刻
1679	7	綾部藩で重税反対の強訴
1680	8	丹後大飢饉。宮津城主永井尚長,鳥羽城主内藤忠勝に刺殺され,両家断絶,宮津領は代官領となる(翌年阿部正邦が藩主となる)
1694	元禄7	1467年以来中絶していた賀茂祭が再興される
1696	9	伏見奉行廃止。この頃,西陣大機業地化
1697	10	奥平昌成,宮津藩主となる。井上正岑,亀山藩主となる
1698	11	宇治大火。伏見奉行復活
1699	12	福知山大火
1702	15	青山忠重,亀山藩主となる。友禅染盛行
1703	16	丹後大洪水
1708	宝永5	三条油小路から出火,京都中心部罹災。宇治田原で煎茶栽培始まる
1711	正徳元	戸田光熙,淀藩主となる
1712	2	木津川氾濫,死者数千人という
1715	5	南山城でサツマイモ栽培
1717	享保2	下村正啓,伏見に呉服店大文字屋(現,大丸)創業。青山幸秀,宮津藩主となる

1720	享保5	絹屋佐平次,西陣から丹後に帰り,ちりめんを織り始める
1722	7	加悦町の手米屋小右衛門・山本佐兵衛,ちりめんを織り始める
1723	8	稲葉正知,淀藩主となる
1728	13	鴨川氾濫,伏見・淀で洪水おこる
1729	14	石田梅岩,京都で心学の講義を始める
1730	15	西陣大火(西陣焼)
1733	18	田辺藩で農民越訴(赤松義民)
1734	19	福知山藩で租税軽減要求の強訴
1735	20	売茶翁(高遊外),煎茶売り開始。久美浜代官所設置。府北部大洪水
1738	元文3	宇治田原の永谷宗円,新煎茶開発
1745	延享2	西陣高機屋仲間結成(株仲間7組630軒)
1749	寛延2	松平信岑,亀山城主となる
1752	宝暦2	綾部藩で御用金反対の強訴
1754	4	山脇東洋,壬生で刑死体解剖をみる
1756	6	田辺藩一揆(宝暦一揆)おこる
1758	8	福知山大火。本庄資昌,宮津藩主となる。竹内式部逮捕,関係公卿17人処罰(宝暦事件)
1767	明和4	山県大弐・藤井右門処刑(明和事件)
1773	安永2	手島堵庵,心学の修正舎開設
1780	9	秋里籬島,『都名所図会』刊
1782	天明2	手島堵庵,明倫舎開設
1783	3	小石元俊,伏見で解剖。宮津大火。久美浜で百姓一揆
1784	4	久美浜で農民強訴おこる
1785	5	文珠九助ら,伏見奉行の苛政を幕府に直訴
1787	7	園部藩で大一揆おこる
1788	8	京都大火(天明の大火)
1789	寛政元	尊号事件おこる
1790	2	黒谷和紙(綾部市北方)京都で販売
1800	12	京都・大坂などの銀座廃止。西陣復興
1805	文化2	皆川淇園,弘道館を設置。綾部大火
1809	6	福知山大火。伏見奉行廃止(1811年復活)
1819	文政2	福知山大火
1822	5	宮津藩強訴
1830	天保元	園部で米買占め反対の打ちこわし
1831	2	初代飯田新七,烏丸松原で古着商創業(高島屋の前進)
1834	5	綾部藩強訴
1836	7	園部藩強訴
1839	10	新宮凉庭,南禅寺畔に順生書院建設
1843	14	奥田治作,宇治川沿いの田原道完成

	1856	安政3	田辺藩砲台据え付け(翌年宮津藩も)
	1858	5	梅田雲浜ら逮捕(安政の大獄)
	1860	万延元	福知山藩産物会所取締まり反対一揆(市川騒動)
	1862	文久2	寺田屋事件
	1863	3	八・一八政変
	1864	元治元	禁門の変(蛤御門の変)
	1867	慶応3	京都でお札踊。大政奉還
明治時代	1868	明治元	戊辰戦争開始,西園寺公望,山陰鎮撫使に任命される
	1869	2	京都市,上京を33番組,下京を32番組に分け,各番組に小学校を設立。太政官を東京に移す(事実上の遷都)。田辺を舞鶴,亀山を亀岡と改称
	1870	3	政府,府に産業基金下付
	1871	4	勧業場設置,第1回博覧会。府は山城と丹波3郡を管轄,ほかは豊岡県に入る
	1872	5	第1回京都博覧会,このとき鴨川おどり・都おどり始まる。女紅場設置
	1873	6	京阪間鉄道起工,小野組転籍事件。何鹿郡で徴兵反対などの農民一揆
	1874	7	小野組破たん。四条大橋できる
	1875	8	槇村正直,2代府知事となる。同志社英学校創立,宮津に天橋義塾できる
	1876	9	京阪間鉄道開通,丹後と丹波の一部が京都府に編入
	1877	10	鉄道神戸まで開通,京都駅完成
	1878	11	ワグネルを舎密局に招く
	1879	12	京都府中学校開設。桑田郡を南北に二分する
	1880	13	京都府観象台設置(翌年京都府測候所と改称)。京都府画学校創設。亀岡町に盈村義塾創設
	1881	14	北垣国道,3代府知事となる。現,京田辺市に南山義塾開設
	1882	15	京都商工会議所発足
	1885	18	『日出新聞』創刊。琵琶湖疎水工事起工
	1886	19	円山公園開園
	1887	20	京都織物会社・京都陶器会社創立。何鹿郡養蚕伝習所開設
	1888	21	宮津・京都間直通馬車開通,宮津・敦賀(福井県)間汽船運航
	1889	22	市制施行。京都電灯会社創立。第三高等中学校(のち第三高等学校)大阪より移転
	1890	23	京都美術協会・京都医会創設
	1891	24	村井吉兵衛,たばこを発売。同志社大学開学。蹴上発電所できる。琵琶湖疏水完成
	1892	25	西陣織物製造業組合設立。綾部に大本教開教
	1893	26	北座廃業。峰山町に丹後3郡縮緬組合連合会設立。木津町設置

	1894	明治27	第三高等中学校を第三高等学校(三高)に改称,京都市美術学校を京都市美術工芸学校に改称。京都電気鉄道創立
	1895	28	平安遷都千百年記念祭,時代祭を行う。第4回内国勧業博覧会。帝室京都博物館完成
	1896	29	稲畑勝太郎,京都で映画上映。郡是製糸株式会社綾部にできる。由良川大洪水
	1897	30	稲畑,四条河原でシネマトグラフ試写会。京都帝国大学理工科大学開学(文科は1906年)
	1898	31	京都市庁開所,初代市長に内貴甚三郎。都ホテル開業,府立図書館開館。経ヵ岬灯台完成。福知山に歩兵第20連隊移駐
	1899	32	京都・園部間,福知山・大阪間鉄道開通
	1900	33	京都法政学校(現,立命館大学)開学
	1901	34	舞鶴鎮守府設置,初代司令官に東郷平八郎
	1902	35	大森鐘一,10代府知事となる(〜1916年)。大谷探検隊派遣(〜1904年)
	1903	36	京都動物園開園。由良川洪水
	1904	37	現府庁竣工。仏教大学(現,龍谷大学)開学
	1905	38	各地で日露戦争講和反対演説会
	1906	39	京阪電鉄創立。関西美術院創立
	1907	40	丹波電気設立し,八木・園部に電灯つく
	1908	41	第16師団移駐。新京極に映画館開業
	1909	42	市立絵画専門学校開校
	1910	43	嵐山電気軌道開通。京阪鉄道園部・綾部間開通し,京都・舞鶴間全通。加悦町に丹後電気,宮津市に宮津電灯創立
	1911	44	勧業館開館。琵琶湖第2疏水完成。丹波山城洪水
大正時代	1912	大正元	明治天皇を桃山に葬る。西田天香,鹿ヶ谷に一灯園を開く。山陰線開通
	1913	2	各地で護憲運動
	1914	3	第一次世界大戦始まる。当時は慢性的な不況,翌年夏頃から好転,その後未曽有の好景気となる
	1915	4	京都御所で即位の大礼挙行
	1918	7	愛宕・葛野・紀伊3郡の大部分京都市編入
	1920	9	京都物産館(のち丸物。現,近鉄百貨店)創業。京都女子専門学校(現,京都女子大学)設立。第1回国勢調査による府人口129万人
	1921	10	大本教第1次検挙
	1922	11	岡崎で全国水平社創立大会。京都初のメーデー演説会
	1923	12	京都植物園竣工。松竹太秦撮影所(現,松竹京都撮影所)設立。奥村電気第2次争議。舞鶴鎮守府,要港部に格下げ(軍縮の時代)

	1924	大正13	京都市,上水道工事着手。京都植物園開園。細井和喜蔵著『女工哀史』刊
	1925	14	淀競馬場・比叡山ケーブルできる
	1926	15	久世郡・綴喜郡で小作争議
昭和時代	1927	昭和2	中央卸売市場開業(日本最初)。北丹大地震
	1928	3	奈良電鉄(現,近畿日本鉄道)開通。丹波大水害
	1929	4	京都市,上・下・中・左京・東山の5区となる
	1930	5	京都市,下水道工事着手。由良川大洪水
	1931	6	伏見市外26町村が京都市に編入される(伏見区・東山区)
	1933	8	京大滝川事件。京都市美術館開設
	1934	9	室戸台風で京都市の被害甚大
	1935	10	大本教第2次検挙。老坂トンネル開通
	1937	12	宇治火薬庫大爆発。福知山市設置。日中戦争勃発
	1938	13	舞鶴市・東舞鶴市設置
	1939	14	舞鶴要港部,鎮守府に格上げ
	1940	15	七・七禁止令公布,とくに丹後機業衰退
	1941	16	町内会結成。巨椋池干拓完成。太平洋戦争始まる
	1944	19	第1次疎開。第16師団レイテ島で壊滅
	1945	20	敗戦。連合国軍京都進駐。舞鶴港,引揚港に指定される
	1946	21	御所で戦後初のメーデー。第1回国民体育大会
	1947	22	初の知事・市長公選
	1949	24	西京大学(現,府立大学)設置。京都出身の湯川秀樹,ノーベル賞授賞。舞鶴に第1回ソ連引揚船入る
	1950	25	時代祭復活。金閣炎上。綾部市設置
	1951	26	ラジオ京都開局。宇治市設置
	1953	28	葵祭復活。荒神橋事件おこる。南山城水害
	1954	29	旭丘中学事件。宮津市設置
	1955	30	京都市北区・南区設置。金閣再建。亀岡市設置
	1956	31	京都市交響楽団創立
	1958	33	宝ヶ池競輪廃止
	1961	36	大野ダム完成
	1963	38	京都府立総合資料館開館。山陰海岸国立公園指定
	1964	39	京都タワーできる
	1965	40	名神高速道路開通。この年,府人口220万人
	1966	41	国立京都国際会館,宝ヶ池に開設
	1969	44	京都市立芸術大学創立
	1970	45	府立丹波自然公園開設。府立丹後郷土資料開館。舞鶴・小樽間フェリー就航
	1972	47	洛西ニュータウン着工。向日市・長岡京市設置
	1973	48	向島ニュータウン着工

	1974	昭和49	福知山市長田野工業団地完成
	1976	51	京都市東山区・右京区を分区し，山科区・西京区設置
	1978	53	八幡市設置
	1981	56	京都市営地下鉄烏丸線開通(北大路～京都間)
	1982	57	京都市歴史資料館開館，太陽ヶ丘公園開園。府立山城郷土資料館開館
	1985	60	関西文化学術都市起工
	1986	61	福知山市で「景初四年」銘の銅鏡出土
	1987	62	舞鶴自動車道篠山・福知山間開通
	1988	63	宮福鉄道(現，北近畿タンゴ鉄道)宮福線開業。京滋バイパス草津・久御山間開通
平成時代	1990	平成2	JR山陰本線京都・園部間電化
	1991	3	舞鶴自動車道福知山・舞鶴西間全通
	1994	6	京都市営地下鉄東西線開通。京丹後市で「青龍三年」銘の銅鏡出土。「古都京都の文化財」が世界文化遺産に登録。賀茂別雷神社(上賀茂神社)，賀茂御祖神社(下鴨神社)，教王護国寺，清水寺，延暦寺，醍醐寺，仁和寺，平等院，宇治上神社，高山寺，西芳寺，天龍寺，鹿苑寺，慈照寺，龍安寺，本願寺，二条城の17社寺城
	1996	8	JR山陰本線園部・福知山間，北近畿タンゴ鉄道宮福・宮津線福知山・天橋立間電化・高速化開業
	1997	9	新京都駅完成。京田辺市設置。国立京都国際会館で地球温暖化防止京都会議(COP3)が開かれ，京都議定書が議決される
	1998	10	日吉ダム完成。現，与謝野町で弥生時代のガラス製釧出土
	2000	12	現，京丹後市で弥生時代のガラス・碧玉製の頭飾り出土。大原寂光院本堂焼失。美山町かやぶきの里資料館焼失。京奈和自動車道開通
	2001	13	京都市北区で御土居150m発見される。新府立図書館開館
	2003	15	第3回世界水フォーラム開催
	2005	17	京都迎賓館開館
	2008	20	源氏物語千年紀記念式典。京都縦貫自動車道開通
	2009	21	新光悦村が村開き
	2010	22	第二京阪道路全線開通。山陰海岸がジオパークに認定
	2011	23	宮津与謝道路開通。国民文化祭京都2011
	2012	24	文化庁関西分室を京都府庁旧本館に開設。ノーベル生理学・医学賞に京都大学山中伸弥教授

【索引】

―ア―

揚屋 ……………………………………… 16
足利将軍室町殿跡（花の御所跡）………… 121
足利義満 ………………………………… 121
愛宕神社 ………………………………… 245
愛宕山 …………………………………… 244
化野念仏寺 ……………………………… 243
安倍晴明 ………………………………… 147
天塚古墳 ………………………………… 224
天之真名井 ……………………………… 24
阿弥陀寺 ………………………………… 226
嵐山 ……………………………… 228, 272

―イ―

為因寺 …………………………………… 259
池大雅美術館 …………………………… 278
石川丈山 ………………………………… 7
慰称寺 …………………………………… 259
和泉式部の墓所 ………………………… 48
櫟谷七野神社（賀茂紫野斎院跡推定地）
　………………………………………… 159
一条戻橋 ………………………………… 145
一ノ井堰碑 ……………………………… 272
市比賣神社 ……………………………… 24
一休宗純 ………………………… 180, 183
一向宗 …………………………………… 157
伊藤仁斎邸跡 …………………………… 142
今宮神社 ………………………… 191, 193
印地打ち ………………………………… 102
引接寺（千本ゑんま堂）………………… 154

―ウ・エ―

牛若丸 ………………………… 21, 32, 192
牛若丸胞衣塚 …………………………… 192
牛若丸誕生井 …………………………… 192
宇津城跡 ………………………………… 267
うなぎの寝床 …………………………… 35
雨宝院 …………………………………… 152
梅ケ畑 …………………………………… 258
梅小路公園 ……………………………… 18
梅小路蒸気機関車館 …………………… 18
梅宮大社 ………………………………… 224
裏千家 ……………………………… 9, 127
裏千家住宅 ……………………………… 129
宇波多陵 ………………………………… 288
雲林院 …………………………………… 194
『栄華物語』 ……………………………… 85
疫神社 …………………………… 191, 193
フランク・ロイド・ライト ……………… 69
円覚寺 …………………………………… 246
燕庵庭園 ………………………………… 10
延暦寺 …………………………………… 157

―オ―

老ノ坂峠 ………………………………… 289
横川景三 ………………………………… 119
応仁・文明の乱 ………………… 114, 149
大江関跡 ………………………………… 289
大枝山古墳群 …………………………… 289
大枝陵（桓武天皇御母御陵）…………… 288
大河内山荘 ……………………………… 238
大沢池 …………………………………… 232
大田神社 ………………………………… 213
大谷光瑞 ………………………………… 15
大谷探検隊 ………………………… 13, 15
大田ノ沢のカキツバタ群落 …………… 213
大歳神社 ………………………………… 297
大舎人座 ………………………………… 151
大原口 …………………………………… 109
大原野神社 ……………………………… 293
大宮御土居 ……………………………… 167
大宮御所 ………………………………… 135
置屋 ……………………………………… 16
織田信忠 ………………………………… 112
織田信長 ……………… 11, 60, 74, 112, 139
御土居（跡）……… 93, 105, 164, 167, 194, 220
御土居濠 ………………………………… 198
御室八十八カ所 ………………………… 256
御室焼 …………………………………… 256

索引　339

表千家	9, 127
表千家祖堂	128

―カ―

蚕ノ社(木島坐天照御魂神社・養蚕神社)	151, 220
開智小学校正門・石塀	25
花街	16, 40, 161
覚信尼	5, 11
覚如	14
片岡安	69
樫原宿	285
樫原廃寺跡(樫原廃寺跡史跡公園)	286
樫原本陣跡(玉村家住宅)	285
桂川	272
桂離宮	281
上賀茂神社(賀茂別雷神社)	194, 208, 209, 212
上七軒	16, 161
上堀川御土居	167
亀山上皇	272
鴨川	21, 40, 43
鴨川をどり	40
川崎家住宅(紫織庵)	60
革嶋館跡	284
河原家住宅	247
閑院跡	83, 84
菅大臣神社(天神御所・白梅殿)	33
灌田記念碑	292

―キ―

奇縁氷人石	49
祇王寺	242
奇應丸	36
祇園甲部	16, 161
祇園御霊会(祇園会)	61, 65
祇園社(八坂神社)	61
祇園東	16, 161
祇園祭	35, 57, 58, 61
喜春庵	292
北野天満宮	163
北野天満宮御土居	167
北野廃寺跡	173
北村美術館	108
北山杉の里	200
北山杉の里総合センター	201
北山第(北山殿)	175
義堂周信	119
木戸孝允旧宅	55
きぬかけの道	252, 253, 256
木屋町	40
木屋町通(樵木町通)	40, 41
旧閑院宮邸	138
旧京都中央電話局上分局	56
鳩居堂	51
旧山陰線(トロッコ列車)	227
旧第一銀行京都支店	70
旧西村貿易店社屋	69
旧二条駅舎	18
旧二条城跡	138
旧日本銀行京都支店	66, 69
旧藤ノ森湯	180
旧不動貯金銀行京都支店	69
旧北国銀行京都支店	64
旧毎日新聞社京都支局	69
旧山口銀行京都支店	64
究理堂跡	73
京都尼五山(尼寺)	123
京都駅(七条ステンショ・七条停車場)	4
京都祇園祭の山鉾行事	61
京都御苑	133
京都芸術センター	57
京都迎賓館	137
京都国際マンガミュージアム	71
京都五山(五山)	228, 229
京都御所	133
京都市学校歴史博物館	25
京都市嵯峨鳥居本町並み保存館	243
京都七福神	53, 105
京都市役所	52
京都十刹(十刹)	180, 228, 257
京都所司代屋敷跡	85

京都市洛西竹林公園	291
京都市歴史資料館	103
京都精華大学	71
京都タワー	4
京都七口(京七口・京の七口)	102, 109, 167
京都二十四地蔵	88
京都の六花街	16
京都の六斎念仏	75
京都ハリストス正教会	53
京都府京都文化博物館	66
京都府庁	140
京都六地蔵巡り	113, 283
教如	6
京町家	34, 35
清滝	244

―ク・ケ―

久我神社	193
首塚大明神	289
車折神社	226
桂宮院	222
華厳寺(鈴虫寺)	276
月下氷人石	49
源光庵	198
ゲンジボタル生息地	244
『源氏物語』	10, 96
顕如	11
玄武神社	195, 196

―コ―

高雲寺	206
光悦寺	199
光悦村	125
光薗院	30
興産紀功の碑	300
高山寺	261
孝子儀兵衛碑	284
興正寺	14
興聖寺	156
荒神口(吉田口・今道口・志賀道口)	102
革堂(行願寺)	53

光念寺	192
広隆寺(太秦の太子堂・秦公寺・蜂岡寺)	221
護王神社(いのしし神社・子育明神)	143
国際平和ミュージアム	172
虎渓の庭	12
五山送り火	203, 235
五山版	119
五山文学	119
五条大橋	21
五条天神社(天使社・天使の宮)	31, 32
後白河法皇	24
古都保存法	236
小結棚町会所(放下鉾)	58
御霊会	61
御霊神社(上御霊神社)	114
金光寺	23
金蔵寺	295
今日庵庭園	127
金蓮寺(四条道場)	47

―サ―

西院春日神社	218
西園寺	112
西国三十三カ所観音霊場	53, 63, 299
西院の河原	243
西芳寺(苔寺)	277
西法寺	158
西明寺	259
嵯峨大念仏狂言	232
嵯峨野観光鉄道	227
桜の馬場	240
茶道総合資料館(裏千家)	129
里内裏	82
三鈷寺	298
山紫水明処(水西荘・頼山陽書斎)	100
三時知恩寺	122
三条大橋	43
三条東殿跡	68
三宝寺	258

—シ—

紫衣事件	183
四円寺	248, 253
直指庵	236
時雨亭文庫	120
地蔵院(谷の地蔵)	279
地蔵寺(桂地蔵)	283
時代祭	267
紫竹御土居	167
島津創業記念資料館	45
島原大門	16
志明院(岩屋不動)	207, 208
下御霊神社	54
社家町	212
酬恩庵	183
周山城(跡)	263
十三まいり	273
十念寺(宝寿院)	111
十輪寺	297
聚楽第	12, 80, 176
春屋妙葩	119
淳和院跡	218
相国寺	115
勝持寺(花の寺)	293
常寂光寺	238
浄住寺	279
清浄華院	106
常照皇寺	266
常照寺	198
渉成園(枳殻邸)	7
上善寺	113
正伝寺	204
浄土院(湯沢山茶くれん寺)	159, 160
常徳寺	192
菖蒲谷池	259
正法寺(石の寺)	295
上品蓮台寺	177
白峯神宮	124
新京極通	46
神光院	203
神護寺(高雄山寺)	259
新西国三十三カ所観音霊場	48
新三十三カ所観音霊場	160
神泉苑	61, 75
新撰組壬生屯所跡	87
新玉津島神社	27

—ス—

瑞溪周鳳	119
瑞泉寺	43
菅原道真	61
杉本家住宅(奈良屋)	35
朱雀院跡	90
角倉了以	44
角屋	17
角屋もてなしの文化美術館	17
諏訪神社	9

—セ・ソ—

誓願寺	48
誠心院	48
晴明神社	147
清凉寺	230
石像寺(釘抜地蔵・苦抜地蔵)	154
関ノ明神社	289
絶海中津	119
千光寺(大悲閣)	274
仙洞御所	136
千少庵(宗淳)	127, 277
千宗左	128
千宗室	128
千宗守	128, 148
千宗旦	128
千利休	127, 146
染井	106
染殿院(四条京極釈迦堂・染殿地蔵)	46, 47

—タ—

大映通り	223
大覚寺	232
大覚寺御所跡	235
大学寮跡	92
大行寺	30

大将軍八神社	166
大聖寺	122
大政奉還	79
大徳寺	180
大報恩寺(千本釈迦堂)	159, 160
内裏跡	94
鷹ヶ峯御土居	167, 197
高瀬川一之船入	44
高瀬舟	44
高機織物仲間	151
笋町会所(孟宗山)	58
滝口寺	242
沢庵宗彭	181, 183
建勲神社(けんくんじんじゃ)	179
武田五一	52, 60, 69
竹の資料館	291
蛸薬師	47
龍池小学校	71
辰野片岡建築事務所	65
辰野金吾	66, 69, 70
立花	64

―チ・ツ―

中堂寺	36
中道寺	264
中堂寺大根	36
長香寺	27
長講堂(法華長講弥陀三昧堂)	24
長性院	30
長福寺	224, 225
追儺式鬼法楽(鬼おどり)	105
月輪寺	245
月読神社	276

―テ・ト―

天性寺	49
天神山町会所(霰天神山)	57
伝統的建造物群保存地区	212, 243
天寧寺	112
天皇の杜古墳	287
天文法華の乱	157
天龍寺	229

東映太秦映画村	223
東海道	43, 69
等持院	172
同志社	118
同志社アーモスト館	120
同志社英学校	103, 119
同志社啓明館	120
同志社彰栄館・礼拝堂・有終館・ハリス理化学館・クラーク記念館	120
同志社大学寒梅館	122
堂本印象美術館	172
渡月橋(法輪寺橋)	228, 272, 273
豊臣秀吉	84, 167
虎の子渡し	253
鳥居形松明	235

―ナ―

長江家住宅	34
中京中学校	92
中京郵便局	67, 69
中山道	43, 69
名古曽の滝	235
中野進一	52
双ケ丘	248
南蛮寺跡(珊太満利亜上人の寺)	58

―ニ―

新島襄	118
新島襄旧邸	102
錦天満宮	47
西陣織	151
西陣織会館	148, 151
西ノ京御土居	167
西本願寺(お西さん・浄土真宗本願寺派)	11, 15
二条公園	92
二条城(旧二条離宮)	78
二條陣屋(小川家住宅)	77
二条富小路内裏跡	52
二尊院	240
日蓮宗	157
日親	130

日本生命京都三条ビル	69
仁和寺(御室)	253

—ネ・ノ—

練貫方	151
納涼川床	40
野口家住宅	65
野宮神社	238

—ハ・ヒ—

秦家住宅	35
伴天連追放令	60
伴家住宅	64
般舟院跡	152
東三条殿跡	84
東本願寺(真宗本廟・お東さん)	5–8
悲田院	132
氷室跡	200
氷室神社	199
平等寺(因幡堂)	29
屏風祭	61, 62
日吉神社	265
平岡八幡宮	259
平野御土居	164, 167, 175
平野神社	174
広沢池	236

—フ—

風俗博物館	10
福王子	256
福王子神社	257
福徳寺	264
福西遺跡公園	290
伏見城	12
藤原兼家	85
不審庵(庭園)	127, 128
仏光寺	29
仏陀寺	111
船岡温泉	180
船岡山	178
船山	203
文椿ビルヂング	69
豊楽院跡	94
風流	195
ブルーノ・タウト	281
文化財環境保全地区	265, 280

—ヘ・ホ—

平安宮	95
平安宮(大極殿)跡	93
平安京	95
蛇塚古墳	224
弁慶	21, 32
遍照寺	236
報恩寺	125
宝篋院	232
宝鏡院(百々御所・人形寺)	125
法金剛院	248
宝慈院	123
宝寿院	226
法然	106
法輪寺(葛井寺・嵯峨の虚空蔵さん)	273, 274
保津峡	228, 246
法華一揆	157
堀川	145
堀河院跡	82
本覚寺	21
本願寺西山別院(桂御坊・西山御坊)	283
本圀寺	238, 239
本陣	285
本禅寺	106
先斗町	16, 40, 161
本能寺(本応寺)	50
本能寺(本応寺)跡	74, 75
本法寺	130
本満寺	110
本隆寺(不焼寺)	150, 152

—マ・ミ—

増田長盛	43
松尾大社	275
松原橋	21
曼荼羅山	235
水尾の柚講	246

深泥池生物群集	213
壬生狂言	89
壬生寺	36, 87
三船祭	226
宮川町	16, 161
妙覚寺	131
妙顕寺	129
妙心寺(京都市右京区)	249
妙心寺(京都市中京区)	47
妙心寺春光院	60
妙蓮寺	156
三善清行	145

―ム・メ・モ―

無畏堂	116
向井去来	239
武者小路千家(武者小路家)	9, 128, 148
村井貞勝	60
明倫小学校	57
紅葉の馬場	240

―ヤ―

やすらい花	191, 195, 213
矢田寺	49
柳原銀行記念資料館	20
藪内家	9
家邊德時計店	69
山国神社	266
山国隊	267
山中油店	96
山名宗全邸跡	149
山本亡羊読書室旧跡	31

―ユ・ヨ―

有信堂	51
宥清寺	166
遊龍の松	299
弓削八幡宮社	264
ユネスコ無形文化遺産	61
永観堂	22
陽明文庫	257
善峯寺(松の寺)	299, 300

―ラ・リ―

落柿舎(捨庵)	239, 240
樂美術館	144
洛陽三十三所観音(霊場)	53, 105
洛陽四十八地蔵	88
龍谷大学	13
龍安寺	252
龍雲院	51
臨川寺	228

―レ・ロ―

霊源寺	206
冷泉家	120
歴史的意匠建造物	62
蓮光寺	23
蓮台野	155
蓮如	11
鹿王院	227
鹿苑寺(金閣寺)	175
六斎念仏	36, 226, 246
廬山寺	104
廬山寺御土居	167
六角獄舎跡	91
六角堂(頂法寺)	63

―ワ―

輪違屋	16

【写真所蔵・提供者・協力者など】(上・中・下巻共通，五十音順，敬称略)

葵祭行列保存会	都市推進室文化財保護課	大本山天龍寺
愛宕神社	京都市役所	大本山南禅寺
綾部市教育委員会	京都市歴史資料館	丹波生活衣館
綾部市資料館	京都府教育庁文化財保護課	智源寺
安楽寺	京都府立山城郷土資料館	東寺
今宮やすらい会	京都府立丹後郷土資料館	等持院
宇治市教育委員会	清水寺	東福寺
宇治市役所	久多花笠踊保存会	長岡京市教育委員会
宇治市歴史資料館	宮内庁京都事務所	西本願寺
梅小路蒸気機関車館	公益財団法人京都府埋蔵文化財調査研究センター	白沙村荘
圓徳院		東本願寺
大山崎町教育委員会	光悦寺	平等院
大山崎町歴史資料館	高台寺	福知山市教育委員会
笠置寺	国際日本文化研究センター	伏見稲荷大社
カトリック宮津教会	国分寺	平安神宮
株式会社JTBフォト	財団法人京都市埋蔵文化財研究所	舞鶴市教育委員会
株式会社便利堂		壬生寺
上七軒お茶屋協同組合	公益財団法人向日市埋蔵文化財センター	宮垣自治会
亀岡市教育委員会		妙法院
亀岡市文化資料館	嵯峨大念仏狂言保存会	向日市教育委員会
観音寺	三千院	元離宮二条城事務所
木津川市教育委員会	慈照寺	由岐神社
旧嵯峨御所大覚寺門跡	詩仙堂丈山寺	与謝野町教育委員会
京丹後市教育委員会	柴田秋介	龍源寺
京丹後市立丹後古代の里資料館	芝野康之	龍安寺
	正傳寺	蓮華寺
京都市文化市民局文化芸術都市推進室文化芸術企画課	泉涌寺	蓮光寺
	宗堅寺	鹿苑寺
	総本山醍醐寺	輪違屋
京都市文化市民局文化芸術	総本山智積院	

上巻　本書に掲載した地図の作成にあたっては，国土地理院長の承認を得て，同院発行の2万5千分の1地形図，5万分の1地形図及び20万分の1地勢図を使用したものである(承認番号　平23情使，第15-M050981号　平23情使，第14-M050981号　平23情使，第13-M050981号)。

中巻　本書に掲載した地図の作成にあたっては，国土地理院長の承認を得て，同院発行の2万5千分の1地形図，5万分の1地形図及び20万分の1地勢図を使用したものである(承認番号　平23情使，第15-M050973号　平23情使，第14-M050973号　平23情使，第13-M050973号)。

下巻　本書に掲載した地図の作成にあたっては，国土地理院長の承認を得て，同院発行の2万5千分の1地形図，5万分の1地形図及び20万分の1地勢図を使用したものである(承認番号　平23情使，第15-M051864号　平23情使，第14-M051864号　平23情使，第13-M051864号)。

【執筆者など】(五十音順)

編者
編者代表 近代 井口和起 いぐちかずき(元京都府立大学学長・京都福知山公立大学学長)
　　　　原始 杉原和雄 すぎはらかずお(元大阪国際大学)
　　　　古代 増渕 徹 ますぶちとおる(京都橘大学)
　　　　中世 田端泰子 たばたやすこ(元京都橘大学学長)
　　　　近世 水本邦彦 みずもとくにひこ(京都府立大学名誉教授)

[京都府歴史遺産研究会]

編集・執筆委員
上巻 梶川敏夫 かじかわとしお(京都女子大学非常勤講師・元京都市役所)
　　 北田栄造 きただえいぞう(公益財団法人京都市文化観光資源保護財団)
　　 小林丈広 こばやしたけひろ(同志社大学)
　　 増渕 徹
中巻 磯野浩光 いそのひろみつ(京都府教育庁)
　　 山口 博 やまぐちひろし(元京都府教育庁)
下巻 安藤信策 あんどうしんさく(元京都府教育庁)
　　 國下多美樹 くにしたたみき(龍谷大学)
　　 佐藤晃一 さとうこういち(元与謝野町教育委員会)
　　 杉本 宏 すぎもとひろし(京都造形芸術大学日本庭園・歴史遺産研究センター)
　　 三浦 到 みうらいたる(元京丹後市立丹後古代の里資料館)
　　 杉原和雄

執筆委員
上巻 秋元せき あきもとせき(京都市歴史資料館)
　　 安藤信策
　　 宇野隆志 うのたかし(奈良県立橿原考古学研究所)
　　 馬瀬智光 うませともみつ(京都市役所)
　　 堀 大輔 ほりだいすけ(京都市役所)
　　 山口 博
中巻 有井広幸 ありいひろゆき(元京都府教育庁)
　　 岸岡貴英 きしおかたかひで(京都府教育庁)
　　 鵜島三寿 うしまみつひさ(関西外国語大学)
　　 肥後弘幸 ひごひろゆき(木津川市教育委員会)
　　 平井俊行 ひらいとしゆき(京都府立京都学・歴彩館)
下巻 東 高志 あずまたかし(宮津市役所)
　　 新谷勝行 しんたにかつゆき(京丹後市教育委員会)
　　 吹田直子 すいたなおこ(京都府教育庁)
　　 田中淳一郎 たなかじゅんいちろう(京都府立山城郷土資料館)
　　 近澤豊明 ちかさわとよあき(元綾部市役所)
　　 中尾秀正 なかおひでまさ(元長岡京市教育委員会)
　　 中島 正 なかしまただし(元木津川市役所)
　　 樋口隆久 ひぐちたかひさ(亀岡市教育委員会)
　　 福島克彦 ふくしまかつひこ(大山崎町歴史資料館)
　　 八瀬正雄 やせまさお(福知山市役所)
　　 吉岡博之 よしおかひろゆき(舞鶴市役所)
　　 山口 博

歴史散歩㉖
京都府の歴史散歩　上

| 2011年8月30日　1版1刷発行 | 2017年11月30日　1版3刷発行 |

編者―――京都府歴史遺産研究会
発行者―――野澤伸平
発行所―――株式会社山川出版社
　　　　〒101-0047　東京都千代田区内神田1-13-13
　　　　電話　03(3293)8131(営業)　　03(3293)8135(編集)
　　　　https://www.yamakawa.co.jp/　　振替　00120-9-43993
印刷所―――株式会社加藤文明社
製本所―――株式会社ブロケード
装幀―――菊地信義
装画―――岸並千珠子
地図―――株式会社昭文社

Ⓒ　2011　Printed in Japan　　　　　　　　ISBN978-4-634-24626-3
・造本には十分注意しておりますが，万一，落丁・乱丁などがございましたら，
　小社営業部宛にお送りください。送料小社負担にてお取り替えいたします。
・定価は表紙に表示してあります。

京都府全図

凡例
- 都道府県界
- 市郡界
- 町村界
- JR線
- 高速道路
- 有料道路
- 国道
- 都道府県庁